江苏南菁中学校友会北京分会积极支持读万卷书、行万里路的居京校友

关怀母校　投智故里

为家乡的共同富裕、和谐幸福做出新奉献!

◀ 2005 年 1 月 2 日上午，江苏南菁中学校友总会北京分会在北京师范大学正式成立。180 余位在京校友兴高采烈地出席了成立大会。莅会的有总会虞德范会长和童峰秘书长。会议推举顾明远为北京分会会长、沈鹏为名誉会长，并组成有 46 名成员的理事会。左图为大会现场

▲ 母校接受校友捐赠而建立的顾明远书屋和顾明远本人的肖像

▲ 2011 年 5 月举行的母校“沈鹏艺术馆”开馆仪式。中立者为沈鹏

◀ 在京就读大学的南菁校友游览八达岭的合影。分会从成立时起便每年组织一次这样的京郊秋游，景点包括长城、十渡、野山坡、红螺寺、石花洞和京西十八潭等，深受新校友们的欢迎

作者介绍

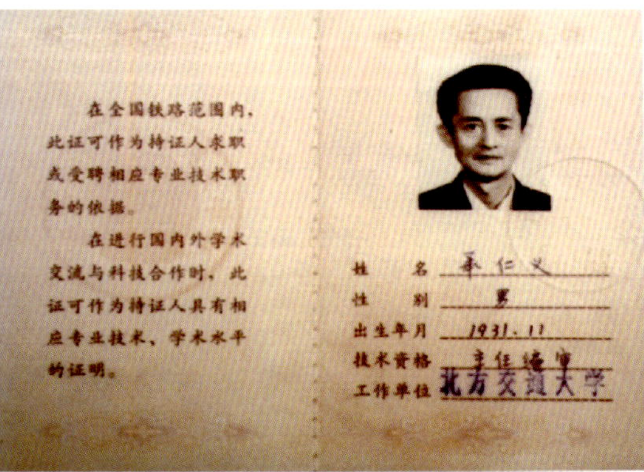

在全国铁路范围内，此证可作为持证人求职或受聘相应专业技术职务的依据。

在进行国内外学术交流与科技合作时，此证可作为持证人具有相应专业技术、学术水平的证明。

姓　　名　承仁义
性　　别　男
出生年月　1931.11
技术资格　主任编审
工作单位　北方交通大学

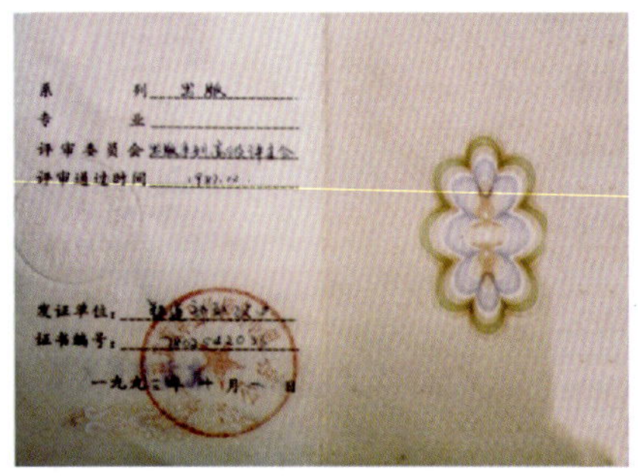

▲ 承仁义专业技术资格证书
（证书编号：1802542036；发证单位：铁道部职改办）

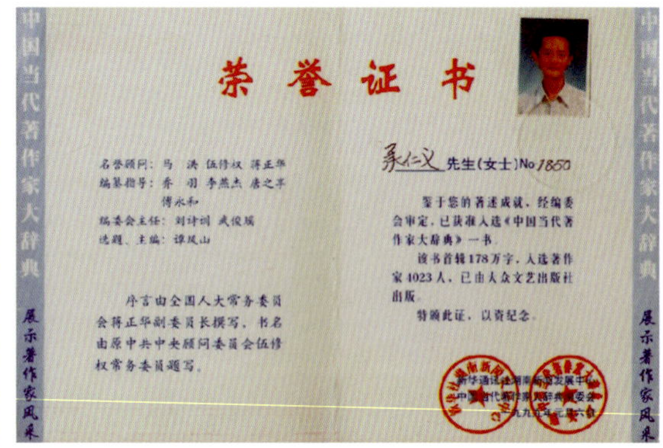

荣誉证书

中国当代著作家大辞典
展示著作家风采

名誉顾问：马　洪　伍修权　蒋正华
编纂指导：乔　羽　李燕杰　唐之享
　　　　　傅永和
编委会主任：刘诗训　武俊城
选题、主编：谭凤山

序言由全国人大常务委员会蒋正华副委员长撰写，书名由原中共中央顾问委员会伍修权常务委员题写。

承仁义先生（女士）No 1850

鉴于您的著述成就，经编委会审定，已获准入选《中国当代著作家大辞典》一书。

该书首辑178万字，入选著作家4023人，已由大众文艺出版社出版。

特颁此证，以资纪念。

新华通讯社湖南新闻发展中心
中国当代著作家大辞典编委会

▲ 承仁义1999年元月入选新华通讯社湖南新闻发展中心与中国当代著作家大辞典委员会联合编著的《中国当代著作家大辞典》，并颁发荣誉证书。该书由大众文艺出版社出版

▲ 承仁义于1997年5月被收入《世界名人录——中国卷》(香港中国国际交流出版社有限公司、中国经贸出版社1997年出版),并成为"特约顾问编委"。该名录称:承仁义,男,1931年11月生,江苏武进县人。他数十年从事教育与新闻出版事业。做过教员、记者、编辑、中学校长。离休前任北京交通大学校报社总编。现为该校关心下一代工作委员会委员,中国学习科学学会(筹)常务委员、学术委员会委员、《中国学习科学大辞典》(新华出版社1998年出版)编委和撰稿人、全国大学学习科学研究会理事。先后撰写、编发各类文稿约200余万字见于《人民日报》海外版、《科技日报》,以及《瞭望》、《高等师范教育研究》、《教育与学习研究》等杂志。其学术论文多次在全国性学术会议上交流。"学本论"、"自学论"、"默化论"、"优学论"等理论成果被收入《中国学习科学大辞典》理论卷,他的名字被载入该大辞典的人物卷和《中国当代高级专业技术人才大辞典》《中国学习科学人物综览》等书中。主编出版《学海飞鹏》。主持和共同主持完成的研究项目有"学本论教育思想与大学成才教育研究"和国家教委"八五"重点课题"学生学习现状调查与学习指导研究"二级子课题"北方交通大学学生现状调查与学习指导研究"。(见《世界名人录——中国卷》第15、16页)

"舜焦赤子家乡梦浓"题词及其作者介绍

书法作者介绍:敬承,是北京交通大学原图书馆馆长石峻晨教授的笔名,书法是他的业余爱好。他是该校松柏书画社社员,经常有作品发表。他在退休后,曾热心于该校关工委工作。

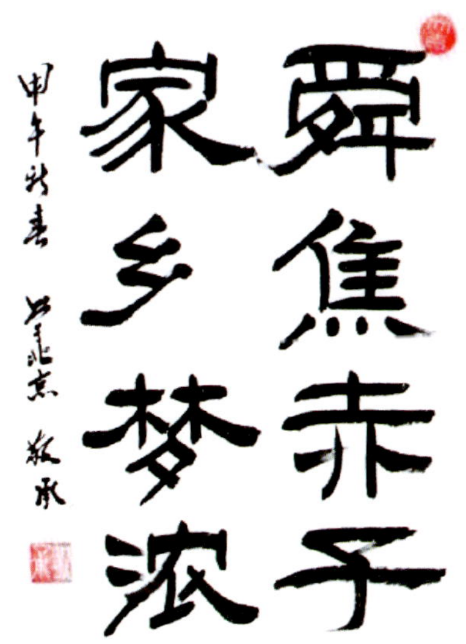

敬承同志2014年春为本书题写的书法

“舜焦故里”题词及其作者介绍

沈鹏大作“舜焦故里”书法。建议将此作品未来用于十里舜焦线形智慧城的“廊亭匾额”。(匾额参考样式)

书法作者介绍:沈鹏,1931年出生,江苏省江阴市人。书法家、美术评论家、诗人。现任全国政协委员、中国文联副主席、中国书法家协会名誉主席(前主席)、中国美术出版总社顾问,以及《中国书画》主编。兼任中国人民对外友好协会理事、中国国际友谊促进会理事、中国艺术教育促进会理事、中华炎黄文化研究会理事、北京大学艺术教育研究顾问、炎黄书画院副院长、中国书画函授大学教授、《书法之友》杂志名誉主席、绍兴文理学院兰亭书法学院名誉院长、江苏南菁中学校友会北京分会名誉会长和顾问等职。他应约于2014年5月5日(甲午年立夏),抱病为《中国梦·家乡梦》一书写下了书名和本匾额题字,倾注了他对这片同属古时“中吴”之地的深情厚意,令人感动。

中国梦·家乡梦

承仁义　编著
顾明远　主审

北京交通大学出版社
·北京·

内 容 简 介

本书是一部现代发展策论。它以作者家乡舜焦故里发展问题为评析对象，透过对该地区问题的解剖，抓住主要矛盾，探得因果脉络，找到了应对策略，描绘出一片光明前景，并通过举一反三的论证，瞄准整体发展的共性提出了三项倡议：在舜过山，建设一座五帝文化城，以发扬优良民族传统文化精神，古为今用；从家庭抓起，迈出普及高等教育的步伐，创建以三代人全员达到大学毕业以上文化水平为标准的“知识家庭”活动，加速自主创新人才队伍的培养和形成；按照洋为中用的精神，沿十里舜河，在五帝文化城与古镇焦溪之间，建造一座现代化线形“舜焦锦廊智慧城”，作为城乡一体化的纽带。论述强调，此三项倡议，不仅适合舜焦地区，同时也有普遍意义。

图书在版编目（CIP）数据

中国梦·家乡梦／承仁义编著．—北京：北京交通大学出版社，2015.4
ISBN 978-7-5121-2254-3

Ⅰ.①中… Ⅱ.①承… Ⅲ.①区域经济发展-研究-常州市 ②社会发展-研究-常州市 Ⅳ.①F127.533

中国版本图书馆 CIP 数据核字（2015）第 107204 号

策划编辑：王晓春
责任编辑：王晓春
出版发行：北京交通大学出版社　　电话：010-51686414
　　　　　北京市海淀区高梁桥斜街 44 号　　邮编：100044
印 刷 者：北京艺堂印刷有限公司
经　　销：全国新华书店
开　　本：170×235　印张：18.5　字数：365 千字　彩插：2
版　　次：2015 年 5 月第 1 版　2015 年 5 月第 1 次印刷
书　　号：ISBN 978-7-5121-2254-3/F·1492
定　　价：78.00 元

本书如有质量问题，请向北京交通大学出版社质监组反映。
投诉电话：010-51686043，51686008；传真：010-62225406；E-mail：press@bjtu.edu.cn。

追踪古贤遗迹　共创现代文明

——序一

江苏南菁中学校友会
北京分会会长　[signature]

承仁义同志是我的南菁同学。我长他三届，不在同一年级，因此在学校时并不相识。但我们却在北京相聚，而且一起工作了十年。

他在江阴刚解放时就投笔从戎，参加解放军南下，转业后在北京交通大学工作，我在北京师范大学，两校其实挨得很近，但也还互不相识。是母校南菁中学把我们拉到了一起——21 世纪之初，南菁中学校友会在北京筹备成立分会，我们才初次见面。我见他高高的个儿，瘦瘦的身材，完全是一个文化人，哪里像军人？但是他确有军人的气质，解放军的传统，为人豪爽热情，对母校充满激情。就是在他热情的张罗下，南菁中学校友会北京分会很快就成立了。

分会成立以后，他作为分会副会长兼秘书长，积极配合会长，贯彻分会安排，开展了多项精彩活动：分会每年组织来京新同学作京郊秋游、联欢，帮助新校友了解北京；接待南菁参军老校友游览首都；以及出版《菁友》通讯等。

我们的故乡江阴，是一个有着悠久历史的地方，有许多名胜古迹。我小时候就知道江阴有季札封地、春申君采邑、徐霞客故居、古称暨阳等；江阴还是忠义之邦，曾抗清八十一天。古贤的忠诚，人民的智勇，世代传承，铸成了精诚智勇的江阴精神。

承仁义出生于武进焦溪古镇，成长在江阴申港乡下省埄村，就读于西石桥镇澄西初中和江阴城南菁高中。告别母校之后，虽身处千里之外，澄武故里却永远留在他心中。近年回乡，顿生加快家乡发展步伐的梦想。澄武地区的舜焦故里不仅是一处古人遗迹，实是文化遗存，他从当今弘扬民族文化的热潮中，看到了其开发价值，从而提出繁荣舜焦故里的三项倡议，因而就有了《中国梦·家乡梦》这部著作。三项倡议不仅是一种接地气的地区性创新建议，而且蕴含着普遍性跃进式创意。例如，在舜过山建设“五帝文化城”为的是实现“古为今用”；“开展创建‘知识家庭’的社会活动”和主张“普及高等教育要从家庭抓起，在每个儿童心里播下‘大学梦’种子”，正切中当今中国发展的命脉——适应自主创新人才强国的社会需求；而“运用现代‘线形城市’理念，营建一座全新的‘舜焦锦廊智慧城’”，确实是在推进“城乡一体化”战略中践行“洋为中用”的好办法。

我拜读该书，受益匪浅，使我更了解故乡的历史，认识到我们的祖先在这片土地上创造的壮丽文明。我们小时候，江阴还只是个长江边上的小城，如今有了巨变，经济发展已跃居全国之首，现代化水平也接近世界一流。然而江阴的文化精神尚需大大发扬。古迹的修缮、人文的建设、文献的整理，实为建设文明城市、城乡平衡发展之当务。传承和发扬江阴精神，可以激励江阴学子胸怀大志，为实现中华民族伟大复兴的中国梦而努力奋斗。作者在该书的“后记”中说道：“我的目标是：‘个人定制，交流传播；开发智源，共创繁荣。’”此话正体现了这种精神。

承仁义为纂写这一著作，不畏北方冬日之严寒、夏日之炎热，付出了大量劳动与汗水。他把该书献给南菁中学校友会北京分会，作为第一届理事会工作的“收官”之为和第二届理事会的“开步”之举。我应他之约，写了这几句话，是为序。

在此，我衷心祝愿他如愿以偿。

2015 年 4 月于北京

作者简介：顾明远会长为北京师范大学教授、博士生导师，中国教育学会名誉会长，国家教育咨询委员会委员，教育部教师教育专家委员会主任，教育部社会科学委员会副主任。曾任北京师范大学副校长、研究生院院长，国务院学位委员会教育学科评议组召集人，教育硕士专业学位专业委员会主任，世界比较教育学会联合会联合主席，中国教育学会会长等职。主编有：《教育大辞典》《中国教育大百科全书》《世界教育大系》《世界教育大事典》。著作有：《教育学》《比较教育导论》《中国教育的文化基础》等。很多专家认为：“现代教育理论”“主体客体统一论”“比较教育理论”，是顾明远对中国教育理论的三大贡献。

顾明远校友情系江阴故里，关心母校发展，将其专著及主编的教育著作捐赠母校，并在南菁中学 120 周年校庆时设立了“顾明远书库”；在随后的 10 余年间，又陆续捐赠了他大量珍贵的教育专著及收藏文物，并于敔山湾新校区再设“明远书屋”。

向居京南菁校友“投智故里”鼓掌

——序二

南菁校友总会会长　夏锡良

不久前，从电子邮件中读到了南菁校友会北京分会发来的《中国梦·家乡梦》书稿，在书面设计版样右上方有沈鹏题写的书名，左上方则印着顾明远主审、承仁义编著字样。一时间，我真不明白其中的用意。不过，当我读完了全部内容后却发现，这不仅是经过一番艰苦思考、深邃探索和创意弥漫的作品，而且是南菁校友会北京分会工作的又一次新发展、新尝试。那种老树新花的奇芳，一阵阵扑面而来。

编著《中国梦·家乡梦》，是南菁校友会北京第一届分会的“收官”之为和第二届分会的“开步”之举，拟于2014年12月出版。因为在京的南菁校友队伍是有着众多高学历、高职称、高职务和高奉献的群体，他们不仅占有丰富的信息资源，而且人人都有研究能力和写作功底，更有一种难以割舍的故乡情结，有志于“关怀母校、投智故里”，以回报自己赖以出生、成长和成才的家乡。在北京校友分会成立以来的10年时间里，“关怀母校”的事已经有了一定成就，唯独“投智故里”尚需开拓。由是，《中国梦·家乡梦》便应运而生了。（《中国梦·家乡梦》新书评介）

是的，南菁校友会北京分会自2005年元月2日在北师大成立以来，至今已跨头10年。记得在分会成立前的2003年，《中国城市经济》杂志就在当年8月出版的第9期“文化·教育·学习”专刊上，发表了承仁义校友撰写的《扬子江畔的英才摇篮——我所见到的江苏省南菁中学》万言文章；第二年，他们又推动中国教育学会和中国高教学会学习科学研究会在南菁母校共同举办了首届“大中小学学习改革和学习指导一体化研讨会”。时任中国教育学会会长的顾明远教授，北京市学习科学学会会长、原北京师范大学党委书记周之良教授和“新世纪高等教育教学改革工程”重点项目《大学生学习改革与创新研究》主持人、原教育部高教司副司长王言根教授等亲临指导，并发表了重要讲话。全国学习科学研究会秘书长王秀芳女士主持了开幕式。这次具有现场会议性质的学术研讨活动，吸引了11个省市的近百名代表参加，共同听取了南菁经验的介绍。正如在北京校友分会成立大会上报告人所讲述的那样："这两件事本拟作为北京校友分会成立后首次献给母校的礼物，今天，却增添了一层新的意义：它同时具有了奉献给北京分会成立大会贺礼的性质。"（《菁友》第一期第一页"南菁校友北京分会宣告成立"）

此后，分会在全体校友的支持下，开展了多项有影响的活动。值得一提的有：每年组织南菁录取到首都诸大学的校友"京郊秋游"，景点包括长城、十渡、野山坡、红螺寺、石花洞和京西十八潭等，深受新校友们的欢迎；2009年8月，在南菁校友总会的支持下，以记录1949年渡江战役后南菁参军校友事迹为主体的30余万字回忆录《萤火集》上册（内部）出版，产生了积极影响，下册的集稿事宜也即将结束，出版工作已在筹备中；2011年5月15日，作为江阴市的专题博物馆、纪念馆和艺术馆的重点项目之一的"沈鹏艺术馆"在母校南菁新校区正式建成开放；早已建成的"顾明远书库"也得到了进一步充实；为庆祝母校130周年，经过多年的筹备，于2012年4月1日，彩印"内部试刊"《菁友》创刊号出版。就是在那次回母校参加建校130周年庆典活动的承仁义校友，曾回到故乡焦溪探望，因而触发了他编著《中国梦·家乡梦》的动机，并且集中一年有余的精力，埋头探索，让该书得以问世。他在开篇中说：

面对眼前的山山水水，逐渐感到，这片令我日夜魂牵梦萦的鱼米之乡，尽管与我1949年5月惜别时相比已经有了令人振奋的变化，群众生活也得到了较大改善和提高，但它处于常州、无锡和江阴的行政交界，从整体来看，如今似乎成了一片"发展洼地"。而当我买了一份新地图，翻来覆去搜索半天，竟然连"焦溪镇"的名字都不见了；回到我出生和幼时居住的老屋，只见处处残垣破壁，不堪入目（参见十二附件之一）。后来，在"卫星地图"上发现，焦溪镇已变成"焦溪村"了！查阅网上信息，见到了呼吁"开发千年古镇焦溪"的有识之见，不觉感慨万千。回首往事，突然觉得，这与自己几十年离乡背井奔走四方不无关系。也就是说，像我这样闯荡天涯的舜焦后人，不在少数。空巢之下，无人经营，岂不衰哉！出于一种负疚与救赎心理，很想为家乡的发展、繁荣做些思考和探索，尤其是在党的十八大精神指引和鼓舞下，顿觉眼前一片明亮，一幅幅故乡的历史画面，一阵阵对未来的憧憬，令我无法安静，于是遂有了这篇拙文的问世。（指该书主文"联合开发，共创舜焦故里政文农科工商生态区的辉煌"）

……我的《中国梦·家乡梦》得到了南菁中学校友总会和北京分会的大力支持……顾明远会长在第一时间慨允为本书"作序"，沈鹏名誉会长、顾问则抱病题写了书名和"舜焦故里"书法，而当总会夏锡良会长了解此事后也发来了第二篇序言，有力地推动了《中国梦·家乡梦》的出版工作，使得北京校友

“投智故里”的筹谋能够起步前行……（该书“前言”）

我与承仁义校友相识，开始于10年前筹备成立北京校友分会期间。渐渐地，才了解到他于1949年5月与近百名南菁同学集体参军后，在部队服务10年，转业到山西，曾担任过现代化大型国营企业大同水泥厂中、小学联校的领导工作，以后又转至如今的北京交通大学。他自接手北京校友分会工作以来，一直主动配合会长顾明远教授，积极努力，并屡有新举。这次，他赶在分会换届之前交出了20余万字的《中国梦·家乡梦》稿样，又一次见证了他关怀母校热爱故乡的赤子之心。我要为此而向他鼓掌。

向他鼓掌，是表示感谢他为南菁校友会竭力尽心的工作。

向他鼓掌，也是表示赞同他提出的“三项倡议”，并愿为此而做出相应的努力。

向他鼓掌，更是赞赏他具有终身“优学创新”的精神，而且在这种精神的引导下，营造了一家三代七口人达到大学毕业以上水平的“知识家庭”——点亮了“普及高等教育要从家庭抓起”这盏前进中的“路灯”，让人们看到在儿童心中播下“大学梦”种子的重要性和决定性。

令人鼓舞的是，《中国梦·家乡梦》为南菁校友会的工作展示了一种新的更加深化更加有效的方向和广阔空间。

“调动一切积极因素”。这是毛泽东1956年发表《论十大关系》时确立的工作基本方针。“一切积极因素”当然应当包括南菁校友“投智故里”的思考和行动，南菁校友理应成为社会的积极因素，在“投智故里”方面尽献自己的才华。可以这样说，在这个方面，也是大有作为的广阔天地，值得我们去研究，开发，创造，收获。

我要多说一句的是，在这“人才强国”的大好时代，千万不要自己埋没自己。让我们共同努力吧！

感谢各位南菁校友！

2015年4月于江阴

作者简介： 夏锡良会长，原江苏省南菁高级中学校党委书记、校长，现任江阴市教育学会会长。江苏省中学物理特级教师。曾获全国教育系统先进工作者、江苏省中等学校“红杉树”园丁奖、江苏省物理奥林匹克竞赛高级教练员、无锡市第一批物理学科带头人、无锡市优秀教育工作者、江阴市名师、江阴市十佳校长和无锡市中小学优秀校长等奖励与荣誉称号。

前　言

——储著民间　投智故里

最近读到一份“说梦”材料云：“做梦是人体一种正常的、必不可少的生理和心理现象。人入睡后，一小部分脑细胞仍在活动，这就是梦的基础。”又说：“科学工作者做了一些阻断人做梦的实验。即当睡眠者一出现做梦的脑电波时，就立刻被唤醒，不让其梦境继续，如此反复进行。结果发现对梦的剥夺，会导致人体一系列生理异常，如血压、脉搏、体温及皮肤的点反应能力均有提高的趋势，而植物神经系统机能有所减弱；同时还会引起人的一系列不良心理反应，如出现焦虑不安、紧张、易怒、感知幻觉、记忆障碍、定向障碍等。显而易见，正常的梦境活动，是保证机体正常活动力的重要因素之一。”而让我更感兴趣的是如下一段话：“无梦睡眠不仅质量不好，而且还是大脑受到损害和有病的一种征兆。最近的研究成果亦证明了这个观点，即梦是大脑调节中心平衡机体各种功能的结果，梦是大脑健康发育和维持正常思维的需要。倘若大脑调节中心受损，就形成不了梦，或仅出现一些残缺不全的梦境片段，如果长期无梦睡眠，倒是值得人们警惕了。当然，若长期噩梦连连，也常是身体虚弱或患有疾病的征兆。”

我突然发现，以上这种生物学意义上的新观念、新思维，对我们如今的热门话题——人生梦、社会梦、历史梦，不是有着很好的启示和警醒作用吗?

是的，若人生无梦、社会无梦、历史无梦，这种人生、社会和历史必然不会健康发展，同样是虚弱、衰败的表现。

笔者从1949年5月28日投笔从戎开始，就摆脱了七岁丧母带给我的人生恶梦，走上了追求光明生活梦的奋斗之路，直到今天。回想起来，在这段漫长的人生途程中，虽然充满了坎坷和艰难，经历了种种危险，但因有不断更新、不断升华的梦想，尤其是这种梦想始终紧紧地拴在国家和民族前进的列车上，竟然让我能够在中华腾飞的今天，也分享到一份快乐、一份荣耀，令我不无慰藉与庆幸。但是，在一年前的一次“八二还乡”之旅中，我惊恐地意识到，自己尚未爬出“家乡梦”的泥沼，又令我坐卧不安，寝食难平。于是催生出本书“主文”中的三项“倡议”，使我的“家乡梦”有了一个大概的轮廓。

这或许就是我的人生中要“求圆”的最后一个“梦”了。

但是，受客观规律的限制，进入耄耋之年的我，已无力再直接参与这个“家乡梦”的实现了。所以我只好选择“储著民间，投智故里”的策略措施，将这本《中国梦·家乡梦》广散于舜焦故里，谨与热心于“龙城”地区发展的人们作个交流与传播。因为，这是一首“我的‘中国梦’进行曲”，而且，它与习近平主席提出的“中国梦”的旋律不谋而合——都是基于“两个一百年”的思考与谋划。

在上述那篇“说梦”材料中还有这样一段话：“有些人在做梦时会突然醒觉到自己正在做梦。当他知道自己在做梦时，他便可以控制自己的梦，这就是‘清明梦’，也称‘清醒梦’（lucid dream）。在清明梦中，你可以自由地控制自己的行动，也可以任意控制梦境的内容，甚至梦中的其他人也完全由你来控制。也就是说，在清明梦中，你就是世界的主宰，你可以控制一切。”

我想，我们今天所说的个人梦、社会梦和历史梦，更应该是清明梦，清醒梦，有着明确奋斗目标和鲜明旗帜的集群大梦，而你是梦的主人。

《中国梦·家乡梦》包括两部分内容，即主文一篇，附件十二篇。“主文”说的是“家乡梦”的来龙去脉；附件则为“家乡梦”的核心部分——“三项倡议”，提供了基本的“信息支持”，其中有历史资料，背景要闻，问题探索，决策建议，论证依据，理论分析，经验总结，以及一些合作线索推介等。

因为所说的“三项倡议”无法用三言两语来概括，只好用红、绿、蓝“三原色”，作一比喻和象征，就是将我的“三项倡议”比作能够为人生和社会调制出各种绚丽色彩的“三原色”。这个寓意，体现在封面上设置了三条贯通四方的“三色带”上，以及文页上方“• **中国梦** • **家乡梦** •”的标记中，显得既含蓄、概括，又意味深长。但不知读者以为如何？

我的《中国梦·家乡梦》得到了南菁中学校友总会和北京分会的大力支持，被视作第一届北京分会的“收官”之为和第二届分会的“开步”之举，由是具有了全新的集体性内涵和开拓性意义。这是因为“在京的‘南菁军团’是‘一支有着众多高学历、高职称、高职务和高奉献的群体，以及‘老、中、青齐备的知识队伍’，他们不仅占有丰富的信息资源，而且人人都能捉笔挥毫，舞文弄墨……”（《菁友》创刊号语）。这段话的寓意是：这样的队伍，在开展本会校友内部交流等各项活动的同时，既有责任，也有能力，更有一种难以割舍的故乡情结，来进一步做好“关怀母校、投智故里”的工作，为回报自己赖以出生、成长和成才的家乡贡献一份力量。而在北京校友分会成立以来的10年时间里，“关怀母校”的事已经有了一定成就，唯独“投智故里”一项尚需开拓，迈开首步。所以，出版《中国梦·家乡梦》就被纳入了江苏南菁中学校友会北京分会“主持”的一项跨届任务。值得一提的是，顾明远会长在第一时间慨允为本书“作序”，沈鹏名誉会长、顾问则抱病题写了书名和“舜焦故里”书法，而当总会夏锡良会长了解此事后也发来了第二篇序言，有力地推动了《中国梦·家乡梦》的出版工作，使得北京校友“投智故里”的筹谋能够起步前行，也使南菁校友会北京分会在换届之际又一次跨出了创新步伐，从而使校友会工作既得到了深入一步的发展，又在工作质量上出现了新的升华。

借此机会，我要向顾明远会长、沈鹏名誉会长和顾问、夏锡良会长，以及所有支持校友分会工作的在京南菁校友表示衷心的感谢，并祝愿第二届南菁校友会北京分会的工作取得更大的进步和成就！

诚祝母校兴旺！故里昌盛！家乡幸福！祖国繁荣！

承仁义

2015 年 5 月于北京

澄（江阴）武（常州）地区舜河两岸的江南风光

目　录

主文

联合开发，共创舜焦故里政文农科工商生态区的辉煌

——学习、贯彻十八大精神的思考与倡议

舜焦赤子　承仁义

2012年10月2日，82岁的我，在家人陪同下，于应邀出席母校南菁中学130周年校庆纪念活动期间，特地返故里焦溪古镇探省族亲，目睹了家乡的发展面貌。

面对眼前的山山水水，逐渐感到，这片令我日夜魂牵梦萦的鱼米之乡，尽管与我1949年5月惜别时相比已经有了令人振奋的变化，群众生活也得到了较大改善和提高，但它处于常州、无锡和江阴的行政交界，从整体来看，如今似乎成了一片“发展洼地”。而当我买了一份新地图，翻来覆去搜索半天，竟然连“焦溪镇”的名字都不见了；回到我出生和幼时居住的老屋，只见处处残垣破壁，不堪入目（参见十二附件之一）。后来，在“卫星地图”上发现，焦溪镇已变成“焦溪村”了！查阅网上信息，见到了呼吁“开发千年古镇焦溪”的有识之见，不觉感慨万千。回首往事，突然觉得，这与自己几十年离乡背井奔走四方不无关系。也就是说，像我这样闯荡天涯的舜焦后人，不在少数。空巢之下，无人经营，岂不衰哉！

山东诸城的舜帝塑像

出于一种负疚与救赎心理，很想为家乡的发展、繁荣做些思考和探索，尤其是在党的十八大精神指引和鼓舞下，顿觉眼前一片明亮，一幅幅故乡的历史画面，一阵阵对未来的憧憬，令我无法安静，于是遂有了这篇拙文的问世。

第一节　舜焦故里的古代圣迹

沿常焦公路至焦溪，再沿舜河北行，沿途点点青山，犹如碧螺，皆伏于河边。河中舟楫往来，蜿蜒相衔。行约十里许，舜河在此九十度拐弯，拐弯处陡见一峰，巍然耸立在江南平原上，它就是舜山。

舜山主峰高115米，在武进、江阴这百里平畴的苏南水乡，在舜未来之前，就被称为“高山”了。4 000多年前，这里被称为“南蛮”之地。当时洪水四溢，农田时常遭水侵入，收成微薄，民生艰苦。其时，黄河流域的北方，被称为华夏民族的发祥地，相对要好一点，当时的首领叫虞舜。

家鄉夢

虞舜名重华，字都君，山东诸城人。即帝位后，他不耻下问，广泛征求四岳等大臣的意见，惩罚奸佞，举贤任能。一方面，他把共工、獾兜、三苗三人分别流放到北、南、西三方，又在羽山处死了治水不力的鲧，使得边疆皆服，民族和睦。另一方面，他起用皋陶等22位贤人，使其各建奇功，百业兴旺。

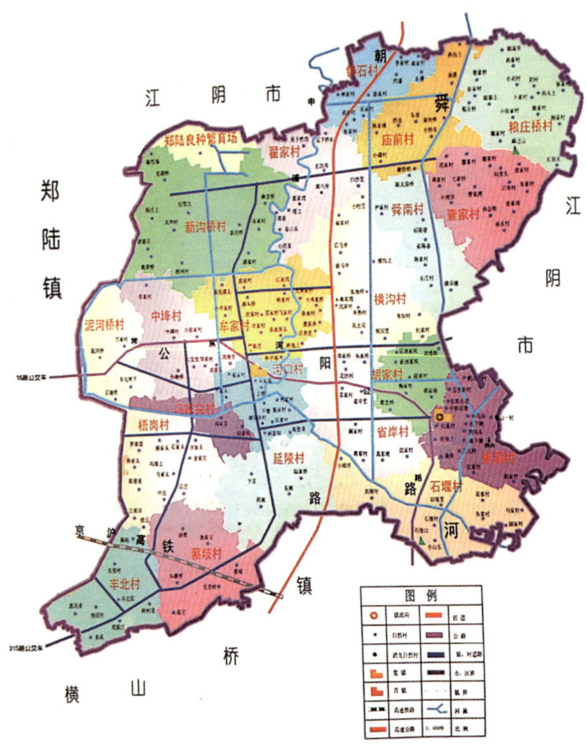

舜焦故里图，舜过山、焦溪处于右侧边缘
（转引自冯顺政主编的《古镇焦溪》，
2002年中国文联出版社出版）

北方大定后，舜决定去东方巡狩。这一年，他与随从乘木筏从长江上游一路踏波而来，但见江面越来越宽，水势越来越平，便在申港上岸，登上了舜山。其时山上松柏森森、翠竹摇曳，一片葱茏，及至山顶四顾，又见沃野百里、茅屋点点、炊烟袅袅。“好一幅江南山水图!”舜极力赞叹之余，对众人说，“我要在这里休养颐年。”舜自接大位以来，东奔西忙，日夜操劳，毕竟年岁不饶人，时年迈七十，他确实需要找一个安静的地方，好好休养一番。舜的大营就扎在舜山上，好似革命者找到了根据地，他舒坦地连睡了几个昼夜。往后，便又开始在周围巡视，他发现当地居民用水，不是山上冲下来的黄水，就是外来入侵的洪水，水中腐枝败叶、蚊虫孑孓，混浊不清。当地人喝了这种水，患病者众多。舜命人在山北开凿水井，得数口，其味甘甜，解决了人畜的用水问题。据说，水井旁至今还能依稀看见当年牛喝水时留下的足迹。住在山上，还须解决灌溉用水问题。舜察看山形，见舜峰前娥眉小岭，有舜山南寺一方凹地，便让人拓宽成池，引水入注，作为山上浇灌、生活用水，人称眉岭方池。舜所带一行人等，需要吃粮，舜不准扰民，亲自带领部下，在山下垦地种粮，被称为“舜田”。待年余，舜山南寺后地区，舜又觉虽气候宜人、雨水充沛，但常遭水淹，主要是雨水缺乏泄通之道，便发动组织四周乡邻，在当年秋冬时节开挖河道。河道从舜山到焦溪鹤山一线，长约十里许。年复一年，开挖了大约5年之久，此河人称“舜河”。在舜河中段(今塘铁桥处)，舜又砍下山上木材，搭建木桥一座，便民往来，这桥名唤“舜迹桥”。舜河的开通不仅解决了我区东北部地区百姓的水涝之苦，稻麦收成也从此有了保障。舜河外通长江，商贾舟楫往来，带来了贸易的便利和市场的兴旺，古镇焦溪便成为地方崛起的一方宝地。据考证，舜在舜山地区的活动时间约有6年，他的到来，不仅开启了民智，使当时地处偏荒的古民看到了文明的曙光，人们的劳动生产方式有了改变，生产力有了提高，生活也有所改善。人们欢欣鼓舞，把丰收的果实竞相献给舜帝，舜坚决不受。舜离开后，又去了南方地区巡狩，最后“崩于苍梧之野，葬于江南九嶷”。

感恩不忘舜德，舜山人民很早就供奉舜帝了。唐代诗人刘长卿有一首《题舜祠》的诗：“弦绝松风生，芳祠怅落晖。祇因山鬼护，万古仰垂衣。”可见唐朝以前，人们就已在此建有舜祠，后又改建为舜庙。庙建在舜山主峰，有南、北两座，相对而立，殿宇巍峨，神像庄严，楼阁殿堂，金碧辉煌。一座小山上，同时建有两座供奉一个人的祠庙，这在历史上是绝无仅有的，可见当地人对舜的敬仰。

舜山南寺

（转引自《古镇焦溪》）

农历三月十八，是舜的生日。每年的这一天，四面八方的香客纷至沓来，上山烧香，纪念虞舜。除了云集的香客，还有众多的游客，场面异常热闹。久而久之，农历三月十八这天，也就成了焦溪舜山的节场，俗称“作节”。作节留客，

家家户户准备酒菜，招待亲朋好友。说也奇怪，三月十八这天从不下雨，即使下雨，也是夜间下雨日间晴，到了中午定然云开雾散，阳光高照。当地有一流传于民间的老话："风吹秦皇山，雨笃小山摊，晒煞舜过山。"意即老天保佑，舜帝洪福齐天。

……4 000 年历史长河浩浩荡荡，它淘尽泥沙，亮出金石，千年不灭，万年不磨。纵观上古历史，中华文化具有三个里程碑：以农耕文化为内涵的炎帝文化，以政体文化为内涵的黄帝文化，以道德文化为内涵的舜文化。《史记》载："天下明德，皆自虞舜始。"舜在舜山地区的舜井、舜田、舜池、舜河、舜迹桥等众多遗迹和为民服务的动人故事，其中绝大部分得以留存和传扬。更重要的是舜留下的"德为生，重教化"的文化精神之魄，在和谐文明的今天，正在我区发扬光大。（陈东夫. 舜 · 舜山 · 舜文化［EB/OL］.（2011-04-29）［2014-10-20］. http：//culture. cz001. com. cn/changzhou/2011/0429/ 186023. shtml.）

关于虞舜的事，司马迁在《五帝本纪第一》中就有令人信服的描述。

舜山北庙
（转引自《古镇焦溪》）

……尧说："唉！四岳：我在位已经七十年了，你们谁能顺应天命，接替我的帝位？"四岳回答说："我们的德行鄙陋得很，不敢玷污帝位。"尧说："那就从所有同姓异姓远近大臣及隐居者当中推举吧。"大家都对尧说："有一个单身汉流寓在民间，叫虞舜。"尧说："对，我听说过，他这个人怎么样？"四岳回答说；"他是个盲人的儿子。他的父亲愚昧，母亲顽固，弟弟傲慢，而舜却能与他们和睦相处，尽孝悌之道，把家治理好，使他们不至于走向邪恶……于是尧把两个女儿嫁给他，以便从两个女儿身上观察他的德行。舜让她们降下尊贵之心住到妫（guī，规）河边的家中去，遵守为妇之道。"尧认为这样做很好，就让舜试任司徒之职，谨慎地理顺父义、母慈、兄友、弟恭、子孝这五种伦理道德，人民都遵从不违。尧又让他参与百官的事，百官的事因此变得有条不紊。让他在明堂四门接待宾客，四门处处和睦，从远方来的诸侯宾客都恭恭敬敬。尧又派舜进入山野丛林大川草泽，遇上暴风雷雨，舜也没有迷路误事。尧更认为他十分聪明，很有道德，就把他叫来说道："三年来，你做事周密，说了的话就能做到。现在你就登临天子位吧……。"这时，尧年事已高，让舜代理天子之政事，借以观察他做天子是否合天意。舜于是通过观测北斗星，来考察日、月，以及金、木、水、火、土五星的运行是否有异常，接着举行临时仪式祭告上帝……二月，舜去东方巡视，到泰山时，用烧柴的仪式祭祀东岳，用遥祭的仪式祭祀各地的名山大川……五月，到南方巡视；八月，到西方巡视；十一月，到北方巡视：都像起初到东方巡视时一样。回来后，告祭祖庙和父庙，用一头牛作祭品。以后每五年巡视一次，在其间的四年中，各诸侯国君按时来京师朝见。舜向诸侯们普遍地陈述治国之道，根据业绩明白地进行考察，根据功劳赐给车马衣服……

舜帝画像

虞舜，名叫重华。重华的父亲叫瞽叟，瞽叟的父亲叫桥牛，桥牛的父亲叫句（gōu，勾）望，句望的父亲叫敬康，敬康的父亲叫穷蝉，穷蝉的父亲是颛项帝，颛（zhuān）项（xū）的父亲是昌意：从昌意至舜是七代了。自从穷蝉之后，一直到舜帝，中间几代地位低微，都是平民。舜的父亲瞽叟是个瞎子，舜的生母死后，瞽叟又续娶了一个妻子生下了象，象桀骜不驯。瞽叟喜欢后妻的儿子，常常想把舜杀掉，舜都躲过了；赶上有点小错儿，舜就会遭到重罚。舜很恭顺地侍奉父亲、后母及后母弟，一天比一天地忠诚谨慎，没有一点懈怠…… 舜二十岁时，就因为孝顺出了名。三十岁时，尧帝问谁可以治理天下，四岳全都推荐虞舜，说这个人可以。于是尧把两个女儿嫁给了舜来观察他在家的德行，让九个儿子和他共处来观察他在外的为人。舜居住在妫水岸边，他在家里做事更加谨慎。尧的两个女儿不敢因为自己出身高贵就傲慢地对待舜的亲属，很讲究为妇之道。尧的九个儿子也更加笃诚忠厚。舜在历山耕作，历山人都能互相推让地界；在雷泽捕鱼，雷泽的人都能推让便于捕鱼的位置；在黄河岸边制作陶器，那里就完全没有次品了。一年的工夫，他住的地方就成为一个村落，二年就成为一个小城镇，三年就变成大都市了。见了这些，尧就赐给舜一套细葛布衣服，给他一张琴，为他建造仓库，还赐给他牛和羊。瞽叟仍然想杀舜，让他登高去用泥土修补谷仓，瞽叟却从下面放火焚烧。舜用两个斗笠保护着自己，像长了翅膀一样跳下来，逃开了，才得以不死。后来瞽叟又让舜挖井，舜挖井的时候在侧壁凿出一条暗道通向外边。舜挖到深处，瞽叟和象一起往下倒土填埋水井，舜从旁边的暗道出去，又逃开了。瞽叟和象以为舜已经死了，很高兴。象说：“最初出这个主意的是我。”象跟他的父母一起瓜分舜的财产，说：“舜娶过来尧的两个女儿，还有尧赐给他的琴，我都要了。牛羊和谷仓都归父母吧。”象于是住在舜的屋里，弹着舜的琴。舜回来后去看望他。象非常惊愕，继而又摆出闷闷不乐的样子，说：“我正在想念你呢，想得我好心闷啊！”舜说：“是啊，你可真够兄弟呀！”舜还像以前一样

待奉父母，友爱兄弟，而且更加恭谨[1]。这样，尧才试用舜去理顺五种伦理道德和参与百官的事，都干得很好……”（司马迁《五帝本纪第一》白话本，谢惠全、张德萍译注）

这些记载，印证了本文开头所介绍的“舜过山纪事”的真实性。至于春秋时期“季札晚年‘去之延陵’，来到舜过山下过起农耕生活，直至在此终老”的历史依据，既可增加人们对圣帝与古贤的理解和认识，更能激起有心人对这片“圣迹之地”的反思与顿悟。

第二节　舜焦故里的文化积淀

曾在1983年撤社建乡后任焦溪乡第一任乡长、现为郑陆镇三河口离休干部的冯顺政同志，对以焦溪为中心的舜焦故里做过长期而深入的研究，挖掘出许多发人深思的文化积淀，这里略引他在《千年古镇——焦溪》一文中阐述过的几例，以飨读者。

黄歇画像

例一：公元前306年，楚国灭越，吴越之地尽数归于楚，据《上海地名志》记载，春申君黄歇来到上海，成为上海记载的第一个政治、经济、文化名人。黄歇受封上海时，黄浦江还是一无名小河，由于河中泥沙淤积，河床过高，经常泛滥。春申君带领百姓疏通河道，筑起堤坝，消除了水患。后人为了纪念他，就将这条河称为春申江，简称申江。在上海城隍庙明永年间还供有春申君的神像。公元前242年，黄歇改封吴墟，无锡、常州、江阴一带为春申君的封地，按理说黄歇的封地十分广泛，但其偏爱焦溪一隅，在“网川里”（焦溪以北麻皮桥、翟家湾、吴下桥）一带开河筑城，此河因黄歇所开，因此叫“申浦河”。“申浦河”从三河口北塘河圣堂桥起，迤逦向北，经承家桥、麻皮桥、翟家湾、吴下桥，江阴的大君桥，季子墓之东，经申港到五厢入扬子江（长江从镇江下游称为扬子江），全长38华里（19公里）。河开成后，以“网川里”为中心筑建“春申城”，城中心为“网川里”，即现在的麻皮桥、翟家湾、吴下桥一带。城中有“网川街”，城东为歇马的前后马岸，城西为西网，城北为江阴申港河鲂鱼，舜山脚下为城之粮仓，并在舜河上建桥，谓之粮庄桥。据《毗陵高山志》记载：“春申君置田凌河，为上下屯，故筑春申城。”“城门内有旗善、中明二亭，明兴、洪武13年建乡，嘉靖间尚存遗址。”后来由于春申君升迁任楚国宰相，以后就在安徽寿县建春申城新址，工程更浩大，焦溪的“春申城”成了半拉子工程，否则，也许能成为武进或江阴的郡中心，武进县与江阴的行政区域规划也许会重新划分。焦溪人民怀念春申君开凿申浦河，使之成为三河口、焦溪、申港一带人民的母亲河，给人民带来了福祉。人民敬仰他，为了纪念他，在“网川里”吴下桥北申浦河东建了一座“春申庙”，供奉了春申神像，当年香火极盛。后来时代变迁，“春申庙”演变成“土地庙”，最后连“土地庙”也被拆，为历史所湮灭。如今已找不到碎片旧影，年老的人还知道一点影子。

此山原名江阴“瞰江山”，相传春申君黄歇葬于此，
因而更名君山。现有“春申旧封”牌坊
（黄歇葬地有多种版本，这里不细说）

例二：常州刺史贾餗（liàn）邀白居易（772—846）到常州来作客，席间向他介绍了武进民俗风情，坊间趣闻。贾餗谈起乌窠禅师二怪之事，白居易早有耳闻。第二天，贾餗与白居易一同乘轿上秦望山（与舜山相邻）寻访了乌窠禅师，登山上了芦岐庵，果见乌窠禅师在树上闭目养神。乌窠禅师闻声下树到庵中接待，白居易道：“高山高树卧高僧，但当居高思危。”乌窠禅师微微一笑答道：“高职高位冠高名，可知其高更险。”

白居易闻言思忖，自己本原职在朝赞善大夫，曾因言事不慎两度遭贬，因而屈就江州司马，现在还遭朋党蜚言，确实宦海沉浮，难以预料，乌窠禅师不愧深

隐高人，回来写了一首《访秦望山乌窠禅师》诗，诗曰："一壑松风引客过，雨花深处访维摩。只缘灵迹看螺尾，始修高僧寄鸟窠。白传有情遗翰墨，青山无语绕烟萝。千秋衣钵争谁属，落叶疏钟月几多。"被收入《全唐诗》。这首诗成了焦溪唐代已成集镇的有力佐证。

焦丙塑像

例三：说起焦丙，焦溪人民人人皆知。……焦丙是元末明初人，《毗陵高山志》记焦丙传："丙，江阴虞门人，隐居焦垫。高皇帝之故人也，帝既定天下，遂下绍有司征求之，先生恐为有司累，间行至京，操鸡酒、驰甬道而入与帝班坐欢饮，加征时，帝赐以金、玉、角三带，先生受角，乃除千户，居无何，挂带而去……焦丙在焦垫设塾施教，开创了焦溪地区重视教育的先河和崇尚好学之风。《毗陵高山志》记载焦溪地区历史上自古以来共走出进士 11 名，包括明朝以后走出李兆洛状元 1 人，走出吴润、吴闾、李琨、吴椿、奚寅、承越 6 名进士，记载了翟永龄、顾汤卿、吴镛等上百名好学有造诣的名人、达士。首辑《毗陵高山志》的作者顾世登、顾伯平即为明朝名士，《毗陵高山志》收录了 57 位明朝诗人的 91 首诗，在这些人中，虽没有记述哪些人出自焦丙门下，但可以肯定地说，焦丙为焦溪开创重教好学之风是有很大功劳的，而且直接影响到清朝一代教育家是镜和承越在焦溪成立"菊花诗社"，直至影响到现代创刊《舜溪风采》和郑陆镇成为武进区命名的文化品牌"诗词之乡"，对焦溪古镇的文化发展有着不可磨灭的功勋……（冯顺政．千年古镇：焦溪［EB/OL］.（2012-06-07）［2014-10-20］. http：//www.zhengluzhen.gov.cn/zjzl/rwdy/409666.shtml.）

第三节　舜焦故里的历史错位

从历史的发展来看，一个地区的兴衰，除了要有基本条件所构成的必然性之外，还必须要有时代激流所冲撞出来的偶然性与之相配合，从而呈现出"必然通过偶然表现出来""偶然表现必然"的现实面貌。例如，浙江"上虞"和苏南"舜焦故里"，两者同是"舜迹"之乡、"文化"故里，但却呈现出极大的发展落差。

……虞舜精神给上虞提供了无穷而深远的精神力量，塑造了上虞人独特的个性和品格。"崇德"是虞舜精神最基本的部分，具有奠基石的地位……

与“崇德”互动互生，“诚信”也同样是广义虞舜精神的核心内容……“激情”是虞舜精神的特质，也是虞舜精神本质的张扬。古老的青瓷发源于上虞，体现了善于创新、勇于创造的激情……“和谐”作为虞舜精神的基本内涵，是舜以德化人思想的终极目的之一，同样是上虞人几千年来养成的重要处世态度。上虞人素有贫富间相互扶持的传统，总额达15.2亿元的民间公益基金编织起上虞民间慈善、仁爱的爱心网。捐献1 200余万元支持家乡教育事业，成为“感动浙江”第一人的张杰先生更是此中的典范……而上虞的民营企业家们也用自己的行动支持家乡的文化建设：王苗通，华通控股集团公司的老总，他不仅把一个小厂打造成全国民营企业500强、中国汽车塑料件行业的龙头企业，更是一举出资700余万元建设陈溪乡……越来越多的社会资金参与到文化建设中来。（余彩龙，潘剑凯．上虞：虞舜文化的新魅力．光明日报，2012-10-22（4）.）

上虞风光之一

读了上述报道，更加剧了我对两个“同是‘舜迹’之乡、‘文化’故里”却出现了如此悬殊的发展落差的惊讶和追索。我在惊讶中追索的初步结果，是发现了其中的一个重要秘密。这是我从两地的历史演进对比中找到的。

据郭沫若考证，殷商甲骨文中已有“上虞”地名，夏帝少康后属越国，战国时期楚灭越后属楚，秦王嬴政二十五年（公元前222年）置上虞县，属会稽郡。新王莽始建国元年（公元9年），废上虞入会稽县，属会稽郡。东汉建武（公元25—56年）初恢复上虞县，属会稽郡。永建四年（公元129年），分上虞南乡入始宁县，同属会稽郡，历三国两晋南北朝不变。隋开皇九年（公元589年），废上虞、始宁入会稽县，先后属吴州、越州、会稽郡……唐武德四年（公元621年）曾以剡县与故始宁地为嵊州……贞元元年（公元785年）分会稽复置上虞。长庆元年（公元821年）并入余姚，次年复置，属越州……元至元十三年（公元1276年）改绍兴府为绍兴道，元至正二十六年（公元1366年）

复为绍兴府，上虞皆为其属县……清承明制。中华民国初年政府制为道制，上虞属会稽道。民国十六年（公元 1927 年）废道制，直属于省……民国二十一年，属浙江省第七行政督察区……新中国成立初属绍兴专区。1952 年 2 月起属宁波专区，1964 年 9 月起属绍兴专区。1968 年 6 月初起属绍兴地区。1983 年 8 月起属绍兴市……1992 年 10 月 18 日上虞撤县设市。据 2010 年统计，全市人口 77.64 万，面积 1 406 平方公里。辖 3 个街道，15 个镇，3 个乡，属长江三角洲经济区域，是国务院批准的首批沿海开放城市和杭嘉湖高科技地区成员单位。（转引自百度百科“上虞区”）

可见，上虞地区的行政设置虽也经历了多次的废立之变，但或县或市的行政整体性从未受到根本性的变更，从而保证了这片土地上事业发展的连续、持久和上升势头，不断地步上新的台阶。尤其值得肯定的是，当地社会对反映五帝文化的“虞舜精神”的仰慕、尊重和发扬，产生了巨大的精神力量和和谐进步的社会氛围，起到了长期的“引领”作用。

但同是圣迹之乡的“舜焦故里”，情况却大不一样了。这是为什么呢？一个重要原因是“战国时期焦溪与建县郡的机会擦肩而过”，这种“历史错位”使得这片“圣迹”之乡原有的凝聚性、整体性和优越性被“分割’乃至“消失”；而对“虞舜文化”的麻木和视而不见，更令我国传统文化的优良种子不能在这里得到正常的发育成长，从而步入“日日新，又日新”的境界，不断创新，造福乡里，繁荣国家。笔者以为，这应该是“舜焦故里”如今出现发展落差的历史渊源。也许，这就是两个舜迹之乡呈现出来的“偶然表现必然”的实际状况。它又一次警告我们：领悟和认识到不以人们意志为转移的客观发展规律是多么的重要！而“守住必然性，抓住偶然性”则是成功的诀窍！

上虞风光之二

第四节　“历史错位”与“一线”“一木”

那么，“舜焦故里”的这种“历史错位”是怎样形成的呢？

经过一番深思熟虑的探索，笔者得出的结论是：缘于“一线”之困和“一木”之束。

所谓“一线”，即在黄歇治下的这片完整的土地上，自他于公元前238年被刺去世至今的2 000多年间，出现了一条“江阴”和“武进”之分的行政界线——焦溪、舜过山成为这条界线的标志属于“武进”，而“常州人文世祖”季札之墓（季子墓）所在地申港及春申君黄歇墓地君山，则分置于这条界线的另一侧——江阴辖区，从而将这片本来凝聚着深厚“地气（实质是人文气势）”的板块，一分为二，陡生诸多隔膜。谁也没有想到的是，在这条边界线上虽然没有驻扎一兵一卒，却产生了类似驻有千军万马“分而治之”的后果。这种后果就是，除了两地民众对于日常诸多事情在心理上形成了“非我”意识而出现距离感之外；在行政管理上更造成了严格的“权力划分”，各方为了不致犯“越权”之嫌，走上了“各自为政”之路。于是这片“舜焦故里”的整体发展气势受到遏制，渐渐地消退，以致“化整为零”，陷进了“边缘化”的泥潭，难以自拔。

常州是一个历史悠久的文化古城，古名延陵，系春秋时期吴王寿梦的第四子季札的封邑。秦置县。以后，城名多次更迭为毗陵、毗坛、晋陵、兰陵、常州、南兰陵、长春、尝州、武进等。“常州”之名始于隋，此前称“郡”，此后至宋称“州”，元称“路”，明、清称“府”，均有辖县。清雍正四年（1726年）起，常州府辖武进、阳湖、无锡、金匮、宜兴、荆溪、江阴、靖江8县。清末，城内尚有一府（常州府）两县（武进、阳湖）治所。1912年废常州府，阳湖县并入武进县。新中国成立初，常州专署辖常州市和无锡、江阴、武进、宜兴、溧阳、金坛6县；1953年1月常州市定为省辖市，当年3月共辖6区；1958年7月，镇江专区迁常州，改称常州专区，常州属之。1961年3月，武进县由镇江专区划归常州市领导。1962年6月，常州市又改名为省辖市，10月武进县复归镇江专区领导。1983年3月实行市管县体制，除辖5区外，增管武进、金坛、溧阳3县。1996年，常州市辖天宁区、钟楼区、戚墅堰区、新北区、武进区、金坛市、溧阳市。（转引自常州政府网）

这与上虞的历史变迁形成了鲜明的对比：在这里，当年黄歇治理下的那种“一体性”遭到割裂后始终没有被恢复；而上虞的一体性始终保持完好，从未遭到破损。令人十分惋惜的是，留有虞舜文化种子的“舜焦故里”，由于长期处于

“边缘化”状态，无法进入人们的视觉中心，先是被冷落，继而被淡忘，那种曾引起黄歇钟情于此的“优势”，也只好默默地等待现代“黄歇”的到来。可见，这无形的“一线”问题是多么的无情和严重啊！

所谓“一木”，便是人们在这种“一线”所造成的氛围下，不仅不像上虞人对“虞舜文化”那样保持着一以贯之的强烈的“文化认同感”“文化继承欲”和“文化创新激情”，而是随着时间的流逝，原有的那种对“虞舜文化”的“亲密感”和“向往感”也开始淡漠而至麻痹，直至对之失却了反省、觉悟与创建的“文化自觉性”，陷入了一种“木讷”[2]状态。也就是说，曾给上虞提供了无穷而深远的精神力量、塑造了上虞人独特的个性和品格的“虞舜精神”，在这片土地上尚未崭露头角，更谈不上规模性地深度开发与创新。

这便是笔者所说的“一线”所造成的困扰和“一木”所产生的束缚，它竟然将能够使上虞地区欣欣向荣的精神动力几乎消弭殆尽！客观地讲，这便是历史偶然性在“舜焦故里”的一种负面表现，这与上虞地区历史偶然性的正面表现形成了如此鲜明的反差，实在令人慨叹不已！

文化无界地有界，人分两地不搭界；一误再误千余年，待到何时再和谐？乡亲们，我们不能再让这种状况继续存在下去了！应当尽一切努力来加以改变。笔者以为，改变这种状况的有效办法就是通过我们自己的“文化自觉”。除此，没有更好的办法了。

所谓“文化自觉”，是借用我国著名社会学家费孝通先生的观点：它指生活在一定文化历史圈子的人对其文化有自知之明，并对其发展历程和未来有充分的认识。换言之，是文化的自我觉醒，自我反省，自我创建。

我们不妨来了解和学习一下浙江上虞人的这种文化自觉吧。

上虞市委书记孙云耀说：“文化是一种力量，能让精神充盈，生活丰裕，从而使社会充满凝聚力。”上虞市市长王慧琳说：“地域文化是一个地方的核心与灵魂，是提升城市品位与精神内核的源泉。”浙江省作协副主席王旭峰说：“因为有了虞舜的精神照耀，上虞的历史被镶嵌成一条珍珠铺就的人文之旅。这得天独厚的眷顾，被一代代后人发扬光大，成就了今日上虞深厚的中国文化品相，盛产人文巨子，盛开思想花朵，为中国精神续神继脉，已然成就了数千年来的历史使命。无论为官为民，为文为商，崇德资文，向善好学，即知即行，蔚然大观。”上虞今天的建设者们，若要上不负精神遗产，下不负黎民百姓，须扎扎实实地沿着既定方向，迎接八面来风，吸收一切优秀资源而不忘其本，有所传承有所扬弃，更以文化支撑，用力均匀，精神物质齐头并进。如此上虞，辉兮煌兮。（余彩龙，潘剑凯．上虞：虞舜文化的新魅力．光明日报，2012-10-22（4）.）

这是上虞人“文化自觉和文化自信”的经验谈，值得我们重视和借鉴，并融会贯通。“文化，能让精神充盈，生活丰裕，从而使社会充满凝聚力”，“是一个地方的核心与灵魂，是提升城市品位与精神内核的源泉”，“虞舜的精神照耀……成就了今日上虞深厚的中国文化品相”。这是多么深刻的认识！多么宝贵的经验！多么动人的指引啊！在上虞人这种文化自觉面前，我们受“一线”“一木”的困扰与束缚，又是何等的“不自在”啊！

在分析了“历史错位”和舜焦故里成为“发展洼地”的基本缘由之后，我们要讨论的是如何填平这片洼地，使之赶上时代的发展步伐，进入平衡和谐发展的新时期。在笔者看来，这并不难，也就是两句话：一句叫作“统一认识，联合开发”，即常、锡、澄三地可以在江苏省的领导下联合开发，无须重新划界，说得简练一点，也就是“一念之变”；另一句叫作“在文化自觉的基础上统筹规划，平衡发展”，即各自的核心区与边缘区平衡开发、“界线”各边的地区联合开发，整体提高。这是解决“一线”“一木”问题立竿见影的上策、善策、长策。

第五节 时代机遇与“三项倡议”

从“必然通过偶然表现出来”“偶然表现必然”的角度来观察，历史发展到今天，我们看到了难得的大好机遇。这就是党的十八大精神、各种新思路、新方针和新策略所反映的时代需求，为我们铺设了一条能够克服“千年损失”，走出“发展洼地”的光明之路。

胡锦涛在十八大的报告中提出了“扎实推进社会主义文化强国建设”的号召。他说：

文化是民族的血脉，是人们的精神家园。全面建成小康社会，实现中华民族伟大复兴，必须推动社会主义文化大发展，大繁荣，兴起社会主义文化建设新高潮，提高国家文化软实力，发挥文化引领风尚、教育人民、服务社会、推动发展的作用。（《坚定不移沿着中国特色社会主义道路前进为全面建成小康社会而奋斗》，2012年11月8日胡锦涛在中国共产党第十八次代表大会上的报告）

习近平在第十二届全国人大一次会议闭幕会上的讲话中也说：

实现中国梦必须走中国道路。这就是中国特色社会主义道路。这条道路来之不易，它是在改革开放30多年的伟大实践中走出来的，是在中华人民共和国成立60多年的持续探索中走出来的，是在对近代以来170多年中华民族发展历程的深刻总结中走出来的，是在对中华民族5 000多年悠久文明的传承中走出来的，具有深厚的历史渊源和广泛的现实基础。中华民族是具有非凡创造力的民族，我们创造了伟大的中华文明，我们也能够继续拓展和走好适合中国国情的发展道路。全国各族人民一定要增强对中国特色社会主义的理论自信、道路自信、

制度自信，坚定不移沿着正确的中国道路奋勇前进（2013年17日下午所作《在全国人大闭幕会上的讲话》，转自人民网）。

党的十八大胜利召开，引领和推动着和平崛起的中国以更加矫健的步伐前进在伟大的民族复兴道路上。这种历史机遇已经光辉四射地呈现在我们眼前，舜焦故里同样可以乘此大好历史机遇，大展宏图，而其意义将远远超过“战国时期”那次“擦肩而过”的“建县郡机会”。

这是为什么？就因为这片古老的江南大地上存在的三种“人文气势”已成了“三大社会性优势”，而其价值如今已大大地攀升。

第一种“人文气势”是：以虞舜文化为标志的“五帝文化”，由于取得了新的史学定位，它的价值发生了历史性变化，这为“舜焦故里”的跨域式发展提供了得天独厚的优势。

五帝时代的重要历史地位在于奠定了中国古代文明的基础，孕育了众多中国古代文明的特点，因而它是研究和认识中国古代文明的关键，在中国古史的研究中具有十分重要的意义。从五帝时代中国古代文明起源和形成的历程可以看出，中国古代文明是土生土长的、原生的，一切外来说都是没有任何根据的。中国古代文明发展是有连续性的，是一脉相承的。虽然可以追溯出众多的支流，但是最终汇合成一个全国性的中心，发达的礼制，完备的典章，不断进取的精神，成为向心力和凝聚力的渊源。这种凝聚力世代向前发展，一直到今天。其表现之一就是民族认同感，全体中国人民都自认为是炎黄子孙，保证了民族团结和国家统一。而另一方面的表现则是大一统思想，推崇统一，强调团结，反对分裂。中国古代文明的特点是重人事的礼乐文明，而不是重宗教的巫术文明，巫术未能占据主导支配地位，这也是中国古代文明形成以后从未中断而一直发展到今天的重要原因。五帝时代的一笔珍贵的历史遗产就是源于禅让的大同理想，强调和谐相处，厚德载物，自尊自信，自强不息，不断地激励后世炎黄子孙为争取历史进步、社会光明而努力奋斗。（李先登，杨英．论五帝时代．天津师大学报：社会科学版，1999（6）．详见十二附件之二）

这一认知来之不易，因为这是经历了半个世纪的发掘研究才得来的。在此以前，我们对中国文化的源头问题一直难以取得较为统一的肯定结论。

经过近五十年来历史学研究，尤其是文献学研究的发展，对于记载五帝时代的古代文献已有了全新的认识，这些古代文献记载被认为是基本可信的。关于五帝时代的文献记载确是后世记录和写定的，并有一个较长的整理和写定过程。我们认为当历史发展进入五帝时代，一方面由于社会生产力及社会生活的发展，人们的社会组织扩大和复杂化，出现了酋邦，并且发生了大规模战争等社会大事，而人们思维和智力的发展又使人们开始认识和记忆这些大事；但当时文字尚未产生，这个时代被后世称为口述史学时期。到了夏、商、西周时期，进入了文明时代，文字及文字记载产生了。但当时文化为贵族和神职人员（宗、祝、卜、史）所垄断，即“学在王官”。民间没有文化，由王室和官府任用为数不多的知识分子来记录当时的事件，同时也开始用文字记录流传下来的五帝时代的大事。这些记载和当时的大事记一起，往往以档案的形式保存于王宫之中，《尚书》中多篇的诰、誓、命正是这种档案。（李先登，杨英．论五帝时代．天津师大学报：社会科学版，1999（6）.）

说到这里，有一个历史细节不能不提起，那就是常州的“人文始祖季札”，原是我国儒学创始人孔子的老师之一。但是，限于篇幅，在此无法细说，只能举其一二，好在《季札为孔子老师的五大佐证》已在2011年8月《武进文史研究》第五期刊出。这里摘录的是同一作者陆惠根先生另一篇论作。文中说到，公元前544年，季札出访鲁国（其时季札32岁，孔子7岁——引者注）被邀观看了一场诸侯们都难得一睹的、当时中华最大规模的《诗经》演唱会——因为鲁国虽也属诸侯国，但它是周公的后代，有资格举办国家级别的演唱会。当时有“周礼尽在鲁”的说法。而就在此次观摩中，天才的季札即兴谈出了一系列的“高见”。

当鲁国的乐工（即乐师）们为他演唱起《周南》和《召（shào）南》时，季札说：“美哉，始基之矣，犹未也。然勤而不怨。”……当乐工又演唱《邶（pèi）风》《鄘（yǒn）风》《卫风》时，季札说：“美哉，渊乎，忧而不困者也。吾闻卫康叔、武公之德如是，是其卫风乎？”……乐工又演唱《王风》，季札说：“美哉，思而不惧，其周之东乎？”……又演唱《郑风》，季札说：“其细已甚，民不堪也，是其先亡乎？”……又演唱《齐风》，季札说：“美哉，泱泱乎大风也哉。表东海者，其太公乎？国未可量也。”……又演唱《豳（bīn）风》，季札说：“美哉，荡荡乎，乐而不淫，其周公之东乎？”……又演唱《秦风》，季札说：“此之谓夏声。夫能夏则大，大之至也，其周之旧乎？”……又演唱《魏风》，季札说：“美哉，沨沨（fēng）乎，大而宽，俭而易，行以德辅，此则盟主也。”……又演唱《唐风》，季札说：“思深哉，其有陶唐氏之遗风乎？不然，何忧之远也？非令德之后，谁能若是！”……又演唱《陈风》，季札说：“国无主，其能久乎？”……对于《郐（kuǎi）风》以下的地方乐调，季札没有加以评论。又演唱《小雅》，季札说：“美哉，思而不贰，怨而不言，其周德之衰乎？犹有先王之遗民也。”……又演唱《大雅》，季札说：“广哉，熙熙乎，曲而有直体，其文王之德乎？”……此后演唱到《颂》，这是此次演唱会的高峰，一支最宏大的乐曲。季札这样说道：“至矣哉，直而不倨，曲而不诎，近而不偪，远而不携，迁而不淫，复而不厌，哀而不愁，乐而不荒，用而不匮，广而不宣，施而不费，取而不贪，处而不底，行而不流。五声和，八风平，节有度，守有序，盛德之所同也。”……（还有对舞蹈方面的评议，我这里不提了）……新近公布的《上博楚简·弟子问》上就有这样一段话，子曰：“生而不因其俗。吴人生十七

年而让札，倜乎其雁，延陵季子侨而弗受。延陵季子，其天民也乎?”以前有很多人认为孔子没有直接赞扬季札让国的话，就等于说孔子对季札让国一事持否定态度。现在有了这个资料，正好可以反驳这个观点。这让我们知道，孔子对泰伯的赞誉、对季札的赞誉都是非常之高的……传说季札还觐见了周王，巧遇了老子和青年孔子。得到了周天子的嘉许，与老子探讨人生哲学，与孔子切磋礼制。(陆惠根. 孔子的老师：常州人文始祖季札［EB/OL］.(2012-09-19)［2014-10-20］. http://www.cnjizi.com/wk/ddlw/2012-09-19/169.html.)

季札的这些评论，较集中地反映出他对“五帝文化”的高度兴趣、了解与认识的全面和深刻。

以上说明，原属“中吴”的常州地区，在我国几千年文化传承和发展过程中有着特殊的经历与脉络。这种经历与脉络将舜焦地区与五帝文化结下了难以割舍的历史联系，这就是五帝中的最后一位虞舜，曾经在这片土地上（舜过山地区）居住、经营了6年之久，播下了五帝文化的种子。尤其是，常州的“人文始祖季札”已经在传承和播扬五帝文化方面开了先河，做出了榜样，令这片“中吴”灵地成了五帝文化“中继站”式的特殊地区。这样一来，一方面让我们有一种无法推卸的宣传五帝文化的历史性“地区责任”；另一方面又给了我们一种社会性“发展优惠”。当然，这种社会性“发展优惠”，只有在出色地担当起历史性“地区责任”之后才能享受得到。这是值得我们关注、深思和努力的。

由此，为了担当起这种“历史性‘地区责任’”，我的**第一个倡议**是：

在舜过山地区建造一座以宣扬“虞舜精神”为主要任务的“五帝文化城”，弘扬中华文明；同时成立“中华传统文化与现代文化发展研究会”，担负起深入研究和广泛传播中华文明，创造性地担当起“古为今用”的历史任务，以促进“中国梦”的实现。

笔者以为，既然“舜过山圣迹”坐落在江苏澄武地区，我们就应该冲破那条无形的“一线”困扰和“一木”束缚，联合起来，共同开发，并主动挑起上述具有全国性影响的重任，当仁不让。这一倡议的直接动机是为了提高常州城市建设与城市经营的文化内涵，贯彻十八大“扎实推进社会主义文化强国建设”的精神；而远景目标则是推动“社会文化自觉和自信”的高涨，促进两种生态文明——自然生态文明和社会生态文明的和谐发展，使雄厚的民族文化中的创造性、建设性活力，在新时期得到充分发挥，让常州市的发展步伐更加稳健、平衡和快捷，并且真正强化具有基础性意义和全国性影响的文化建设。(参见十二附件之二、三)

这里要说明的是，为什么建立“五帝文化城”和“研究会”必须同时起步?理由很简单，因为我们现在对“五帝文化”的发掘和认识，尚处于起步阶段，还谈不上普及，所以二者只有同时展开，才能互相促进，相得益彰。“研究会”

的首要任务是要解决“中国特色社会主义道路”与“五帝文化”之间的传承和创新问题，如“五帝文化”中的“大同”“小康”“和谐”“厚德载物”，以及“苟日新，日日新，又日新”“作新民”等诸种思想理念，在“中国特色社会主义道路”中是怎样体现出来的？起到了怎样的作用？如何体现“古为今用”？它应是何种角色？笔者以为，只有这样，才能展现出建设“五帝文化城”的价值。

习近平指出，中国特色社会主义道路“是在对中华民族5 000多年悠久文明的传承中走出来的，具有深厚的历史渊源和广泛的现实基础”。的确如此，建立“五帝文化城”和成立“中华传统文化与现代文化发展研究会”，是贯彻“古为今用、洋为中用”精神的一种时代创新杰作。而“古为今用，洋为中用”则是中国人民创造出来的阳光大道，胜利大道，不可不重视，不可不珍惜。令人十分兴奋的是，笔者近日见到了“旅法学者”宋鲁郑先生的大作《中国创造新的制度文明》。拜读之下，令人叹服。该文开篇就说：

中国今天的制度是在其政治和文化传统的基础上长期、渐进、内生性演变的结果。今天的中国，人才全国性选拔的适用范围已扩大到最高领导层。最高权力的更替具有以下特点：一党领导、全国选拔、长期培养、异地任职、年龄限制、立法和行政机构的差额选举、定期更替。其中，“一党领导、全国选拔、长期培养、异地任职”是对传统政治文化的继承，“年龄限制”则是中国独创，“立法和行政机构的差额选举、定期更替”则是对西方的借鉴。

该文接着从“中国政治制度的五大优势”“中国制度经得起西方质疑”和“中国开拓更高制度文明”三个层面做了精到的分析和论述，颇有说服力。文章结语称：

中国制度文明充满生命力的崛起将是21世纪人类最伟大、影响最为深远的变革。今天的中国，在重新走向富强的同时也将再一次为人类开拓出更高的制度文明。（《参考消息》2013年12月23日第12版“特别报道”）

我完全赞同宋先生的这个结语。该文对我们认识“古为今用、洋为中用”的历史发展将有很好的启示作用。

不过，建造“五帝文化城”毕竟事大，绝非一蹴而就的事，必须从长计议；还要稳扎稳打，不急不躁；更要善于争取各方面的积极配合与支持，包括有关领导部门的关注和相邻地区的协调；尤其要争取获得社会各界的普遍重视和支持，善于凝聚各方力量，同心协力，齐头并进。

所以，开展这个任务至少应该包括以下几个阶段。

（1）思想酝酿阶段：首先要凝聚共识，做好充分的思想准备。不妨通过举行具有一定广泛性的“专题论坛”来进行，以吸引更多的学者、专家、领导和有兴趣的人们相聚而谋。

（2）整体规划阶段：“五帝文化城建设规划”，不仅须有坚强领导，还应有

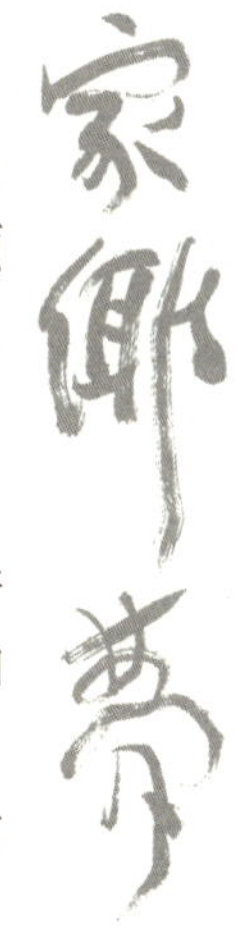

专家学者队伍方能完成，包括历史、文化、美学、雕塑、工程，以及城市经营等方面的学者、专家积极参与。这是具有核心意义的任务，因为只有谋定而动才能争取到较大的把握，不打准备不充分的仗。

（3）分项筹资和制订工程实施计划阶段：这是关键性的一步，必须广开门路引才集资，吸引民间力量，引进市场机制。

（4）计划的实施、完善和验收阶段：这是最烦琐、最具体而又能立见成效的一步，必须步步紧抓不放松。

（5）进入经营运作阶段。

笔者注意到，在《常州市城市总体规划（2010—2020）》中尚未包括这方面的内容。我的建议是，不妨作为一项“特殊动议”来加以考虑和处置。例如，可以将建设“五帝文化城”的起步性筹备任务纳入其中。

第二种“人文气势”是：舜焦地区凸显出传统的教育优势，它与时代发展的现实需求——发展知识经济相合拍，相接轨。这为“舜焦故里”的跨越式发展提供了又一种得天独厚的发展资源。

科举时代，儿童求学，都进私塾。焦溪地区的私塾，从明朝初年焦丙设塾算起，到清朝末年废科举、办学堂为止，历时五百余年。清朝乾隆年间，经学家是仲明学识渊博，远近闻名，他在舜山之麓，创办舜山学所，讲学授徒，四方慕名来学者，络绎不绝。咸丰年间，焦溪创设鹤峰书院，举人承曜珊任书院山长，学者名士，群集其中，切磋琢磨，堪称盛事。舜山学所和鹤峰书院，先后为培养地方人才，起过积极作用。抗日战争期间，在抗日民主政府领导下，焦溪各校坚持宣传抗日救国的道理，抵制奴化教育，拒开日语课程，不少师生走上抗日救亡的革命道路。新中国成立后，在党和政府的领导下，小学教育得到恢复和发展，学校面貌也发生了深刻的变化。（引自百度百科“焦溪镇·教育状况”）

民间教育家焦丙、是仲明、承曜珊等人终身办学的影响，如长江之水，长流不息。这种教育传统在当地产生了十分积极的社会效果，甚至可以这样说，它助推出许多家庭及氏族的积极发展，形成了“好学特性”。例如，在《毗陵承氏宗谱》中就有这方面的记载：

承姓世族的历史发展也有自身的特点：她虽然源于西周王族，并且“史称南方望族”，但在实际上，从一开始就是无实权的“庶出”，并未严格地受王统约束，又与政统缺少瓜葛，而与血统、域统关系密切，尤其自伯起、伯庸（两位是江南承氏家族先祖——引者注）于北宋靖康年间随宋室南渡，来到武进太平乡之后，更是逐步庶化（平民化），以致子孙们只有靠不断迁徙，来谋求立身之处。但是，只因西周王族文化影响，代代相传，所以有了“耕读传家，书礼立身”风气的形成……依我看，“耕读传家，书礼立身”是对“承氏族性”的最好概括。耕的直意是耕种，指农业劳动，泛意为一切生产劳动；读的直意是读书，泛意就是学习……我们先不说这一族性在历史上的社会作用如何，单说在今天信息化知识经济时代，这一族性有着非同寻常的积极意义，对承氏宗族今后的发展十分有利。为什么？道理很简单，因为如今的知识经济就是学习经济、教育经济和创新经济。它不仅要求社会的学习化和知识化，而且要求人的全面发展。包括既能从事体力劳动，又能从事脑力劳动；既有丰富的知识，又有各种能力——尤其要有建立在独立思考基础上的创新能力；既要具有坚强的独立意志，又要具有高尚道德修养和合作素养。（《毗陵承氏宗谱德扬珍藏卷四·跋》第431～434页）

《毗陵承氏宗谱德扬珍藏卷》2004年甲申冬重修，属最新版本。从其中披露的资讯可知，这支繁衍了将近800年的承氏后裔，除了受到虞舜文化的熏陶之外，同样受到了民间教育的影响，从而使承氏族性能够在与时俱新中实现与时俱进，能高度适应时代发展的需求。例如，在承家桥和焦溪乡两地的27、28、29、30和31世的五代承氏后裔中，具有大专以上学历的就有272人之多，其中29人还获得了硕士、博士学位。（据宗谱编纂委员会称，由于种种原因“少数族人未能入谱”，所以该统计尚不完备）

由此，为了促进二者的充分结合，以及迅速形成巨大动力，我的**第二个倡议是：**

在舜焦地区乃至常州全市，开展创建“知识家庭”的社会试点活动，争取建立“中国梦”的发展制高点。

当然，这一活动应由政府提出号召和要求，每个家庭积极响应，以强化家庭的“教育功能”和“学习文化”建设，自幼贯彻学习教育。这是什么意思呢？就是将“现代家庭文化建设”的任务，列为一项社会工程，不仅家长要抓，政府也要抓，改变以往政府处于“辅助”地位的弱势状态。这个“创建知识家庭工程”的中心任务，是要普及“现代学权——最高人权”观念[3]，使青少年懂得“学权”的重要性，学会将这一“最高人权”终身牢牢地掌握在自己手中，在生活中表现出人人懂学，爱学，好学，优学，巧学，学会创造性学习，具有创新、创造、创业的能力，从而发挥出人人具有的创造潜能和建设潜能。这一工程有两个关键环节：一个是社会教育，包括各级各类学校、社会机构和团体；另一个便是家庭主管——家长责任。第一个关键环节不在我们今天的讨论范围。第二个关键环节，也不可能面面俱到，我们如今要抓的便是推动家长担负起具有高度社会迫切性的任务——学会缔造“知识家庭”，做到尽心尽责。

“知识家庭”的标准应该是：三代以上（含三代）全员达到大学毕业文化水平。如果达此标准，政府则授予“知识家庭”的荣誉称号，并给予适当奖励。这项活动可在取得一定经验后，在全市逐步推广，形成社会主流风尚、生活追求方向和广为流传的习俗，持久永续。笔者期待的是，常州市应该成为引领这种社会最新潮流的先驱和中坚，披荆斩棘地向前迈进。

家乡梦

2010年3月2日，教育部继续对《国家中长期教育改革和发展规划纲要2010—2020年》（征求意见稿）进行解读。高等教育司司长张大良称，目前我国大学生的数量不是太多，而是太少，所以要将普及率扩大到40%……如今大学在校学生2 979万人，2020年计划增加到3 550万人。这样的数量，对于13亿人口的大国，以及如今的经济社会发展情况来说，不是太多，而是少了……根据专家的研究，在今后30年左右的时间我国可以进入高等教育强国的行列（2010年3月5日《农村大众》）。

温家宝在第十二届全国人大一次会议上作的《政府工作报告》中“过去五年的工作回顾”一节也指出：

四是坚持实施科教兴国战略，增强经济社会发展的核心支持能力……全面提高教育质量和水平，高等教育毛入学率提高到30%，国民受教育程度大幅提升，15岁以上人口平均受教育年限达到9年以上（2013年3月5日《北京晚报》）。

这就意味着，将“大学……普及率扩大到40%”的目标既有现实基础，又十分及时[4]。

笔者20世纪50年代在部队从事过成人扫盲工作，在南京工兵学校从事过新闻工作，60年代转业至山西大同担任一所厂办中、小学联校的行政领导，70年代至今，投身于大学教育，见证了我国教育事业曲折而又略带爆发式的发展历程。如今，我国的文化教育事业似乎又到了一个向更高水平进军的快速发展期，成为突破当前我国发展瓶颈的关键任务。对这种机遇性的教育问题，笔者曾经写过一些研究文章，但是，有一个方面至今尚未触及，而这个方面的影响之大却越来越牵动人心，而且可能在我国普及大学教育的进程中，还有着特殊的关键性意义。

这个方面不是别的，就是“家庭文化”和“家庭教育”建设。精确地说，造就“知识家庭”的关键是要有最好的“家庭教育”和最好的“家庭文化”所给予的正面影响。

人们常说“家庭是社会的细胞”，的确如此。生物靠细胞分裂，社会靠家庭扩展。家庭，既是人类代代相传的繁衍基地，又是抚育代代新人的广阔园地，还是代代人才成长的温馨摇篮，更是繁荣社会的力量源泉。从家庭的抚养和培育功能上讲，父母是孩子的“第一任老师”与“终身向导”；是他们最可信赖、最愿听从的引路人；更是子女健康成长、成才、成功的“第一责任人”。“养不教，父之过。”（《三字经》语）如今，由这种“过”所造成的“包袱”，已令许多家长背得越来越重了；当然，也有不少家长因为教子“有方”，享受着终身的幸福。所以，如能实现这一倡议，对于家庭，是一件“消过添福”的大好事，对于国家是发展知识经济、富国强国的一大贡献。那么，对于一名家长，是否可以这样认为：只有当他的子女成为德才兼备的有用人才，方可承认他是合格的：否则，即使他本人曾经立过功，创过业，甚至成为高官、富豪，那也是不及格的家长，是有愧的。

关于家庭教育与家庭文化建设，在人们的心目中，历来仅仅被当作是家庭和家族的事情，很少与政府直接挂钩。但是，这种状况必须加以改变，甚至已经到了刻不容缓的地步。其中的缘由便是，家庭教育和家庭文化建设在现代社会人才工程中的作用越来越凸显出来，包括正面与负面的作用，无不达到令人震惊的地步，如果政府再不采取有力措施，将会产生十分严重的后果。

在家庭文化和家庭教育中，有一个“心理指向”问题特别重要。所谓心理指向，包括兴趣指向、情绪指向、性格指向、审美指向、意志指向、创造指向等。这些指向的形成，离不开“师学”与“自学”，但相比之下，“默化”的作用尤为显著（参见十二附件之六、七）。

幼儿在心理发展上有一个关键期，这个年龄在 4 岁左右。……在这个阶段，外界的影响能够发生最大的作用，儿童的心理在这种外因的影响下能发生量和质的变化。错过了关键期，外界的影响就不那么大了。而且儿童某些方面的发展若错过了关键期，会造成无法弥补的后果。20 世纪 20 年代在印度发现的两个狼孩子，刚刚回到人的环境中时仍保持着狼的习性，智力也只相当于初生婴儿的水平。其中一名较大的女孩有七八岁，在以后几年的训练中，她的行为逐渐去掉一些狼的习性，开始适应了人类生活，在智力水平上也有所提高，学会了一些简单的词汇与数字概念。但是直到她 17 岁死去时，其智力发展水平仍不能与同龄的正常儿童相比，远远低于正常儿童的智力水平。（王极盛．应用心理学．郑州：河南人民出版社，1986：99.）

的确，笔者的亲身经历可以成为一个很好的实例。

我 7 岁丧母。但母亲对我说过的两句话却成了终生的“座右铭”和生活指针。这两句话就是：“要学好，要走到人前去。”而我念念不忘父亲说的心里话，最刺我心的也只有一句：“我就是少念了几年书。”他小学没有读完便下田种地了。这就是说，我从小由家庭文化的“隐蔽课程”中受到的“默化”，始终推动着我为实现自己的梦想而努力，其中就有一个“大学梦”。这次“八二”还乡，我在鹤山墓地告慰父母亲在天之灵的就是这方面的结果：我的一家三代七口人，都已获得了大学本科学历[5]。我告慰父母大人：“您俩唯一的孙子还是一位博士，其余家庭成员中还有两位硕士。我们没有落到人后，您二老可以长眠无忧。安息吧！”（参见十二附件之一）

我想说的是，像我这样一个贫农子弟，在 80 余年的自身奋斗中营造了一个三代七口人具有大学毕业学历的“知识家庭”，为什么不能有更多的人实现这种“大学梦”呢？如果要我来回答，我会说：“只要有这种梦想，在今天的条件下，定然没有一个人做不到。”因为今非昔比，我们的国家，如今不仅“以人为本”，

而且在建设社会主义小康社会中实行“科教兴国”方针和“人才强国”战略，以致普及大学教育正逐渐成为社会的需求，具备了一定的技术条件和社会条件，并且会越来越充分，越来越完备。

不过，创建“知识家庭”、普及大学教育，同样绝非一蹴而就的事情，同样需要长期努力，乃至几代人终身的努力。在这种认知的指导下，我想谈以下几点思路，以供参考。

（1）在政府主导下，充分吸引民间力量大力建设和发展正规高校与地区性的大学网络教育，使常州市真正用两条腿走路的方法尽速提高大学教育普及率，以有效推动“知识家庭”的涌现。其第一步是建立“学习型家庭”。

常州历来崇文重教，翰墨飘香。改革开放以来，常州全面落实“科教兴市”战略和教育优先发展地位，大力推进教育改革，不断加大教育投入，积极探索具有中国特色、时代特征、常州特点的教育发展新路，初步形成“基础教育高质量、职业教育高水平、高等教育有特色、终身教育有成效”的事业发展格局，为全市推进富民强市工程、实现“两个率先”提供了重要的智力支撑和人才保证。（常州教育网）

这就是说，常州地区的基础教育比较扎实，具备了提高高等教育普及率的基本条件。据了解，常州市近三年参加高考的高中毕业生人数如下：2011 年，24 099 人；2012 年，22 848 人；2013 年，22 105 人。三年合计：69 052 人。这显示了“基础教育高质量”的特点。但是，不可否认，我们的发展仍然受高等教育发展不充分的瓶颈的限制和约束，例如，这 69 052 人不可能全部进入高等学府。所以，必须想办法加快步伐，突破这个“瓶颈”，单纯的等待是不会有出路的，也是不负责任的。

提高高等教育普及率的第一目标应该是提高应届高中毕业生的升学率；同时还应满足社会在职人员的大学学习需求。在这条道路上，能够迅速扩展正规高校的规模当然很好，但毕竟难度较大，相比之下，充分运用互联网缔造的“虚拟空间”，加快发展网络高教，就显得前途更加光明，更加有效，更加现实。

网路教育作为一种新兴的教育方式，其光明的前景被很多人看作是一块巨大无比的极其诱人的蛋糕。有人说我国目前的网络教育处在春秋战国时期，现在全国各类教育网站 3 000 余家，基本上都是各自为战，即使是一些高校（现在有 68 所）所举办的网络教育也是处于一种初级阶段。而 2002 年 3 月成立的瑞典网络大学是由 390 所高校联合举办的。网络大学所开设的课程由各高校提供，实现各校申请加入的原则，申请加入的院校必须为网络大学提供网络课程或教育培训，并负责各自学校的软硬件设施建设，还可得到政府的一笔专项经费，并成立董事会。董事会由学生和加入高校的校长组成，负责对网络大学的运行情况进行监督。在英国的开放大学，网络教育也非常成功。所以我国的网络教育亟待规范，应该充分利用好现有资源进行必要的整合和扩张……（中国必须加快网络教育的发展[EB/OL]．（2012-10-22．[2014-10-20]．http：//www. beiwaionline. com/aboutbeiwai/wljyztc/webinfo/B45188213114779htm.）

笔者考虑：不妨将“网络教育处在春秋战国时期”的比喻加以引申。

我国春秋时期有“五霸”：《史记》称“五霸”是“齐桓、晋文、秦穆、宋襄、楚庄”；《荀子·王霸》则称“五霸”是“齐桓、晋文、楚庄、阖闾、勾践”。不过人们通常采取《史记》之说。有意思的是，后人往往只赞赏“第一霸”，因为他具有“开创性”，值得“效法”。

第一霸有两个意思，一是第一位产生的霸主，二是实力最强大的霸主。春秋第一个霸主是齐桓公，但是齐国后来由强渐衰。实力最强的是秦穆公，地位最稳固。

笔者认为：“常州市应该走瑞典联合举办网络大学的康庄大道，从而成为我国当今‘网络教育春秋战国时期’的‘秦穆公’。”

对笔者的这一想法，有人认为：“恐怕很难做到，因为常州地区的大学数量凤毛麟角，凝聚不起相当的力量!”

对于这种看法，我要说：“错了！因为在虚拟世界里已不存在物质世界中的距离问题。直白地说，在互联网上，常州地区的大学，可以与上海、南京、北京、成都、西安等全国各地的大学同时联合讲授，而学生不管在什么地区，只要能进入这个领域，就可以同时听课学习。”

这么说来，问题就只有一个：就是领导层的眼量、胆识和组织能力。

如果要给这座网络大学起个名，不妨可称“常州焦丙网络大学”。这一来是为了纪念民间教育家焦丙，同时也可体现普及高等教育和造就知识家庭的办学精神。当然，必须建立一个关键的核心机构——常州市的“网络高等教育联络组建中心”（简称“网高联组中心”或“网高中心”）。这个中心的第一个任务便是考察“瑞典网络大学”的发展经历，引进他们的先进经验，为我所用，跨出“洋为中用”的实际步伐。

我还要说，在缔造知识家庭、普及高等教育的历史性任务中，有这样低成本（相对于建设传统高校）良机，何乐而不为呢?！而且，这种机遇瞬息即逝，要是现在抓不住，过不了多久很可能就再也抓不到了，更不必说当什么网络教育春秋的“秦穆公”了！

（2）以“现代学本论”作为发展家庭文化和家庭教育的指导思想，以“学权观”为主题，以“默化论”作为行为规范依据，在家庭教育中对子女从小进行“人以学为本”“国以教为本”的教育（参见十二附件之七、八）。现代学本论视学权为最高人权。

（3）创办“家长进修学院”，提高家长教子水平和大力推广学习型家庭建设

经验。

课程设置：家长的社会责任与正确的心态；儿童及青少年创造心理学；创造性教育学；创造性学习学；默化理论；爱国人生观的确立及其在人生中的意义；创造性家庭文化研究；创造性人才案例分析等。

研讨内容：现代知识经济社会对人的素质要求；现实生活中的育儿问题；社会发展对创造性人才的需求；创新能力的培养和锻炼；幸福论；“上行下效”“潜移默化”在家庭的具体表现与行为规范，以及良好家风的形成与代代相传等。

这仅是一种意向，而实行起来还必须解决许多实际问题，如由哪个政府部门主管？是常设还是短期集训？教育计划谁来制订？教师哪里来（我主张聘请中小学校长和大学相关专业教授担任）？经费如何解决？行政列编处所？等等。

（4）出版“家长读物”，以便满足家长们在开展这一工作时的实际需求，引导和帮助他们早日实现成功教子的“文化自觉”。在此，我要推荐刘克龙的两册新著：《培养最优秀男孩全书》和《培养最优秀女孩全书》。作者提出“培养最棒的孩子，智商、情商、德商、励商、财商、学商，一个都不能少”；又说“培养杰出男孩，父母需要策略”“培养优秀女孩，父母更需要智慧”。笔者以为，该书不仅十分应时，而且是具有献计献策作用的“家长读物”。例如，该书强调：

父母在培育男孩的时候应遵循以下几点：给男孩足够的空间；男孩要“穷”着养，别让他太“富有”；身教重于言教，父母要做男孩的榜样；学会“扬长避短，充分发挥男孩的优势”……（刘克龙．培养最优秀男孩全书．北京：中国妇女出版社，2013：2-3.）

父母在培育女儿的时候应该遵循以下几点：要遵循女孩的性别特征及身心发展规律；女孩要“富”着养，父母要做到爱护而不娇惯；抓住女孩发展的重点阶段及重点问题；培养女孩要把着眼点放在当前社会。（刘克龙．培养最优秀女孩全书．北京：中国妇女出版社，2013：2-3.）

儿童的教育培养是“知识家庭”的基础建设，只有根基打得牢靠，“知识家庭”建设才会有希望，有保证。

创新能力是人类最重要和最有价值的一种能力。我们可以毫不怀疑地说，对一个男孩来讲，他将来有多大成就，关键在于他的创新能力如何……好奇心是孩子的天性（男孩的好奇心更强），也是培养孩子创新能力的前提。（《培养最优秀男孩全书》第 112、113 页）

好奇心是激发女孩创新能力的动力，它可以唤起女孩的内在潜能……富有创造性的孩子，一般都有较强的好奇心。许多发明创作其实都不是事先预料到的，往往是在好奇心的推动下，经过创造性思考得出来的。（《培养最优秀女孩全书》第 174 页）

(5) 创办《家长》杂志，建立家庭教育交流平台，促进家庭文化的优化发展；同时发动媒体关注这方面的宣传报道，在潜移默化中形成积极的舆论导向和社会整体影响。

(6) 建立社会的家教管理机构，并纳入政府管理范畴；更应广泛建立家教咨询机构。

(7) 将家庭教育发展状况和动态水平纳入社会统计系统，并及时在相应范围公之于众，激发社会比较效应。

(8) 给“知识家庭”（初定连续三代全员大学毕业的家庭）以重奖（奖励办法由政府制定）。首先，在这个计划启动时，应表彰一批达标的“知识家庭”。随后，每年表彰，形成制度，树立风尚。

(9) 建立开展这一社会活动基金，以补充经费的不足。

(10) 探讨和建立各级各类学校与家庭教育密切合作的机制。

(11) 引进和大力宣传国内外的先进教子经验。（参见十二附件之六、八、九、十、十一）

开展这一活动的目的有二：① 激发和提高家长的育儿责任心、积极性，以及操作水平，向“知识家庭”的目标稳步前进；② 引导新一代树立重学、懂学、爱学、善学的思想，牢固确立“现代学权观念”，具有克服一切困难攀登学习高峰的意志和实际行动，养成独立的创造性学习习惯。其远大目标，则是实现“中国梦”。一句话，普及高等教育要从家庭抓起，在每个儿童心里播下“大学梦”的种子。

第三种“人文气势”是：舜焦故里的农、商、工诸产业打下的具有江南鱼米之乡经济特色的物质文明基础、深厚的文化脉流，已与现代发展的时代需求强烈交融，相得益彰，正宜待机构建全新的社会发展格局和人民生活新模式、新风尚。

舜焦地区的农、商、手工业及各类副业生产，在新中国成立前一直是其主业，罗织出一片江南鱼米之乡的美景。新中国成立后，生产力得到进一步释放，出现了新兴工业的苗头。改革开放以来，生产再上新台阶。

以焦溪镇为例，2001 年全镇实现地区生产总值 7.53 亿元，完成财政收入 6 164 万元。农业总产值 1.67 亿元，其中多种经营产值 1.44 亿元。粮食总产量 1 585 万公斤。拥有农机总动力 2.62 万千瓦。出栏生猪 3.7 万头、家禽 39.45 万羽，年产水产品 136.3 万公斤、水果 417.3 万公斤、蔬菜 1 080 万公斤。拥有工业企业 923 家，其中股份合作制企业 815 家、个私企业 108 家。实现工业产品销售收入 12.55 亿元、工业利税总额 1.14 亿元。拥有三产实体 2 761 个、从业人员 7 935 人。消费品零售总额 1 亿元，集贸市场成交额 0.6 亿元，实现第三产业增加值 3.04 亿元。近年来，镇党委、政府认真落实科学发展观。农业结构日趋优化，葡萄、蜜梨、高档花卉、奶业等产业特色继续增强。全镇葡萄、蜜梨种植面

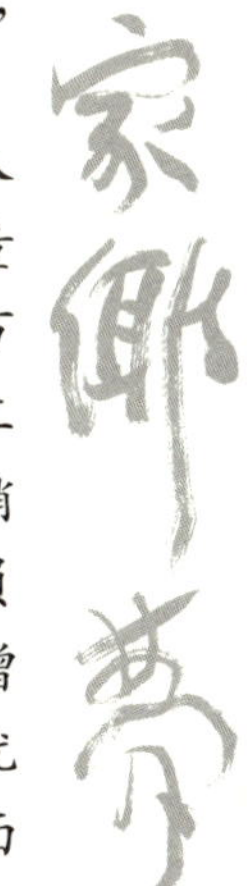

积达 5 700 余亩，设施农业、观光农业初具规模，焦溪是武进区著名的林果之乡。全镇工业经济蓬勃发展，主要有一次性医疗器械、干燥设备、塑料机械、化工、电子、农机、彩印包装、食品加工、装璜建材等九大行业，上万个品种，焦溪在全国享有“一次性医疗器械之镇”“塑料机械之镇”“干燥设备发源地”等美誉。产品远销西欧、日本、中东、东南亚等 50 多个国家和地区。近年来彩印包装、铸造加工、塑料塑胶、钢管制造、化工等行业发展迅速。2005 年实现工业产值 31 亿元，销售收入 28.5 亿元，完成地区生产总值 13.78 亿元，财政收入 1.45 亿元，全镇农民人均收入 8 100 元。（引自百度百科“焦溪镇 · 经济状况”）

这就是说，这片舜焦故地，虽然它长期处于“发展洼地”的不利地位，却以其三种强大的“人文气势”，迎接着今天伟大发展时期的到来，尤其在“常州精神”的支持下，展示着具有不可估量的发展潜能，一旦乘风而起，大有势如破竹、后来居上的前景。

近闻焦溪古镇开发项目已经启动。这是一个很好的消息，我衷心祝愿它取得圆满成功。因为笔者对该项目的具体细节并不清楚，难以发表见解，在此，我只能就个人对开发舜焦故里这块“边缘地带”谈些大致设想。

但是，舜焦故地未来的价值，不仅仅体现在“千年古镇”的魅力上面，更反映在由于上述三种“地气”与现代知识经济融和发展而形成的文化经济生态区的辉煌方面。在这里，应该看不到被“边缘化”的痕迹，与“中心区”比翼齐飞；也不存在悬殊的“贫富差距”，繁荣共富是生活的品质，而和谐幸福则是社会的特色。常州的龙城之气，将会从这里凝聚起来，不仅可以弥补历史的缺失和延误，更将体现出这片“中吴之地”龙脉精神蕴育的巨大力量，并将表现出在现代化发展中创造性潜能的无比强大和发展空间的无限拓展。

由此，为了平衡地区发展，我的**第三个倡议**是：

以虞舜文化为根基，借重黄歇的精气，登乘“城乡一体化”的时代列车，抓知识化、现代化，抓创新发展与生态建设平衡发展，沿十里舜河，运用现代“线性城市”理念，营建一座全新的“舜焦锦廊智慧城”，填平这片“发展洼地”。

这方面的工作可能更加艰巨和繁重。这里，也只能概述几条。

（1）沿十里舜河，运用现代“线形城市”理念，营建一座全新的“舜焦锦廊智慧城”。“走廊”的一端是“五帝文化城”，另一端是“古镇焦溪”，将“古镇焦溪”与舜山“五帝文化城”以新型“城镇走廊”形式连接起来，营造一种新面貌，新气势，新格局。这座线性建筑群的各部分，可考虑建一条沿舜河的锦绣长廊将其连接，所以，其名不妨称“线形舜河锦廊智慧城”（简称“舜焦廊城”或“舜河锦廊城”）。

……有关统计显示，当前中国的城镇化率已达到 50% 以上，超过很多人的预期，主要是因为这个统计把在城市居住了半年以上的农民工都算作了城市人口。如果按拥有城市户口的人数计算，中国的城镇化率约有30%，与欧美发达国家80%左右的城镇化率相去甚远。……中国不能照搬西方城镇化模式，一定要走适合中国国情的城镇化道路。中国的城镇化模式应该是“老城区+新城区+新社区”，其中新社区是中国城镇化的最大特色。老城区应进行改造，如改造棚户区、城中村，使之变成商业区、文化区、服务区及宜居区。在试验区、工业园区、高新技术开发区等新城区，应大力发展商业，吸引民众定居，不能到了夜晚就成空城。新社区建设作为中国城镇化建设的重点，首先应建设新农村，这需要将村的建制改为社区自治，还需要到位的公共服务，以及城乡社会保障趋向一体化，这又涉及户籍制度。将城市户口与农村户口合二为一，并非一朝一夕的事，“积分制”与“分区推进制”可双管齐下。大城市实现“积分制”（如上海），将教育背景、专业技术职称和技能等级作为积分项，积分达到要求即可解决户口。在新社区（包括部分新城区），条件成熟时可实行“分区推进”，即一个地区一个地区解决户口问题。（摘自2013年11月8日《北京晚报》第四版“改革之道”专版，《〈北京晚报〉记者专访厉以宁教授，城镇化=老城区+新城区+新社区》）

十里“舜焦锦廊智慧城”，应属于厉以宁教授所说的带有“新城区”前景的“新社区”，即这座具有线形城市远景的“舜焦城镇走廊”，不能等到“新农村”建成后再来筹划“新城区”，而是应该同时规划、分头实施。这是第一步。

第二步，同时考虑在“五帝文化城”形成之后，向常、锡、澄等八方辐射“线形智慧城市”建设，以强化和加速传播“虞舜文化”为主体的“五帝文化”与现代江南文明的结合，加速老城的改造和创新城市建设（参见十二附件之十二）。

线形城市（或称线性城市）的概念，是由西班牙工程师索里亚·玛塔于1882年首先提出的。随后，这方面的研究不断有人深入，并向着“实践化”的方向发展。1956年，有“生态建筑学之父”之称的一代建筑大师保罗·索莱里（Paolo Soleri）重返美国，在亚利桑那州斯科茨代尔定居下来，致力于他的“精益线形动脉城市”（Lean Linear Arterial City）的实践，直至93岁生命结束。

按照构想，在线性中央公园沿岸平行建造30层以上的多功能高塔楼，集多种日常生活功能于一体，人们可以通过步行或借助自行车、电梯或交通巴士在几分钟内快捷抵达办公地点或商铺，从而节省日常交通时间。在线性城市两侧，将是大型农场、农田、高山、湖泊或森林，人们可以在自然和城市之间轻松切换，动物也可与人和谐相处。而尊重自然，让人与自然和谐相处，正是建筑生态学的主要目的。正如索莱里所说，建造城市是为了文明发展和社会交往，这是伟大的力量，也是人之为人的原因。将杂乱无章的城市规划根本重构为密集、整合、三维立体的城市，从而支持可以维持人类文明的复杂活动，这样的城市建设将是人类进化过程中的必要方法。（郭爽．“线性城市”可为中国城镇化提供样板．参考消息，

2013-04-16（11）.）

笔者的意思是，舜焦十里城镇走廊的生态化建设，应该放在常州市的总体建设规划中来考虑，甚至还要与更大范围的相邻地区的发展相协调。所以，“舜焦廊城”的建设，绝不是一件简单的事，尤其不应是“老旧市镇”的翻版，要充分体现出未来两种生态平衡，包括农业现代化、城乡一体化，以及建立在普及高等教育与家庭知识化基础上的人力资本集中化等特色，让人有强烈的和谐、充裕、美丽、幸福感，一定不要仓促行事，要有充分准备。首先要深入研究和学习保罗·索莱里等生态建筑学家们的主张，以及中外的先进经验、先进理念，从他们那里取得一些灵感和建筑学方面的启发，然后结合我们自己的实际情况提出具有高度可行性的方案加以实行。

（2）建设“舜焦十里城镇走廊”的基础性任务和充分必要条件，首先是要放在普及高等教育和缔造知识家庭方面。应当号召本地区具有中等教育水平（已完成扫盲教育）的青年，通过“自学”在10～15年内达到大学毕业水平。假使如上所说，常州地区能尽快建立网络高等教育体系，“常州焦丙网络大学”能够尽快开课，这个目标是不难实现的。

（3）在本地区创办一所为实现现代农业的“中等职业学校”和高等大专院校。

……实施中等职业教育免学费政策，覆盖范围包括所有农村学生、城市涉农专业学生（温家宝2013年3月5日在第十二届全国人大一次会议上所作《政府工作报告》）。

这项国家政策已经实施。这不单是出于“教育扶贫”，主要是为了促进农业现代化，因为如果没有大量现代农业科技知青留在农村，农业现代化就是一句空话。当然，农业现代化光靠“中等职业教育”恐怕也难彻底解决问题，需要更高的知识水平和开展农业科学研究。但一步到位也不现实，是否可以考虑先在常州大学下面办一个农学院？地点设在舜焦地区。这也十分有利于造就更多的“知识家庭”；而“舜焦城镇走廊”最大特色正是“知识家庭”的兴起（参见十二附件之九）。

（4）营造一套四通八达的水、陆交通网，将舜焦地区连同申港的“季子祠”、江阴的“君山”等文化圈内诸景点衔接起来。可以充分发挥城市轨道交通的优越性，使其在促进解决常州发展中不平衡问题方面显露身手。

（5）修建一批反映文化研究新成果和民族文化精髓的文化馆，并依此积极开展地方文化活动，扩大文化活动影响。

（6）修建一座面向本地区的图书馆，努力将它建设成为信息基地和信息传播中心，送书下乡，传播现代农业知识和实用科技。

（7）开展综合性现代农业科学的研究活动，吸引众多知识青年为发展地区多种经营的农业发挥自己的创造潜能。

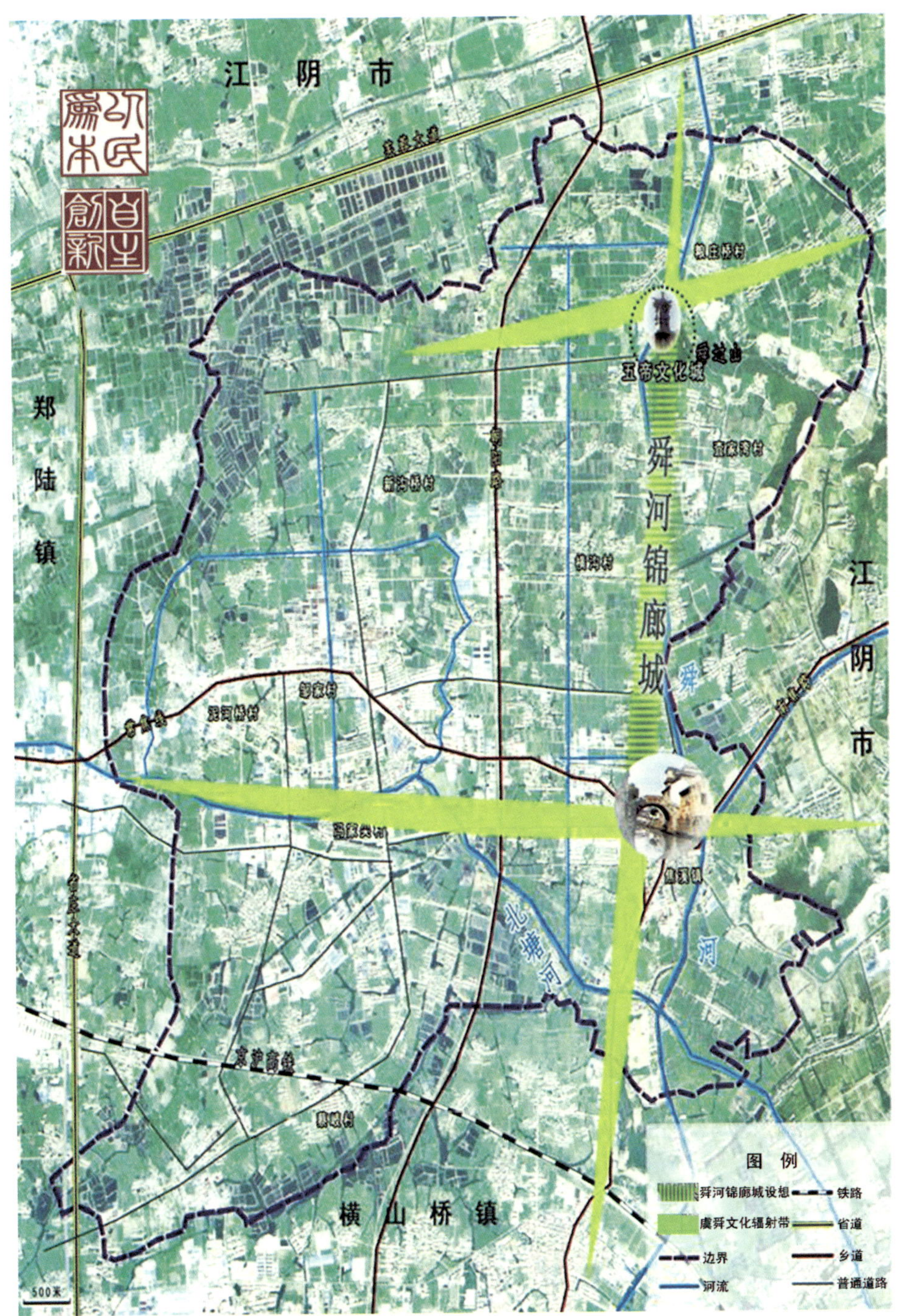

沿十里舜河的线形“舜焦锦廊智慧城”及其辐射方向示意图　本图设计　吴兰若

示意图印章：以民为本　自主创新

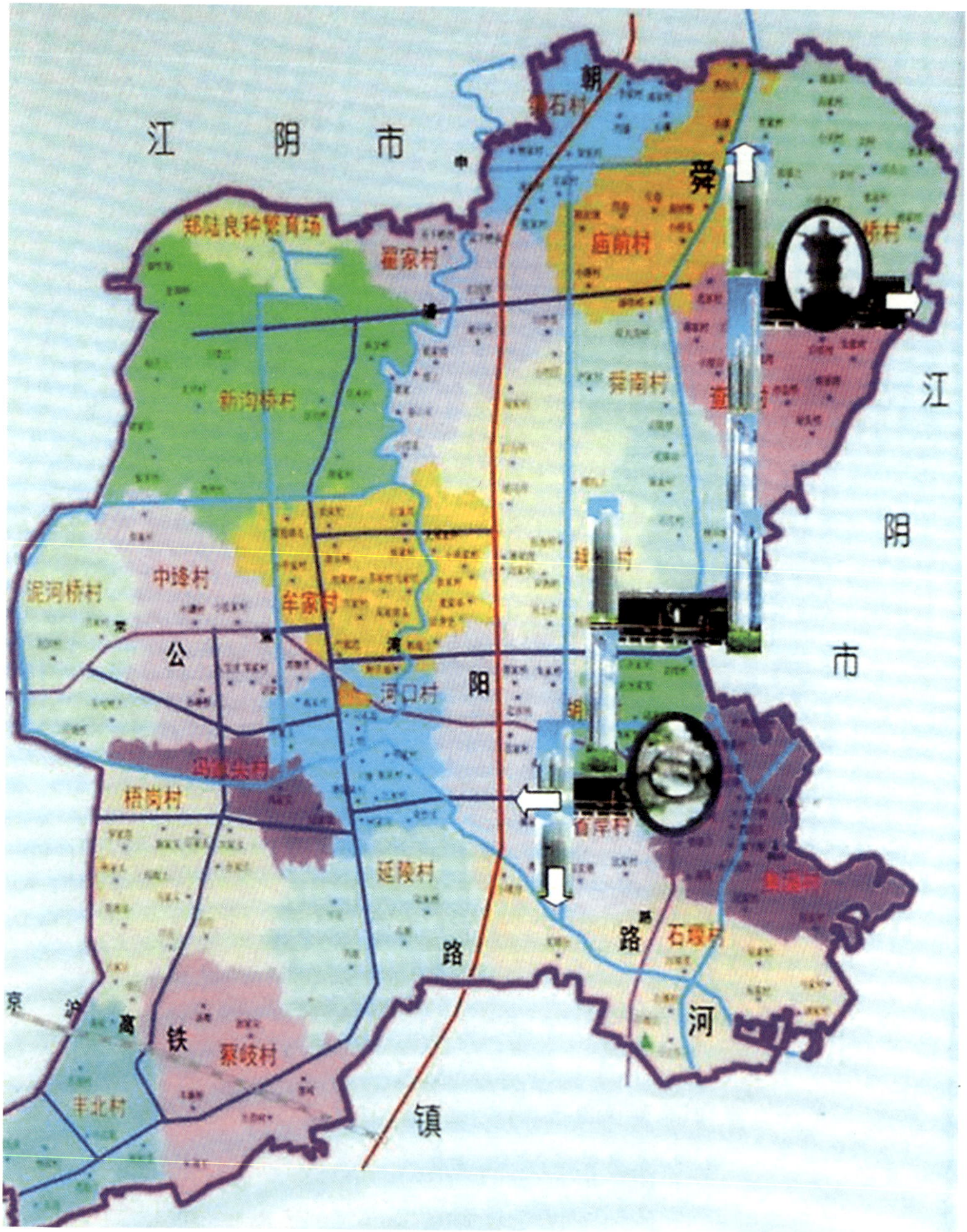

舜焦线形锦廊智慧城建筑组合结构说明（地图原图采自《古镇焦溪》一书）

① 楼高 20～30 层，以减少用地；②“锦廊”的功能是提供城镇建设的通透性、观赏性和宜居性，而跨越舜河的廊桥，更能体现出民族建筑的特色，是“古为今用、洋为中用”的形象化注释；③ 整体建筑的设计应因地而宜、因时而宜，属智慧城范畴。

（8）创办知识家庭活动站，推动学权活动的蓬勃发展。舜焦故地这片“发展洼地”如能摆脱“一线”“一木”的困扰，它不仅可以和常州的整体发展取得平衡，而且还能充分凸显出它深藏的无穷潜能，对常州的发展向更高水平进军起到意想不到的推动作用，成为政、文、农、科、工、商六位一体的生态平衡发展地区。

具有伟大历史意义和现实意义的党的十八大已经胜利闭幕，她为我们实现民族复兴的梦想又添了一把火，拓展了更广阔的前进道路。笔者在学习十八大精神之中，提高了对开发舜焦故地的认识，产生了新的激情，有言在喉不能不说，现铺展在此，愿与读者共商之。

笔者注意到《常州市城市总体规划（2011—2020 年）》中提到的“一城七片”的形态结构：一城为常州中心城区；七片为孟河、奔牛、邹区、潢里、雪堰、洛阳和横山桥。这是很有全局观念的十年规划。但可以说是一种“近期规划”，具有工作计划性质。本文谈及的是“中国梦”中的“家乡梦”，时间跨度可能是 100 年或者更长，比如说一个家庭要实现三代人具有大学毕业学历，起码得 60 年吧。那么一个地区要成片出现“知识家庭”，时间将会更长。再如，建设“五帝文化城”和十里“舜焦锦廊城”所花的时间，也不是几十年能够完成的。但是，这两者又并不矛盾，而是可以很好地结合起来，“长线规划，短线着手”应该是最佳选择，或者说是必要的选择。从这个角度出发，我们也许对习近平指出的，在贯彻十八大确定的各项任务时要面向“两个一百年”目标的号召，更能深入地加以理解。所以说，“舜河锦廊智慧城”的建设，更不是“一蹴而就”的事情。

第六节　常州精神与舜焦愿景

舜焦故里的发展，虽然因受“一线”“一木”的影响放慢了步伐，但仍充满着生机，因为在这片土地上，“常州精神”强烈而馥郁，一直在鼓舞激励着人们。这种精神，笔者以为可以归纳为以下三种：民本精神、教科精神、三爱精神。

延陵季子像

民本精神

所谓“民本精神”，即以民为本，以民为先。这一精神之源，最早可以追溯到虞舜时期。这一点，从一开始所引的陈东夫先生的《舜·

家乡梦

舜山·舜文化》一文中就看得很清楚了。该文说：“舜在舜山地区的活动时间约有6年，他的到来，开启了民智，使当时地处偏荒的古民看到了文明的曙光，人们的劳动生产方式有了改变，劳动力有了提高，生活也有所改善，人们欢欣鼓舞，把丰收的果实竞相献给舜帝，舜坚决不受。”这不是民本精神又是什么呢？千百年来，这种精神虽然并没有像上虞地区那样被发扬光大，但也没有泯灭，而是一直在民间被传颂和效法，经久不衰，令人念念不忘。

第二个源头当数“常州的人文始祖季札”了。

季札是当年吴王阖闾的叔叔，吴王夫差的叔祖父。他说：“富贵之于我，如秋风过耳！”所以留下了“三让王位”的佳话。公元前544年，他出访鲁国，有过一次“观乐议政”活动，他在评论《颂》这支最宏大的乐曲时有这样一段话：“用而不匮，广而不宣，施而不费，取而不贪，处而不底（zhǐ），行而不流。”意思是：“广用智慧从不匮乏，宽弘又不显侈大，施惠于民，显不出耗费了什么，征收之时，又没半点贪图之意。？”这是一段对权威王者爱民行为的赞语，同时由衷地表达了自己内心的民本主张和爱民情操。这股精神源流，同样一直在舜焦地区，在龙城全境流传至今，备受人们仰慕。

教科精神

所谓“教科精神”，即“优教重科，科教兴业”。这种精神能够生根在常州地区，我们也可举出几位代表人物来加以佐证。首先应该提到的，就是本文“舜焦故里的文化积淀”一节中说到的焦丙、是仲明、承曜珊等多位终身的民间教育家，是他们“开创了焦溪地区重视教育的先河和崇尚好学之风”，在此就不再重复了。

这里要强调的是另一位重要人物盛宣怀。盛宣怀（1844年11月4日—1916年4月27日），汉族，出生于清末常州府武进县龙溪（即今常州市钟楼区五星乡盛家湾村），逝世于上海。世人对于具有一代盛名的洋务派人物盛宣怀的评价曾大相径庭。慈禧太后称“盛宣怀为不可少之人”；他的台柱子和引导人李鸿章的评价为“志在匡时，坚韧任事，才识敏赡，堪资大用”；张之洞赞他“可联南北，可联中外，可联官商”；孙中山夸他“热心公益，而经济界又极有信用”；鲁迅说他是“卖国贼、官僚资本家、土豪劣绅”。但《盛宣怀传》的作者、华东师范大学教授夏东元则认为他是“处非常之世，走非常之路，做非常之事的非常之人”——“资本主义实业家和新式教育家”，后来他又表示赞同《解放日报》加冠“慈善家”的提法。如今，夏东元教授的观点，得到了广泛的认同。不过笔者要强调的是，盛宣怀给我们留下了难能可贵的“优教重科，科教兴业”的宝贵精神。限于篇幅，在此只能摘引两段文字，以资简介。

盛宣怀在办洋务事业的实践中，认识和切身体会到，没有与这些新的企事业相适应的新式人才，将一事无成。所以他在经营企业的过程中往往创办附设于企业的带有学堂性质的训练班，如办电报局时，他在天津、上海等地办有电报学堂；督办汉阳铁厂时，也办有附于该厂的学堂……1895年秋，也即盛宣怀任天津海关道三年之后，在他权力和经济能力所许可的范围内，得到直隶总督王文韶的支持和批准，创办了北洋大学堂，校址设于天津，即今之天津大学前身……盛宣怀办北洋大学过程中，订了两条规则：其一是不许躐等。他说，中国过去学西学的学生所以成绩不显著的原因之一，就是“学无次序，浅尝辄止”，本大学堂的学员必须循序渐进，“不容紊乱”。必须坚持完成学业计划，不许中途他骛。其二，学习专门科学技术，文字语言不过是工具。……1896年春，盛宣怀禀明两江总督刘坤一设立南洋公学（如今已扩展为上海交大、北京交大、西安交大、西南交大和台湾新竹交大——引者注）……就在他上奏请办南洋公学前几个月，他函告谢家福说：“各省试办中西学堂，系为造就人才，大处着笔，方能开天下风气之先，挽中国积弱之政。”……盛宣怀办学思想的可取之处，还在于他非常重视基础教育……他说：“师范、小学，尤为学堂一事先务中之先务。”故他除1897年首先招收师范生外，“复仿日本师范学校有附属小学校之法，别选年十岁内外至十七八岁之聪颖幼童一百二十名设一外院学堂。外院学堂即是小学堂，有师范生分班教习。接着于1898年开二等学堂”……南洋公学是我国最早兼师范、小学、中学、大学完整教育体制的学校。促其成者为盛宣怀，中国近代教育史上应给予一个席位。（夏东元．盛宣怀传．上海：上海交通大学出版社，2007：188-194.）

19世纪70年代，年轻的盛宣怀怀揣实业救国的远大抱负，只身从苏南小城来到上海。他通过“招商风云、矿务波折、北洋南洋、善举义赈”，创办与经营了当时亚洲第一大钢铁联合企业——汉冶萍煤铁厂矿公司、中国第一条铁路干线——卢汉铁路、中国第一家本土银行——中国通商银行、中国第一所正规大学——北洋大学堂、中国第一个电报局——天津电报局等“十一个第一”，对中国近代工业、金融业、教育业等多个领域做出了积极贡献。盛宣怀怀着强烈的“与洋人争利”的民族自尊心，敢于在“人皆视为畏途”的商战中与洋人角胜，他在求富求强的道路上留下了艰辛足迹（江苏亚细亚影视制作有限公司产品之一的人物传记片《盛宣怀》“剧情简介”语。该剧是江苏省委宣传部和常州市委宣传部专

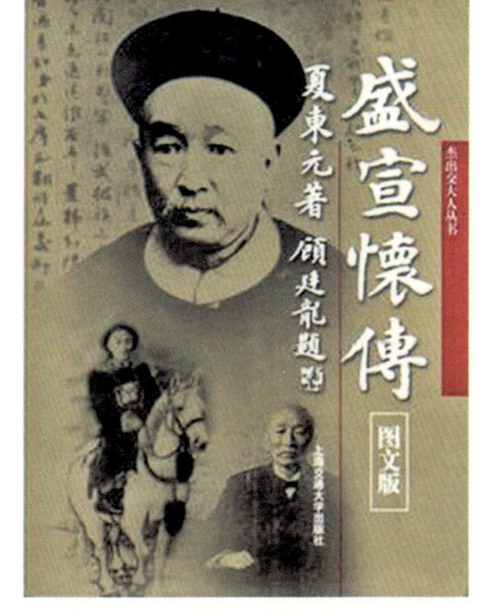

夏东元著《盛宣怀传》，2007年5月由上海交通大学出版社出版

门作为向上海世博会的献礼片被央视收购和首播的）。

盛宣怀出生于鸦片战争后第 3 年，秀才出身，26 岁时（清同治九年）被李鸿章招入幕府，协助李鸿章办洋务。1873 年，轮船招商局正式营业，盛宣怀担任会办，从此他开始正式成为清末洋务运动的核心人物之一。值得一提的是，在这场洋务运动兴起的学校中，设置了物理、化学等课程。这件事当时并不起眼，但却产生了十分重要的进步作用——为我国传统理念“格物致知”添加了科学内涵。对于这点，丁肇中有他的体会。

我父亲是受中国传统教育长大的，我受的教育的一部分是传统教育，一部分是西方教育……因此，我想借这个机会向大家谈谈学习自然科学的中国学生应该怎样来学……在中国传统教育里，最重要的书是“四书”。“四书”之一的《大学》里这样说：一个人教育的出发点是“格物”和“致知”。就是说，从探察物体而得到知识。用这个名词描写现代学术发展是再适当也没有了。现代学术的基础就是实地的探察，就是我们现在所谓的实验。但是传统的中国教育并不重视真正的格物和致知。这可能是因为传统教育的目的并不是寻求新知识，而是适应一个固定的社会制度。《大学》本身就说，格物致知的目的，是使人能达到诚意、正心、修身、齐家、治国的地步，从而追求儒家的最高境界——平天下。因为这样，格物致知的真正意义被埋没了……科学发展的历史告诉我们，新的知识只能通过实地实验而得到，不是由自我检讨或哲理的清谈就可求到的。实验的过程不是消极的观察，而是积极的、有计划的探测……实验的过程不是毫无选择的测量，它需要有小心具体的计划。特别重要的，是要有一个适当的目标，以作为整个探索过程的向导。至于这目标怎样选定，就要靠实验者的判断力和灵感。一个成功的实验需要的是眼光、勇气和毅力……我觉得真正的格物致知精神，不但是在研究学术中不可缺少，而且在应付今天的世界环境中也是不可少的。在今天一般的教育里，我们需要培养实验的精神。就是说，不管研究科学，研究人文学，或者在个人行动上，我们都要保留一个怀疑求真的态度，要靠实践来发现事物的真相。现在世界和社会的环境变化得很快，世界上不同文化的交流也越来越密切。我们不能盲目地接受过去认为的真理，也不能等待“学术权威”的指示。我们要自己有判断力，在环境激变的今天，我们应该重新体会到几千年前经书里说的格物致知真正的意义。这意义有两个方面：第一，寻求真理的唯一途径是对事物客观的探索；第二，探索的过程不是消极地袖手旁观，而是有想象力的、有计划的探索。希望我们这一代对于格物和致知有新的认识和思考，使得实验精神真正地变成中国文化的一部分。（获得诺贝尔奖的第 3 位华裔科学家丁肇中《应有格物致知精神》）

近代科学是人类的一种新活动、新精神、新方法，有人认为是新宗教。如果要给它的诞生一个确定的日期，我会选择 1687 年，即牛顿（Isaac Newton，

1642—1727）发表他的《自然哲学的数学原理》（*Philosohiae Nathematica*，简称《数学原理》）的一年……可以说，在公元1687年诞生了的是一种革命性新世界观：宇宙具有极准确的基本规律，而人类可以了解这些规律。（杨振宁．杨振宁文集．上海：华东师范大学出版社，1989：784-785.）

但是，从1687年起到1895年秋中国成立北洋大学的200多年间，由于种种历史原因，这种“革命性的新世界观”并没有进入中华国门。直到洋务派创办的新式企业引进了科学技术和新式学堂设置了自然科学课程，才使这种世界观在我国生根开花，造就了中国一批掌握自然科学的知识分子和工程技术人员。其后，随着越来越多的青年出国留学，原来锁国的闸门才豁然被打开。

1897年到1898年间开始派遣学生东渡日本留学。到1907年，大约已有1万名中国学生在日本留学。几年后留学浪潮蔓延至美国和欧洲……引进近代科学在中国是一个争辩几百年才达到的决心，可是在下了决心以后进度却是惊人地快速。（《杨振宁文集》第791页）

总之，洋务运动的这种进步性，盛宣怀发挥了自己的积极作用，使得“优教重科，科教兴业”的精神产生了全国性影响。当然，在他的家乡，“优教重科，科教兴业”精神的影响，要比其他地区更深一层。

三爱精神

所谓“三爱精神”，即“爱国、爱家（家庭、家乡）、爱劳动（包括体力劳动和脑力劳动）”。

“三爱精神”的源头，当可追朔到舜帝在舜山“巡耕”6年播下的种子，他的民本思想，发展农耕、水利，改造和优化劳动环境，以及对舜焦地区所蕴含潜力的发现、筹谋和经营，使这片原始“蛮荒”之地露出了最初的勃勃生气。他的这种精神，随舜河之水一直流淌至今。

在这江南之地，追随舜帝的是季札。

季札认为传位嫡长乃礼法所定，坚持不受王位……吴王余祭只好册封延陵为季札采邑，封为侯，封地大约涵盖今常州、武进、江阴、丹阳一带……季札执掌延陵40余年，知礼，守法，廉正……相残之事，愤而“去之延陵”来到古时虞舜劳动生活过的舜山，在山上密林处搭几间民舍，过起躬耕农樵生活……季札虽愤恨忌世，心里却仍挂念着百姓生活……舜山北麓有一个村庄，原来以种桑养蚕为生，过得很清苦，尤其到了春三月，常常缺粮断炊。季札一次下山经过，就教农民在旱埂上播种胡萝卜，秋冬时，家家收获的胡萝卜像金条堆满了一屋，渡过了春荒。第二年，季札又教当地村民扩种水稻，农家从此不再缺少口粮。第三年，村民用多余的胡萝卜喂猪，用猪粪肥田，产量比先前翻了一番，农家粮食多得堆放在田头、村头，一垛垛、一囤囤，成了远近闻名的粮庄村。2 500多年来粮庄村名一

重建后的申港季子祠（赵德中 摄）

直沿袭叫着，人们总是念念不忘他带来的福祉……公元前484年，93岁高龄的季札在舜山无疾而终，当地百姓像失去自己的亲人一样给他送终安葬，墓地就选在舜山脚下的申港。孔子怀着崇敬的心情为他写下了十字墓碑“呜呼有吴延陵季子之墓。”（陈东夫《延陵季札与舜山》第93-96页，2012年9月中国文联出版社出版）

笔者（左一）与亲眷茅国文（中）、茅国良（右一）于2009年10月拜谒季子祠时合影（赵德中 摄）

季子祠内宅（赵德中 摄）

季札晚年这段生活给人们的启示就是，他在效法舜帝，用行动继承虞舜的“三爱精神”。而历史的逻辑，又让一代又一代后人效法着两位先贤的榜样继续前进。

近现代以来，西学东渐，常州人才在传承历史的基础上，展现出新的时代风采。在文学艺术、新闻出版、史学研究等传统领域中，大师级人物成批出现。有洋务派代表人物盛宣怀，爱国实业家刘国钧，书画学家刘海粟等。在学术领域中，享有学术界最高荣誉称号的，民国时期有赵元任、吴稚晖、吴定良等多名中央研究院院士。新中国成立以后，有华罗庚、吴阶平为代表的中国科学院27名院士，以及在海外为炎黄子孙争得荣誉的一大批科技俊彦；至于在革命风云际会中脱颖而出的“常州三杰”瞿秋白、张太雷、恽代英，“爱国七君子”中的李公朴、史良等为代表的一批革命家和社会活动家，更是时代精英，在常州杰出人物的历史星河中永远闪烁出耀人的光彩。（常州历史文化［EB/OL］.（2012－01－04）［2014－10－20］. http：//www.jcrb.com/zhuanti/szzt/jsjcx/jsjcxft/201201/t20120104_784807.html.）

祠内深处的延陵季子墓（赵德中 摄）

这段引文虽短，却蕴含着大量信息，它说明常州精神具有这样一个特点：在与时俱新的基础上，呈现出与时俱进气势。

4 000年前，虞舜东方巡狩到此，筑室高山，居住了6年之久，留下了“德为先，重教化”的舜文化精神。2 000多年前，延陵人文始祖季札三次让国，隐居舜山，躬耕养老。战国晚期，春申君黄歇率领居民开凿申浦河，建春申城。唐代，有一焦先生淡泊功名，隐姓埋名，看破红尘，在龙溪河边建朝阳庵，焦溪始称焦村。晚唐时期，毗陵处士魏璞无意功名，隐居舜山，才高诗丰，引得当时著名文人皮日休、陆龟蒙常来舜山唱和诗文。元末明初，更有与开国皇帝朱元璋有师徒之谊、不慕荣华富贵的焦丙挂带弃官，隐居焦溪设塾教书。沧海桑田，人事代谢，及至明、清，流传着吴润、吴闾、瞿永龄、奚曰宗、是镜、李兆洛等文人、名士脍炙人口的故事……冯顺政同志长期从事乡镇领导工作，1994年以后两次中风，现年七旬，仍怀为家乡“留住文化，抢救遗产”的强烈责任感，以顽强的毅力克服种种困难，历时三年，收集整理大量资料编纂了这

冯顺政主编的《古镇焦溪》

本《古镇焦溪》，为古镇焦溪的保护开发，做了一件实实在在的好事，为抢救保护非物质文化遗产做出了贡献，其精神可敬可佩。在此……我表示感谢！（常州市前任市长王伟成《古镇焦溪·序》）

就是在这本《古镇焦溪》一书里面，主编冯顺政在“列代明贤”和“近现代名人”两节中，或简或繁地写下了216位当地各色人物的品德和业绩，让我们有理由认识到常州精神的第二个特点：其影响不仅又深又远，而且已经走上了“化民成俗”的高台阶。也就是说，“三爱精神”在舜焦地区，乃至常州全境，可说已经成为一种全民性风俗，可说是达到了习惯成自然的地步。

三爱精神还有第三个特点：它的“爱国爱家”精神是建立在“钟爱劳动”基础之上的。劳动神圣。因为统一于主体的体力劳动和脑力劳动，让人类走出蛮荒，脱离饥寒，摆脱茹毛饮血、刀耕火种的时代，走向物阜民丰；又推动社会从手工技术发展到机器大生产，直至现代的信息化时代。人们普遍认为，马克思的劳动价值论不会过时，劳动永远是创造交换价值和使用价值的唯一源泉；它不仅创造了人类本身，更创造了人类文明，创造了社会财富和百姓幸福，并将创造未来的光明。这已经被五千年的中国文明史和世界文明史所证明，而且也将被未来的人类发展史所证明。常州地区有幸从虞舜那里承继到这样的劳动传统，并且不断发扬光大，这的确是我们的幸福之源和希望所在。尤其令人兴奋的是，在“三爱精神”的驱动下，舜焦地区的文化、经济出现了种种新鲜苗头，人们无不憧憬着未来。

下面，特地推举两篇纪实作品，从两位作者对亲身经历的描述中，我们更可体验到“三爱精神”的力量和温暖，以及在今后200年发展中将会发挥何等“势如破竹”的作用。

纪实作品一

常州焦溪采梨

江南一燕/文

翠冠梨是常州焦溪的特产，它皮薄肉脆汁甜，品尝过的人都说比砀山梨要好吃得多。可惜由于身处无锡、江阴、常州的三地交界处，兴许是交通运输的不便，兴许是行政藩篱的阻碍，再加上种植时间不是很长，没有形成浓厚的历史积淀，只是作为一个水果品种而不是一个文化符号为人们所铭记，可说是养在深闺无人识，所以销量一直不温不火。

“翠冠”好喜人，两手捧不下

为了打破这一困局，造福桑梓的常州网友，自行发动起来，组织网友们开展“游览焦溪古镇，采摘翠冠蜜梨”的活动。我有幸参与其中，用镜头记录了这一切。

今日“翠冠”少认识，一旦闻名天下扬

（http：//www. xici. net/d174041833. htm，有删节）

纪实作品二

山青水秀疑无路　舜山脚下水果香

浮生闲人/文

黑葡萄

7月，市场上的第一批夏黑葡萄刚上市，我便第一时间来到了焦溪镇查家湾村，寻觅枝头最早的累累硕果。走进崭新而宽敞的常州查家湾生态林果专业合作社办公楼，该村的书记同时身兼合作社负责人的顾相才与他的副手查主任从二楼的接待室迎了出来，有关查家湾的故事，也由此揭开了篇章。

好山好水——一个有传说的桃花源

走进接待室，桌上的一本书吸引了我的目光——《舜山脚下的故事》，看出我的好奇，顾书记乐呵呵地指着窗外一大片连绵的青山说："那就是舜山，而这本书里记着的，就是我们村的历史和传说。我们这里的山、水、田、庙、桥，包括我们村，都承载着一连串上古舜帝东巡的故事，我们有着渊源流传的舜山文化，更继承了舜帝重德重孝，开拓创新的精神。"

舜山得名于曾在此筑室开耕、助民改善生活的舜帝，而其北眺长江，南临太湖的优越地理位置，使这里嘉木葱茏。连绵的山脉间一湾舜水环绕，山清水秀的自然风光让人心旷神怡。树林郁郁葱葱，山泉清澈甘甜，田野凝露滴翠，舜山脚下的查家湾，就是一块风景秀丽、环境优美、远离现代都市工业污染的"世外桃源"。查家湾三面环山、一面临水，是一块难得的休闲胜地。而这里830余亩的林果基地上，更囊括了葡萄、翠冠蜜梨、银杏、枇杷、杨梅等多个品种的水果，新鲜可口，绿色健康。都市忙碌的人们，讲究生活质量的人们，可以趁着假期，自驾到查家湾玩个水果采摘，在山间钓鱼嬉戏，充分领略田园风光，享受大自然的清新美丽，真是人生的一大乐事。顾书记介绍说，除了能够来此品尝采摘林果之外，要是信佛的人还可以趁早晨，爬到舜山之巅，到舜南禅寺烧第一炷香，感受山间的空气宜人，品尝下山时的山泉爽口。在灵山圣水的恩泽之中，舜山的查家湾村人近水楼台先得月，舜过山下的焦溪果农，沐浴在舜溪之灵山圣水中，自然多了几分灵秀之气。生长在灵山圣水的查家湾村的水果，自然也多了几分“神秘”和“甜蜜”。

果品鲜美——一种由科技带来的高效农业

透过办公室的玻璃窗，舜山下一排排翠绿的葡萄藤和一垄垄翠冠梨映入眼帘，枝头缀满的葡萄和梨在纸袋的保护下日趋成熟，再等两天甜度和口感将达到最佳，查家湾生态林果专业合作社丰收的时节就在眼前。顾书记难掩喜悦，笑着招呼果农：“枝上的夏黑葡萄已经不错了，快摘几串下来给城里来的客人尝尝！”

黑葡萄是查家湾林专业合作社从外地引进栽种的新品种，它延续了巨峰葡萄和提子两个品种的优点，颜色紫黑，具有甜度高、无核、抗病性强、卖相好、耐贮藏、易运输的特点。除此之外，合作社还有翠冠蜜梨、银杏、枇杷、杨梅等多个水果品种。为了种好水果，查家湾人成立了合作社。在社领导的带领下，通过科学规划、科学种植，采用生态管理、套袋生产的方式，使得林果的产量大幅提升。

这边一片提子林

刚上市半个多月的夏黑葡萄，这几天卖价达到了 15 元一斤，除了山东、温州、杭州、上海等外地客商批量采购外，本地的一些客户以观光游的方式来采摘，为葡萄园聚集了更多的人气。有的夏黑葡萄才七八分熟，就被客商采摘一空。“像前几天，天还朦朦亮，就有外地的客商来运夏黑葡萄。我说这几天葡萄还不是很成熟，过几天再卖。他们装着不明白，便提着篮子去采摘，并扔下钱就走了。”说到这里，顾书记开心地笑了。

地灵人杰——一群致富有方的查家湾人

一方水土养一方人，舜山地区自古便流传着名人的故事，而当代舜山人更是不输前辈，凭借精益求精，不断求新求变的精神将查家湾村的林果业带上了一条高效农业致富之路。人常说“吃不到葡萄说葡萄酸”，这种“酸葡萄”心理是小

农经济下的“酸葡萄”理论。在市场经济中熬炼出来的查家湾村人，创造了一种新理论——“只做最好的甜葡萄”理论。顾书记告诉我：“吃葡萄时你要从最好的一颗下口，然后专拣最好的吃，吃到最后一颗还是最好的葡萄，因为你根本没有将差的葡萄引入你的视线。你眼睛和心灵专注什么，你就会创造什么。我们只追求第一，只做精品。如果你先吃差的，吃到最后一直是吃差的葡萄，因为你没有追求卓越的心态和目光。”这就是查家湾人“只做好的”“要做就做第一”的精品理念。在这个理念下，查家湾村种出的水果达到了绿色无公害水果标准，拿到了常州名优农产品的殊荣，查家湾生态林果专业合作社成为了常州市三好三强合作社之一。

那边一座葡萄园

尽管如此，顾书记仍表示：“这几年水果发展速度惊人，同质化现象非常严重，果贱伤农现象屡屡出现。在这样的背景下，只有走特色之路，精品之路，结合特色与精品，实施品牌战略。”是的，饱经了市场经济历练的查家湾果农合作社，依靠统一科学管理、统一培训、统一销售、统一品牌、统一包装的五“统一”战略思想，开始走上了精品水果的品牌战略之路，向着培育真正的有机、绿色、无公害水果目标努力。他们凭借这个专属于他们自己的“查家湾林果”品牌，做大做深了有机、绿色、无公害文章。如今，他们已经着手在做这方检测，可望马上就用栅架式栽培，从而将水果的口感和产量提高到一个新的台阶。将来，他们还想利用舜山脚下优美的环境，筹建舜山农家乐、舜山农家游等游览观赏项目。查家湾林果专业合作社的品牌之帆，一定会迎风飘扬，风光无限。［转引自《金土地》2011年第7期（总第93期）］

这就是舜焦故里人“三爱精神”的现代版展现。

由“民本、教科、三爱”构成的“常州精神”，既植根于深深的民族文化底蕴之中，又奋进在时代激流的浪涛之上，它必将创造出前所未有的辉煌。沿着这个思路，在笔者的脑海里，终于产生了由上述“三大倡议”构成的美好愿景，形成了对两个百年的大致展望。

第七节　承氏民企创建之集锦[①]

前面提到，在舜焦故里一带繁衍了将近800年的承氏家族，是西周王族源远流长的支系。

承氏远祖起源于西周卫国之公族……在南朝宋中（公元420—479年），新置"南徐承县"于兰陵（武进）……北宋末靖康之变（公元226年），伯起、伯庸两兄弟……南渡两浙西路……伯庸的后代分居武进、江阴、无锡等八邑。（《毗陵承氏宗谱》编委会首席顾问承鸿鑫）

这支族人，除了受到中华五帝文化的熏陶之外，在历史发展的进程中，同样受到了当地民间教育和舜焦故里文化的感染，从而使承氏族性能够在与时俱新中实现与时俱进，高度适应时代发展的需求。

这种熏陶和感染，使得舜焦故里承氏族人在我国当今经济改革大潮中的所作所为，可说是独树一帜。下面就相邻的承家桥和焦溪镇两地承氏族人于民企创建中的表现，来作一见证性概述。

一、承家桥承氏族人民企创建的崛起

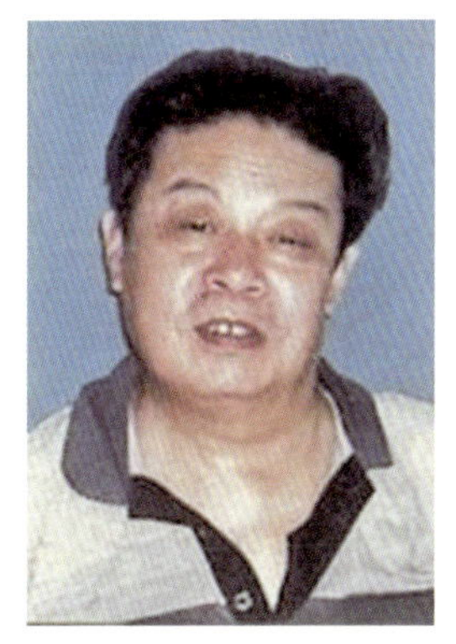

承永清总经理

承永清自建"常州市方园机械有限公司"。承永清是承家桥承氏第26世孙，1941年6月8日出生。高小文化。1959年任承家村大队出纳，1961年兼生产队会计。1964年辞去会计职务在家养病。1973年，病愈后到承磁厂当机修工、模具工，1978年升任该厂技术科长，主管工艺。1984年辞职后应聘于无锡县工业磁性厂，任技术科科长，从事同性磁钢的研制和开发，仅半年，便取得成功，产品质量达到国家部颁标准。1988年回家自建"常州市方园机械有限公司"。身残志坚的他，从零开始，30多年来一直醉心于磁性材料的研究开发。1995年开始研制"永磁消音磁头"，5年努力，获得成功，填补了国内空白，质量达到国内先进水平，并超过日本TDK公司产品，得到国内外用户的一致好评。

① 本节素材来自2004德扬堂珍藏版《毗陵承氏宗谱·承家桥焦溪支卷一》，毗陵为常州古称。

公司名牌

承尧兴总经理

承尧兴从组建“聪聪奶牛场”到经营奶牛“公寓”。承尧兴是承家桥承氏28世孙，1965年3月27日出生。高中文化。1987年从事民间建筑业，1990年担任三河口镇建筑工程队队长，施工范围从农村到城市，年产值达300万元。他于1997年购买5头奶牛建立“聪聪奶牛场”，此后以质量赢得了顾客，凭信誉占领了市场，日销从300份飙升至30 000份。随后投资600多万元建立奶牛“公寓”，并联合周边30多散养户共计500多头奶牛入住该“公寓”。通过科学管理使产品质量有了提高，而成本却降低，受上海光明乳业青睐，获得了10年1.8亿元的“订单”，一举为近百个劳动力解决了就业问题，又为教育事业捐资数万元。他本人荣获“江苏劳动模范”“全国农村青年致富带头人”称号和十多次市级嘉奖。

公司名牌

承兵总经理

承兵创办无锡市华东建筑装饰工程有限公司。承兵是承家桥承氏第28世孙，1967年6月出生于无锡。1987年毕业于无锡市第二中学。1990年毕业于无锡江南大学，同年就职于无锡市建筑工程公司。1998年，创办个人经营的“无锡市华东建筑装饰工程有限公司”。

公司名牌

承洪宇董事长

承洪宇提升常州市华立液压润滑设备有限公司品位。承洪宇是承家桥承氏29世孙，1949年5月出生。1970年应征入伍，1975年加入中国共产党。1983—1986年任自控厂厂长、党支部书记，后任乡工业公司经理、党支书2年。“自控厂”更名为“常州市华立液压润滑设备有限公司”后，任董事长。经营中坚持“以人为本”理念，不惜重金聘请高级技术和管理人才，全面提高企业品位，为武进市首家通过ISO 9000质量体系认证单位。员工年收入属本乡之最，公司为每个员工办理了养老、医疗、工伤保险，在周围乡区独树一帜，连续10

年获常州市“文明单位”荣誉称号和“重合同守信用”高评价。他本人多次获“优秀厂长”“优秀共产党员”荣誉称号，为市第十一、十二、十三届人大代表。

常州市华立液压润滑设备有限公司正门

承巍总经理

承巍白手建立常州市伟宇精密机械厂。承巍又名红伟，是承家桥承氏第29世孙，1969年4月24日出生。中学毕业后在三河口镇塑编机厂从当工人开始，后转做营销，在成功和挫折中积累了知识经验。1998年，白手起家创立了“常州市伟宇精密机械厂”，从事集装袋行业之吊带、围带、扎口带设备的研制、销售工作，工厂规模现已扩大到6 000多平方米，拥有现代化生产设备，固定资产达500多万元。全厂23%的人员具有工程师以上职称，企业品牌和形象不断提升。产品销售从国内20多个省市扩大至泰国、越南、俄罗斯、马来西亚等国，解决了近百个农村劳动力的就业问题。全部员工享有免费“工作午餐”。

常州市伟宇精密机械厂

承晓峰开办常州市长丰汽车服务有限公司。承晓峰是承家桥承氏第29世孙，1971年9月23日出生。中专文化，任“常州市长丰汽车服务有限公司”总经理。他1991年在沪宁高速路横山桥出口道边开办了汽车修理厂，目前该厂面积已达3 000多平方米，具有销售、救援、修理等综合能力。通过培训，负责维修、救援的员工均取得了相应的资格证书，获得中高级技术职称，持证上岗。另有质检员、总工程师若干名。他们的工作效率、维修质量均得到中外顾客的认可和赞誉。该公司企业形象不断上升，信誉日增，范围仍在扩展，经济效益、社会效益可望再上新台阶。

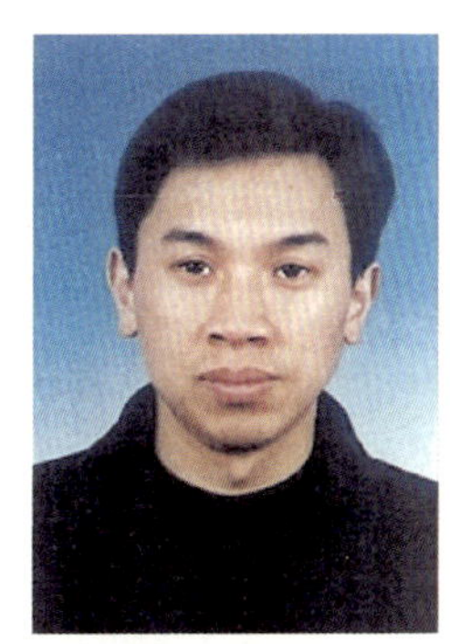

承晓峰总经理

常州市长丰汽车服务有限公司内景一瞥

二、焦溪古镇承氏族人民企创建的跨越

承明自创香港威明亚洲有限公司。承明是焦溪承氏第29世孙，1953年7月7日出生于上海。1969年年初，初中尚未毕业的他随流至内蒙古昭乌达盟，插队落户，1972年年底转至安徽宣城继续插队。后靠自学函授取得皖南大学中文系毕业文凭。1975年招工至安徽326地质队工作，1980年申请定居祖父、伯父居地香港。经历一段就业挫折后于1989年步入机电行业，从底层文员做起，仅10个月，升任公司董事。又几经浮沉，直到1998年奠定了事业基础，几年间先后成立“香港威明亚洲有限公司”（下辖深圳东胜电机厂、深圳大昌微电机厂）和“深圳东明电机有限公司”（下辖深圳东胜五金厂、深圳星泰温控器厂）。以上企业合计年创产值1.5亿元人民币，事业蒸蒸日上。他热衷于社会公益活动，已资助253名贫困学生重返校园，获得了深圳“爱心之星”和市红十字会“十大荣誉个人”等称号。

承明董事长

深圳东胜电机厂外景

承志刚玉成常州市长运起重机械有限公司。承志刚是焦溪承氏第31世孙，1951年出生于焦溪镇，幼年丧父，与弟志汉由祖母承杨氏抚养，苦寒度日。8岁就读于焦溪中心小学，毕业后入读横山农中，两年后辍学务农，历尽艰辛。1970年经人介绍到上海第一冷冻机械厂学习机修业务，他刻苦钻研，勤奋好学，得到老师好评。师成后在沪宁一线多处工作，1976年进焦溪钣焊厂当电焊工，积累了专业技能和知识。1988

承志刚董事长

年任武进第一起重设备厂厂长。1990 年该厂取得国家级起重机制造许可证，他本人经自学考试被评为工程师。1998 年，企业转制，通过几年奋斗，工厂扩建，产能提高，于 2002 年成立“常州市长运起重机械有限公司”，他任董事长。承志刚自强自信，乐善好施，颇有成就。

常州市长运起重机械有限公司外景

承文俊硕士入选“龙城英才计划”“领军型创业人才项目”，成为民企第二代高学历传人。承文俊是焦溪承氏第 29 世孙，1978 年 8 月 10 日出生，1997 年毕业于江苏前黄高中，同年保送南京大学计算机系本硕连读，2004 年取得硕士学位。毕业后在上海通信行业从事研发和管理工作。其父承产华曾是“华美玻璃幕墙工程有限公司”董事。承文俊于 2012 年秉承父亲发展家乡民企的意愿，带技术、带项目回常州申报“龙城英才计划”“领军型创业人才项目”，获得常州市政府和武进区的资金与政策的大力支持，同年 8 月，创办“常州欣烨智能门窗有限公司”。公司落户于武进国家高新技术产业开发区。公司由常州市武进工商行政管理局核定的经营范围包括：智能门窗、金属门窗、塑钢门窗的设计、制造及工程安装服务；智能家居控制设备、智能门窗控制设备的研发、制造、销售和售后服务；智能家居应用软件开发、销售及技术服务；家居智能化集成等。两年来，公司初具规模，共有员工 15 名，生产进入稳步发展阶段，产品的销售市场正在扩大，预计 2014 年销售额将超 1 000 万元人民币，成为故乡第二代高学历民企传人——积极响应“实现国企、民企两条腿走路，使市场经济康发展”号召和为跨越“中等收入陷阱”做出实际贡献的一名时代尖兵。

家乡梦

承文俊之父承产华

承文俊董事长

我国的民企曾经历了一段曲折的发展道路，付出了巨大的时间成本。党的十八届三中全会提出：“公有制经济和非公有制经济都是社会主义市场经济的重要组成部分，都是我国经济社会发展的重要基础。”像承文俊等高学历人才投入其中，可谓是“识时务者为俊杰”。这是因为，“自主创新的人才强国需求”，就来自包括民企在内的市场经济。

营业执照

名称
类型
住所
法定代表人
注册资本
成立日期
营业期限
经营范围

登记机关

公司招牌与营业执照

采用欣烨公司智能门窗的
无锡欧风新天地大楼

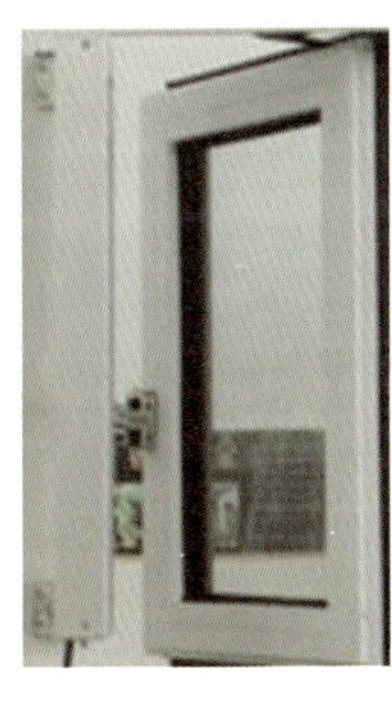

欣烨智能门窗公司产品应用现场图景

结　束　语

舜焦文化经济生态区的辉煌，是常州市未来繁荣景象的一个重要组成部分，而且也是其能够成为“国家级历史文化名城”的根基所在，又是作为“国家科技示范区”的不可缺少的部分，更是常州实现均衡发展的新的爆发式区域，值得投入人力、财力和智力加以经营。人们常说“成大业者必有大爱”，又说“一分耕耘一分收获”。本文所阐明的“三项倡议”，系三个不能“一蹴而就”的历史任务，以笔者的估算，需两个一百年方能有眉目。不过，正是时间较长，我们更应该立即行动，“千里之行始于足下”，百年之行就更不能怠慢了！愿具有对故乡对国家有大爱之人，为和谐常州、美丽常州和幸福常州脚踏实地地耕耘和收获吧。成功属于你们，荣誉归于你们。

此文写得仓促，有不妥之处，欢迎批评指正。最后，我要以小诗《故乡寄思——我的“中国梦进行曲”》，来表达一位远离故里游子的怀乡情思，并作为拙文的结语，以明心志。同时，我还要在此大声疾呼：“当代的黄歇先生！你们在哪里？出来吧！该登场啦！”

故·乡·寄·思

——我的“中国梦”进行曲

舜山古事芳千年，化作溪流(1)灌心田；五帝文化季札传，鱼米之乡教为先。
知识家庭拒风险，优学创新(2)化时艰；龙城地气(3)待破竹，教科农工上蓝天。

注

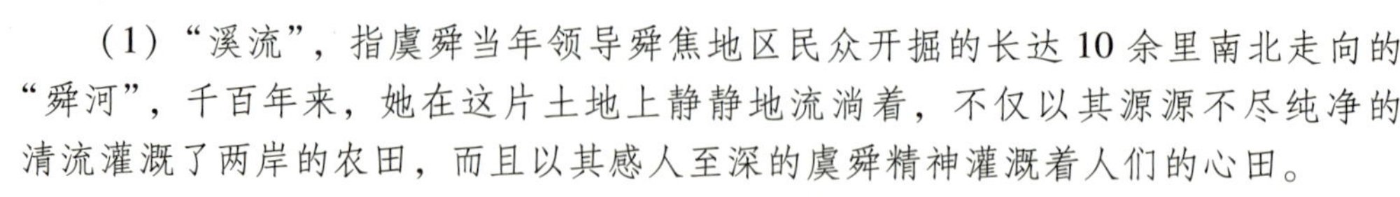

（1）“溪流”，指虞舜当年领导舜焦地区民众开掘的长达 10 余里南北走向的“舜河”，千百年来，她在这片土地上静静地流淌着，不仅以其源源不尽纯净的清流灌溉了两岸的农田，而且以其感人至深的虞舜精神灌溉着人们的心田。

（2）“人以学为本”“教以学为本”，这是“现代学本论”的主题观点（《学习科学大辞典》第 161—163 页，新华出版社 1998 年 6 月出版）。“人以学为本，国以教为本”，这是我国“决胜 21 世纪的根本发展战略思想”（《世纪潮声（中）》“序言 2”，陕西旅游出版社 2001 年 12 月出版）。而“创新是人类学习的本性”（荣获 2005 年教育部颁发的“国家级教学成果二等奖”的“新世纪高等教育教学改革工程”重点项目《大学生学习改革与创新研究》课题论文提出的新理念）。所以说，“创新驱动”可以理解为就是“学习驱动”。

（3）常州是中国“四座龙城”之一。“地气”有多种指称，常指一定地域在历史发展中形成的人文气势，此处即指文中所说的舜焦地区的三种人文气势。

2013 年 12 月 26 日　于北京上园村

注

［1］我国广为流传的《二十四孝》，据说是元代郭居敬编录（又说是其弟郭守正，第三种说法是郭居业撰）的，其中第一个故事便是《孝感动天》，讲述的就是虞舜孝心感动上天的故事。其诗云：瞽叟昏瞶象害兄，修仓淘井见奇行；虞舜大孝传天下，唐尧重孝禅贤能。

［2］讷（nè），指反应不够敏捷，显得迟钝。

［3］现代学权主义的基本思想包括以下 5 点：① 视学习权利为最高民权（也称人权）；② 主张每个家庭、社会组织和国家各级政府都有义务与责任保障每个社会成员的这一神圣权利；③ 每个社会成员个人应珍惜和维护这一天赋权利；④ 认为如果这项最高民权获得有效保障，每个社会成员将充分发挥出自己的创新潜能，而国家定能涌现出源源不断的创造活力；⑤ 学权主义的思想理论基础是以学习创新论（简称“学创论”）为核心内容的现代学习本源论（简称“现代学本论”）。

［4］据经济合作与发展组织（Organization for Economic Cooperation and Development，OECD）发表的《2012 年教育综览》显示：在 25 岁至 64 岁年龄层中受过高等教育的，俄罗斯联邦为 54%，加拿大为 51%，以色列为 46%，日本为 45%，美国为 42%。我国目前尚找不到确切的同类数据。

［5］告慰先母：我们没有辜负您老生前“要学好，要走到人前去”的教导；告慰先父：您老“少念了几年书”的终身遗憾已经洗刷殆尽，得到了补偿。

十二附件

十二附件之一

“八二”还乡剪影

第一节　北京交大承仁义还乡宴请族人

（DVD 截图）

——常州凯悦影视工作室　承凯军　供稿

北京交通大学编审、离休干部承仁义阔别故里，“八二（岁）”还乡。他于2012 年 10 月 2 日携老伴及子回乡祭祖、看望族亲。其侄承乃军先生特意在常州金陵江南大饭店设宴为其接风，侄承凯军先生将其接至金陵明都大饭店下塌。3 日，承老携眷到家乡焦溪古镇鹤山祭祖扫墓，并于当日在该镇舜杰明都大酒店设宴款待族亲，畅叙乡情，还当场赠送其所编撰的著作，勉励后辈继承和发扬承氏家族的优良传统与美德，发奋努力，振兴家族，为国争光。

在常州市举行的接风聚宴

出席接风宴的 8 个家庭，大部分是新交，以同庆 63 周年国庆

承仁义（左）和承乃军（中）不断为来宾的发言鼓掌

在焦溪古镇举行的家族欢聚宴

到场的堂姐、堂侄们及其子女

承乃军代表族亲致欢迎辞

焦溪舜杰明都大酒店门前悬挂的承氏族人设宴横标

设宴人承仁义向
赴宴族亲敬酒

随父还乡的承向军
伴母步入聚宴大厅

聚宴主办人堂侄承产华

兄弟同举杯，右一为堂兄承海亮，
左一为堂弟承正心

承仁义与承产华向每桌族亲敬酒致谢

合影留念

图中前排为承仁义的堂姐承菊英（中）、侄女承惠君（左，承乃军的大姐）和承丽君（右，承乃军的二姐），后排自左至右依次为承凯军（承乃军胞弟）、承海亮、承正心、承仁义、承乃军

老照片的怀念：此图为承仁义于 1957 年 2 月第一次还乡时，与儿童时期的承惠君（右）、承丽君（中）和承乃军 4 人同上舜河畔鹤山游玩时的亲手摄影。这张照片，承老每到思乡情浓，便会拿出来展望、寻思和遐想……小松树前的三姐弟、山下远处的舜焦故里——“我的血肉之源！我的智慧之泉!! 我的希望之星!!!”

《菁友》创刊号

《萤火集》上册

承仁义向与会者介绍他主编的母校南菁中学校友会北京分会《菁友》会刊创刊号和参军校友回忆录《萤火集》（上册）

第二节 告 慰

承仁义 文 承凯军 摄影

我7岁丧母。但母亲对我说过的两句话，却成了我终生的座右铭和生活指针。这两句话就是：

“要学好！要走到人前去！”

而我念念不忘父亲说的心里话，最刺我心灵的，也只有一句：

“我就是少念了几年书。”

笔者（右二）在族亲们陪伴下，登上焦溪鹤山墓地祭扫，默默地告慰二老，请他俩安心长眠

父亲小学没有读完就下田种地了，一辈子勤苦奋斗，一辈子艰难险峻。

这就是说，我从小在家庭文化“隐蔽课程”的“默化”中受到的教益，始终推动着我为实现自己的梦想而努力，其中就有一个“大学梦”。这次“八二（岁）”还乡，在舜河畔鹤山墓地告慰先父先母的，就是这方面的结果：我如今一家三代七口，都获得了大学本科以上的学历。[1]

我默默地告慰父母大人的英灵说：“我们没有落到人后，您俩唯一的孙儿还获得了博士学位。父母大人，可以长眠无忧了，安息吧！”

我想说的是，像我这样一个贫农后代，在自己80余年的毕生奋斗中营造了一个三代七口人具有大学本科以上学历的“知识家庭”，为什么不能有更多的人实现这种“梦想”呢？如果要我说，我认为：“只要有这个‘梦’，在今天的条件下，定然没有一个人达不到。”因为今天的新中国，无论从哪个方面说，都已经超过我的少年时期，不知要好多少倍了！新中国不仅“以人为本”，并且在建设社会主义小康社会中实行“科教兴国”方针和“人才强国”战略。普及大学教育正逐渐成为社会需求，具备了一定的技术条件和社会条件，并且会越来越充分，越来越完备。所以，只要有美好的梦想——与客观创新驱动相适应的主观创新驱动，包括“大学梦”，就一定会在自己的努力和社会支持下成为现实，使梦想成真。

笔者与堂侄承产华（右）在自己出生与童年居住的小屋前盘桓良久，产生了“家乡梦”的最初冲动

在这方面，我最深刻的人生体验，可以归纳为这样两句话。

第一句：“学而优则立——立德，立身（身心健康），立信，立学，立志，立趣（参见十二附件之九），立新（创新、创造），立业，立名，立功，立艺，立省（xǐng，即建立纠偏防错的文化自觉性），立言，立著，立梦，立行；而且，终身学习，终身创新。”

第二句：“守住必然性（客观规律），抓住偶然性（主观发奋），万事无不成（具有高成功率）。”

这两句话，也是我对自立课题《人的成长、成才与成功问题研究》长期探索成果的简要概括。

承仁义　文　2013 年 7 月 1 于北京
承凯军　摄影　2012 年 10 月 3 日

注

[1]

三代人学历状态表

2013 年 6 月

代别	姓名	辈份	年龄	学历	毕业母校/专业	本科毕业年龄
1	承仁义	父	83	大本	首都师范大学/中文	57（见附件）
	赵德中	母	79	大本	北京交通大学/通信	26
2	承秀丽	女	53	大本	上海铁道学院/通信	23
	吴俊	婿	53	硕士	北京交通大学/通信	23
	承向军	子	45	博士	北京交通大学/交通	23
	冯佳音	媳	37	硕士	北京交通大学/经济	24
3	吴兰若	外孙女	23	大本	北京师范大学/地理	22

附件

承仁义 57 岁时取得的大学毕业文凭

毕 业 证 书

学生 承仁义 系 江苏省武进县 人，性别 男

一九八三 年 七 月至一九八八 年 七 月在本院 中文 系 中文 专业

夜大学学习，完成 五 年制 本 科教学计划规定的学习任务，成绩合格，准予毕业。

北京师范学院院长

夜毕证字第 880276 号

一九八八年 七 月十二 日

附：所学全部课程的名称及成绩

十二附件之二

论五帝时代

李先登　杨　英

内容概要　关于黄帝、颛顼、帝喾、尧、舜五帝时代的文献记载，其历史的基本框架、社会大事以及社会性质是可信的；并已被新中国成立以来的考古发现初步证实，约当考古学上的龙山文化时代；是中国古代文明的起源时期。我们认为，应当依据司马迁《史记·五帝本纪》称这个时期为五帝时代。五帝时代奠定了中国古代文明的基础，孕育了中国古代文明的诸多特点。中国古代文明起源与形成的特点是多元的、在中原首先形成并成为全国性的中心。

关键词　五帝时代　中国古代文明起源　酋邦

黄帝　颛顼　帝喾　尧　舜

汉代司马迁《史记》首篇为《五帝本纪》，记载了黄帝、颛顼、帝喾、尧和舜时期的历史，并认为这是中国古代历史的开端。这无疑代表了汉代史官和史学对于中国古代历史初期的认识，这种认识一直延续到清代并未改变。

到了20世纪二三十年代，以顾颉刚为首的疑古派，对上述中国古代历史的体系进行了否定，提出了“东周以上无史论”的观点，否定了五帝时期的历史（原注：《古史辨》1～8册），一时风靡史学界。疑古派是近代史学革命的一个组成部分，其出现是必然的。尽管他们对于古史的批判过头，但对于历史学研究，尤其是对文献史料写定时代的清理依然是有所贡献的。与此同时，以田野考古为基础的近代考古学在中国开始兴起。考古学家徐旭生对记载五帝时期的文献史料进行了清理，1943年出版了《中国古史的传说时代》，肯定五帝时代的存在，称关于五帝时代的文献记载为传说，称五帝时代为传说时代，并提出传说时代存在华夏、东夷、苗蛮三大集团（原注：徐旭生．中国古史的传说时代：增订版．1985）。1949年中华人民共和国成立以后，田野考古学有了飞速的发展。经过近50年的研究，中国考古学体系已初步建立起来。不仅夏代的物质文化遗存已被发掘出来，夏代已被证明为信史，而且关于夏代以前的五帝时期的物质文化遗存也已有了许多重要的发现，不仅和《史记·五帝本纪》等文献记载的年代和地域相合，而且文化面貌与社会性质也基本相合，并提供补充了丰富的资料。这就使五帝时代在考古学上得到了初步证实，说明五帝时代也应为信史。今天我们所说的中国有五千年的文明史就是从五帝时代开始的，中国人自称为炎黄子孙是完全有历史根据的，黄帝作为中国的人文始祖是当之无愧的。

从战国诸子到西汉司马迁写作《史记》的几百年间，关于五帝时代的传说以及文献记载又随着历史的发展有所损益，并加入了一些后人的理解和词语，直至司马迁《五帝本纪》而基本定型。任何历史学家都不能不受其时代的影响，司马迁《史记》的写成是汉代大一统政治局面和国力强盛在文化上的反映，也是董仲舒“天人感应”的哲学和社会发展思想的丰富。司马迁对《五帝本纪》的写作态度是非常严谨的，除总结当时已有的文献记载之外，还“西至空桐，北过涿鹿，东渐于海，南浮江淮”（原注：《史记·五帝本纪》太史公曰），亲自做了实地调查。这也就是说，司马迁的《五帝本纪》虽然难免受到汉代大一统思想和今文经学的影响，但撇开其中的一些汉儒理想化认识，仍然主要是记录了关于五帝时代真实的历史。总之，从《逸周书》至《史记·五帝本纪》，关于五帝时代的历史记载经历了一个很长的记录、整理和写定过程，这是完全正常的历史文化现象。它们为我们提供了关于五帝时代珍贵的、基本可信的文献资料，使我们得以窥见当时的历史原貌，其重要性不仅不亚于考古资料，而且是我们分析和研究考古资料的依据和出发点，是我们今天重写五帝时代历史的基本依据。所以我们认为古代文献记载的五帝时代的基本框架、社会历史大事以及社会性质是可信的，而对于其中一些社会历史的细节，则不必拘泥。古史辨派学者之所以不同意五帝时代为信史，还因为在他们看来，这一阶段的记载人、神相混，神话的色彩相当浓厚。作为重视事实和考据的传统历史学家，不接受神话的虚浮以作史料的态度是可以理解的。但我们认为，神话传说与历史记载的分野，是在相当晚近的时候才实现的，无论中外在古代都曾出现过神话、传说与历史记载未曾分野的现象。在古代，有贡献的祖先被后世子孙神化是完全正常的，但祖先毕竟是真实的人，不是神（原注：谢维扬．关于黄帝传说的“神性”与“人性”问题．先秦史研究动态，1996（1））。“五帝”代表的不仅是五位远古的华夏领袖，更重要的是我们民族最初的、也是最深刻记忆中最伟大的英雄们，所有华夏后裔最初的衣食住行都源自

他们的发明创造，至少在古人的记忆中如此。总之，神话也体现出历史最初阶段的影子，人类历史最初阶段乃是真实的。所以，以科学的态度辨析，以理性的态度对待从神话到历史、从口头传说到文献记载的过程，是研究五帝时代所起码必需的。

目前，关于这一时代的存在，学术界逐渐取得共识，但称呼众多，如传说时代、英雄时代、酋邦时代、文明曙光时期，等等。而我们认为称为“五帝时代”似更贴切。黄帝、颛顼、帝喾、尧、舜五位华夏领袖不仅是后裔心目中的英雄，而且从黄帝到帝喾的过程决非仅仅几个英雄领袖的简单组合，而是构成了一个彼此相连、不可分割的历史发展序列和历史阶段，正如后世的夏商周、两汉魏晋南北朝一样。再有，单称为英雄时代、酋邦时代、文明曙光时期既不能显示这一时期历史发展的连续性，又不能体现中国的特点。所以，唯有称为五帝时代，才能恰如其分地表现中国古代的历史实际和这一阶段的时代本质，即这是一个开始向文明过渡的、有连贯性的、有名有姓的英雄时代。并且，称为五帝时代，又有司马迁《五帝本纪》等古代文献作依据，并非毫无来由，所以最为确切。

关于五帝时代的活动地域，据《五帝本纪》记载，黄帝曾“东至于海，登丸山，及岱宗。西至于空桐，登鸡头。南至于江，登熊、湘。北逐荤粥，合符釜山，而邑于涿鹿之阿”。即黄帝时代的活动地域主要是黄河中下游地区及其邻近的江淮地区。黄帝以后，活动地域不断有所扩大。据《五帝本纪》，舜“南巡狩，崩于苍梧之野。葬于江南九疑，是为零陵”。在这个广阔的地域之内，包括黄帝、炎帝、蚩尤等部落杂处，已经超出狭小的血缘关系的联盟，而是广阔的地域性的联盟，即现代学者多称为的酋邦，这也说明五帝时代已经进入一个新时代了。

关于五帝时代的时间，目前学术界主要有两种意见。一种意见认为约当考古学上的新石器时代仰韶文化晚期及龙山文化时期，即约为距今 5 500 年前至距今 4 100 年前（原注：苏秉琦. 远古时代//白寿彝. 中国通史：第 2 卷. 上海：上海人民出版社，1994）。一种意见认为约当龙山文化时期，即约为距今 5 000 年前至距今 4 100 年前（原注：童恩正. 中国北方与南方古代文明发展轨迹之异同. 中国社会科学，1994（5））。我们这里没有采用第一种意见。我们认为从目前的考古发现来看，仰韶文化晚期社会文化面貌确实有了较大的变化和进步。例如甘肃秦安大地湾发现的 901 号大型建筑，建筑面积达 290 平方米（原注：甘肃秦安大地湾 901 号房址发掘简报. 文物，1986（2））。又如辽宁凌源、建平牛河梁发现的红山文化的祭坛、女神庙和积石冢等（原注：辽宁牛河梁红山文化“女神庙”与积石冢群发掘简报. 文物，1986（8））。但我们认为这些可能说明当时已进入父系氏族社会初期，出现了较大的部落联盟，约当平等的军事民主制阶段。女神庙和祭坛的发现，说明当时距离母系氏族社会尚不远，对母系祖先的崇拜仍是重要的。大地湾大殿堂的出现说明中国古代确实经过了军事民主制阶段。我们在这里采用的是第二种意见，即五帝时代约当考古学上的龙山文化时代。五帝时代又可以分为早期、晚期两个阶段。早期包括黄帝、颛顼、帝喾时期，约当龙山文化时代早期，其时间约为距今 5 000 年前至距今 4 500 年前。此时在黄河中下游地区分布的主要是庙底沟二期文化和大汶口文化中晚期。晚期包括尧、舜、禹时期，约当龙山文化时代晚期，其时间约为距今 4 500 年前至距今 4 100 年前。此时在黄河中下游地区分布的主要是河南龙山文化和山东龙山文化。此外，在长江下游太湖周围地区的良渚文化，在五帝时代早期繁荣，在五帝时代晚期衰亡了。有邰氏之女也，曰姜嫄氏，产后稷。

根据《五帝本纪》等文献记载，黄帝时期的主要大事是黄帝与蚩尤的涿鹿之战、黄帝与炎帝的阪泉之战。当时黄帝和炎帝主要杂处于今陕西、山西、河南及河北地区，其中黄帝的一支轩辕氏主要居住在今河北省北部（包括京津）长城一线（原注：任重远：《山海经》中的北京平谷黄帝龙鱼陵．北方文博，1996（2））。而蚩尤乃东夷的一支九黎的领袖，主要居住在今山东省西南部地区（原注：张学海．鲁西两组龙山文化城址的发现及对几个古代史问题的思考．华夏考古，1995（4））。据《五帝本纪》，黄帝之时，“神农氏世衰。诸侯相侵伐，……而蚩尤最为暴”。从考古发现来看，大汶口文化有拔牙和口含石球等习俗，而《龙鱼河图》记载蚩尤“吃沙石子”等。考古发现与文献记载相印证，大汶口文化有可能是蚩尤等东夷的文化。又根据考古发现，五帝时代早期，山东地区的大汶口文化很强大，从山东向河南中部乃至西部地区扩张（原注：武津彦．略论河南境内发现的大汶口文化．考古，1981（3）），这可能是蚩尤侵凌炎帝的反映。由于炎帝向黄帝求救，于是发生了黄帝、炎帝和蚩尤之间的涿鹿之战。涿鹿在今河北涿鹿县境（原注：王北辰．涿鹿、阪泉、釜山考．先秦史研究动态，1996（1））。最后黄帝擒杀蚩尤，除使一部分九黎南迁以外，主要是使一部分东夷加入了炎黄联盟，促进了各部落的融合。尔后，黄帝和炎帝之间又发生了阪泉之战，这是黄帝和炎帝之间争夺最高领导权的斗争。最后，黄帝“三战，然后得其志”；“而诸侯咸尊轩辕为天子（原注：《史记·五帝本纪》）”。不仅巩固了黄帝的领袖地位，使其权力获得认可，这就是以后中国古代王权的萌芽；同时也巩固了炎黄联盟。总之，经过涿鹿及阪泉两战，在黄河中下游地区建立了前所未有的黄帝、炎帝和蚩尤的大酋邦，和过去各部落自己的部落联盟相比，不仅规模和地域要大得多，而且在其内部已经不是过去的平等关系，而是黄帝居于其他部落之上的不平等的联盟，即现代学者多称之的酋邦，从此进入了酋邦时代。黄帝的统一，有力地促进了各部落之间的文化交流，促进了各地区的文化发展与文化面貌的统一。经过数百年的发展，到了龙山文化时代晚期，黄河中下游地区文化面貌已大体趋于一致，形成了龙山文化圈（原注：张光直．中国青铜时代．北京：三联书店，1983）。总之，黄帝通过涿鹿、阪泉之战开始了中国历史上一个崭新的时代——五帝时代，开始向文明社会过渡。黄

帝的统一，使炎、黄、蚩尤三部落成为华夏族的最早枝干，文化内涵的趋同一致，成为一种巨大的凝聚力，这种凝聚力又在文治繁荣、武功强盛的基础上焕发出巨大的创造力，从此走向文明。因此，在后世炎黄子孙看来，黄帝“功莫大焉”，因而被尊为“帝”，被尊为人文始祖。并且，从秦始皇立“皇帝”为最高统治者的名号，以及后世历代帝王在受到臣下颂扬时被称为“德配五帝”，也都说明黄帝及其开始的五帝时代在后世人们心目中的极深刻的影响。

继黄帝之后的颛顼，《五帝本纪》集解引皇甫谧曰：“都帝丘，今东郡濮阳是也。”因其居处在今河南省东部，因此接受了华夏族与东夷族的双重影响。颛顼的继位，也说明了此时华夏与东夷族有了进一步的融合。颛顼主要的贡献是进行原始宗教改革。《国语·楚语下》：颛顼“乃命南正重司天以属神，命火正黎司地以属民”。即命重、黎分主天地，改变过去民神杂糅、家为巫史的习惯。只有专门的巫师（南正重）才有权进行人神沟通、集中下达神的意志，这也是广大地区联盟形成以后，需要统一意志的反映，是公共权力一旦产生之后，把全民的信仰归于自己统治和掌握的企图。更为重要的是，颛顼把巫事与人事分开，即把宗教与行政分开，是一次重大的社会变革与社会进步，理性从巫事中分离出来，成为日后进入文明的思想基础，具有十分深远的意义。从此中国古代社会向以人事为主、向人治发展，而不以宗教、神事为主了。这就保证了社会生产健康发展，社会劳动不再被大量投向消费性的神事和巫术，保证了中国古代文明社会之中理性始终居于主导地位，并为尔后中国古代文明的特点——礼制的产生奠定了基础。与此相反，长江下游太湖周围的良渚文化可能就是因为把原始宗教和巫术发展到压倒一切的地步，因而不久迅速衰亡了。

颛顼之后的帝喾时期，《五帝本纪》集解引皇甫谧曰：“都亳，今河南偃师是也。”《大戴礼记·帝系》：帝喾“上妃，有邰氏之女也，曰姜有邰氏之女也，曰姜嫄氏，产后稷；次妃，有娀氏女也，曰简狄氏，产契；次妃，曰陈隆氏，产帝尧”。即帝喾被认为是尧和商人、周人的共祖。又如安阳殷墟甲骨文中认为帝喾就是高祖夒，祭礼十分隆重。这些有可能反映了至帝喾时期黄河中下游地区各部落、各人群融合发展达到了一个新的阶段。

五帝时代晚期的尧、舜、禹时期，社会发展比早期有了很大的进步，主要是王权的发展，官僚行政机构的初具规模，刑法的出现，最后导致夏代国家的诞生。这是社会生产进一步发展，导致社会分工与交换的发展，必然促使从事管理的特权阶层产生的反映，而王又是公共权力的最高代表。从行政机构来看，黄帝时仅是“置左右大监，监于万国”。“举风后、力牧、常先、大鸿以治民”（原注：《史记·五帝本纪》）。即开始有了行政性的官吏。而到了尧时，据《尚书·尧典》记载，已有了掌管四方的官员四岳，说明已按地域进行治理。到了舜时，“举八恺，使主后土，……举八元，使布五教于四方”（原注：《史记·五帝本纪》）。并明确分职，令禹为司空、弃为后稷、契为司徒、皋陶作士、垂为共工、益为朕虞（以朱虎、熊罴为佐）、伯夷为秩宗、夔为典乐、龙为纳言，即行政官员已大致具备。《五帝本纪》对五帝时代职官的记载未免带着当代的烙印，但从中可以看出五帝时代行政、司法、水利、礼乐等都已开始有专门官吏管辖，官僚机构已经萌芽出最初的框架。加上按地域治理人民的“四岳”“十二牧”，氏族部落的血缘关系作为人与人之间唯一的纽带和秩序准则，已让位于理性程度更高的中央和地方官制的萌芽。从刑法的发展来看，原始社会时期实行的是约定俗成的氏族习惯法。而到了尧舜禹时期，由于社会的分化分层，氏族习惯法已不适用，因而脱离人民并镇压人民的刑法作为一种强制的暴力应运而萌生，这也是进入文明社会的重要标志，成文的法典是人类文明的创造和成就。舜时由于“蛮夷猾夏，寇贼奸轨”，令皋陶作士，“五刑有服，五服三就；五流有度，五度三居：维明能信”（原注：《史记·五帝本纪》）。并且皋陶“令民皆则禹。不如言，刑从之”（原注：《史记·夏本纪》）。即用刑法维护禹的王权，对尔后夏王朝的建立起到了保障作用。此时的“刑”是对威胁王权，破坏社会秩序的行为的一种惩罚。随着文明的发展，“礼”的内容逐渐丰富和完备，涵盖了包括“刑”在内的社会生活的各个方面，成为成熟的礼制。但在五帝时代，尚未系统化的礼与刑是中国古代文明相辅相成的两个方面，新的阶级国家的社会秩序就是靠礼与刑而逐渐建立和维护的。

从王权的发展来看，黄帝时期已经萌芽，而尧舜禹时期则有了迅速的发展并逐渐成熟。如尧时四岳举鲧治理洪水，尧以为不可，但四岳请予试用，尧也只好听从；待鲧治水失败，再加以更换。即尧还得尊重四岳的建议。而到了禹时，“昔禹致群神于会稽之山，防风氏后至，禹杀而戮之”（原注：《国语·鲁语》）。即禹对下面的部落酋长已有了生杀之权，反映王所代表的最高公共权力已发展到对一切已有生杀予夺权力的程度。此外，尧舜禹时期通过不断的祭祀天地山川与巡狩，既体现了王权，又不断加强了王权。例如，据《五帝本纪》舜“遂类于上帝，禋于六宗，望于山川，辨于群神。揖五瑞，择吉月日，见四岳诸牧，班瑞”。“禋”和祭山川地望屡见于《左传》。这些记载为我们提供了这样一种信息，祭祀从祈求神灵庇佑的原始信仰已演变为少数人按等级享有的权力，政事中的浓郁的神事色彩，使祭祀成为权力的象征。此外，带礼仪色彩的巡狩制度为王所专有，体现了王至高无上的权威。再有，从最高首领帝位继承制度来说，尧舜禹时期实行的是禅让制。以尧禅位于舜为例，据《五帝本纪》，尧在位70载时，询问谁可以“践朕位”？四岳推荐庶人舜可以继承。“于是尧乃以二女妻舜以观其内，使九男与处以观其外。”经过3年考察，才令“舜受终于文祖”。舜得举用事20年以后，才“摄行天子之政”（原注：《史记·五帝本纪》）。舜摄政8年而尧崩，然后舜才正式继位。又据《古本竹书纪年》：“舜囚尧，复偃塞丹朱，使不与相见

也。”说明当时帝位的继承者先要经过推荐和认可，还要经过试用与考核，而不是父死子继。继承人可以不是同一族氏，可以起于民间。禅让也是有斗争的，它是推举和传子两方面的斗争统一，否定任何一方面都是不全面的。随着王权的发展，传子的倾向愈来愈明确，最后到了禹时，明为禅让于伯益，实则培植其子启的势力，即“其实令启自取之”（原注：《战国策·燕策》）。于是禹死后，启杀益而夺有天下，禅让制被传子制代替，王位世袭制最终确立，国家正式出现，中国古代社会正式进入文明时代。

此外，尧舜禹时期的大事还有治理洪水与征伐三苗。据《五帝本纪》，尧时“汤汤洪水滔天，浩浩怀山襄陵，下民其忧”。根据古气候古地质学研究，在五帝时期晚期确实发生了洪水。尧先后用共工氏和鲧治水，皆未成功。“请流共工于幽陵”“殛鲧于羽山”。最后用禹治水，以益、后稷佐之，治水获得成功。治水是需要动员全社会力量参与的大型公共工程，没有相当复杂的社会组织，绝不可能协调全社会力量与大自然斗争。这一事实反映的是当时统治者为了保卫生命、维护生产的理性自觉，与原始氏族的自发逃亡相比，不仅反映出伟大无畏的精神，而且反映出社会组织的高度协调性。并且使华夏大地生产恢复，社会安定，保证了继续向文明社会过渡；通过各族人民团结协作，又加强了各族之间的联系，进一步巩固了酋邦；而且提高了禹的声望，进一步加强了王权，这也是夏王朝建立的重要促进因素之一。

三苗可能是蚩尤被杀以后，一部分东夷人南迁的嗣裔，三苗所居大致在今河南省南阳地区（这里是古代南北通道）（原注：李学勤. 中国古代文明与国家形成研究. 上编，第二篇；罗琨. 五帝与文明初曙的英雄时代. 昆明：云南人民出版社，1997）。在尧舜禹时期，这里分布的主要是石家河文化，其文化面貌确实与山东、河南地区的龙山文化相近。尧时三苗已数为乱，尧已开始征伐三苗，“迁三苗于三危”，即今甘肃西部地区。至禹时，再次征伐三苗，三苗战败，再次南迁湖北、湖南地区，即《战国策·魏策》所述的：“昔者三苗之居，左彭蠡之波，右有洞庭之水，文山在其南，而衡山在其北。”尧舜禹时期征伐三苗，实为自黄帝时期开始的华夏集团与东夷集团斗争的继续，斗争的结果不仅进一步促进了各人群的融合和酋邦的扩大与巩固，为中国古代文明形成建立稳固的基础，而且进一步加强了王权，这也是禹时王权最终成熟的主要动力之一。《尚书·立政》记载，周公告诫成王，踏着禹的足迹前进，肯定禹伐三苗的功绩。总之，从涿鹿之战到禹伐三苗，贯穿在五帝时期的一条主线是战争和暴力，以战争和暴力为手段维持已取得的政治成就，并将它向别的地区推广，这是推动中国古代社会向文明过渡的主要动力。

从考古发现来看，五帝时代社会生产力较过去有很大提高，这是中国古代文明起源、向文明社会过渡的经济基础。首先，从农业生产来看，起土工具磨光石耜（铲）不仅数量大增，在石器中所占比例大增，而且制作规整精细，比仰韶文化时期的生产效率有了很大提高（原注：李京华．登封王城岗夏文化城址出土的部分石质生产工具试析．农业考古，1991（1））。此外，石锛、石凿数量大增，制作精良，自当促进木质农具质量的提高。还有磨光石镰的普遍发展也说明农作物的产量较过去大为提高。大汶口文化、龙山文化中酒器鬶、盉、杯等的出现和发展也从一个侧面说明粮食已有了普遍的剩余，才使酿酒业出现与发展起来。尤其是龙山文化（五帝时代晚期）水井普遍出现，如洛阳矬李、汤阴白营等遗址发现的水井，印证了《世本》“化益作井”（宋衷注：“化益，伯益也，尧臣。”）等文献记载。井的发明与推广，不仅解决了众多人口的城邑的饮水问题，不再仅仅依靠河水，可以选择距离河边较远的地方居住；而且也使农田灌溉有了可能。至禹时，农田浇灌应已出现，即《论语·泰伯》所述：禹“卑宫室，而尽力乎沟洫”。灌溉农业的出现是农业发展史上的一个飞跃。促进农业发展的又一重要因素是天文历法的发展。五帝时期已是观象授时，按时令农作。据《五帝本纪》，尧时“乃命羲、和，敬顺昊天，数法日月星辰，敬授民时。分命羲仲，居郁夷，曰旸谷，敬道日出，便程东作”。从考古发现看，山东莒县陵阳河出土的大汶口文化晚期的刻画{图}符号陶尊，可能就是“敬道日出”的祭器。又据法国人卑奥的研究，《尚书·尧典》中关于四仲中星的记载乃是公元前 2357 年的天象记录，是可信的（原注：李学勤．中国古代文明与国家形成研究．上编，第二篇；罗琨．五帝与文明初曙的英雄时代，昆明：云南人民出版社，1997）。再从社会组织方面来看，五帝时期酋邦的出现与发展，尤其是王权的发展，使大范围内组织协调生产有了可能，包括上述联合治水。正如马克思早已指出的：“简单的协作也可以焕发出伟大的创造力。”这些也都对农业生产的发展起到了重大的推动作用。而且从此开创了中国古代王权指挥生产的先河。农业的发展，加以母系氏族社会晚期以来对生育女神的崇拜，如红山文化女神庙，使当时的人口剧增，劳动力大增，使部落规模扩大，土地感到不足，从而引发战争。这也是促使五帝时期向文明过渡的重大因素之一。在农业发展的基础上，家畜饲养业也有了新的发展。例如，河南三门峡庙底沟二期文化 26 个灰坑中出土的猪、鸡、狗、山羊、牛等家畜的骨骼比同地仰韶文化 168 个灰坑出土家畜骨骼的总和还要多就是证明。（原注：庙底沟与三里桥．北京：文物出版社，1959）。在家畜饲养业中，养猪业是最主要的。随着私有制的发展，猪成为积累私有财产的重要手段，也成为富有者的重要标志，大汶口文化中晚期大中型墓流行随葬猪头用以表示富有就是明显的例证。

在农业发展的基础上，手工业也有了进一步的发展。而且促使农业与手工业的分工、手工业内部的分工进一步发展，从而促使商品交换和贫富分化的进一步发展。手工业的专门化需要吸收更多的劳动力，这是促使奴隶劳动产生的重要原因之一。而这些又都是促使社会分化、分层的重要原因。首先，制陶业。陶器

是当时最主要的生活用具。五帝时期普遍采用了快轮制陶，陶窑结构改进，普遍使用还原焰，并已采用渗炭法制作黑陶。陶器种类和造型此时最为丰富，尤以山东龙山文化的蛋壳黑陶最为精湛，是中国古代制陶业的最高峰。这说明此时制陶业的生产已经专门化，已是专门家族的专门技艺，并且产品已商品化。这不仅促使商品交换进一步发展，而且也是积累财富的重要手段。其次，冶铜业。根据考古发现，早在距今6 000年前的临潼姜寨仰韶文化遗址已经发现了人工冶铸的小件铜器（原注：姜寨：新石器时代遗址发掘报告．北京：文物出版社，1988），处于冶铜业发明的初始阶段。到了5 000年前的黄帝时期，据《史记·封禅书》："黄帝采首山之铜，铸鼎于荆山之下。"到了尧舜禹时期，从考古发现来看，冶铜业在黄河中下游地区已有了较为普遍的发展。不仅发现地点增多，而且如山西襄汾陶寺M3296出土的红铜铃形器（原注：山西襄汾陶寺遗址首次发现铜器．考古，1984（12））的铸造需要包括外范和内范的多合范，这比仅用外范的小刀之类的铸造要复杂得多，说明此时冶铜技术已有了很大的进步。到了夏代初期登封王城岗遗址H617出土的青铜鬶残片，经金相及扫描电子显微镜等分析，系含锡约7%并含有一定量铅的铸造的青铜制品（原注：登封王城岗与阳城．北京：文物出版社，1992），说明夏代时期青铜冶铸业已正式出现，从而进入了青铜时代。冶铜业的发展成熟既是当时社会生产力快速发展的代表，又为农业和手工业提供了石器不可比拟的锐利的工具，从而促使农业和手工业的进一步发展。冶铜业，尤其是青铜冶铸业不仅需要专门的技艺，还需要大量的有组织的劳动力，而且劳动十分艰苦。它不是作为农业的副业可以完成的，而是需要大批强制性的奴隶劳动，这就成为奴隶制发展的重要条件。冶铜业的生产性质决定它必然由酋邦领袖乃至王这样的大贵族所掌握，必然促使酋邦领袖权力乃至王权的加强，因此，冶铜业的发展也是王权发展和形成的重要标志。同时，冶铜所需的铜矿和锡矿等不是每个地方都有的，对铜矿和锡矿的需求，不仅促进各地区交换的发展，同时，为了保证对铜矿和锡矿的供应和占有，也成为当时战争的重要原因之一。总之，冶铜，尤其是青铜冶铸业是中国古代文明产生和形成的重要因素之一。中国古代青铜器的特点是礼器十分发达（原注：李先登．试论中国古代青铜器的特点．天津师大学报，1989（6）），这是中国古代文明以礼乐文明为特点的集中体现，也必须予以足够重视。

早于五帝时代分布于内蒙古东部及辽宁西部等地的红山文化的玉器已达到一定的水平（原注：牛河梁红山文化遗址与玉器精粹．北京：文物出版社，1997）。而约当五帝时代早期的分布于长江下游太湖周围地区的良渚文化中期的玉器更是制作十分精美（原注：良渚文化玉器．北京：文物出版社，1990），主要有琮、璧和钺等，多出土于墓葬。此外，河南龙山文化、山东龙山文化也出土玉器。这些都说明五帝时代制玉业也是一项重要的手工业，并被以后的夏商周文明所继承。

在上述农业与手工业发展的基础上，在私有制进一步发展的基础上，五帝时期商业也有了一定的发展。文献记载颛顼之时“祝融作市”（原注：《世本·作篇》）。商业的发展进一步促进了贫富分化与社会分层的发展。

五帝时期在生产发展、人口增加的基础之上，在酋邦社会结构变化，尤其是王权逐步出现（可以组织调动大规模的人力、物力来进行大型土木工程）的基础上，在战争和洪水的逼迫之下，在夯筑技术发展的条件之下，人们居住的聚落也有了新的发展与分化，突出表现为新的聚落形态——城（国）的出现以及都邑的分化，开始出现不平等的城乡分化。据《五帝本纪》，黄帝已“邑于涿鹿之阿”。从考古发现来看，1992 年在河南郑州西山发现的仰韶文化晚期的夯筑城址，距今 5 300～4 800 年前，是目前中原地区发现最早的城址（原注：杨肇清．试论郑州西山仰韶文化晚期古城址的性质．华夏考古，1997（1）），其性质可能以军事防御为主，是从过去的中心聚落发展而来，是中国古代城市的萌芽，是中国古代酋邦（国）开始出现的标志。到了五帝时代晚期，在黄河中下游地区夯筑城址已有了较多的发现，说明城市已有了相当的发展，成为贵族居住活动的政治中心。例如，河南登封王城岗（注：登封王城岗与阳城．北京：文物出版社，1992)、淮阳平粮台（原注：河南淮阳平粮台龙山文化城址试掘简报．文物，1983（3））、郾城郝家台（原注：郾城郝家台遗址的发掘．华夏考古，1992（3））、辉县孟庄（原注：袁广阔．辉县孟庄发现龙山文化城址．中国文物报，1992-12-06)、山东章丘城子崖（原注：城子崖遗址又有重大发现，龙山、岳石、周代城址重见天日．中国文物报，1990-07-26)、寿光边线王（原注：杜在忠．边线王龙山文化城堡的发现及其意义．中国文物报，1988-07-15)、邹平丁公（原注：山东邹平丁公遗址第四、五次发掘简报．考古，1993（4））、鲁西南的两组龙山文化城址（原注：张学海．鲁西两组龙山文化城址的发现及对几个古代史问题的思考．华夏考古，1995（4））等，其时代大致相当于“鲧作城郭”（原注：《世本·作篇》）时期。尤其重要的是，首先，这些城市不仅具有高耸的城墙用来保卫贵族乃至主权，促进王权的发展与巩固，而且在这些城市内部已普遍出现规模较大的夯筑宫殿或宗庙基址。例如，登封王城岗城址西城内的中部及西南部发现数块较大面积的夯土建筑基址，基址下还发现有用人作牺牲的奠基坑。宫殿或宗庙是当时贵族和王居住及进行政治活动的场所，这无疑可以作为酋邦政治乃至王权逐渐发展成熟的象征。其次，在这些城址周围分布着一定数量的较小的聚落。例如，在面积达 20 万平方米的章丘城子崖龙山文化城址周围 200 平方公里范围内，分布着同时期的小聚落遗址 41 处，它们的面积为 6～20 000 平方米，显然比城子崖城址要小得多（原注：张学海．东土古国探索．华夏考古，1997（1））。这不仅说明此时的聚落已分化分层，城子崖城址约当后来的“都”，其周围的小遗址约当于“邑”，即已出现都、邑的分化；而且小聚落一般没有城墙及宗庙宫殿夯土建筑基址，说明此时城与周围小聚落的关系已不再是以往的平等关系，而是主从关系。

即“都”是该酋邦的政治中心，在社会生活中居于主导地位；而“邑”则是受其统治的部落所在。如《左传 · 庄公二十八年》所述：“凡邑有宗庙先君之主曰都，无曰邑。”到了夏王朝建立之时，登封王城岗城址——“禹都阳城”则已蜕变为夏王的所在地，成为全国的政治中心，这也从一个侧面反映了中国古代文明正式形成。总之，上述五帝时期城市发展与都邑分化的过程也反映了向文明社会发展过渡的历程。因此，城市的出现与发展亦应作为中国古代文明起源与形成的重要的文明因素之一。

和都、邑的分化同步，在部落内部，各氏族、各家族之间不仅贫富分化进一步加剧，而且社会分层逐步发展。家族成为最重要、最基本的社会单位，并且各家族及家族内部人们的政治身份地位逐步分化。到了五帝时代晚期，在政治上具有特权地位的贵族阶层开始形成，而“王”就是由最显要的贵族家族中产生的。通过尧舜禹时期禅让与传子的反复斗争，最后“禹传启，家天下”，最终确立了传子制，确立了社会分层，建立了夏王朝，中国古代从此进入文明社会。从考古发现来看，属于五帝时代晚期的山西襄汾陶寺遗址，1978—1982 年在其墓地发掘了 700 余座墓葬（原注：1978—1980 年山西襄汾陶寺墓地发掘简报．考古，1983（1）；高炜．关于陶寺墓地的几个问题．考古，1983（6）），主要分为两大片，即可分为两个氏族墓地，每个氏族墓地内部又可分为若干个家族墓地。墓葬有大、中、小三种，其中 84.3% 为小墓，随葬品很少或没有，中型墓占 14.4%，大型墓占 1.3%。其中五座大墓前后连在一起，间距仅 1 米左右，显然属于一个家族。在大墓的众多随葬品中，主要是用以表示身份地位和权力的彩绘龙盘、鼍鼓、特磬和石钺等，用来代表墓主人掌握了行政、军事与祭祀大权，说明墓主人是酋邦首领乃至“王”者的高级贵族。这些情况已与此前大汶口文化随葬多件陶器与猪头的富有者的墓葬有了较大的区别。陶寺大墓随葬表示“王”权的鼍鼓、特磬这一点已被以后文明时代所继承。夏代王陵迄今尚未发现，而安阳侯家庄西北岗发掘的晚商王陵 M1217 也随葬了鼍鼓、特磬，作为商王的身份与权威的象征（原注：梁思永，高去寻．侯家庄：第 6 本 1217 号大墓，台北 1968），就是证明。陶寺大墓还说明当时是用主要的随葬器物来表示墓主人的身份，说明这些器物已开始具有后世夏商周时期礼器的性质，这也说明此时建立在社会分层基础上的礼制已经开始萌芽。还有，陶寺墓地反映的当时社会分层的特点是建立在血缘关系基础之上的，这说明成为中国古代文明特点的宗法制就是在五帝时期奠基的。此外，在山东临朐朱封发现的山东龙山文化大墓（原注：临朐县西朱封龙山文化重椁墓的清理．海岱考古：第 1 辑；山东临朐朱封龙山文化墓葬．考古，1990（7）），其规模之大也是空前的。

与社会分层同时，初期的家内奴隶也已产生。例如，江苏新沂花厅村在大汶口文化中晚期遗址，其中 8 座墓葬共有殉人 18 人，男女青年及小孩皆有，各墓殉葬1～5人不等（原注：江苏新沂花厅遗址1987年发掘纪要．东南文化，1988（2））。这些殉葬人既可能是战俘，更可能是家内奴隶。再有，上述登封王城岗龙山文化晚期城址宫殿宗庙夯土台基下面奠基坑中的人牲也有可能属于奴隶（原注：登封王城岗与阳城．北京：文物出版社，1992）。总之，五帝时期奴隶的出现与奴隶制的初步发展即阶级的分化与阶级的斗争，也是迈向文明社会的重要文明因素之一。

文字是记录语言的书写符号，是人类社会重要的交际工具。文字的出现是人类历史进入文明时代的重要标志之一。从中国的考古发现来看，早在距今7 000年前的裴李岗文化的龟甲等上已发现了刻画符号（原注：舞阳贾湖．北京：科学出版社，1999），在西安半坡等遗址出土了较多的距今6 000年前的仰韶文化陶器上的刻画符号（原注：王志俊．关中仰韶文化刻画符号综述．考古与文物，1980（3））。到了五帝时代，如山东莒县陵阳河遗址等地出土的大汶口文化晚期的距今4 500年前的陶器上的刻画图形符号等（原注：王树明．谈陵阳河与大朱村出土的陶尊“文字”//山东史前文化论文集．济南：齐鲁书社，1986）。又如在良渚文化中晚期的陶器上还发现一件器物上刻画多个符号的现象（注：张明华，王惠菊．太湖地区新石器时代的陶文．考古，1990（10））。有些学者认为这些符号已是文字（原注：唐兰．从大汶口文化的陶器文字看我国最早文化的年代//大汶口文化讨论文集．济南：齐鲁书社，1981；李学勤．良渚文化的多字陶文．苏州大学学报，1992（吴学研究专辑））。而另一些学者认为尚不是文字（原注：高明．论陶符兼谈汉字的起源．北京大学学报，1984（6）；李先登．试论中国文字之起源．天津师大学报，1985（4））。但是这些发现无疑说明此时符号有了快速的发展，正在向文字过渡。到了五帝时代末期，如山东邹平丁公龙山文化刻画多字陶片的发现（原注：山东邹平丁公遗址第四、五次发掘简报．考古，1993（4）），说明文字即将形成。而到了夏王朝建立以后，如河南登封王城岗遗址出土的陶片上刻画的“共”字，说明中国古代文字终于诞生（原注：李先登．王城岗遗址出土的铜器残片及其他．文物，1984（11））。从文献记载来看，《吕氏春秋·君守》：“苍颉作书。”东汉许慎《说文解字》认为苍颉是黄帝之史（原注：《说文解字·十五上》记载“黄帝之史仓颉”）。又如《荀子·解蔽》：“好书者众矣，而苍颉独传者，壹也。”结合考古发现，说明五帝时代确是中国古代从符号向文字发展的过渡时期。到了夏代，文字终于诞生。因此，文字的诞生是中国古代文明形成的重要标志，汉字是中国古代文明的重要的文明因素与根本特点。文字是由专门的知识分子将符号整理、划一而创制的。文字的诞生说明专门的知识阶层已经出现，脑力劳动已与体力劳动分离，而这正是文明社会的重要标志之一。

总之，五帝时代是中国古代文明的起源时期，至夏王朝建立，国家正式出现，而“国家是文明社会的概括”（注：恩格斯．家庭、私有制和国家的起源）。中国古代文明正式形成。五帝时代的特点是过渡时期，新旧因素交替，新的理性的文

明因素急剧增长，最后占据主导地位，社会由量变而质变，最终步入文明社会。并且由于五帝时代已有口述史料，尔后经后人记录整理而成为文字史料。因此，我们认为应将五帝时代归入中国历史的成文历史时期，而不应归入史前史，五帝时代应当作为中国古代文明史的第一阶段。作为中国五千年文明史的开端，其第一章应命名为五帝时代。

由于五帝时代活动的地域包括了黄河中下游地区及长江中下游等地区，在这里生活着许多人群。黄帝时期包括黄帝、炎帝和蚩尤，尧舜禹时期包括夏人、商人、周人、三苗乃至古越人等，他们互相征伐，又团结治水，不断交流融合，最终共同创造了中国古代文明。在这个意义上，中国古代文明起源是多元的。但同时，到了五帝时代晚期——即将进入文明时代的前夕，由于各地区自然条件的优劣、地理位置的居中或偏远的影响作用更加明显了，社会历史发展不平衡加剧了。居于“天下之中”的中原地区、自然条件优越的夏人，在自身奋斗的历程中，又吸收了周围各人群优秀的文化成就，最先步入文明，建立了夏王朝，从此中国古代文明形成并出现了全国性的中心。五帝时代社会组织的特点是由仰韶文化晚期的父系氏族社会初期的平等的部落联盟发展为更大地域的、更大范围的人群之间的不平等的大联盟，其性质相当于现代学者多称的酋邦，最后由酋邦发展为夏王朝国家。

五帝时代的重要历史地位在于奠定了中国古代文明的基础，孕育了众多中国古代文明的特点，因而它是研究和认识中国古代文明的关键，在中国古史的研究中具有十分重要的意义。从五帝时代中国古代文明起源和形成的历程可以看出，中国古代文明是土生土长的、原生的，一切外来说都是没有任何根据的。中国古代文明发展是有连续性的，是一脉相承的。虽然可以追溯出众多的支流，但是最终汇合成一个全国性的中心，发达的礼制，完备的典章，不断进取的精神，成为向心力和凝聚力的渊源。这种凝聚力世代向前发展，一直到今天。其表现之一就是民族认同感，全体中国人民都自认为是炎黄子孙，保证了民族团结和国家统一。而另一方面的表现则是大一统思想，推崇统一，强调团结，反对分裂。中国古代文明的特点是重人事的礼乐文明，而不是重宗教的巫术文明，巫术未能占据主导支配地位，这也是中国古代文明形成以后从未中断而一直发展到今天的重要原因。五帝时代的一笔珍贵的历史遗产就是源于禅让的大同理想，强调和谐相处，厚德载物，自尊自信，自强不息。不断地激励后世炎黄子孙为争取历史进步、社会光明而努力奋斗。

饮得舜河长流水，不忘开源凿渠人；
远望风雨舜过山，但念五帝文化城。

后　记　作者在编著本书时心头萦绕着儿时的情景，于是油然而生了这首《但念》小诗，轰然耳边。

十二附件之三

舜焦故里的两则历史新闻纪实

第一则　澄西县抗日民主政府旧址

冯顺政

澄西县抗日民主政府旧址，位于常州市武进区郑陆桥镇翟家村委吴家桥村河东25号。

这里地处武进、江阴、无锡三县交界处，申浦河两岸荟莉茂盛，易于隐蔽，澄西县抗日民主政府办公地点就设在竹林庵。现存房舍坐北朝南，前后两进兼有东西厢房，砖木结构硬山式平房。头进7楹5间，正中为明间进出大门，保持原有拱形门楣，二进8楹3间，梁柱穿枋，具晚清民初风貌。前后进间为天井大院，天井东西两端各有平房一间，原作厨房及物料库房。

1941年1月“皖南事变”后，澄、武、锡三县边区抗敌委员会撤销，成立江阴县抗日民主政府。2月改称澄西县民主政府，下设民运、军事、司法、财经、文教5科，同时成立6个区，张志强任县长，县政府驻地就在焦溪竹林庵。1941年2月12日下午，天下着大雪，北风呼啸，上午得悉日寇从江阴到达申港镇。县政府驻地距申港不到8华里（4公里），没有估计到敌人又会来，待发现敌人已到达河下桥。县政府工作人员立即疏散，秘书恽玉棠等人为了掩护县政府转移，故意往南面空旷地走，以吸引敌人。敌人进入村庄发现前面有7人向南行进，即用机枪扫射，县政府秘书恽玉棠和谢川根、陈益安、王文忠等同志光荣牺牲。及敌人向北用火力追击我县工作人员时，因风大雪大，这些北去的我政府工作人员得以全部安全突围。恽玉棠等4人牺牲后，县政府办公地已暴露，之后办公地迁出竹林庵。

恽玉棠（1908—1941），武进西夏墅人，印刷工人出身，1927年入党，历任中共武进县委常委、西北区区委书记、中共浙江省萧山县常委兼组织部长。抗战时曾任浙北特委铁道工作委员会书记，曾短期在《新华日报》社工作。苏南沦陷后，他组织抗日游击队先编入江南抗日义勇军，后编入新四军主力部队，曾任新四军团参谋。1941年2月12日，驻申港日伪军扫荡吴下桥村竹林庵澄西县政府遭日军机枪扫射牺牲时，年仅33岁。

竹林庵澄西县抗日民主政府办公地旧址，是现今江阴、无锡、武进唯一幸存的抗日纪念旧址。1996 年，中共武进市委、武进市人民政府在竹林庵立了纪念碑，碑文如下：

澄西县抗日民主政府旧址

一九四一年一月，皖南事变后，澄、武、锡三县边区抗敌委员会撤销，成立江阴抗日民主政府，二月改称澄西县抗日民主政府，下设民运、军事、司法、财经、文教五科，同时成立六个区，张志强任县长，县政府驻焦溪镇竹林庵，十二月，日伪军袭击竹林庵澄西政府驻地，县政府秘书恽玉棠等四人牺牲之后，县政府迁出竹林庵。

中共武进市委
武进市人民政府

2008 年 2 月 26 日，由市人民政府公布第四批常州市文物保护单位，定为进行抗日革命教育、缅怀革命先烈的场所。

（转自冯顺政主编《古镇焦溪》第 50、51 页）

第二则　解放战争舜过山战斗遗迹

冯顺政　潘文瑞

舜山西麓，有一块中共武进市委、武进市人民政府立的“舜过山解放战争纪念碑”，碑文如下：

舜过山战斗旧址

一九四九年四月二十一日夜，中国人民解放军突破国民党长江防线，二十二日临晨解放军二十八军八十三师二四九团挺进到焦溪舜过山附近，包围了依山顽抗的国民党守军，经激烈战斗至下午三时许，解放军八十三师集中火力发起攻击，五时左右结束战斗，全歼守敌。

中共武进市委
武进市人民政府
一九九六年立

1949 年 2 月下旬，国民党汤恩伯部队的一个团（团长刘振）开到焦溪镇，团部设在徐家祠堂，部队驻在焦溪和石堰。4 月 5 日，驻守在江阴的国民党 21 军 46 旅 436 团来到焦溪地区，驻守在舜过山及其周围。这些军队到达后，立即封山伐木，拉民夫，强迫民工修工事、挖战壕、筑碉堡，面对长江，构筑工事。东起

长山脚下的田头村，西至塘铁桥的井寻头，在这三公里长的地段上，掩体交错，战壕纵横。蒋军吹嘘这是阻止人民解放军渡江的“长江第二防线”，就像电影《渡江侦察记》的场景一样。农历三月十八（公历4月15日）是舜过山传统的节场，本来四面八方的民众可以从北山进庙去烧香拜佛，小孩子也趁热闹去爬山玩耍，可是那天有国民党部队驻守，荷枪实弹，不让人越过第一道战壕。

4月21日（农历三月廿四）清晨，驻焦溪蒋军军官，突然劫夺“武平”号客轮装运眷属撤离焦溪。中午，蒋军连长以上军官到江阴参加紧急会议。回来后气氛骤然紧张。晚上9时许，江边炮声隆隆，人民解放军开始强渡长江了。当时，驻焦溪、石堰的蒋军一个团接到急电，要他们“轻装出发，驰援江防”；舜过山附近的蒋军，也奉令进入工事，准备战斗。

驻扎在沿山附近村庄的国民党军队，风气极坏，军纪涣散，每天都有抢掠百姓东西的事件发生，地头上的蔬菜，家中缸里的腌菜，出晒的咸肉、咸菜，连场头上的稻草也拿。兵匪骚扰，老百姓苦不堪言。

在南京至上海地段担任渡江任务的是陈、粟大军。陈毅、粟裕给叶飞交代任务，要他跟随第一梯队船登陆，担负先头军军长的重任。因为作战地段在南京和上海之间，易遭东西夹击，要他随第一梯队行动，直接掌握情况，实施强有力的指挥。历史上有诸葛亮巧借东风、火烧曹兵八十万的故事，关键在风；解放军扬帆渡江，也需要有风。可是，到21日下午4时，江面还没有一点风，离起渡时间只有一两个小时了，叶飞很是着急。就在这时，盼风风到，东南风大起，而且刮得很猛，呼呼作响，叶飞和指挥所里的参谋们都跑到外面，披襟当风，心中非常高兴。叶飞迎风大喊：“天助我也！”

这天黄昏，中国人民解放军第三野战军第十兵团的二十八军从靖江县八圩以西的上六圩等地横渡长江，全歼黄四塘口的守敌登陆。其中83师的249团迅速推进到舜过山北麓，赶筑掩体从三面包围顽抗的蒋军。那些从焦溪、石堰来“增援江防”的蒋军赶到申港以南的坊前、东黄荡、缪家村等地时，就被解放军击溃，大部被俘。

22日临晨，舜过山战斗打响。解放军几次冲锋均遭蒋军工事中的火力遏制。经过激烈的反复战斗，于下午3时许，我强大的解放军用炮火猛烈轰击舜山蒋军阵地，而蒋军仍想依托工事负隅顽抗，战斗非常激烈。此时解放军在强大的炮火掩护下发起冲锋，塘铁桥井寻头的蒋军向东长山逃跑，其余在阵地内的蒋军则被打得焦头烂额，于下午5时左右扯出白旗，向解放军缴械投降。

战斗结束不久，有两架飞机到舜山上空盘旋。这时解放军和俘虏兵已在山下村庄，听到飞机声，立即隐蔽到房子里去了。敌机找不到目标，在舜山上空打了几颗机枪子弹后，就悻悻地逃跑了。解放军向焦溪以南挺进。第二天中午，敌机轰炸了戚墅堰发电厂、龙头厂。焦溪地区全境解放。

舜山是虞舜居住过的地方，也是季札躬耕养老之地。几千年来，历次朝代变更，均未在这里摆过古战场。为了祝愿人民永远过着宁静祥和的和平生活，舜山人民在舜山森林公园树立了“舜过山解放战争纪念碑”，以永远保留“解放战争舜过山战斗”的遗迹，作为进行爱国主义教育的场所。作者在撰写本文时，三上舜山，细读碑文，感慨万千，潘文瑞特作七律一首纪念：

江南四月遍哀鸿，引颈翘望水火中。
万马奔腾驱虎豹，千帆竞发冒烟烽。
终教舜岭红旗立，赖有千城壮士雄。
伟绩不泯碑记在，深深碧血染青松。

（转自冯顺政主编《古镇焦溪》第52、53页）

十二附件之四

有关舜焦故里传承与发展的两则要闻报道

第一则　焦溪入选中国传统村落

常州日报　2014-11-27

摘　要　25日，住建部、文化部、国家文物局、财政部、国土部、国家旅游局等联合公布第三批中国传统村落名录，我市武进区郑陆镇焦溪村入选。

25日，住建部、文化部、国家文物局、财政部、国土部、国家旅游局等联合公布第三批中国传统村落名录，我市武进区郑陆镇焦溪村入选。这是继杨桥之后，我市第二处中国传统村落。

焦溪村地处武进、无锡、江阴交界处，依山傍水，周边舜山、凤凰山等山脉绵延不断，历史最早可追溯至中华民族人文始祖尧舜禹时代。今年3月入选中国第六批历史文化名村。目前，我市已制订《常州市武进区郑陆镇焦溪古村保护规划》，未来将形成“一核、一轴、一环、两园、五节点”的景观结构，保护好传统风貌核心，形成北新街—老新街历史风貌轴，规划水系与龙溪河构成景观水环；打造焦溪文化园北园、南园，并形成北部焦溪文化园北园、东部焦溪桥入口广场、南部入口广场、西部红星路入口广场、朝阳庵5个节点。

据悉，全国共有994个村落入选第三批中国传统村落名录，此前两批入选1 561个村落。

链接：焦溪古村5大特点依山傍水、格局完整的府外关城

焦溪，历史上老舜河、龙溪河、西街街河、南溪小河穿村而过，桥多、街多、弄堂多，有“四河、九桥、六街、十八弄、十一道圈门”之称。其传统特色肌理保存较为完整，现存“一河、四桥、五街、十三弄”。“一河”为穿村而过的龙溪河（据《越绝书·吴地》记载该河为江南运河原始段落之一）；“四桥”为市级文物保护单位三元桥、中市桥、咸安桥与青龙桥；“五街”为东街、中街、南街、老新街、北新街；“十三弄”为东街的殷家弄、大桥弄，中街的奚家弄、仇家弄，南街的是家弄，西街的强家弄、奚家弄，东下塘的牛马弄、汪家弄、蔡家弄等。古村街巷多形成于清朝和民国时期，路面保留原有的金山条石。

江南明清商贸传统市镇的典型代表

在唐代，焦溪村凭借其区位优势形成了集镇雏形，宋《咸淳毗陵志》称焦村。明初朱元璋“故人”焦丙，在这里隐居当塾师，该地地名也称焦塾。清朝中叶成为常州东门外的大集镇。清朝、民国时期焦溪古村商贸十分繁荣，其集市贸易已有近百年历史，传统商贸涉及传统商业、手工业与风味饮食等 30 多个行业，有众多大商家与老字号，包括布庄、粮食行、典当行、银楼、药店、茶馆等。焦溪古村是明清以来传统商业、手工业的历史见证。

以黄石半墙建筑技艺为特征的传统市镇

建筑地方特征鲜明，建筑材料就地取材独具特色。众多民居东西山墙、前后包檐约有一半用黄石砌就，形成“黄石半墙”的独特建筑风格，体现出南地北风的江南水乡传统村落特色。

华夏圣贤崇德尚学、文人学士孕育繁盛的人文盛地

古有虞舜在此安营扎寨，季札在此耕读隐居终老，后有明朱元璋帝师焦丙、清舜山学所创立者是镜、清文武双科进士奚寅、常州芳晖女子中学创始人徐洁怀、五代中医世家承槐卿、杏林儒医丁谏吾、航天专家程心一、中华人民共和国最高人民法院副院长奚晓明等众多名士人才。

蕴含居民传统生活气息、承载丰富文化活动之地

焦溪古村有国家级非物质文化遗产 2 项——锡剧、常州小热昏，省级非遗 1 项——常州宣卷，市级非遗 1 项——常州唱春，区级非遗 1 项——焦店扣肉制作技艺。此地独特的姓氏文化源远流长，是奚姓、是姓等许多少见姓氏分布地。

（报道：何嫄　张军　郑陆宣　责任编辑：周冬梅）

· 历史资料 ·

充满常州精神的千年古镇焦溪一瞥

中国历史文化名镇——焦溪镇隶属常州市武进区东北部，地处常州、无锡、江阴三市交界，是具有 700 多年历史的文明古镇，闻名于大江南北。元末明初，朱元璋塾师焦丙在此设塾讲学，所以称焦店，后来人们为了以水克火，又改焦店为焦溪。总面积 41.4 平方公里，辖行政村 25 个、居委会 2 个、村民小组 304 个。总人口 44 312 人，其中非农业人口 3 377 人。被誉为“葡萄之乡”、“干燥机之乡”。

——百度百科 · 焦溪镇

第二则　全国政协召开双周协商座谈会

就“城镇化进程中传统村落保护”问题提出建议，俞正声主持

人民日报　日期：2014-12-13　星期六　第4版：要闻

本报北京12月12日电（记者潘跃）全国政协12日下午在京召开双周学生座谈会，就“城镇化进程中传统村落保护”问题提出意见和建议。全国政协主席俞正声主持会议并讲话。

全国政协委员冯骥才、仇保兴、潘鲁生、励小捷、廖奔、傅惠民、崔永元、马国湘、李卫东、张友君、陈小平、张廷皓、李东东、武鸿麟、张妹芝，以及专家学者曹昌智、胡彬彬、罗德胤等在座谈会上发言。

委员们认为，传统村落承载着中华民族的历史记忆，是承启传统文化和时代精神的重要桥梁，是不可再生的宝贵资源。中共十八大以来，各地区、各部门为加强传统村落保护、改善人居环境、实现传统村落的可持续发展做了大量有益的探索。今年4月，住房和城乡建设部、文化部、国家文物局、财政部四部委出台的《关于切实加强中国传统村落保护的指导意见》很及时，是个好文件。但传统村落保护的形势仍然很严峻，特别是在城镇化的进程中，传统村落保护面临着发展模式单一、保护资金短缺、因无序开发导致自然风貌和环境遭到破坏等诸多矛盾和问题。

委员们建议，保护好传统村落要重点处理好两个关系：一是保护好古建筑与改善居住环境的关系；二是处理好政府力量和市场力量的关系，对市场介入传统村落保护利用要防止过度化经营模式。当前要重点抓好四项工作：一是把传统村落保护清单作为抓手，清单管理要明确具体；二是要落实责任主体，县级人民政府对本地的传统村落保护发展负主要责任；三是要公开，依靠群众监督；四是要制定好文物保护发展规划。只有把发展搞好，保护才能落到实处。委员们建议，要进一步加强对传统村落保护的指导和监督，完善支持政策，开展保护技术研发与示范，开展试点工作，加大传统村落文化宣传力度，建立社会参与机制。

座谈会讨论深入，气氛热烈，委员们和专家学者勇跃建言。俞正声不时插话询问，与大家互动交流。

全国政协十分关注城镇化进程中传统村落保护问题。会前，全国政协文史和

学习委员会就有关问题组织委员进行了专题调研。

住房和城乡建设部部长陈政高介绍了城镇化进程中传统村落保护的有关情况。财政部副部长胡静林、国土资源部副部长王世元、文化部副部长项兆伦出席会议并发言。

全国政协副主席杜青林、张庆黎、李海峰、齐续春出席座谈会。

十二附件之五

孔子的老师——常州人文始祖季札

陆惠根

大家都知道，孔子是很牛的一个人，美国出版的《世界名人辞典》和英国出版的《人民年鉴手册》，从对世界的贡献和影响等方面，列出了世界十大思想家，他们依次是亚洲中国的孔子，欧洲希腊的柏拉图、亚里士多德，意大利的阿奎那，波兰的哥白尼，英国的培根、牛顿、达尔文，法国的伏尔泰，德国的康德。孔子列第一，是世界十大牛人中最牛的一个人。可是，季札比他还要牛。

季札塑像

本文提纲大致是“三个五”：一是关于季札的五件大事；二是季札对当今人们的五点启示；三是季札为孔子老师的五大佐证。

我的话题从“春晚”说起。当今中国人，扩大一点说包括海外华人，大致都有一份“春晚情结”，尽管人们对这个“春晚”褒贬不一，但每年春节过年还是离不开它，至少在关注着它。我今天要说的不是一年一度中央电视台的“春节联欢晚会”，而是一个历史概念上的“春晚”，即“春秋晚期”。我不是学历史的，但在我所了解的历史中，中华文明史离不开“春晚”，从长远看，世界文明史注定也离不开中国的“春晚”。为什么？源于“春晚”这个时期，中国出现了一群人，特别是这一群人中的一个人。这群人以一个字来概括，叫作“士”，其中有文士、武士、谋士、策士、术士、隐士，等等；用两个字概括叫作“士子”或“诸子”。士林诸子中最牛的一个人叫孔子，孔子是这群人中的杰出代表，也是几千年来影响中国一代又一代，并仍将继续影响中国和整个世界的一位圣人。

中国的春秋晚期即公元前5世纪前后近百年间，是礼崩乐坏、社会动荡、民

不聊生的乱世，但却形成了“百家争鸣、百花齐放”的生动局面。在这一时期，中国民本思想开始萌芽，理性之光从愚昧和迷信的层层包裹中冲决而出，中国文化第一次从蒙昧走向文明，从重神惧鬼走向人文关怀。与此巧合的是，就在中国的春晚时期，印度产生了释迦牟尼，希腊产生了苏格拉底。古希腊、以色列、中国和印度都发生了“终极关怀的觉醒”，也就是说，这些地方的人们开始用理智的方法、道德的方式来面对世界，同时也产生了宗教。我们今天所说的“三教九流”（三教：儒教、道教、佛教；九流：儒家、道家、阴阳家、法家、名家、墨家、纵横家、杂家、农家），大致就形成于那个时期。春晚时期所产生的人文之光一直照耀到今天，每当人类社会面临危机或产生新的飞跃的时候，人们总要回过头去，看看先哲们是怎么做的和怎么说的。这使得中国人引以自豪的孔子释放出越来越强的人文光芒，这也是遍布世界各地的孔子学院如雨后春笋茁壮成长的原因所在。从这个意义上说，中国的春晚也是世界的春晚；中国的孔子也是世界的孔子。

然而，今天的人们，在敬仰和崇拜孔子的时候，往往不会去查考孔子有没有老师。那么孔子究竟有没有老师呢？回答应该是：有。一个人的成长，哪能没有老师？古今中外无师自通的天才有，但那毕竟是极少数。孔子在磨难中成长，从前人和当时贤哲们的身上吸取营养，最终才成为集大成者的孔圣人。那么，孔子有多少个老师呢？回答应该是：很多。孔子自己说：“三人行，必有我师焉。”韩愈《师说》：圣人无常师。孔子师郯子、苌弘、师襄、老聃。《三字经》：“昔仲尼，师项橐，古圣贤，尚勤学。”现在比较公认的，对孔子影响最大的有六个男人三个女人，其中一个是小孩。

仁孝老师——郯子：《二十四孝》鹿血奉亲的故事；

音乐老师——苌弘：成语碧血化珠，碧血丹心，尽善尽美；

哲学老师——老聃：亦师亦友；

古琴老师——师襄：三月不知肉味；

辩才老师——项橐：春晚神童。

项橐是春秋晚期的神童。相传，孔子有一次与弟子们驾着马车，行至齐国纪障城的时候，大道上有几个正在戏耍的童子四散逃离，唯有一个童子双手叉腰立于路中岿然不动。子路见状，停车呵斥道：“小孩子怎么不让车呢？撞坏了你怎么办？”童子说：“城池在此，车马安能通过？”孔子探身道：“城在何处？”童子说：“筑于足下。”孔子下车观看，果见小儿立于石子片摆成的“城”中。童子问：“是城让车马，还是车马让城？”孔子笑道：“好伶俐的童子！请问你叫什么名字，多大年龄啦？”小儿答道：“我叫项橐，年方七岁。请教您是哪一位？”孔子答道：“俺是鲁国孔丘。”项橐惊道：“您就是鼎鼎大名的孔夫子！那么俺请教您三个问题，答得出来俺就拆城让路，答不出来就请您绕城而过。”孔子觉得项橐小孩很有意思，于是笑道：“一言为定!”项橐说：“天、地、人为三才，夫子可知天有多少星辰、地有多少谷物、人有多少眉毛?”孔子摇头说：“这……我还真的没想过。”项橐得意道：“我来告诉你，天有一夜星辰，地有一茬五谷，人有黑白两根眉毛。”项橐再问：“请教什么水没有鱼?什么火没有烟?什么树没有叶?什么花没有枝?”孔子答道：“江河湖海，水中都有鱼；柴草灯烛，是火就有烟；没有叶不成树，没有枝又哪里有花呢?”项橐听后晃着脑袋说：“不对，是井水没鱼，萤火没烟，枯树没叶，雪花没枝。”项橐又问：“什么山上无石?什么车子无轮?什么牛无犊?什么马无驹?什么男人没有妻子?什么女人没有丈夫?”孔子逗他道：“啊呀，我还是不知道。”项橐又道：“土山无石，轿车无轮，泥牛无犊儿，木马无驹儿，神仙无妻，仙女无夫。”

孔子心中实在是敬佩这个七岁的孩子，于是向项橐行礼，绕“城”而过。这就是后世传说的“项橐三难孔夫子”的故事。

以上列举了四个大人一个小孩，其实孔子还有一个鲜为人知的老师，他是常州人。

孔夫子是山东人，常州人怎能够做他的老师呢?因为这个常州人，不是一般的人，而是常州的人文始祖季札。

季札是不是常州的人文始祖?曾经有过一些争议，但认识渐趋一致，取得公认。常州历史悠久，文化底蕴深厚。(圩墩遗址公园、若干考古现场、出土文物图片资料展示)在常州这块土地上，史前时代留下了许多文化遗迹，无论是被誉为古常州第一村落的六千年圩墩遗址、五千年丁堰果园遗址，还是溧阳神墩遗址、金坛三星村遗址等文化遗迹，表明常州的历史可以追溯到五六千年或更早以前，这些远古文化遗存中有石器、陶片、纺锤、遗骨及种种刻画符号等，沉睡数千年后从地底下被挖掘出来，沾满泥土，冷冰冰地不发一言，但却无言地向后人诉说着常州先民们的某种生存状态和当时生产力所达到的水平。然而令人遗憾的是，这些遗迹无论如何也难以表述出当时人们复杂的思想情感和精神风貌。因此，人们希冀打开有关常州人文历史的文本，立刻就会发现，常州有文字记载的确凿历史就是从季札开始的。季札是自有文字记载以来的“常州第一人”，是常州历史之根、文化之源、人文始祖。

这里特别需要指出的是，我说的这个常州，并非现在意义上的常州，而是古时的常州府治，即人们所说的中吴。古常州被誉为“八邑名都，中吴要辅”，曾经有延陵、晋陵、毗陵、兰陵等古称，现在的许多路名地名如延陵路、晋陵路、兰陵路、中吴大道等，大多来自于常州的古称。前年我们常州戚墅堰区与丹东元宝区结成友好区，席间我即兴拟就吟诵了一副对联：

鸭绿江头，元宝金山，看丹东福地，风景这边独好；

扬子江畔，延陵圩墩，望中吴名都，风流还看今朝。

对于上联，当时在场的人，都说很贴切，因为不管是丹东人还是去过丹东的常州人，都能体会得到那种意境；但对于下联，尤其是其中的“延陵圩墩”和“中吴名都”就不太理解。特别是有人提出，中吴曾经是苏州府和镇江府的别称，用在这里似乎不妥。我解释说，“中吴”确实曾经是苏州府、镇江府的别称，为何现在成为古常州的专称呢？1959年7月1日，毛泽东在庐山写了一首七律《登庐山》，中间有这样两句：

云横九派浮黄鹤，

浪下三吴起白烟。

这首诗发表后，庐山疗养院护士、曾为毛泽东做过保健工作的钟学坤，因为不懂“九派”与“三吴”指的是什么，便写信向毛泽东请教。1959年12月29日，毛泽东回了一封信给钟学坤说：“九派，湘、鄂、赣三省的九条大河。究竟哪九条，其说不一，不必深究。三吴，古称苏州为东吴，常州为中吴，湖州为西吴。”毛泽东一锤定音，中吴专指常州。常州府治曾经包括江阴、丹阳、靖江、无锡、宜兴等八县，季札是这些地区共同的人文始祖。

但是，常州的人文始祖季札何德何能，怎么能做孔子的老师呢？这里就有个季札够不够格、孔子认不认账、实际有没有教的问题。下面先从季札的生平事迹和历史对季札的评价，看看季札做孔子的老师够不够格。

季札，何许人？

（一）季札的出生

季札是春秋晚期的吴国人，说到吴国，人们可能更多的会想到春秋一霸吴王阖闾、越王勾践卧薪尝胆、吴王夫差北上争霸，以及报仇达人伍子胥、一代兵圣孙子，还有范蠡与大美人西施的传说等故事。季札是谁呢？季札是吴王阖闾的叔叔，吴王夫差的叔祖父。

季札诞辰于公元前576年，逝世于公元前485年，享年92岁。这在那个年代，绝对是个长寿老人了。他为什么能够长寿？这可能与他的性格、志趣以及他的处世之道有很大关系。季札的出生比孔子早21年，比释迦牟尼早32年，大致与老子的出生、年岁差不多。公元前547年也就是他29岁那年，季札被封于延陵即今天的常州及其周边地区，被称为“延陵季子”；之后又被封于州来即今天的安徽凤台县，被称为“延州来季子”。

季札，为何叫季札？季札本不姓季，而姓姬。我们都是炎黄子孙，黄帝姓姬，炎帝姓姜。西周王朝以黄帝为先祖，故姓姬。初年曾分封过70多个诸侯国，其中姬姓的诸侯国就有53个，所以说西周王朝也叫姬周天下。吴国先祖太伯（也作泰伯）是周文王的大伯父古公旦父，姓姬，而季札是泰伯的二十世孙，故季札姓姬，那么，为什么又叫作“季札”呢？因为古人的名、字还常用来表示在家庭中的行辈，所谓伯、仲、叔、季，就是老大、老二、老三、老四。孔子叫孔丘，字仲尼，“仲”就是老二，因此有人把孔子叫“孔老二”，而孔子的长子叫孔鲤，字伯鱼，反而是“孔老大”了。季札在父亲寿梦的四个嫡子中排行老四，所以称为“季札”。而姬姓与生俱来，即使标榜出自己姓姬也没有多大意思，因为当时天下姓姬的实在太多太多。那为什么季札又称“季子”呢？那是因为季札有贤德，所以《春秋》三传才这样称呼以褒之。值得一提的是，春秋年间被尊称为“季子”的并非季札一人，鲁国的贵族季友也被尊称为“季子”，因为他跟季札一样，都是贤人，又都排行老四。但为了加以区别，后人又在他们名字前面加上了国名，季札被称为“吴季子”，季友被称为“鲁季子”。

如果我们今天要为季札设计一张名片或做一份档案，那么应该是这个样子：季札，吴王寿梦四公子，姬姓、吴氏；名札，字季札；号公子札，吴札，吴季子，延陵季子，延州来季子。

（二）季札的家族关系

从吴国世系表和相关的史料中，我们可以弄清楚以下三点。一是，季札是吴国王室成员，吴国开国始于泰伯仲雍，传二十五世，亡于吴王夫差，即约公元前1200年—前473年，存国约737年。二是，季札是第十九世吴王寿梦的四公子。吴王寿梦正出的有四个儿子，老大诸樊，老二余祭，老三余眛，老四季札，庶出的儿子史料上留下名字的有夫概、党、蹶由、掩余、烛庸等。三是，季札经历了百年吴国兴衰和七代吴王执政。

（三）季札墓葬何处

据说在公子光成为吴王阖闾之后，季札就“愤而去之延陵”，“终身不入吴”，退出了吴国政坛。他归耕终老于延陵，活到了92岁。季札墓葬何处有多种说法，比较多的说法是在江阴申港，也有说季札是终老葬在山东的。不管怎么说，季札在古延陵即今常州及其周边地区，或许还有苏北、山东等地留下了他的足迹和身影，以及关于他的种种传说。

（四）季札所处的时代

自周平王东迁到秦始皇统一中国，即公元前770年—前221年，史称东周时期。由于孔子的编年史《春秋》记述了从公元前722年—前481的史事，因此人们习惯上把这段历史称作“春秋”；而把从公元前475年晋国灭亡到公元前221年秦朝建立这段历史称为“战国”；把整个东周时期称为“春秋战国”，历时500余年。

这个时期的基本格局，就像易中天先生说的“两个太阳”或“两个中心”：一个是名义上的天下共主周天子；一个是盟主或叫霸主。周王室渐渐衰微，只保有天下共主的名义，而无实际的控制能力。天子王权衰落所形成的权力真空致使诸侯大国打着“尊王攘夷”的旗号争当霸主以求填补，波谲云诡，刀光剑影中，更写着一部“春秋无义战”的混战历史，撕咬、扭打和争夺中，不断产生一个

又一个胜利者和失败者，东方的齐国，南方的楚国，西方的秦国，北方的晋国，以及后来的吴国、越国，在血淋淋中脱颖而出，先后形成了所谓的“春秋五霸”和“战国七雄”。

这个时期的吴国是个什么状况呢？从第五世吴君周章去周天子那里认祖归宗后到第十九世吴君寿梦称王前，吴国的十三世国君走完了从西周过渡到东周的历史旅程。南方诸国楚国为大，开始争霸中原，吴国只是东南角落里一个不起眼的小国，在诸侯国际关系中，往往是背靠楚国，唯楚王之命是从，有时甚至成为被捆绑在楚国战车上的一块盾牌。公元前 585 年，吴王寿梦从老父王手中接过权杖，立即表现出一种全新的思维和追求。在登基的第一年，他就走出国门，朝见了周天子，考察了其他诸侯国的礼乐制度。这关键性的一步，便是“吴入春秋”的开始。回国之后，便悄悄地开始了摆脱楚国的努力，就像毛泽东当年力图摆脱苏联老大哥一样，就像后来邓小平搞改革开放一样，吴国开始自力更生，革故鼎新，助农兴商，发展经济，增强实力，同时，出于战略考虑，与北方的晋国达成了“联合制楚”的战略方针。季札就生活在吴国正在崛起和吴楚越争霸即将到来的时代。

生活在这样时代背景下的季札，究竟有怎样的作为？他的事迹和言行对后世有怎样的影响和关照呢？下面我介绍季札当时震动诸侯国际的五件大事。

第一件：三让王位。

“富贵之于我，如秋风过耳。”季札对于至高无上的国王权力宝座，始终采取舍弃态度，这体现了他礼让的最高境界。这种态度，当然有其历史渊源。

专诸刺王僚。第二十三世吴王僚，也就是季札的三哥余昧之子公子僚。飞身刺杀吴王僚的那个壮汉，便是春秋第一刺客专诸。那把剑，实际上是一把匕首，就是从那条烤鱼肚子里抽出来的历史上有名的“鱼肠剑”。那条鱼是什么鱼，我说是鲥鱼，也有的说是鲤鱼或鳜鱼，至今无从考证。专诸为什么要刺杀吴王僚呢？这就要从吴王寿梦的临终遗言说起。

吴王寿梦在位时，因为老四季札最贤，所以想让季札接班。季札到底“贤”到什么程度，《史记》上只有“贤”这一字的记载，别无查考，而他的长兄诸樊倒是说“季札弱而才”，一个贤字，一个才字，加起来不就是德才兼备吗？据说季札是寿梦的老来子，王后比较喜欢，这一点，有时很重要，也很关键。也许季札从小就具备良好的素养，后来又不断显露出他的超强才华和优良品格，加上父辈兄弟都喜欢，使吴王寿梦对他格外用心，比如带着他出国考察［类似朝鲜的金正日带着他的小儿子金正云（金正恩）来中国考察的托孤之行］，给他磨练的机会等。经过长期观察考验，也许还经过各种内查外调程序，寿梦对季札大致得出了这样的结论：季札接班，最能够完成寿梦的梦想“沟通中国，联晋制楚，匡扶天下”，拿今天的话来说就是，季札能够继续吴王寿梦开创的改革开放路线，能使国人信赖；兄弟信任；诸侯信服。找他谈话！这也许是正式的或是非正式的一次谈话，但肯定是代表组织的最高领导人的一次谈话：“我身体不行了，你要做好接任国王的准备。”

想不到的是，季札一口拒绝了父亲的要求。季札以“礼之旧制”即制度问题为理由企图说服父亲：“礼有旧制，奈何废前王之礼而行父子之私乎?”意思是，礼制有成规，怎么能废弃前代君王的礼制而根据父子之间的私情来办事呢?父王你对我好我知道，可也不能坏了祖上定下的规矩啊。

可寿梦是个倔老头，你不想做我偏要你做！临死前，寿梦把长子诸樊叫到床前交代：“我欲传国及札，尔无忘寡人之言!”——我想把国家传给季札，你不要忘了我的话!

也许他看到还有其他儿子和大臣在场，寿梦进一步强调：“必授国以次及於季札。”——你们兄弟一个一个地传，非要传到老四季札手上不可！兄弟们是怎么做的呢?

兄弟们的“死亡快车”。二十世吴王诸樊嗣位之后，便把兄弟们召起来，说：“季子弱而才，兄弟皆爱之，同欲立之以为君。”——诸樊对几个弟弟说，我们都不要把王位传给自己的儿子，而要传给弟弟，兄弟依次相传，以便最终将君位传到季札手上。大家都说，好！说好有什么用，要以行动来证明。

事实是，自从吴王寿梦对楚国大声说“不!”的那一刻起，吴楚便开始分道扬镳，吴国就踏上了与楚人势不两立的不归路。老大诸樊御驾亲征攻打巢邑，楚将牛臣设计，一箭射死了诸樊。老二从老大手中接过吴王的接力棒时，余祭感慨地说了这样一番话：“吾兄非死于巢也，以先王之言，国当次及，欲速死以传季弟也，故轻生耳。”——我的兄长根本不是死于楚将牛臣之手，而是死在当初父王的那句话上的。按照父王的成命，这君位应当一个一个地挨着传，大哥是希望自己早点死掉，以快点儿传到老四季札手里。于是，他就用这种方法来轻生了。一句话，变相的自杀!

那么，老二余祭是怎么死的呢?在吴楚争霸拉开序幕的同时，越国总是时不时地从吴楚的胳肢窝中露出半个头来，却总是被吴国或楚国一次又一次无情地摁了下去。吴王余祭嗣位不久，教训了老是在边境寻衅滋事的越国并获得了胜利凯旋归来，可在他喝得醉醺醺视察战舰的时候，一个阍人解下他的佩刀将他一刀砍死。吴王的安全保卫工作出了大问题，竟让越俘阍人把吴王给砍了，真是荒唐至极！但是说荒唐也不荒唐。阍人是什么人?阍人就是受过刑的看门人，君子尤其是国君是不能接近他们的，接近他们就是轻视死亡，也就是不看重自己的生命。生怕耽搁了老四季札，余祭也要去赶“死亡快车”，以便早日将王位传到季札手上，不过他是借越俘阍人之手实现了自己的心愿。

侄兄弟们的明争暗斗。老三余昧薨逝之后，按理就该轮到季札嗣位第二十三

世吴王了。可季札“使未还”——季札出访还没有归国。究竟是什么原因在这个时候的季札仍然“使未还”，后面要作专门分析。面对吴王宝座的暂时空位，“贪而躁”的公子僚便“自立为王”。公子僚是余昧之子、季札之侄、寿梦之孙，他自立为王，就从吴王寿梦定下的“兄终弟及”的继位遗命，一下子切换到了“父死子继”的成规上来。这就引起了“狡而忍”的公子光的强烈不满。公子光是季札的长兄诸樊之子，公子光说：“先君之所以不与子国，而与弟者，凡为季子故也，将从先君之命与，则国宜之季子者也，如不从先君之命与，则我宜立者也，僚恶得为君乎？”——我爸爸之所以不将君位传给他儿子我，全都是为了季札的缘故。如果遵从先君之命君位应归于季札，如果不遵从先君之命，那么我就应该是继位之人，怎么轮得上僚呢？他认为，公子僚是抢班夺权！

公子光被吴王僚打发去前线打仗。公子光只能“隐忍”，把一腔郁闷和怒火发泄到了楚国人身上，在与楚军的多次较量中屡屡得胜。但是，“未尝一日而忘乎位也”。在战火纷飞的疆场上，公子光一刻也未曾忘记夺取王位。于是，他借口腿负重伤，从战场上回到了国都梅里，“阴纳贤士，欲以袭王僚”。也是机缘巧合，楚国亡臣伍子胥逃到了吴国，没有得到吴王僚赏识和重用，公子光乘机暗中结交，与伍子胥合谋，摆下“鸿门宴”引诱吴王僚上钩，这便出现了前面我们看到的一幕。在他们雇佣的刺客专诸进献“炙鱼”就是烤鱼的时候，突然从鱼肚子里抽出一把短剑，腾身而起，以迅雷不及掩耳之势捅进了吴王僚的胸膛。而在发动这场政变之前，公子光说动吴王僚，把吴王僚的左膀右臂掩余和烛庸调去了吴楚前线，把可能碍手碍脚说三道四的季札支离了吴国。吴王僚身边没有救兵，季札又是“使未还”，公子光终于阴谋得逞。

“狡而忍”的公子光可不像“贪而躁”的公子僚那样，在专诸行刺成功之后马上就急吼吼地“自立为王”，而是“致国于季子”。他洒扫宫殿，请季札回国登基嗣位。

季札回国后怎么做的呢？面对公子光为他抢夺得到的王座，季札平息了一下胸中的愤怒，叹了几口气，平静地说了这样一番话：“尔杀我君，吾受尔国，是吾与尔为乱也；尔杀汝兄，吾又杀尔，是父子兄弟相杀，终身无已也。吾不受位，明矣。富贵之于我，如秋风过耳。”——你杀了我的国君，我又接受你给我的国家，这不成了我和你共同阴谋作乱了吗？你杀了你的哥哥，而我再杀了你，这可是父子兄弟互相残杀，永远没个了结啊！我不做国王，早已明志，富贵对于我来说，就像秋风吹过罢了。接着又说：“苟先君无废祀，民人无废主，社稷有奉，国家无倾，乃吾君也。吾谁敢怨？非我生乱，立着从之，先人之道也。”“复命哭墓，复位而待。”——只要对祖宗的祭祀不废除，不被国人所抛弃，土地五谷之神得到奉献，国家没有被颠覆，他就是我的国君。我还敢埋怨谁呢？哀悼死去的，侍奉活着的，等待天命的安排吧！不是我发起动乱，做了国君的人我就服从，这是先人的处世原则。接着他就到吴王僚的墓前去哭泣，并汇报自己的出使经过，然后回到原来的岗位等待新的国君的命令。

小小“鱼肠剑”无情地剥夺了吴王僚的生命，季札的再次辞让王位，成就了公子光的雄心大志。公子光嗣位为第二十四世吴王，号阖闾。之后不久，吴王阖闾成为春秋一霸。

季札的让国之举震撼了诸侯国际。与季札让国之举形成鲜明对照的是，父子争位手足相残的血淋淋的现实。据历史记载，春秋时期，先后有三十六个国君被弑，五十二个国家灭亡，诸侯逃奔不得保其社稷者不可胜数。举两个例子：一个是郑庄公与弟弟共叔段。我们学古文的第一篇一般是《郑伯克段于鄢》，讲的是春秋第一年的第一场战争。郑伯即郑庄公，他是第一个敢与周天子叫板并把周王军队打得落花流水的诸侯，因此成为春秋首霸。他的弟弟共叔段也叫“京城大叔”，在母亲的怂恿和支持下一直伺机夺取王位。郑庄公姑息养奸，纵容其野心，最后一举打败了共叔段。另一个事例是“春秋五霸”之首的齐桓公。齐桓公叫姜小白，是齐僖公最小的三儿子，他与公子纠争位上台的一幕可谓一波三折、惊心动魄。在齐僖公长子齐襄公和其侄子公孙无知相继死于夺位之后，姜小白与公子纠争位成功，继国君位为齐桓公。桓公任管仲为相，推行改革，实行军政合一、兵民合一的制度，齐国逐渐强盛，创造了九合诸侯一匡天下的辉煌。但其晚年昏庸，不听管仲临死谏言，任用易牙、竖刁、开方等小人，他的五个儿子（公子无亏、公子昭、公子潘、公子元、公子商人）各率党羽，各立山头，互相攻杀，根本不顾齐桓公的死活。后来齐桓公被困死，等到六十七天后，尸虫从门窗里爬了出来才被发现，新立的齐君公子无亏才把齐桓公收敛入葬。太惨了！所以晚唐诗人陆龟蒙惊叹：“迩来父子争天下，不信人间有让王！”

季札因三让王位，使吴国的“让国家风”得以传扬，也使他在后世评价吴国先贤中成为唯一可同他的祖先泰伯并立的吴王室成员。季札的兄弟侄子实在太不争气，好一点的也穷兵黩武连年征战，次一等的则你争我夺骨肉相残，不仅公子光导演了专诸刺王僚的惨剧，接着又把吴王僚的儿子庆忌和庶叔掩余、烛庸赶尽杀绝。而吴王阖闾的王位还未等屁股坐热，夫概又急着抢班夺权了。至于吴王夫差，闹的笑话更是一大把，最后弄了个“身死国灭，为天下笑”。所以说，在吴国王族以及诸侯列国中，季札显得是那么的卓尔不群。正是东周列国包括大周王朝和吴国宫廷的尔虞我诈阴谋黑暗，反衬出了季札的光辉；正是父子争位手足相残血淋淋的现实，反衬出了季札“让国”精神的可贵！

第二件：出访中原。

季札在政治上的地位是举足轻重的，而他在政治上的功绩主要表现在外交上面。从出访的过程和效果看，季札为吴国的和平崛起营造了良好的国际环境。先来看他出访的国家和路线。

徐国——季札出访的首站。表面上看，出访中原诸国，徐国是必经之地，其实更重要的原因，徐国是吴楚争夺的战略要地。徐国北接鲁齐、南连楚蔡、东邻吴国，徐国还有东夷众多的“尾巴国”，徐君的立场和倾向太重要了。

鲁国——鲁国虽小，但在众多邦国中，鲁国是姬姓宗邦，诸侯望国。周之最亲莫如鲁，周礼由周王室制定，而在具体实施时，各诸侯国往往是各取其需，唯有鲁国始终不忘法则周公，祖述先王之训，故有“周礼尽在鲁”的说法，各诸侯国经常派人去鲁国了解和学习周礼。吴国要想获得国际承认特别是文化上的认同，就须过好鲁国这一关。

齐国——齐国是老牌霸主，就像今天的老牌帝国主义英国。开国始祖姜太公采取“因其俗，简其礼”和“夷人治夷”的方针，东夷各部族纷纷归附顺服，齐国蓬勃发展，国力日盛，创造了比同期受封的伯禽治理的鲁国大得多的疆土和业绩。齐桓管仲时期，齐国对内革新图强，对外主持正义，创造了“九合诸侯三匡天下”的辉煌，最早成为春秋一霸。晋楚争霸之后，齐国虽然昔日帝国雄风不再，但齐君晏婴一代明君贤相的出色搭配，大有东山再起的野心。在诸侯国际舞台上，齐国说句话还是很有分量的。

卫国——晋国的门户。

郑国——晋楚争霸最大的受害者和被争夺者。

洛邑——东周王朝的首都，周天子仍然是名义上的天下共主。

晋国——经历了晋文公称霸，晋悼公中兴之后，晋国采取远交近攻策略，联吴制楚，成为当时唯一一个能够与楚国抗衡的诸侯国，竭力遏制着楚国蚕食中原的势头，同时也有效牵制了楚国妄图吞并吴越的精力。

这些国家或是强国，或是大国，或是具有影响力甚至从某种程度上能够左右局势的国家，同时，也都是吴楚争霸中原的争夺对象，季札对这些诸侯国进行访问，其意义不言而喻。

再看他所会见的人物和所谈及的内容。

季札每历一国，必要拜见该国的政要和社会名流，广交朋友，播种友谊；坦诚己见，善意批评；洞察时势，神奇预言。具体来讲，有以下几点。

点醒了一个人——剑痴徐君。两过徐国，先与徐君切磋剑术，达成了默契，后又丘墓挂剑，使他重信义的人格魅力得以提升到无与伦比的至高境界（这个后面要专门讲）。

批评了两个人——一个是鲁国的叔孙豹。“吴公子札来聘，见叔孙穆子，说之。谓穆子曰：‘子其不得死乎？好善而不能择人。吾闻“君子务在择人”。吾子为鲁宗卿，而任其大政，不慎举，何以堪之？祸必及子！’请观于周乐。”（引自《左传》）叔孙豹是当时鲁国的执政大臣，也是个文艺大家。季札与他着重交流了一通用人之道后，一下子点中了叔孙豹不会用人的死穴，并且断言他将因此而遭受大难。不久，季札的话得到了应验。叔孙豹并没有因此动气，相反为季札安排了观乐（后面专门讲）。

季札批评的另一个人是卫国的孙文子。在戚地（卫邑），“闻钟声焉，曰：‘异哉！吾闻之也：辩而不德，必加于戮。夫子获罪于君以在此，惧犹不足，而又何乐？夫子之在此也，犹燕之巢于幕上。君又在殡，而可以乐乎？’遂去之。文子闻之，终身不听琴瑟”。——季札去晋国路过紧靠晋国的边城戚地住宿，听到孙文子在敲钟奏乐，感慨地说：“我听说了，机辩狡诈而没有德行，必然遭到诛戮，阁下就是因为这种事儿才得罪自己的国君，害怕都来不及，还能找乐子吗？此人在此，就像燕子在帐幕上做窝，国君又在停棺还没有安葬，难道还可以寻欢作乐吗？”孙文子听到了这番话，一辈子都没有再听音乐。孙文子也叫孙林父，曾经被晋国国君惩罚过，但他并没有从中吸取教训，仍然高调张扬。为此，鲁国的叔孙豹曾经批评过他，并预言他将是个死得很难堪的人。但是他依然故我，毫无收敛。季札的一席话，一下子点醒了梦中人，孙林父才算老实起来，痛改前非，终于得以善终。这也从另外一个侧面证明了季札在当时诸侯国际上的崇高威望。孔子对此事评价说：“季子能以义正人，文子能克己服义，可谓善改矣。”

忠告了三个人——一个是齐国晏婴。在齐国，“说晏平仲，谓之曰：‘子速纳邑与政！无邑无政，乃免于难。齐国之政，将有所归，未获所归，难未歇也。’故晏子因陈桓子以纳政与邑，是以免于栾、高之难”。（引自《左传》）晏婴听了季札的话，不久辞掉了宰相之职并推掉了他的封邑，所以在栾、高二氏相攻杀的过程中幸免于难。季札与一代贤相晏婴成为莫逆之交，特别是劝他交出相印和封邑，虽然有句话没有直接说出口，但“富贵之于我，如秋风过耳”得到了一以贯之的体现。

另一个是郑国子产。在郑国，“见子产，如旧相识，与之缟带，子产献纻衣焉。谓子产曰：‘郑之执政侈，难将至矣！政必及子。子为政，慎之以礼。不然，郑国将败。’”（引自《左传》）季札与子产一见如故，两人互赠礼品，季札对子产说：“郑国的执政者奢侈，祸难将要来临。政权恐怕就要落到你的手中。你执政，要慎之以礼，否则郑国将会败亡。”季札坦诚地指出了郑国严刑峻法的趋势与潜在的巨大危害，希望子产能及时加以纠正。可叹子产执政时间不长就去世了，令郑国的重刑之风得以蔓延。

还有一个是晋国叔向。在晋国，“适晋，说赵文子、韩宣子、魏献子，曰：‘晋国其萃于三族乎！’说叔向，将行，谓叔向曰：‘吾子勉之！君侈而多良，大夫皆富，政将在家。吾子好直，必思自免于难。’”季札根据晋国的政局特点，展开了多方位的外交，一方面对执政的六卿（相当于今天的政治局常委）表示了外交式的“说（喜爱）”；另一方面，又对晋国有影响的老臣叔向表示了特别

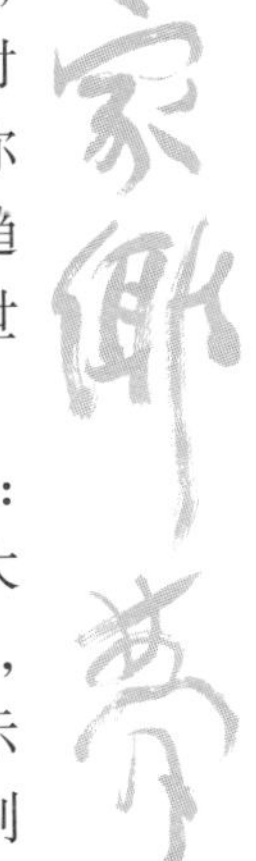

的关切，私下里对叔向提出了“三家分晋”的预言，并忠告叔向好自为之。

表扬了一帮人——卫国群公子。在卫国，“说蘧瑗、史狗、史鳅，公子荆、公叔发、公子朝，曰：‘卫多君子，未有患也。’”（引自《左传》）季札说“卫国多君子，暂无大患”，这与几十年后孔子对卫国的评价和断语是一脉相承的。

结交了一批人——传说季札还觐见了周王，巧遇了老子和青年孔子。得到了周天子的嘉许，与老子探讨人生哲学，与孔子切磋礼制。

最牛的两则预言——一是“三家分晋”。季札预言晋国最后将被韩赵魏三家瓜分。一百年不到，季札的预言得到了验证，三家分晋成为春秋与战国两个历史阶段的分界线。二是“以秦代周”。季札在鲁国观乐时听到了《秦风》，说：“此之谓夏声。夫能夏则大，大之至也，其周之旧乎？”意思是：“呀！这个曲子应该叫‘夏’声。说来，能把古老‘夏’的曲调传承下来，这个国家一定会日益壮大，不可估量，能达到周王朝这样的基业都说不准。”三百年后，秦始皇一统天下，结束了周朝诸侯分封制，开创了中央集权制。后世有学者据此说，季札远见卓识，居然预测到了“以秦代周”的大趋势和大结局，让人不得不叹服。

季札广交朋友，到处播下了友谊的种子。都说是强权政治，弱国无外交，当时的吴国，已经经历了从楚、抗楚到攻楚的转变，一面与楚国攻伐不休，一面争取加入以晋国为主导的华夏体系。但从众多的历史事件看，吴国要取得中原国家的认同，谋求大国地位，确实是步履维艰、困难重重，甚至遭受了许多挫折。其中最主要的原因是，中原国家对蛮夷的成见。正在崛起中的吴国太需要外交了。就像后来新中国成立时，周恩来的出色外交成就一样，季札的出访，一下子改变了多年来吴国外交上的被动局面。如果说吴王寿梦时期制定了“联晋制楚”的战略方针，那么季札则巩固了亲吴联盟，扩展了反楚阵营，结成了更加广泛的统一战线。

“晋平公使叔向聘吴。吴人拭舟以逆之，左五百人，右五百人，有绣衣而豹裘者，有锦衣而狐裘者。”（引自刘向《说苑》）——季札播下的友谊种子开花结果了，叔向访吴便是季札出访成果的最好体现。

第三件：观乐议政。

“鲁国观乐”是季札出访列国过程中的一个重大事件，也是当时诸侯国际社会上影响最大的事件，更是吴地文化与中原文化碰撞交融的一个里程碑，对正在崛起中的句吴国“通中国”起到了军事、政治、经济手段难以起到的作用。通过观乐，季札个人才华得以充分展示，人格魅力得到最大提升，对他以后的漫漫出访路起到了破障通关的效果。

发表观乐高见。公元前 544 年，季札出访鲁国，被邀请观看了一场诸侯们都难得一睹的、当时中华最大规模的《诗经》演唱会——因为鲁国虽也属诸侯国，但它是周公的后代，有资格举办国家级别的演唱会。当时有“周礼尽在鲁”的说法。而就在此次观摩中，天才的季札即兴谈出了一系列的“高见”。

当鲁国的乐工（即乐师）们为他演唱起《周南》和《召（音“绍”）南》时，季札说：“美哉，始基之矣，犹未也。然勤而不怨。”意为：“真优美啊，从音乐中能听出周王朝的基业已经打好了，未来还有很多事要做。这乐曲中洋溢着虽辛劳而无怨言的情绪。”

当乐工又演唱《邶（佩）风》《鄘（拥）风》《卫风》时，季札说：“美哉，渊乎，忧而不困者也。吾闻卫康叔、武公之德如是，是其卫风乎？”意思说：“真优美啊，深沉得就像一眼看不见底的深渊呐，虽然经历过坎坷而其精神不陷于困顿颓废，我听得出卫康叔、卫武公的品格就是这样子的啊，这该是卫国风情的歌曲吧？”

乐工又演唱《王风》。季札说：“美哉，思而不惧，其周之东乎？”意为：“真优美啊，这情调虽属沉思型的，但绝无畏葸之感，这是周王室东迁后的情调吧？”

又演唱《郑风》。季札说：“其细已甚，民不堪也，是其先亡乎？”意为：“这首歌，声调细碎得很，流泄出老百姓不堪重负、忍无可忍的感觉，这个国家怕要率先灭亡的吧？”

又演唱《齐风》。季札说：“美哉，泱泱乎大风也哉。表东海者，其太公乎？国未可量也。”意思是说：“真优美啊，这曲调犹如浩荡的江河一般弘大广远，可谓大国之风情。堪为东海一方的表率，这其中能没有姜太公的遗风流韵吗？这个国家的前景无可限量！”

又演唱《豳（宾）风》。季札说：“美哉，荡荡乎，乐而不淫，其周公之东乎？”其意是：“太优美啦，这乐曲一波接一波的，真好像原野的草浪和大海波涛在荡漾，欢悦而不过分，这是承袭了周公东征的宏阔气势吧？”

又演唱《秦风》。季札说：“此之谓夏声。夫能夏则大，大之至也，其周之旧乎？”意思是：“呀！这个曲子应该叫‘夏’声。说来，能把古老‘夏’的曲调传承下来，这个国家一定会日益壮大，不可估量，能达到周王朝这样的基业都说不准。”

又演唱《魏风》。季札说：“美哉，沨沨。（烦）乎，大而宽，俭而易，行以德辅，此则盟主也。”意为：“真优美啊，曲调像高天的风声，博大而空灵、朴实而贴切，搞国家管理就该是这样子的，施行政当辅助以无形的道德教化，这样也就能出现圣明的君主啦。”

又演唱《唐风》。季札说：“思深哉，其有陶唐氏之遗风乎？不然，何忧之远也？非令德之后，谁能若是！”其意是说：“思虑在此曲中表现得太深沉啦，这

一定是陶唐氏的流风遗韵吧？不然，怎能如此忧心深远呢？如不是有美德之人的后代，哪有人能唱出这么好的歌。”

又演唱《陈风》。季札说：“国无主，其能久乎？”其中意思是：“能听出，这个国家怕是连国王都不存在了，它又怎么能长久而不灭亡呢？”对于《郐（快）风》以下的地方乐调，季札没有加以评论。

又演唱《小雅》。季札说：“美哉，思而不贰，怨而不言，其周德之衰乎？犹有先王之遗民也。”意思是：“美呀，在满怀忧思里听不出要叛离的味道，怨悱之情含而不露，这表现的应该是周朝德化衰微的一种情调吧？这里面还包容着先王遗民时那些稳定的情愫。”

又演唱《大雅》。季札说：“广哉，熙熙乎，曲而有直体，其文王之德乎？”其意是：“乐曲宽泛啊，如热闹的人群，旋律曲折但表达的仅是些实体，这是周文王时代的风范吧？”

此后演唱到《颂》，这是此次演唱会的高峰——一支最宏大的乐曲。季札这样说道：“至矣哉，直而不倨，曲而不诎，近而不偪，远而不携，迁而不淫，复而不厌，哀而不愁，乐而不荒，用而不匮，广而不宣，施而不费，取而不贪，处而不底（zhǐ），行而不流。五声和，八风平，节有度，守有序，盛德之所同也。”——这是音乐的极品啦。曲调镪锵坦荡却无倨傲不逊之感；旋律婉转却无过大的落差；节奏紧密时没有急迫窘促之嫌；节奏舒缓的时候也没有分断割裂之处；变化丰富而不淫靡，回旋反复而不令人厌听；表达悲哀情绪之处恰到好处，不显愁苦；表现欢悦之时又很有节制，不流于放纵。这种音乐就像圣人的才德，广用智慧从不匮乏，宽弘又不显侈大，施惠于民显不出耗费了什么，征收之时又没半点贪图之意。当音乐暂时休止时却没显出陡然停下来；当音乐又进行时也没显出是重新开始的。五音和谐，八律协调，节拍收放整齐，旋律前后有一定排列，这跟高尚的道德教化是有着相通的联系的呀。（还有对舞蹈方面的评议，我这里不提了）

成为中国文艺评论开山祖。在季札之前，史籍中未见有一定的标准深入细致而有序地进行文艺批评的记载。《尚书·尧典》虽然曾有“诗言志”之语，朱自清称之为诗论“开山的纲领”，但严格地说，这只是一种理论观点，并未对具体的作品进行批评。《左传》虽也有对诵诗做评论的记载，但实际上并非评论诗篇，而是从每人所诵的诗去评说其志向、品格。从文学史上看，真正称得上最早的文艺批评的，还是季札观乐时所做的一系列评论。

尤其值得注意的是，作为与孔子几乎同时代的季札来说，他对《诗经》诸篇的评论早于孔子，是中国最早对诗歌总集《诗经》的评论，也是中国最早的文学和文艺评论之一。由于《诗经》中的《十五国风》均系各地民歌，且鲁国为他安排的观摩演唱“皆依其本国歌所常用之曲”，也就是使用了各国乐曲谱写而成，季札在评论时，大量地结合各国的历史、政治和社会情况，并将之糅合在艺术评论之中。从这个意义上说，季札的评论，堪称中国区域文化最早的横向比较研究了，这种比较研究，不只囿于纯艺术的领域，而更多的是拓展到社会和政治的多重领域之中。毕竟，他是在两千五百多年前。其时，“文学比较”和“比较文学原理”之类的现代文学理论，还不知在哪个星云世界里漂浮着呢。因此，如果说到中国文艺批评的开山祖，非季札莫属。作为开山祖的季札，对孔子、晏婴、伶州鸠、子产，以及《荀子》《乐记》《毛诗序》等一直到晚清的刘熙载都产生了深远的影响。司马迁在《史记·吴太伯世家第一》中，不惜动用1/9的篇幅，把《左传·襄公传》中关于季札对周朝各国音乐的评价，全文照搬，抄录其中，这在司马迁惜墨如金的笔下是很罕见的。从季札开始，就以高屋建瓴的态势和孔子的文艺观一起，影响了整个中国古代美学思想史和文学理论批评史。

担当吴地文化形象大使。关于中国文明的起源问题，学术界向来有“一元”和“多元”两种说法。一元的说法是传统的，历来的正史都是按照这一模式写下来的，那就是，中国文明最早发生在中原地区，黄河流域是中国文明的摇篮。可是近半个世纪尤其是近数十年来，“多元论”在学术界越来越占优势。这主要得自于田野考古的一系列成就。从大量的考古材料中，人们看到，早在新石器时期，在中华大地上，文明的生长点犹如满天星斗，亦如山花遍地。迄今发现的文化遗址就有七千多处，各地区的文化自成形貌，各具特色，根本不是由某一个文化点传播开来的。泰伯奔吴，实现了吴地土著文化与中原文化的第一次融合，寿梦走出国门到季札出访特别是观乐，实现了吴越文化与中原文化的深入交融。吴国是《孙子兵法》孕育的摇篮，也是疯狂复仇的伍子胥为吴国建功立业的地方。而“季札观乐”则昭示出吴国经历七百年的风雨，走向中原，走上泱泱大国时已具有了的德化之气、人文之光。

季札出访，固然有通报吴国新君嗣位等外交礼仪的需要，也不排斥兼有学习中原文化和搜集了解列国政治动向的双重使命。然而，更应该看到的是，正是吴国的这种积极对外交流的外交姿态，和季札个人所表现出对中原文化的学习和积累，同时既预示着句吴国在教育文化等方面的全面崛起，更预示着吴国已经开始谋求大国地位和大国风范。“黑齿雕题，大吴之国也。昔周太伯三以天下让，延陵季子辞国而不处，遂化荆蛮之方，与华夏同风，二人所兴。”（引自《战国策》）季札是推动长江文化与黄河文化交流交融的功臣之一。相比之下，季札的父兄和侄孙辈们——一个个以武力喷洒着自己的一腔热血推动着句吴国的崛起、强盛乃至称霸的吴王们，倒反显得没有季札在历史上影响更深远了。或许，这就是人文精神的魅力和力量！

第四件：诚信于行。

世传三则小故事，表达了季札一贯的做人原则：诚实守信不欺心。

“徐墓挂剑”——这是季札一生事迹中，流传最广、最久远的一件。季札“心许不欺”的品格成为中华诚信美德的典范。

季札初使，北过徐君。徐君好季札剑，口弗敢言。季札心知之，为使上国，未献。还至徐，徐君已死，于是乃解其宝剑，系之徐君冢树而去。从者曰：“徐君已死，尚谁予乎？”季子曰：“不然。始吾心已许之，岂以死倍吾心哉！”（引自《史记》）——当初季札出访时，北上途中拜见徐国国君。徐君非常喜爱季札的宝剑，嘴上却不好意思说出来。季札心里明白他的意思，因为还要出使中原诸国，没能将宝剑赠送给他。在他回国时又来到徐国，徐君已经去世。他便解下宝剑，挂在徐君墓旁的树上才离开。他的随从说：“徐君已经死了，您还把剑送给他干什么呢？”季子说：“不能这样说，当初我心里已经决定送给他，怎能因为他死了而违背我的初衷呢？”（这个故事有多种版本。刘向《新序》：“延陵季子将西聘晋，带宝剑以过徐君，徐君观剑，不言而色欲之。延陵季子为有上国之使，未献也，然其心许之矣，使于晋，顾反，则徐君死于楚，于是脱剑致之嗣君。从者止之曰：‘此吴国之宝，非所以赠也。’延陵季子曰：‘吾非赠之也，先日吾来，徐君观吾剑，不言而其色欲之，吾为上国之使，未献也。虽然，吾心许之矣。今死而不进，是欺心也。爱剑伪心，廉者不为也。’遂脱剑致之嗣君。嗣君曰：‘先君无命，孤不敢受剑。’于是季子以剑带徐君墓即去。徐人嘉而歌之曰：‘延陵季子兮不忘故，脱千金之剑兮带丘墓。’”）

“枣树挂钱”——某年秋天，季札与家丁两人早晨出了戚墅堰往东视察，不觉来到舜过山下的焦店。其时，日已过午，饥肠辘辘，季札见舜山一带风光绚丽，稻菽丰茂，十分高兴，忘了疲劳和饥饿，又沿着田间小道去视察。而饥渴难耐的家丁，抬头见到一棵枣树，树上挂满已近成熟的枣子，便摘枣吃了起来。一会，季札从田间返回，见仆人拼命在摘枣，忙予制止道：“你这小厮，怎不明事理，乱摘农家果实？”仆人伏地说：“饥饿难挨。”季札思量一番，便命仆人拿出一吊钱来，挂在树上，算作赔偿，然后急急离去。此事，恰被回家吃饭的一位老人看见，他拿了钱急忙追上去道：“王爷，你为我们黎民百姓四处奔波，呕心沥血，吃几颗枣何必如此认真啊？”季札回身答礼道：“未经许可，擅摘果实实属不可，以钱赔偿，歉意！歉意！”老人感动得望着他远去的背影，嘴里喃喃说道：“君子，真君子啊！”

“拾金不昧”——季札晚年愤而“去之延陵”来到焦溪的舜过山查家湾，过起耕樵隐居生活。一天，他背着一捆樵柴下山，一只脚好像踢着一样东西，仔细一瞧，原来是一包碎银。他想，碎银一般是不甚富裕人家所有，丢银的人一定很焦急，他便放下柴禾在路旁等了起来。约摸等了两个时辰，只见山下一位妇人，慌慌张张四下里在寻找什么东西。待到跟前，季札问那妇人，在找什么？妇人哽咽地答道：“家中婆婆生病，借了钱急于上戚墅堰抓药，谁知路赶急了，掉了钱袋。”季札问明数量，确定无误，便递过银袋。那妇人见银两分毫不差，忙问老人尊姓大名，住在何处。季札答道：“我是山野村人，不必多问，你赶紧去抓药为你婆婆治病吧。”妇人见说只得含泪告别。后来，婆婆病好以后，婆媳两人感季札之恩德，四处寻访未果，后来人们为纪念季札之德行，便将婆媳居住的村改为“访钱村”，即今之“方前村”。（这则故事在发生的时间上有各种版本——作者注）

以上三则故事，不管先后次序，表明季札的诚信言行是一贯的，不是虚伪的作秀。在春秋时期，战与盟是诸侯之间经常使用和交替使用的两种手段。诸侯与诸侯、大夫与大夫、个人与个人之间契约的执行，主要是靠盟誓来制约的，同时辅之以婚姻和人质，成为当时的诸侯国际乃至社会家族的维系生态。这充分说明人们对于社会公理与道德约束能力逐渐失去了信心，意味着人与人之间的信任危机逐渐增大。季札挂剑与当时现实中普遍存在的盟誓之后的背信弃义、种种人质危机和政治联姻闹剧，形成鲜明的对比，反衬出了诚信精神的可贵。“心许不欺”使季札的至诚信义升华到了无与伦比的最高境界。

“季札挂剑”，后来成为中国文化史上一个著名的典故，成为“诚信”的一个标志，被后代名人广泛引用，在中国历史上留下深远影响，传为千古美谈，并远传海外。迄今为止，在朝鲜、日本、越南等原儒文化区域内，“季札挂剑”一直被当作“信义”的代名词。体现着平民意识的“信”与“义”一直是中华族人衡量人之所以为人的标准。应该说，这是一种十分高超的“做人原则”，是直到现在我们大多数人都难以做到的，是值得我们每个人乃至全人类都应倡导追求的一种做人的原则。“不欺心”“不违背自己的良心”的话，说说容易，可做起来十分难。平素，我们总有一百个理由为自己的“欺心”行为辩解。能执着地以自己的心愿做事——这既要有良知有自信，又必须懂得这良知与自信给人类带来的尊严和意义。季札肯定不知道，在他挂剑之后，中国的儒家制定了“五常”（仁义礼智信），提倡“四维（礼义廉耻）八德（忠孝仁爱信义和平）”，把信字作为立身处世和安邦兴国的根本；太上老君制定了“道家五戒”（第一戒杀，第二戒盗，第三戒淫，第四戒妄语，第五戒酒）；远在天竺国悟了道的佛陀也制定了“佛门五戒”（不杀、不偷盗、不邪淫、不妄语、不饮酒），规定心许之诺不兑即视为犯了偷盗罪。儒家以五常为做人的标准，佛门以五戒为未来获得正果的条件，道家以五戒为处世的根本。两千五百年后的中国共产党提出的“八荣八耻”教育，第六条“以诚实守信为荣，以见利忘义为耻”。有人将其汇通，认为其根本意趣是一致的。完全可以说，心许不欺，这是整个人类的一种终极的追求目标。

七处“挂剑台”与常州剑井亭——后人对季札的追崇。

“古祭坛前听述说，挂剑台上铭诚信”。季札遵守诺言，讲究信用的举动，

深深感动了彭城百姓。为了表彰季子诚信美德，教育后代，彭城的老百姓自愿捐款，建起了一座“挂剑台”。现今徐州泉山区云龙山南麓，有一块高大的青石做成的石碑，碑上刻着“挂剑台”三个苍劲有力的大字，两侧刻着一副对联，上联是“延陵季子兮不忘故”，下联是“脱千金剑兮挂丘墓”，横批是“践信泉台”。挂剑台悬挂的不仅是一口宝剑，它象征着人与人交往中的一种坦率，一种真诚，一种信誉和一种挚爱，是耸立于世人心中的诚信之碑。

据考，现存各地的挂剑台有七处，历史比较悠久，影响比较大的主要有徐州挂剑台、睢宁挂剑台、山东张秋挂剑台，而有证可考，当属泗洪张墩挂剑台。在睢宁人看来，如果没有徐君的好客情怀，恐怕也很难打动季札的心，以致产生后来诚信挂剑的典故。因此睢宁一直把季子挂剑台作为全县的八景之一。季子挂剑的美谈在睢宁代代传颂，并把诚信作为立身、立业和立世的根本。据说山东阳谷县张秋挂剑台下，生长着一种草，“一竖一横，如人倚剑之状，为季子义气所感而生，食之能愈人心疾”。当地人把这种草叫“挂剑草”。而山东平阴县挂剑台下生的一种草“草如剑形”，当地人也把它叫“挂剑草”，“可疗心疾”。这说明各地劳动人民均视挂剑台为诚实守信不欺心的标志，敬畏有加，虔诚膜拜，同时告诫人们做人不能“欺心”。

常州地方志记载：延陵丁堰有徐君墓，墓前有祠，祠有井，井有亭，亭曰‘剑井亭’。宋代邹浩《先贤徐君墓碑记》认为，戚墅堰的徐君墓和剑井亭，疑是徐君后裔为纪念先贤，追崇季札所建。一些有识之士纷纷提出要在戚墅堰重修剑井亭、徐君墓和挂剑台，以更广泛地弘扬人文始祖季札的诚信精神和谦让美德。

历代名人的赞叹。历代文人墨客对季札践诺守信、挂剑留徐的品行赞叹不已，留下许多诗词歌赋。

韩跄的《挂剑台》云：季札贵公子，聘鲁来泗水。佩剑好光芒，徐君以为美。君意公子知，及还君已死。解之系墓前，诚信直若此。只今高台上，朝暮苍烟起。

唐箫的《季子挂剑歌》云：季子让一国，视之敝屣然，宁当宝一剑，不为徐君悬。徐君虽死骨未朽，挂剑坟前垂杨柳。君知不知不足悲，我心许君终不移。

李白《陈情赠友人》诗云：延陵有宝剑，价值千黄金；观风历上国，暗许故人深；归来挂坟松，万古知其心……

杜甫《哭李尚书》：“欲留挂徐剑，犹回忆戴船。”

黄庭坚《李濠州挽词》咏：“挂剑自知吾已许，脱骖不为涕无从。”

杨基《挂剑台》：“生诺诺尚浅，死诺诺更深。当时季子意，即是徐君心。嗟嗟徐君骨已朽，宝剑摩挲在吾手。正拟临歧解赠君，不意挂剑坟下柳。挂剑果何益？聊以明不欺。当时让国心，肯使徐君疑？呜呼！剑可折，台可堕，死生之诺不可亏。”

诚信美德的传承与发扬。“季札挂剑”不仅成为后世一则讲诚信的典故，均被视为中华民族诚信思想之源头。后世有诸多追随效法季札的诚信故事，这里恕不一一述说。常州是诚信文化底蕴深厚的城市，讲信义，在古城常州生生不息，代代相传。“常州三杰”中的恽代英守信重义，坚持原则，“宁可牺牲自己，不能牺牲品格”，终身践行理想信念。暨去年湖北出现“信义兄弟”“信义叔侄”之后，常州出现了“信义夫妻”，市文明委立即发出倡议，号召全市各界和全体市民，都来争当信义家庭、信义企业、信义单位、信义个人。一些企业家发出了“做诚信商人、创诚信企业、铸诚信商德”的倡议。有的地方开始评选诚信企业、诚信行业、诚信品牌、诚信家庭和诚信大使。有的地方以始祖的名义倡导诚信，举行诚信圣火万人传递活动，意图凭敬仰始祖的虔诚，履时代赋予的责任，靠先进榜样的力量，用每个人的具体行动，推进社会信用体系建设，提高社会诚信水平。

第五件：大义救陈。

这个故事发生在公元前485年。《左传》：哀公十年，冬，楚子期伐陈，吴延州来季子救陈，谓子期曰：“二君不务德，而力争诸侯，民何罪焉？我请退，以为子名，务德而安民。”乃还。——楚国的子期进攻陈国，季札去救陈国，对子期说：“两国的国君不致力于德行，而用武力争夺诸侯，老百姓有什么罪过？我请求退兵，以此使您得到好名声，请您致力于德行而安定百姓。”？

这里的“我请退”，有两种截然不同的翻译和解释，一说是，我请你退兵；另一说是，我退兵，把蔡国让给你，以成全你的美名。不管是哪一说，不管是季札主动退兵，还是季札让子期退兵，结果都是，季札的一席话，平息了一场剑拔弩张的战争！这在当时，可以说是最牛的一次战争了。

当时的背景是，吴国在五年前征服了楚惠王的娘家国越国，集国仇家恨于一身的楚惠王一举灭掉了一向亲吴的蔡国。弱小的陈国在吴楚之间左右摇摆，陈怀公“朝国人而问焉”，举行全民公决，同意投靠楚国的站到左边，同意跟从吴国的站到右边。这或许是中国古代最早的一次全民公决。结果是什么呢？“楚未可弃，吴未可从”，中立。但处于吴楚夹缝中求生存的弱小的陈国，岂由你自主的权利。陈怀公掂量再三，最终倒向了屡屡得胜的吴国。楚国便屡次攻打陈国，今天姓楚，明天又姓吴了。陈国变成了吴楚两国的战争劫材。这时的吴王夫差正集中军力北上，与齐国、晋国争盟，也许是捉衿见肘，国内无人了，竟然启用了年迈的叔祖父季札。也许还有更深层次的原因，那就是，吴王夫差“舍陈而安楚”的战略考虑，把陈国让给你楚国吧，我要北上争霸，不跟你玩陈国了。

就这个故事的本身，至少可以说明五点。

第一，季札是个忠臣。他不是隐士，更不是一个逃跑主义者。不管是他主动请战，还是接受王命，季札上前线去了。说明他无时不在关心国事，即使是对他的侄孙吴王夫差，他仍然尽着一个臣子的本分。他时刻准备着，只要有需要，那就当仁不让，挺身而出。

第二，季札是个勇士。大家不妨想一想，在当时剑拔弩张的情境下，季札说出“我请退”这三个字，至少需要冒三个方面的险：一是子期口头答应季札，待季札退兵，子期穷追猛打，季札就可能落荒而逃，最后溃不成军；二是吴王夫差可能要治罪于他，我让你去救陈，不是让你去送陈的啊，你倒好，把好不容易争夺到手的陈国拱手送给了敌人，夫差来个问责，季札无论如何也难以逃脱惩罚的；三是国内外舆论压力。吴国人会骂季札为卖国贼，诸侯国际会嘲笑季札的迂腐。但季札更多考虑的是一场战争要死多少人，又有多少百姓流离失所、家破人亡，他不想通过打仗来建功立业。只要能救民于水火，那就义无反顾地勇担有可能加在他身上的种种罪名。

第三，季札是个智者。大家知道，春秋无义战。诸侯之间的征伐往往是你打我一拳，我不还你一脚，就显得我是孬种。对于吴楚之间的拉锯战，以及由此带来的民众的痛苦，季札深恶痛绝，尤其是吴王夫差不顾国力民怨，穷兵黩武，北进中原争当霸主，季札更是竭力反对。当时的季札已是没有多少话语权的了，但是，吴王夫差给了他一次机会，这个机会他把握住了。也许他带了军队，也许根本就没带军队。他以自己的大智慧说服了子期，结束了吴楚的这场不义之战。

第四，季札是个仁者。他怀抱仁爱之心，忧民重于忧国。从“二君不务德”这句话来看，季札没有因为他是吴国的臣子就偏袒吴王而只针对楚王，而是毫无保留地既批评了楚王也批评了吴王。正因为季札的公平，才让子期心悦诚服。据说子期也有让国的经历，也都怀有一颗仁爱之心和止戈息武的强烈愿望，两人惺惺相惜，各自退兵，以安百姓。

第五，季札具有崇高的德望。在当时的吴国甚至其他诸侯国，唯有季札才能够有资格、有胆量说出这样的话，并得到敌人的信服和响应。

从各种史料的记载和民间的传说中，我们知道了我们的老祖宗季札是一个多么了不起的伟大人物。

那么，对季札这样一个伟人，历史对他有没有评价呢？季札留给后人的宝贵遗产有哪些呢？他究竟有没有成为孔子的老师呢？

下面，让我们看看历史上对季札的种种评价。

司马迁笔下的季札——闳览博物君子。要了解和研究季札，不能不从司马迁的《史记》开始。《史记》（线装版文本一页一页翻开）有十二本纪，十表八书，三十世家七十列传，而三十篇“世家”，第一篇乃是《吴太伯世家》，列世家第一。全文 4 400 字，其中写了吴国的一代代国君，季札虽然从未担任过国君，但司马迁给他的文字篇幅却有 1 600 字。篇中所称颂的主要有两个人，一个是吴国的开国始祖泰伯，引用孔子的话称其为“至德”（《史记》文本上红笔画线）。一个就是季札，“延陵季子之仁心，慕义无穷，见微而知清浊。呜呼，又何其闳览博物君子也！”意思是：延陵季子的仁爱心怀，向慕道义终生不止，能够见微知著、辨别清浊。啊，又是多么见多识广、博学多知的君子啊！

孔子眼中的季札——天民、习礼者。所谓天民，就是指明乎天理，适乎天性的贤者；所谓习礼者，即是指熟悉并遵守礼仪之人。新近公布的《上博楚简·弟子问》上就有这样一段话。子曰：“生而不因其俗。吴人生十七年而让札，俪乎其雁，延陵季子侨而弗受。延陵季子，其天民也乎？”以前有很多人认为孔子没有直接赞扬季札让国的话，就等于说孔子对季札让国一事持否定态度。现在有了这个资料，正好可以反驳这个观点。这让我们知道，孔子对泰伯的赞誉、对季札的赞誉都是非常之高的。

历代帝王将相表彰的季札——嘉贤大帝，昭德侯。南朝宋武帝刘裕作《御制延陵王赞》：“帷王延陵，全义让国。见礼知政，闻乐知德。观风审音，挂剑酬心。怀哉高风，无古无今。”宋代，御赐季子庙为“嘉贤庙”，奉季札为“嘉贤大帝”，后又加封为“昭德侯”。明代朱元璋封季札为“延陵季子之神”。清康熙为季札题：让德光前。

想必大家对神探狄仁杰这个人物非常熟悉，这个武则天时期的一代贤相，曾经出任江南巡抚。唐代垂拱四年（688 年），江南巡抚狄仁杰曾以吴楚多淫祠上奏皇帝，在全国毁寺庙 1 700 多座，而独季子祠不废，还赠额“嘉贤”，常州红梅公园的“嘉贤坊”之名即由此而来。坊的东、西两面分别有“延陵世泽，让国家风”和“春秋争弑不顾骨肉，孰如季子始终让国”的楹联。

孔子塑像

季札后人祭拜的季札——季札公。延陵王在古吴地区即今天的苏南甚至更广的地区，无论是古代乡贤祠，还是现代名人馆，都把季札列为第一先贤。而在全国各地以及东南亚和欧美等地的吴姓季姓族谱和祠堂里，均不约而同地供奉着“三公”，即泰伯公、仲雍公、季札公。吴姓宗祠有的称为“让德堂”，奉主祀吴姓开始祖至德三让公泰伯，并祀传代祖恭孝王仲雍，继世祖延陵王季札。

古今学者推崇的季札——与孔子齐名的圣人。苏州职业大学教授、作家吴恩培称其为“儒家的先驱”。著名学者金学智称其为“中国文艺评论的开

山祖”。国学大师南怀瑾称其为“周末第一文化大使”。国学教育家冯学成称其为“高士、隐士、博士”。江阴学者徐敏先生在他编著的一部《孔子推崇的圣人——季札》书中，提出了“南季北孔”之说，奉其为“与孔子齐名的圣人”。地方百姓心目中的季札——诚信典范，礼让君子。

季札三让王位、丘墓挂剑、周游列国、观乐议政、大义救陈、躬耕延陵、枣树挂钱、拾金不昧等故事，在许多地方广为流传，有的学校已经把季札诚实守信、谦逊礼让等故事编成课本剧，或以儿歌等形式，教育一代又一代学生，有的地方政府或民间以修建墓、碑、庙、亭、台、坊、园和塑像，或召开季子文化研讨会，举行季子故里旅游节等形式纪念季札。（武进季子研究会、江阴季子文化园、申港学校争做小季子活动、丹阳季子文化旅游节、常州市丁堰小学课本剧等）

我敬奉和推演的季札——礼让贤士（三让王位）；忠诚谋士（出访中原）；文艺博士（鲁国观乐）；诚信义士（徐墓挂剑）；智慧高士（大义救陈）；季札是仁义礼智信的化身。

本人透过各类版本中的季札画像、各地公园广场上的季札雕像、各处祠堂里供奉的季札神像，以及历史上文人墨客歌颂和老百姓口口相传的季札形象，走近季札，从他的生平事迹中感悟始祖的人文魅力，根据有关史料，分析推理，展开想象，演绎了一部《圩墩王子 · 季札传奇》，穿越两千五百年时空，带你见证一段尘封久远的万国会盟传奇；破译孔子十字碑铭文，为你诠释一个诚信谦让的春秋君子风范。

春秋时期，属于中华民族的思想文化阶层的大部分人，纷纷寻求追随“英明之主”，参入某集团内部，成为政治附庸乃至为虎作伥；而极少数的智识精英——如老子、孔子、孙子、荀子、鬼谷子、孟子等纷纷远离政界（他们年轻时或有从政意念或参过政），或作学问或搞教育——把自己的学识与情怀投向了渺茫的人类未来。季札无疑是属于这精英部分的。但他与上述这些人又有不同。老子、孙子能把平生所思专注于著述；孔子、鬼谷子能立足教育；而季札，他却是个舍弃王位，但又是不在其位而谋其政的人。从他的诸多事迹中我们可以看到，季札是一个贤明的政治家、杰出的外交家、天才的文艺家、伟大的思想家，说他是“仁义礼智信”的化身也不为过。而他在政治外交、思想道德、历史文化等领域杰出的成就和奠定的基础，对当时如孔子，对后世，乃至今天，都产生了深远的影响，今天的人们仍会从他那里得到许多感悟和启示。这也许就是老祖宗季札留给后人的宝贵遗产。

季札的处世之道和智慧人生给我们五点启示。

1. 大局为重，礼让为先

放着国王不做，并不是季札的首创和独创。大家可能比较熟悉“太伯奔吴”的故事。周太王古公亶父有三个儿子：长子太伯（也称泰伯）、次子仲雍、幼子季历。季历生子取名昌（后来的周文王），“有圣瑞”，所以古公亶父非常喜爱这个孙子：“我世当有兴者，其在昌乎?”泰伯、仲雍知道父亲的心意，于是携手隐身而去，给弟弟季历即位提供便利。二人远离周地，迢迢几千里，最后落脚在荆蛮之地的苏南地区，“文身断发”，融入当地原住民，“自号句吴”，自愿归属的有千余家，“立为吴太伯”，太伯成了吴国的开国始祖，同时他自愿绝嗣，把王位传给了弟弟，仲雍成为句吴国的继世祖。后来周室两次派人请泰伯，泰伯不归。对此，《史记》引用孔子的话：“泰伯，其可谓至德也已矣。三以天下让，民无得而称焉。”给予了高度赞扬。这便是史上所说的“前三让”，而把季札的多次推让王位称作“后三让”。

究竟如何看待季札让王？这里有三个问题需要澄清。第一，有人说，太伯、仲雍“前三让”，是以长让幼即让贤，值得肯定和提倡。而季札“后三让”是以贤让长，废长立幼选贤任能是吴王寿梦的成命，季札不接受王位，是不是太执傲了，甚至辜负了父王兄弟和吴国的江山社稷，所以季札的“后三让”不值得肯定和提倡。对于这一点，有人也许忽视了这样一个事实，就是父王寿梦立下让季札接位的遗命后，以至后来的数十年间，老大、老二、老三并没有离开吴国，而季札的几个兄长在国内，你叫季札怎么好意思登上王座，即使登上了，又怎么能够坐得安稳？而太伯、仲雍是在周太王古公亶父露出了让老三接位的那么一点意思后，兄弟俩就悄悄地离开了西周奔吴来了。而季札能够说出“如果几个兄长离开吴国我就遵命接班”的话吗？第二，吴王余昧也就是季札的三哥驾崩之后，季札接位应该顺理成章，可他仍然不肯接位，由此造成了他的侄兄弟们的相互残杀。对于这一点，前面已经说过，吴王余昧驾崩之时，季札“使未还”，他不在国内，究竟是他自己有意回避，还是吴王余昧和公子僚有意把他支走，没人查考过，反正他不在国内，因而吴王僚得以顺利接班。第三，公子光谋刺吴王僚之后，吴国王座季札唾手可得，但他仍然不肯就位。对于这一点，很明确，他不在国内，是公子光说服吴王僚把季札支走的。回到国内后，面对的是公子光阴谋政变而造成的局面。这时的季札也许只要登高一呼，挥一挥手，便可将姬光抓起来声讨其罪行并将其正法，自己顺势接过王权，或者他干脆不回国，而是纠集诸侯国来讨伐，也可能把公子光赶下台。但他没有那样做。有人说，姬光明明是假惺惺故作姿态，如果季札不识趣的话，姬光和伍子胥的“鱼肠剑”或是其他什么明枪暗箭就会立即捅向他的胸膛。对此，季札何尝不明白？但季札始终考虑的不是自己能不能做国王，而是更多的考虑，接替自己的，是自己的儿子，还是公子光？或许还有老大、老二、老三的其他子孙，这就重新回到了是“父死子替”还是“兄终弟及”的老话题。他不想把这个大难题再留给自己的儿孙们去解决，让儿孙们去抢去争、手足相残。而如果让公子光的阴谋得逞，季札就可能被别人诬为公子光谋逆篡位的帮凶，将会遭受国人甚至诸侯国际的责难，使自己的形象

大打折扣；如果对公子光的罪行严加痛斥挞伐，季札完全可以超然事外，声明自己的清白，明哲保身，但那样做，势必损害公子光的形象，让公子光难以面对自己的臣民和敌人。这时季札面临的最大责任莫过于制止杀伐，停止流血！虽然深恨公子光的所作所为，但为了吴国的江山社稷，他采取了不声讨、不追究、不合作和承认既成事实即“三不一承认”的态度。“宁可人负我，莫使我负人，让别人去说吧，句吴国还要继续走下去！”

应该说，季札让国的根本原因在于继位法则决定了不该由他继位。宗法制的核心是嫡长子继承制。由于古代帝王一般都有很多嫔妃，生下许多儿女。相传周文王有九十九个儿子，秦始皇有二十多个儿子，康熙帝有三十五个儿子。那么，在这么多的儿子当中，该由谁来继位呢？总得有一个框框去约束，否则便会你争我夺、兄弟反目甚至血流成河。于是，“立嫡以长不以贤”的嫡长子继位法则便应运而生并巩固了下来。嫡长子继承制确实会出现这样或那样的问题。然而，“父死子继”比之于“兄终弟及”，却可以在最大程度上避免流血事件的发生。所以季札的让，不是谦让，而是礼让。这个礼，便是当时也是数千年封建王朝的继位法则。如果违背了“礼”这个大局，就会造成不可收拾的混乱局面。

争利、争名、争权，是人类的通病，是人性中共有的弱点。但季札知其能为而不为，知其应得而不得，该荣而甘守其辱，能上而甘居其下，能先而甘居其后。他以自己的言行，感化教育了那些君王和卿士大夫。都道是世风日下，人心不古。在孔子看来，春秋时期的执政者基本上都是无德之人。因此，他竭力称颂尧、舜、禹、文王、周公，是在给同时代及后世的执政者树立效法的榜样；同时高度评价泰伯、季札，试图再树立另一类纯粹的道德楷模。而《史记》中，“本纪”以《五帝本纪》为首，记述了尧、舜的禅让；“世家”以《吴太伯世家》为首，记述了泰伯的“前三让”和季札的“后三让”；“列传”以《伯夷列传》为首，记述了伯夷、叔齐互让君位，司马迁的崇让倾向不言而喻。古代的王室争斗与诸侯纷争，与当今商家的巧取豪夺和世界上的列强争霸，是多么的相像。如果都有我们的祖先季札那种大局为重、礼让为先的精神，所谓“至德化浇漓为纯朴，息争夺为廉让”，和谐世界的构建，天下大同的理想，恐怕也为期不远了。

2. 顺天受命，善于谋政

“国王我不做，但国事不可不问。”季札舍弃了王位，但没有舍弃吴国，更没有放弃对吴国臣民应该承担的责任和义务，他是一个典型的不在其位而谋其政的人。这正是他的可贵之处。有人说季札是个隐士，或说他是个逃跑主义者，这显然是有失公允的。他的长子死于出访途中，葬在异国他乡，说明季札不仅是自己，而且为了吴国，搭上了儿子的身家性命，对吴国的忠心可见一斑；他每次出访归来，总是“至则君事之”，不论谁做国君，他总是恭恭敬敬，尽一个臣子的本分。这与孔子说的“不知命无以为君子，不在其位，不谋其政”是不矛盾的，孔子五十而知天命，知天命不是知天安命，而是顺天受命，就如“了凡四训”中说的“受命于天，立命在人”。“不在其位，不谋其位之政”。季札不做国王，但他一直甘愿做个“行人”，行人是什么人？相当于今天的外交官，他是吴国的外交部长、吴王特使，同时他也是一个地方长官“延陵王”。

从仅有的史料可以推断，在他几个兄长当政期间，季札几乎是在国外度过的，在他的两个侄儿吴王僚和吴王阖闾乃至侄孙吴王夫差当政期间，他基本上是在他的封邑延陵和州来度过的，部分时间也是在国外度过的。这可以看作是季札的逃避，也可以想作当政者的巧妙安排。俗话说，一山不容二虎，自古至今，概莫能外。网上有条签名说：“我允许你走进我的世界，但不许你在我的世界里走来走去。”想想看，像季札这样有着崇高威望的人在国内，国王怎么好当？碍手碍脚不去说他，抛头露面也许还能容忍，但是万一……万一他时不时地到处发表些有悖于国王意志的言论，对时政提出这样或那样尖锐的批评建议，凭借当政者的资历和威望，能压得住吗？不要说找个理由，就是不找理由，也要把你支走。“出国去吧，让他去周游列国，快活自在，喝喝老酒，听听美曲……”要不然，下基层蹲点去吧，去开荒造田，去搞万亩丰产方，去搞改革开放试验区，再不然，送你去办学习班，……这些无非是开开玩笑而已。但是，我们不能不看到这样的事实，如果说，在他几个兄长执政期间，季札出国是国事的需要和安排，或季札有意逃避而出访的话，那么，三哥余眜当政期间直至驾崩前后，季札一直“使未还”就颇值得玩味了。要不然，余眜之子公子僚怎么可能顺利地接班？然而，这种种设计和安排，正中季札下怀。不在其位而谋国政，他的最好的方式，也许就在延陵，搞助农兴商试点，为吴国的发展提供经验，继续父王寿梦的脚步，走出国门，为吴国的崛起营造和平的国际环境。这也正是季札的明智之处，可敬之处。

3. 淡泊明志，和谐身心

有舍弃，才能有所得。有所为有所不为，可为则为之，不可为则不为之。正确地估计自己，正确地看待别人，这一点非常重要，但往往做到很不容易。“贪而躁”的吴王僚，就是不能正确估计自己也不能正确估计别人的人。在父亲余眜驾崩之后，唯一一个众望所归继承王位的季札不在国内，父王甍逝，这国王宝座，舍我其谁？他不等季札回来（是不是还使了点计谋不让季札回来，这不大好说），哪怕是虚情假意做做姿态恭请叔叔季札嗣位，等季札推让之后自己再就位该有多好啊！可是他不，而是“自立为王”。他的感觉太好了。虽然，他也可能想到，还有个公子光的存在，但父死子继，天经地义啊，季札也是这样提倡的啊。同时，他也不会顾忌到别人的感受。恰恰是，“狡而忍”的公子光就是不买他的账。至高无上的王位，诱惑力实在太强了。“阴有内志”的公子光处心积虑，精心谋划，终于使专诸把鱼肠剑捅向了吴王僚的胸膛。而季札就是既能正确

地估计自己更能顾忌别人的感受的人，面对王座，即使自己有能力坐，但制度、资格不允许，一旦坐上，三个哥哥是什么感受？难道也要让他们效仿老祖宗泰伯、仲雍，离开吴国吗？直到今天，官当多大才算大，钱赚多少才算多，始终是我们人生中的一个大课题。

季札一生所遭遇的悲欢离合故事不可谓不多，他的父亲不算，他的几个兄弟侄儿侄孙一个个都先他而去，但他都能一一地挺了过去，并且几乎活到了吴国灭亡的最后。这与他的心胸宽广、淡泊明志有着必然的联系。他没有感情吗，没有怒火吗？没有怨气吗？绝对有。但他怎么释放出来呢？哭。去父兄侄子的坟头哭诉。我们不妨设身处地为季札想想，他心中装着的痛苦怨气，岂一个哭字了得！但痛痛快快地哭一场，无疑是释放痛苦的最好办法。他给我们的最大启示是，任何时候，人不要太压抑。对有些事情，或一笑而过，或一醉方休，或一场哭诉，总之要痛快淋漓地释放宣泄出来。人要保持一些童真，该哭就哭，该笑就笑，不必刻意掩饰。要不就会郁结在心，轻则致病，重则折寿。所谓通则不痛，痛责不通。有个中医学家研究发现，“仁义礼智信”与内脏有某种对应关系——人体构成精气神，身心和谐，始于仁爱。那些老是感到心气郁闷之人，特别是发现自己良心坏了的人，应该去挂剑台找一找挂剑草，因为此草“可疗心疾”。

4. 构建诚信，从心而始

季札挂剑诚实守信不欺心，给当今社会的最大启示是，构建诚信社会，必须从心做起。目前普遍存在的信仰危机、信誉危机、信任危机，是有目共睹的不争现实。人们普遍感到，现在的生活越来越优越，但是人与人之间的人情味却越来越淡了；情侣、夫妻之间交换的信物价格越来越昂贵，但守信践诺“爱你一万年”白头偕老的越来越少了；法律法规制度越来越细致严格了，但却越来越不管用了；企业行业以及国际政治经济交往中条约条款合同协议越来越烦琐细微、信誓旦旦，但道义的担纲和公平责任的维护却鲜有约束了。某地曾经做过一项调查，结果是，有 90.2% 的市民认为诚实守信会吃亏。对社会的整体诚信程度，市民仅打出了 5.78 分的低分，相比 5 年前人与人之间的诚信状况，44.2% 认为诚信水平下降了。调查显示，在导致社会诚信水平降低的原因中，唯利是图、道德水平下降和惩处不力位列前三。

温家宝曾在一次记者见面会上说：“如果我们的国家有比黄金还要贵重的诚信、有比大海还要宽广的包容、有比爱自己还要宽宏的博爱，有比高山还要崇高的道德，那么我们这个国家就是一个具有精神文明和道德力量的国家。”总理语重心长的话告诫国人，比黄金贵重的诚信是一个国家的力量所系，是一个社会安定和谐的必要条件，更是政府施政的基石和一切价值的根基。然而，时下种种现象表明，一些人、一些机构、一些地方政府对于比金子还贵的诚信不但没有倍加珍惜，相反，却极力地破坏，任意糟蹋。亿万民众强烈呼唤构建诚信社会。社会的发展，赋予了诚信丰富的时代内容：诚信不仅是一种品行，更是一种责任；不仅是一种道义，更是一种准则；不仅是一种声誉，更是一种资源。“信义兄弟”说得好：“新年不欠旧年账，今生不欠来生债；诚信二字丢，莫在世上走！”

法治研究领域认为：法治天然地与诚信是不可分的。在现代诚信体系中，个人诚信是基础，企业诚信是核心，政府诚信是关键。社会互信+国家立信=上下同心。我们不仅要补法律这一课，更要补上诚信这一课！以此，让诚信精神和法治理念融入政府官员及每个国民的血液，使之时刻在他们的血管里流淌，让诚信和法治真正成为政府官员治事理政、企业老板生产经营、社会公民做人行事的基本准则。

5. 立言立德，友谊赛金

都说是国家之间利益至上，市场竞争激烈，但人格魅力、文化底蕴对一个国家、地区、企业的形象提升，无疑具有举足轻重的作用。在春秋时期，各国使臣往来频繁，外交言辞的得失常常关系国家的存亡，一言兴邦、一言丧邦之事比比皆是。有时甚至为了两国边界上区区两个女人抢摘桑叶，都可以挑起两国战争。各国使者对于代表本国的外交言辞十分重视，把“立言”列为“三不朽”之一。（《左传·襄公二十四年》：“大上有立德，其次有立功，其次有立言，虽久不废，此之谓不朽。”）季札的出访，没有为吴国发表多少口号式的政治宣言，但他的作用要胜过一百个政治宣言！季札以自己的言行，为春秋外交树立了一个“立德立功立言”的榜样。齐国的晏子、郑国的子产、晋国的赵文子，都是春秋时彪炳史册的杰出政治家，季札与他们的交往，有礼有节，建言指弊，直入人心，不但没有引起常见的纠纷，反而赢得了广泛的尊重。他用不卑不亢、直抒己见的态度，以联络感情、广交朋友的方式，或在论诗评乐的场面上，或在推心置腹的交心中，或在喝喝老酒听听美曲的笑谈中，不断展现出他非凡的外交才能、独特的人格魅力、博大精深的文化修养、敏锐的政治洞察力，从而为吴国赢得了良好的国际声望。在当今世界的各种外交角逐中，文化、体育、名人外交等起到了政治、军事、经济都无法达到的效果，比如当年中美乒乓球，创造了小球震动全球的奇迹，而今的美国，鉴于中国日益扩大的影响力，竟然启用了“冰坛皇后”华人关颖珊，作为美国的“公共外交大使”，走遍中国和世界各地，其使命就是要增强与华人的亲和力和沟通力，进而推动中美关系的健康发展。季札的外交艺术充分表明，一个国家，一个地方，抑或是一个企业，没有深厚的文化底蕴和国格人格魅力，就谈不上的强大的竞争力和持久的发展力。无论是国际交往，还是生意打拼，先交朋友，再谈生意，联络了感情，才有项目资金。现在我们创建文明城市，就涉及每个人不管是在本地还是在外地的一切言行举止，从这个意义上

说，人人都是文明形象，人人都是投资环境。……

（《季札为孔子老师的五大佐证》，此节已在2011年8月《武进文史研究》第五期刊出。作者系常州市戚墅堰区人大常委会副主任、武进延陵季子研究会和地方文献研究会研究员。此文根据作者在《龙城讲坛》人文常州的演讲稿有所删节，发布日期：2012-09-19）

十二附件之六

《世纪潮声（中）》——“中国新世纪发展论坛” 代序 2

人以学为本　国以教为本

——决胜 21 世纪的根本发展战略思想

承仁义

作者简介　承仁义，原北方交通大学（今北京交通大学）校报总编，现任全国学习科学研究会监事兼理事、北京交通大学关心下一代工作委员会秘书长、济宁市中华民族文化艺术研究所研究员。

21 世纪是我们进入知识化社会和迈向知识经济时代的发展时期。这个世纪给中国带来了最好的历史机遇，但也存在严峻的时代挑战。我们只有战胜这种挑战，才能把握这个机遇，奋起直追，进而加入世界强国之林。借这次研讨会的机会，我想提出一个“决胜 21 世纪的根本发展战略思想”问题，跟大家探讨，并希望得到与会同志们的批评指正。

《世纪潮声（中）》，安石、王超主编，“中国新世纪发展论坛文集”，2001 年 12 月陕西旅游出版社出版，全书 125 万字

我准备从两个方面来阐明为什么说“人以学为木　国以教为本”可以作为决胜 21 世纪的根本发展战略思想。概括说，一是“以史为鉴”，二是“以今为据”。以史为鉴，就是以中国近 600 年来的历史教训和经验为认识之鉴；以今为据，则是以当今知识经济对学习和教育的定位作为认识依据。

现在先说“以史为鉴”。这个问题，我想借重当代一名科学家、首位华人诺贝尔奖获得者杨振宁博士的一项研究成果来展开这一话题。杨先生是一位大物理学家，但他对于中国的社会问题却一直保持着极大兴趣，并发表了一系列研究所

得。我在此引述的是 1993 年 4 月 27 日他在香港大学以《近代科学进入中国的回顾与前瞻》为题演讲中的部分内容。他说："科学史学家普遍同意公元 1400 年以前，科技转让主要是由中国传向欧洲的。中国科技直到 1400 年前后，比欧洲优秀。""可是到 1600 年，中国科技却已远逊于欧洲。举一个例子：17 世纪初，明朝政府要由葡萄牙人所占领的原属广东的澳门引进火炮技术。"他问道："到底中国在公元 1400 年至 1600 年两个世纪里为什么如此落伍呢？"他回答说："概括讲来，公元 1400 年前好几个世纪，文艺复兴在欧洲崛起，产生了巨大的文化与知识的进展……如果就影响来看，'自然哲学'的进展恐怕是最重要的，因为它为近代科学的萌芽准备了肥沃的土壤。只需要列举 200 年间欧洲一些伟大思想家的名字就已足够看出这些进展的气势与其长远的影响：达芬奇（1452—1519）、哥白尼（1473—1543）、马丁路德（1483—1546）、加尔文（1509—1564）、纳皮尔（1550—1617）、培根（1561—1626）、伽利略（1564—1642）、开普勒（1517—1630）、哈维（1578—1657）、苗卡尔（1596—1650）。

"相反地在中国，公元 1400 年至 1600 年这 200 年是知识停滞的落后时期。这个时期中最著名的哲学家是王守仁（即王阳明，1472—1528）。他的学说，我认为没有对中国思想或中国社会产生什么真正长远的影响。比起上面例举的欧洲大思想家对后世的影响，王守仁的影响是望尘莫及的。他的部分思想可以被解释为反科学的。"（《杨振宁文集》第 782 ～ 784 页，1998 年 4 月华东师范大学出版社出版）杨振宁认为："近代科学是人类的一种新活动、新精神、新方法，有人认为是新宗教。如果要给它的诞生一个确定的日期，我会选择 1687 年，即牛顿（1642—1727）发表他的《自然哲学的数学原理》（以下简称《数学原理》）的一年。""可以说在公元 1687 年诞生的是一种革命性的新世界观：宇宙有极准确的基本规律，而人类可以了解这些规律。"（《杨振宁文集》第 784、785 页）

《世纪潮声 · 代序 2》文样

但是，这一新的世界观却迟迟未能来到中国。杨振宁介绍说："查看《数学原理》就会发现古希腊几何学在牛顿身上的深远影响。《数学原理》全书的结构完全是以欧几里得（约元前 300 年）的《初探》为样本的。""不是那么为人所共知的是，在《数学原理》发表约 80 年前，在 1607 年，利玛窦和徐光启即已将欧几里得的《初探》的前一半翻译成中文，取名《几何原本》。"利玛窦是意大利耶稣会的一名传教士。徐光启是明朝重要高官，他清楚欧几里得和中国学者在逻辑思考方面的基本差异。因为“他这样描述欧几里得思考系统：‘似至晦，实至明；似至繁，实至简；似至难，实至易。’”“他担任过多种职务：政治、经济、国防、农业、天文、测量、治水等。他一直强调数学在这些领域中的重要性和《几何原本》在数学中的重要性，他感到惋惜的是利玛窦和他未能完成全书的翻译：‘续成大业，未知何日？未知何人？书以俟焉？’”杨振宁说，这一等就等了250年，直到1875年，李善兰（1811—1882）和伟力亚力（1815—1887）才译出了《几何原本》剩下的篇章。而在这250年中，近代科学在欧洲诞生了，工业革命开始了，欧洲殖民扩张政策亦到达了其顶峰。但这些年间中国依然停滞不前。杨振宁说：“那些阻碍中国萌生近代科学的多种原因仍然存在：缺乏独立的中产阶级、学问就只是人文哲学的观念、教育制度里匮缺‘自然哲学’这一项、束缚人们思想的科举制度，以及缺少准确的逻辑推理传统，凡此种种都没有因为耶稣教会教士引入了少许西方思想而有所改变。”（《杨振宁文集》第787、788页）

杨振宁认为公元1600年至1900年是“中国抗拒引入西方思想”的时期，尤其是1840年至1900年，则是“引入现代科学举步维艰”的时期，直到公元1900年至1950年才是“急速引进现代科学”时期。这是因为经过巨大而沉痛的失败教训之后，经过对中国哲学全面深刻反思之后，“才得出东方人同样有能力研究现代科学的结论”（《杨振宁文集》第791页）。而当务之急便是除旧图新；放下“中央之国”的架子走出国门学习先进的科技；铲除自卑心理奋发图强迎头赶上。于是才有“标志中国真正开始引进现代科学的三项事件：1898年，京师大学堂（北京大学前身）的成立；1905年科举制度的废止；以及1896年至1898年间开始派遣学生东渡日本留学。到1907年大约已有1万名中国学生在日本留学。几年后留学浪潮蔓延至美国和欧洲”。杨振宁说：“这些早期的留学生在出国前没有机会接触现代科学，到了外国以后绝大多数没有攻读较高的学位，但就是这批学生才真正地开展了引进近代科学的工作，他们回国后，很多做了教师，而这些教师的学生们就有机会在出国前接触到一些近代科学知识。到这些学生们去外国留学时，他们便有能力学习前沿的科学，取得硕士与博士学位。”他接着说：“首批的中国物理博士大多是在美国取得学位的（见表1）。”

杨振宁说：“引进近代科学在中国是一个争辩了几百年才达到的决心。可是在下了决心以后，进度却是惊人的快速。最早三位中国理论物理学博士可见于表1（b），他们都是父亲杨武之（1896—1973）的同代人。他们这一代在取得学位后都回国担任教职（杨武之，杨振宁的父亲，1928年取得美国芝加哥大学数学博士后回国，先于厦门大学、清华大学、西南联大，后在同济、大同、复旦大学任教，直到1973年5月于上海去世——本文作者注）。其中周培源和吴大猷两位先生是我在昆明上大学和上研究院时（1938—1944）的老师。那几年我在昆明学到的物理已能达到当时世界水平。譬如说：我那时念的场论比后来我在芝加哥大学念的场论要高深，而当

时美国最好的物理系就在芝加哥大学。可见两代先辈引进了足够的近代科学知识，令我这代人可以在出国前便进入了研究的前沿！”

表 1　首批中国物理博士

(a) 最早四位中国实验物理学博士和取得学位的学校	(b) 最早三位中国理论物理学博士和取得学位的学校
李复几（1855—?）1907 年德国波恩大学 李耀邦（1884—?）1914 年芝加哥大学 胡刚复（1892—1966）1918 年哈佛大学 颜任光（1888—1968）1918 年芝加哥大学	王守竞（1904—1984）1927 年哥伦比亚大学 周培源（1902—1993）1928 年加州理工学院 吴大猷（1907—　）1933 年密西根大学

杨振宁认为公元 1950 年至 2000 年是中国开始加入国际科技竞赛的时期。他说：

“这个世纪的头 50 年，近代科学的精神与内容都急速地渗入中国，在中国社会产生了巨大的和历史性的影响。但是在 20 世纪中叶以前，我们仍不能说近代科学在中国已经‘本土化’了（用撒布若教授的观念）。渗入的程度不够，可见于下列各因素：涉及科学的人数仍然不多；涉及科学的层面仍然不多；缺乏工业基础支持研究与发展；连年战祸；军阀混战；抗日战争和解放战争等，不能为研究工作提供一个稳定的社会、政治和经济环境。……随着 1949 年中华人民共和国的成立，这些因素都被一扫而清。“文化大革命”前的 17 年里（1949—1966），中国的土地上有了惊人的发展。现代科学终于在中国‘本土化’了：数以百万计的科学家和工程师被训练出来了，复杂的研究与发展架构建设起来了，巨大的科技成果完成了（见表 2）。”

表 2　中国与其他强国重要科技成就的时间比较

第一次制成	年份					
	美国	（前）苏联	英国	法国	日本	中国
反应堆	1942	1946	1947	1948	—	1956
原子弹	1945	1949	1952	1960	—	1964
氢弹	1952	1953	1957	1968	—	1967
卫星	1958	1957	—	1965	1970	1970
喷气机	1942	1945	1941	1946	—	1958
M2 飞机	1957	1957	1958	1959	—	1965
试制计算机	1946	1953	1949	—	1957	1958
计算机（商品）	1951	1958	1952	—	1959	1966
半导体原件	1952	1956	1953	—	1954	1960
集成电路	1958	1968	1957	—	1960	1969

杨振宁说："20 世纪也目睹了中国人对自己的重新认识，上面说过，这世纪初，中国人对自己追求近代科学的能力有过怀疑。但是今天的中国人已相信近代科学并不只是白种人才能做的。这种信念的起因有很多因素，'表 2'所列的种种成就当然是其一，但是还有其他的因素：日本利用科技发展惊人地成长为世界经济强国；东方人在各种科技领域中获得了许多灿烂的成就；在欧美院校里中国学生杰出的表现。这些都为这一影响深远的自我重新估价扮演了重要的角色。"

我要强调补充的一点是，杨振宁本人 1957 年获得诺贝尔物理学奖，给中国人带来了空前的振奋和鼓舞，以致他自己这样说："我一生最重要的贡献，是帮助改变了中国人自己觉得不如人的心理作用。"

由上可见，杨振宁的分析是十分透彻和中肯的，他向我们描绘了这样一幅历史画面：在先进的近代科学面前，因为中国人有了强烈的学习觉悟，采取了虚心学习的态度和积极学习的行动，也就是用了一个世纪，便改变了因五个世纪造成的历史差距而开始迎头赶上世界。因而杨振宁说："我的结论是，到了 21 世纪中叶，中国极可能成为一个世界级的科技强国。"（《杨振宁文集》第 792–795 页）

这是我要说的"以史为鉴"。下面再说"以今为据"。

1986 年 10 月，我发表了《"学本论"是我国古典教育思想教育创造性因素》的论述文章（首刊于同年北方交大《高等教育研究》第一期），1987 年 1 月又发表了《"学本论"的历史踪迹》一文（首发同年北方交大《高等教育研究》第一期），1990 年 1 月完成了《现代学本论教育思想内涵揭秘》一文（首发同年北方交大《高等教育研究》第一期）。这三篇论文曾被一些杂志转载。三篇论文的核心思想就是为学习——人类社会与社会实践的伴随活动进行新的社会定位。这个新的社会定位便是"人以学为本"，或称"学为人之本"。由于教育就是学习的社会化，就是对学习的计划、组织、指导、推动、帮助、评价、改进、催化，就是引导学生学会学习。因此，这是一件事物的两个侧面，对学习的定位必然派生出对教育的重新定位，这种重新定位就是"国以教为本"，或称"教为国之本"。

以"人以学为本""教以学为本"和"君以学为本"为内涵的"学本论"古已有之。但由于历史条件的限制，古典学本论和现代学本论又存在巨大的差别。其中最主要的是，由于知识经济的出现，使学习的本质得以充分地体现出来，从而被人们普遍认识。这就是学习的经济价值、生产力性质和现代人对它的终身需求。也就是说，学习不仅让人获得生活知识、社会品德和各项技能，而且能创造出形成现代化社会巨大生产力的机制。"科学技术是第一生产力 "。科学技术以知识为先导和基础。学习可以获得知识，更新和创新知识，这就是

"温故而知新"。学习的最高境界是高效且多发现与创造，它是通向以创新为目标的科学研究的必由之路。科学研究是离不开创造性学习的，可以这样说，创造性学习是科研活动的基础。因为科学研究不仅要求研究者要有厚实和最前沿的基础知识，更要求在研究过程中快速扩展相关知识，学习同类研究人员的最新发现与创新，并吸取其中有益的成分。创造性学习赖于创造性教育。这是因为，那种刻板、单纯灌输式的以及扼杀个性的教育是培养不出创造型人才的。因此，创造知识的学习和教育可以造成远远高于旧经济的高科技产品的高附加值。1994 年 6 月召开的"第三届经济合作与发展组织国际讨论会"提出"终身学习是面向未来的战略"。而同年 11 月在意大利召开的"首届世界终身学习会议"上更形成了"终身学习是 21 世纪的生存概念"的共识（《学习科学大辞典》第 3 页，1998 年 6 月新华出版社出版）。这样的共识如今也被愈来愈多的中国人所接受，他们同样认识到，21 世纪是知识经济时代，知识化的浪潮将席卷全球，冲击每个社会成员。这样一个时代的最大特点是，以知识为先导的技术更新不断加快，社会生产处于连续、快速的革新之中，今天兴旺的事业，明天很可能被更发达的新兴事业所取代、淘汰，不得不改弦易辙。随之而来的则是社会生活也处于不断的变动之中，职业稳定被打破，生活稳定难持久。世纪之交出现在我国的大批生产人员下岗、转业，就是这种趋势和变化的先兆。面对这样一种时代挑战，求生存求发展的办法只有一个，就是学习，学习，再学习；创新，创新，再创新。

从经济学的观点来说，学习是一种投入，而这种投入必能带来高产出。为了适应经济的发展，这一投入又必须作不断的追加，才能保证持续的高产出。因此，终身学习是不可避免的。

现代学本论除提出了"终身学习论"外，还概括出"学习决定论"的理念，即"个人的学习水平决定了自身的成长水平，全体社会成员的学习水平决定着社会的发展水平"。但是，现代学本论并非忽视或降低教育的巨大作用，认为无教不成学。教，不单指明了学习的方向、目标，而且给出了端正、确立方向与到达目标的途径；教所给予的学习指导，为学习的顺利进行、优化与成功，创造了不可缺少的条件；社会的教育水平愈高，社会的学习成果也愈大，一代之教造成一代之学。学本论将"择师""认师"与"尊师"作为优学之道，根由在此（《学习科学大辞典》第 161、162 页）。从这种意义上说，"学习决定论"也是"教育决定论"，但二者均不能孤立而论，必须以整体而论。

现代学本论把学习定义为"是人基于生存和发展的需要，在其所存在的环境的作用下，通过感、知、思、行相统一的心理、实践活动，获得知识、能力，形成品德、人格的终身过程"（《学习科学大辞典》第 285 页）。这就是说，在知识经济的环境里，只有会学习的人才能掌握生存和发展的主动权。而知识经济又是一个以全民知识化为条件的经济。社会的知识化来自社会的学习化，要人人懂学，会学，善学。如果将“人以学为本　国以教为本”作为21世纪根本发展战略思想，就可正确引导和动员全民全社会的学习积极性和办教积极性，适应并促进知识经济的发展。

去年夏天，我受北方交大领导的委派赴江苏进行招生咨询，亲身经历了一场高考招生竞争，目之所触，耳之所闻，令人深深感受到如今的中国人对接受高等教育的渴求在逐日升温。所以我在一篇报道中说：“如果有人问：跨入新世纪中国最大的社会需求是什么？我将毫不犹豫地回答：那是正在高涨的对教育的需求。”（《北方交大报》638期4版《亲历高校生源争夺战》）

也就是说，这种决胜21世纪的根本发展战略思想，在实际的社会生活中正成为一种全民性的生活自觉，一种新的生活哲学和指导思想，以前的厌学风大有消失之势。这是十分可喜的。但随之而来的是如何来满足这种强大的社会需求？据统计，我国现有的教育资源远远不能适应正在兴起的社会学习需求，如“每年有140多万适龄儿童不能进入小学，有800多万小学生不能进入中学，有800多万初中生不能继续升学，而适龄的青年进入大学的只有不到10%。（张笛梅《时代发展与学习科学》，在全国学习科学研究会成立大会上的学术报告）这与知识经济的客观要求相比，的确存在相当大的差距。

有著作指出，知识经济在生产中以高技术产业为支柱。按联合国的分类，主要有八大类，即信息科学技术、生命科学技术、新能源与可再生能源科学技术、新材料科学技术、空间科学技术、海洋科学技术、有益于环境的新技术、管理科学（软科学）技术。知识经济有以下一些主要特征：上述高技术产业在劳动力结构方面占40%以上；科技增长对经济增长的贡献率在80%以上；国民的平均文化程度达到中专。（参见吴季松著《知识经济》一书，1998年3月北京科学技术出版社出版）可见，知识经济是在充分知识化的社会中发展和建立起来的新经济，一方面，它必须有充满创新能力的高科技人才群和培训基地，以确保可持续发展的各前沿科学阵地的开拓活力；同时又必须保证后续高科技产业有充分的具有高素质和高适应能力的劳动大军及其后备力量。我国目前在这方面的矛盾是严重而尖锐的。那么怎样解决这个严重而尖锐的矛盾呢？笔者认为，如果我们确立“人以学为本　国以教为本”的根本战略思想，并采取与之相适应的战略、策略步骤，便可因势利导，引导、组织、发动全国人民奋起投入学习，合力兴办教育事业，调动每个社会成员自身的学习积极性和各方办学的创造性，包括建立和加强社会各级各类组织与各家庭的学习教育功能，建立像“虚拟学校”“学习中心”“自修大学”之类的有效学习指导组织，大力倡导和激励已写进宪法的“自学成才”和“不拘一格取人才”，变压力为动力。这便是我要说的“以今为据”，它概要

地说明了现代学本论提出的“人以学为本 国以教为本”是知识经济条件下的生存发展理论，是“学”与“教”相统一的理论。

上述一“鉴”一“据”就是我将“人以学为本 国以教为本”作为决胜21世纪根本发展战略思想的基本理由。

我国目前行之有效的“科技兴国”体现了“人以学为本 国以教为本”的根本战略思想，所以产生了十分积极的效果。但两者又不是一回事，因为两者处于不同的认识层次。“根本发展战略思想”意为在新世纪之内有最广泛决定作用的最高原则，但尚需有不同层次和不同阶段的战略思想与之相适应和配套；所说的知识化、学习化、学习化社会，还应该有一套量化指标，包括确定一个阶段的大学、中专普及率，扫盲期限等，以便与知识经济发展步伐呼应而层层推进。但这些，在此就不做展开了。

21世纪在人类历史上可能是具有特殊意义的百年，尤其是对于中国人民来说确是实现民族复兴的百年。笔者相信，确立以600年历史打造出来的“人以学为本 国以教为本”的根本发展战略思想和与之相一致的社会机制，定能让12亿中国人的智源得到最充分的开发，从而实现民族复兴的梦想。这是因为，在20世纪摸索得来的宝贵经验，正成为全民自觉行动，这种力量是不可估量的，也是不可战胜的。

一年之计在于春，世纪之计在于元。江泽民主席在1999年“全教会”上的讲话中号召：“21世纪的中国，应该成为人人皆学之邦。”让我们响应江主席的号召。怀着决胜的信念迎接新世纪龙的腾飞！

后 记 2000年5月24日，作者应邀出席了于昆明召开的“中国教育发展论坛”研讨会，本文便是在会上的发言。会后，该文以“代序2”的名义被收入由中国新世纪发展论坛与中国教育发展论坛联合出版的两坛文集《世纪潮声（中）》；该文集的另一篇“代序1”，为国家发展计划委员会毕吉耀所撰《“9·11”事件后的国际形势与中国加入WTO问题》。该文集由安石、王强主编，2001年12月陕西旅游出版社出版，计125万字。

附文 1

研究中国历史　以史为鉴　科教兴黔

——一名与会者写的博文（摘要）

“花蝴蝶”博主

……以史为鉴部分，是笔者直接与间接地转述北京北方交大承仁义教授2000年5月24日在昆明举行的新世纪发展战略研讨会上演讲的部分内容（本人也出席了这次会议）。承教授用了大量篇幅引述杨振宁博士的研究成果来论述600年来的中国历史经验和教训，我认为，他的这部分引述很有研究价值。

……从承先生的引述可见，杨博士对数百年来中国科技落后的原因分析是实事求是的，也是中肯的，他向我们每个中国人描绘出了一幅幅悲壮的历史画卷；毫不隐讳地给我们现代人敲响警钟，让国人深思、醒悟。他一生中对自然科学的研究与对真理的追求，对祖国的热爱，是值得我们这代人学习的榜样。我们感到自豪的是：在20世纪，我国在近代先进的科技浪潮前，也曾涌现出许多杰出的科学家、政治家和革命家。这些优秀的中华儿女，为我国的科技进步，为祖国的繁荣昌盛做出了伟大的贡献。如果没有这批科技精英，中国的科技达到如今水平是完全不可能的。孙中山提出的“天下为公”“努力奋斗”“振兴中华”等口号同样给中国共产党人在思想上产生了极深的影响。毛泽东提出的“古为今用，洋为中用”同样为推动中国的科技进步做出了伟大贡献。邓小平在毛泽东时代的基础上，认真总结了历史经验和教训，在新的历史时期继承和发扬了马克思列宁主义、毛泽东思想，建立了一整套具有中国特色的社会主义理论。对中国的教育问题，他提出的“三个面向”为中国的经济发展与腾飞，为科技的进步提供了理论依据和物质基础。总而言之，有了这些理论和物质基础，中国古老的国门才被打开，我们的国民才有强烈的学习外国先进科技的觉悟，才开始采取虚心的态度和积极学习的行动。步履艰难的中国，用了一个世纪的时间，才改变了因五个世纪造成的历史差距而迎头赶上世界。一个世纪乃至几个世纪，对每个中国人来说是多么漫长的黑夜啊！因此，我们每个中国人要以史为鉴，重振中华民族的阳刚之气，让古老而文明的大国，像初生的太阳，光芒四射。杨振宁对我国的科技进步满怀信心地说：“我的结论是，到了21世纪中叶，中国极可能成为一个世界级的科技强国。”的确，只要我们每个中国人坚持不懈地努力学习，开拓进取，杨

博士的预言是完全可以实现的……

附文 2

我赞赏“人以学为本　国以教为本”的提法

江苏南菁高中50届毕业校友、北京交通大学孙桂初教授

中国制冷学会理事、国际制冷学会冷藏运输委员会（d2）委员孙桂初教授（右）1989 年春，为到访的 d2 主席梅费特任报告翻译

……

我赞赏承仁义学长“人以学为本　国以教为本”的提法，并把它提到“决胜 21 世纪根本发展战略思想”的高度，我认为应该将这一观点看作是党中央科学发展观的重要组成部分。当今的世界，一个国家如果不能创新，就不能振兴经济、加强国防，就不能提高综合国力，就没有我们的国际地位；一个人如果不善于学习、创新，也将不利于自己的生存和发展。

……

2012 年 8 月 10 日　于北京交通大学

（摘自南菁高中 130 周年校庆专辑《璀璨的星空》第 113～114 页）

十二附件之七

默化初论

承仁义　赵德中

默化，对于每个社会人来说，既是一种学习方式，又是一种教育方式，它存在于生活的各个方面和学习、教育的全部过程之中。但是，从学习学和教育学的角度对此进行认真的研究，总结出若干可以遵循的规律，让人们能够自觉地加以应用，来促进学习与教育事业的发展，至今似乎尚未正式开始。本文将对默化的一些基本问题，作粗略论述。

一、默化概念界说

什么叫默化？作为一个科学概念，我们暂作这样定义：人们在家庭、学校及社会生活中，无意识地自发地潜在地接受某种影响的活动及其过程称默化。

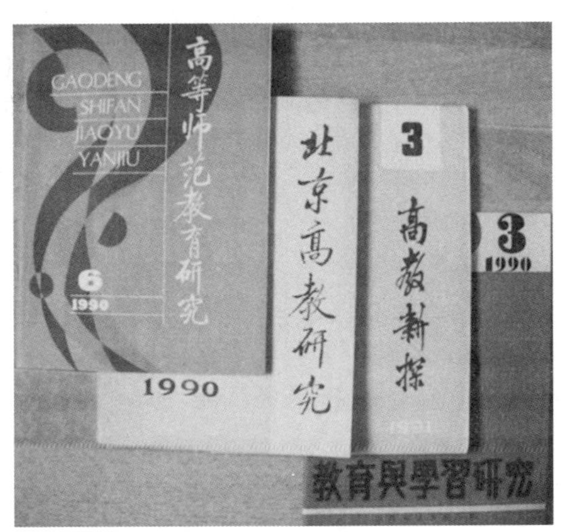

发表《默化初论》的4种刊物

学校课堂教学，教师是有计划、有目的地向学生施加某种影响，而学生则是有目的、自觉地公然接受此种影响的，这种典型的教育和学习形式，我们称之为师学（或称师授），正式的家庭教育、个别授受，以及夜大、函授、电化教学等均包括在这类形式中。在此种形式之外，学习者为了增长知识或掌握某种技能而

读书、练习与交流，我们称之为自学（或称自授）。前者有教师的直接参与，后者只有教师的间接参与。这是学习的“两种最基本的形式”[1]。默化是此两种最基本形式之外的特殊形式。它的特殊之处是：具有自发的随机性和不显露的潜积性。它与教师的关系是：可有可无，或直接或间接，有较大的不确定性。

学习是人类社会生活与社会实践的伴随活动，是生存与发展的必要条件。这种活动与条件，既存在于师学中，也存在于自学中，但更多地存在于默化中。在这三种学习中，默化的积累，往往对师学与自学起到奠基、补充和升华的作用。

它的奠基作用产生两种结果：其一是为师学和自学创造有利条件，使师学和自学朝着预定的计划目标前进，最终走上造就“目标人才”的道路；其二是为师学和自学形成不利条件，使师学和自学朝着随机的非计划目标前进，最终走上“非目标人才”或“反目标人才”的道路。它的补充作用，是指可以弥补师学和自学中学不到或难以学到的东西。其升华作用，主要表现在，它是创造之网上的“纽结”，能给创造性思维带来活力、契机与触发，在这里，默化所形成的认识上的量变，必然发生思想上的质变，形成认识的飞跃。

二、默化与隐蔽课程

默化可以有师的直接或间接参与，也可以无师的参与，它是隐蔽课程教与学的双重效应。即是说，默化的内容来自隐蔽课程。默化不能离开隐蔽课程，正如师学和自学不能离开由学校按排和由自学者按排的显著课程一样。

为了阐明这个问题，有两点必须先作说明。一是默化的概念不是凭空臆造出来的，而是对生活实际所作的抽象和概括，因为在古往今来的社会生活中，确确实实存在此类现象，就是平常所说的“潜移默化”。而且，它的作用大得很，如儿童对语言的掌握，一个人生活习惯、道德品质乃至个人风格的形成等，都有它的踪迹。用“默化”一词对此种现象作概述语，是考虑到客观上易被接受，表达也比较准确。但如有更好的表达术语，当是求之不得的，不过现时尚未找到，只能以此暂用。二是要简单交代一下“隐蔽课程”一语的来历。这一概念最早出现在20世纪70年代初的美国。美国学者N. V. 奥渥勒在1970年首次提出隐蔽课程（hidden curriculum）之说[2]。这一创说引起了许多教育研究者的注意，20年来在这方面的研究已经取得了许多值得注意的成就，我国也有人提出了自己的研究报告。“现在看来，课程至少有两个组成部分：显著课程（overt formal or explicit tangible curriculum）和隐蔽课程（hidden or covert or invisible curriculum）[3]。”不过，对这两种课程的见解却并不一致。有的认为，在显著课程和隐蔽课程之间，还有一种暗喻课程（implicit curriculum），或称理想课程（ideal curriculum）。但不论何种见解，它们的所指，均未超出学校的范围，都是从学校范围来分析课程问题的。这种课程理论，使人们对学校教育的认识，更加开阔，更加深入，是很有意义的一个研究方向。

但本文并不想在原来的课程界域内发表意见，而是要引进这一概念来探讨默化问题。如果把学校范围的课程概念视为狭义的，则本文确立的课程概念便是广义的，它越出学校的界限，指的是学习主体以外一切有教育意义和学习意义的因素。包括物质的，精神的；动态的，静态的；校内的，校外的；自然的，社会的；等等。与之相对应，隐蔽课程的外延也较广，它是指学校、家庭和社会教育计划及个人学习计划以外一切能产生默化作用的因素。从这种观念出发，也可以把人类一切经验视为课程，那些被纳入师学和自学的经验属显著课程，而另一些能在人们无意中潜在地产生影响，即默化作用的经验则属隐蔽课程。

三、默化的产生

默化是怎样产生的？要弄清这个问题确实比较复杂。我们的基本认识是：师学和自学是人的有意识活动，而默化则是人的潜意识活动，或者说默化来自人的潜意识活动，是人的潜意识活动的结果（潜意识、无意识、下意识均是从unconscious一词翻译过来的）。这个观点有些什么根据呢？我想从以下几方面作些探讨。

1. 人类活动的两种性状

意识是大脑的产物。意识现象在人类未曾脱离动物界的时候就已经出现。自从意识进入了生活，人的活动便分成两种状态：无意识（或称潜意识、下意识）状态和有意识（或称显意识、上意识）状态。也可称为两种不同性质的活动，即无意识活动和有意识活动。这里所说的有意识与无意识，主要指的是有无目的性、自觉性；所说的活动，包括心理活动、思维活动与行为表现。

一般来说，社会的运动与发展，是通过人类具有目的性的活动表现出来的。人的有目的活动是社会物质运动不同于自然界物质运动的主要表现。也就是说，在社会物质运动客观性的上面，覆盖着厚厚的主观性表层。这便造成了认识上的双重困难：一是难于透过这种主观性表层，去揭示社会运动规律的客观性实质；二是难于排斥主观性表层的强大干扰，去注意在有目的活动的同时，还有许多潜意识活动的存在，或者对它视而不见，不予重视。前一种困难导致了历史唯心主义的泛滥；后一种困难又使得人类精神领域的一个十分重要区段——潜意识部分迟迟未作科学开发，人们对它的认识长期处于一种蒙昧状态。前一种困难，不在我们的讨论范围。在后一种困难面前，现在，希望之光在闪烁，它召唤我们去开拓，去收获。这种希望之光，来自先驱者的足迹和他们取得的成果，也来自时代形成的需要与可能。

19世纪末，奥地利医生西格蒙德·弗洛伊德开始创建心理学领域的一个新学派——精神分析学，他对深度心理学研究得出的结论，曾一再引起世人的震惊和反对。即使在今天，我们也并非完全赞同他的理论；但在同时，他的研究却又扩大了人们对潜意识领域的眼界。“精神分析学”认为“凡是精神方面的东西，

首先是无意识的；而另外一种性质——‘意识’则可能存在，也可能不存在[4]。”弗洛伊德本人曾一再指出，“精神分析学”原先只是指一种独特的治疗方法，如今，它已成为一门学科——无意识精神过程学的名称了。精神分析学本身很少能独立地、完满地解决某个问题，然而，它仿佛注定要向许多知识领域提供有益的帮助。它的假设和发现可以用于精神活动的其他范畴；它的前面有一条大道通向远方，通向人们普遍关心的那些领域[5]。1987 年 8 月由钱尚南翻译出版了美国当代著名学者西尔瓦诺·阿瑞提的《创造的秘密》一书[6]。这是一部系统叙述创造理论的书，译者在前言中说：“用他（该书作者）自己的话说，他曾受到弗洛伊德精神分析学理论的很大影响，但后来又跳出这一局限，在许多问题上提出自己的独到见解。”正是这些见解构成了他在书中叙述的创造理论。弗洛伊德的预见，在阿瑞提身上得到了有力的验证。

恩格斯说：“每一时代的理论思维都有非常不同的形式，并且具有非常不同的内容。因此，关于思维的科学，正如其他的任何科学一样，是一种历史的科学，关于人的思维历史的科学。”[7]是否可以这样说，由于历史的原因，我们过去对于思维的显意识活动的研究长于对潜意识活动的研究。但是，今天的情况已经发生了很大的变化。例如，科学已经能向人们具体描述人脑两半球 6 个层次的情况和大脑皮层 20 个区域的不同功能（布洛德曼皮层区），据某些研究者计算，显意识处理信息率是 $10^{11}\sim10^{12}$ 波特（二进制单位/秒），而潜意识则达 10^{16} 波特。前苏联军事专家德鲁齐宁·康托罗夫还认为“这个数字太低”。而临床医学通过对大量神经症与精神症病例的观察、分析与探究，大大丰富了对潜意识领域的知识。近据新闻媒介报道，科学家们已在实验试碟里使人脑细胞分裂和生长，培养出正常的神经元。所有这些都使思维科学达到了前所未有的新水平。更有意义的，是当世界进入高科技迅猛发展的时代之后，为了适应这个时代实践的需要，出现了对思维科学、智力开发和人才培养的强大推动力。这就是说，填补对潜意识领域的理论空缺，把潜意识活动和显意识活动作为统一的思维来对待，以及把思维的生理机制与精神机制结合起来研究，还有把脑科学、思维科学和教育科学、学习科学组织起来，构建成一个社会人才开发大系统，可能是体现当今理论思维特点的一种形式，并有它自己特定的内容。

话似乎扯得远了些。我们要说的是，区分思维活动的两种性状，弄清潜意识活动的实际情况及其与显意识活动的关系，是研究默化、了解默化的途径，或称是必由之路。

2. 心理学提供了重要的默化依据

心理是脑的机能。心理学研究心理现象及其规律。心理现象包括以认识过程、情绪过程、意志过程为内容的心理过程和个性心理特征这样两个方面。它的分支教育心理学，以研究教育过程中学生掌握知识与技能、形成道德品质、发展智能和个性的心理规律，以及教育者与受教育者的心理发展关系为已任，迄今所取得的成果，已为默化的存在、产生提供了许多重要的依据。

例如，经典行为主义刺激——反应理论，描述了处于无意识状态的动物学会解决问题的过程，是一个不断尝试，不断出错，对多次重复中偶然出现有效的动作引起了注意，并在逐渐减少无效动作的过程中固定了下来的情形。桑代克认为，这种学习促成了神经通路的连接。他据此归纳出两条经典的学习定律：练习律和效果律。新行为主义则以操作条件反射的反应——刺激过程为原理，研究了学习活动中的一些问题。两派观点尽管有不同之处，但他们都以条件反射理论为基础，所以都能对无意识领域的学习活动做出有力的说明，尤其是其中的强化理论有着广泛的实践意义。十分明显，强化是在学习者无意中实现的，是一种潜意识活动的结果。

又如格式塔学习理论，如果排除其中主观唯心主义的成分，则其顿悟学习理论，提出了一个十分重要的观点，就是在潜意识领域的学习活动——默化中，能出现创造性意识现象。这一学派的理论常被称为认知理论，因为他们的研究主要是围绕人和动物的知觉进行的。

再如，信息加工论关于思维的研究，增加了我们用信息论、控制论的观点对潜意识与显意识的统一的进一步理解。

学习是通过学习者各种复杂的心理活动来实现的，包括感觉、知觉、记忆、思维和想象等。人的默化学习不论从人类发展史的宏观方面，还是从每个人个体发展的微观方面来看，都占着极重要的位置。比如一个人的学龄前时期，主要是通过默化获得生活经验；人在一天的24小时中，也有一大半时间处于这种状态。所以心理学对各种心理现象所作的科学描述、分析与结论，都可理解为是对默化过程提供的认识依据。

3. 心理指向的形成、迁移与固定

潜意识活动中默化的途径是多种多样的，不仅丰富而且多变，其中，比较突出的表现是心理指向的形成、迁移与固定。

心理指向包括兴趣指向、情绪指向、性格指向、审美指向、意志指向、创造指向等。这些指向的形成，同样离不开师学与自学，但相比之下，默化的作用尤为显著。例如，在音乐世家、京剧世家、杂技世家等的传人身上，就可明显地见到这种情形。但有些家庭的下一代成员就是不愿意继承上一代的职业，这又应该怎样解积默化的作用呢？这应作具体分析：也许是学校和社会环境的默化与教育作用超过了家庭的默化与教育作用，也许是家庭默化产生了负作用。比如，有的教师的孩子不愿作教师，便是受了“做一行怨一行”的家长情绪或“家有二斗粮不作孩儿王”的环境默化所致。但这同样证明了默化的效力，所不同的是前者为默化的正效应，后者为默化的负效应。

“幼儿在心理发展上有一个关键期，这个年龄在 4 岁左右。……在这个阶段内，外界的影响能够发生最大的作用，儿童的心理在这种外因的影响下能发生量和质的变化。错过了关键期，外界的影响就不那么大了。而且儿童某些方面的发展若错过了关键期，会造成无法弥补的后果。20 年代在印度发现的两个狼孩子，刚刚回到人的环境中时仍保持着狼的习性，智力也只相当于初生婴儿的水平。其中一名较大的女孩有七八岁，在以后几年的训练中，她的行为逐渐去掉一些狼的习性，开始适应了人类生活，在智力水平上也有所提高，学会了一些简单的词汇与数字概念。但是直到她 17 岁死去时，其智力发展水平仍不能与同龄的正常儿童相比，远远低于正常儿童的智力水平。”[8]

这是很有说服力的事实。无须多说，人生的这个关键时期，大概都是在默化的情景中度过的，默化的作用特别明显。这也是笔者提出“普及高等教育要从家庭抓起”的深层原因。

关于以上诸种心理指向在人的成长与发展中的重要作用，心理学的所有著作都能提供充分的论述，这里就不费笔墨了。

一定的心理指向形成后，就会产生强大的学习动力，并且，经久不衰。不过，指向迁移是经常出现的，除非一种指向达到了固定的程度；而各种心理指向一旦固定，便会有如盘石般坚定。这些都是默化的神通。

4. 模仿

模仿是孩提时期的本能。模仿也是一条默化的主要途径。

“邹孟轲之母也，号孟母，其舍近墓。孟子之少也，嬉游为墓间之事，踊跃筑埋。孟母曰：‘此非吾所以居处子。’乃去，舍市傍，其嬉戏为贾人衔卖之事。孟母又曰：‘此非吾所居处子也。’复徙舍学宫之傍，其嬉游乃设俎豆、揖让进退。孟母曰：‘真可以居吾子矣！’遂居之。及孟子长，学六艺，卒成大儒之名。”[9]

这个家喻户晓的故事，首先说明的是幼儿模仿力的强盛。对于成长中的青少年来说，生活环境，无论是大环境还是小环境，那里存在百科全书般的隐蔽课程，吸引着他们去效仿，其中所蕴含的经验，也最容易通过模仿而习得。这种模仿，久而久之，会自然地形成特定的兴趣、情绪、性格、审美、意志、创造等各种心理指向。有时，儿时形成的这种指向还会保持终生。

模仿，尤其是青少年的模仿，在很大程度上是一种潜意识活动，属无意模仿。当然，还有有意模仿。现代仿真学，就是建立在有意模仿的基础上发展起来的。无意模仿作为默化的途径，其默化效应是十分明显的，小到一个细微的动作，一种显示自我的姿态，大到养成一定的习性，树立一种风格，甚至会形成特定的价值观念与人生态度。

5. 直觉、顿悟、灵感、想象

人们必须通过与客观事物的直接接触，才能产生视觉、听觉、嗅觉、味觉和触觉，才能有反映人体自身位置、运动、内脏器官状态的运动觉、平衡觉和机体觉，也才能有空间知觉、时间知觉、运动知觉及其表象。直觉是认识活动感性阶段各种感知的来源，这是十分明显的。不仅如此，认识活动的理性阶段，同样运用直觉来解决问题。例如，判断就常常借助于直觉；实践思维（动作思维）也要靠直觉；对整体的式样识别，就更需要直觉。顿悟是经验的“升华”，有时表现为对错误的觉省，有时是对事物基本联系的领会，有时是对事物整体的一种理解。灵感是思想活动中出现的创造性飞跃，是科学家和艺术家以广博的知识、丰富的生活积累和高度的科学、艺术修养为基础，在经历了勤奋而艰辛的创造性劳动后，因偶然机遇，在无意中出现的智力特别活跃、问题得到突破性解决（包括新发现、新发明和新形象的出现）的表现。科学家因灵感的出现而解决了探索中的难题，艺术家因灵感的产生而完成新的形象塑造或艺术创作。直感、顿悟、灵感存在于全部学习过程之中，但它常常是在“不知不觉”的无意中出现的，因而是默化的十分重要的途径，也是默化的最高境界，又是潜意识活动与显意识活动相互沟通的表现，或说是显意识对潜意识思维成果的发现。想象在默化中也有特殊的作用，它是在生活和劳动中发展起来的一种思维能力，这种在生活实践基础上产生的想象，以联想为纽带和桥梁，可以从已知到未知，从旧事物到新事物，还可以凭自由联想作超越时空的幻想。同样，想象有无意想象和有意象想之分，但二者又是交互作用、密不可分的。如果说再造想象是人们在理解隐蔽课程中所必需的话，那么创造想象便是科学发现、发明与艺术创作中能够带领你作任意遨游的翅翼，它与直觉、顿悟、灵感等同是人类创造力不可缺少的来源。

近些年来，我国学者通过创造理论的研究，对直觉、顿悟、灵感、想象等心理过程发表了许多有意义的论述。这些论述也为默化的形成与发展，作了进一步的揭示。例如“理性意象”说，便是一种创见：“马克思主义认为，在自然人化、人的本质力量对象化的社会实践中，人们把自己的主观意图施加于自然物，当主观意图符合于客观规律，具有理性普遍性时，行动就取得了成功，目的就变成为现实。……在客观的心理学——工业实现了理性精神对象化的同时，主观的心理学——感觉也实现了感性感觉理性化的过程对象化的现实，使自然与人、必然与自由、感性与理性的统一物，历史地反映、积淀到人的感觉印象中来；对象化的成败，使感觉看到哪些现象是符合事物本质的真象，哪些现象是不符合事物本质的假象；实践的反复，使感觉体验出自己哪些部分是稳定的、重复的，哪些部分是暂时的、偶然的。然后，通过形象思维活动，去假存真、去粗取精、由此及彼、由表及里，加工组合成质、象一致的理性意象。理性意象和理性概念一样，都是客观事物本质属性的反映。它们的区别仅在于，与概念相比，理性意象

不仅具有普遍性品格，而且具有感觉印象个别性品格。正因为如此，它就能成为感性与理性、个别性与普遍性、物质与精神之间相互联系的中介、互相过渡的桥梁。基于这一特性，人们对感觉映象的本质属性的辨别、判断、归纳、演译、抽象、概括等加工过程，往往只须在感知活动中将储存在大脑神经化学网络中的理性意象与特征相应的某一事物的感觉映象比较一下，便能直接做出判断了。"[10] 作者陶伯华、朱亚燕提出并应用"意象"这一概念，试图为直觉、顿悟和灵感找到一条思维通路，这确实具有独创性，值得我们重视。因为在西方的创造心理学理论中，"意象"是一个低层次概念，如在阿瑞提那里，意象好像是在感觉、知觉基础上产生的"表象"性东西，"意象与过去的知觉相关，是对记忆痕迹的加工润饰"，"与依赖于外在感官的知觉相反，意象纯粹是一种内心活动的表现"，"意象不仅可以再现不在场的事物，它还能使一个人保留住对不在场事物所怀有的情感。比如母亲的形象所唤起我对她的爱"。[11]

在阿瑞提那里，意象是"无定形认识：内觉——一种非表现性的认识力中的一个思维形式"，而在陶伯华、朱亚燕那里，意象是与概念并列的。不过，两种"意象"都是在探求创造性思维中的一个阶梯，是形象思维中的一个重要范畴，反映了对潜意识研究的深入，因而也能帮助我们进一步理解默化的思维过程。

为了对潜意识领域默化过程有一个轮廓性印象，我们在此介绍钱学森提出的一个图式——图1。钱学森授说："假设一个很难的问题，在这些潜意识里加工来加工去，得到结果了，这时可能与我们的显意识沟通了，一下得到了答案。整个的加工过程，我们可能不知道。这就是所谓灵感。从前我也讲过，灵感不是什么神灵的感受，而是人类的感受，还是人，所以并不是很神秘的事。不过在人的中枢神经系统里是有层次的，灵感可能是多个自我，是脑子里的不同部分在起作用，忽然接通，问题就解决了。"[13]

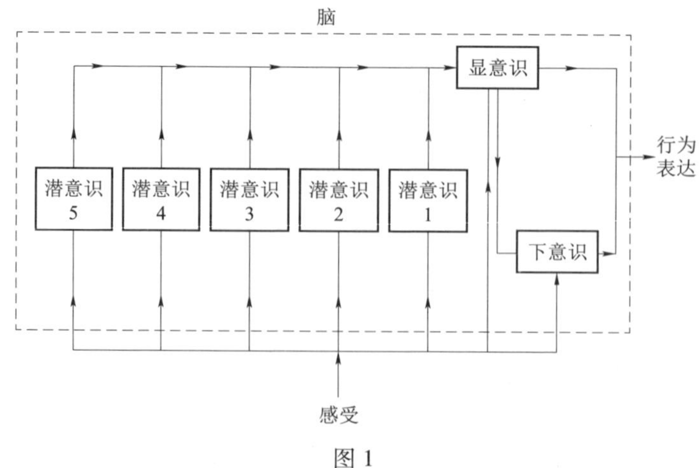

图 1

总之，随着对潜意识研究的逐步深入，必然会对默化的产生做出越来越明确的解释。

四、两种习得

所谓两种习得，指的是由师学和自学而来的有意习得，以及由默化而来的无意习得。由于有这两种“习得”，才使学习真正称得上是“人类社会生活与社会实践的伴随活动”。如果单有师学与自学，不包括默化，则我们对学习的了解和认识是极不完全的，在这种了解与认识的基础上建立起来的学习学、教育学理论，也是片面的、不完整的。

如果对两种习得作进一步分析，不难发现，在实际中，两种习得是同一学习过程的不同阶段和不同侧面。以往，由于受历史条件的局限，我们没有像注意研究有意习得那样来注意研究无意习得的存在及其真正的价值，因而造成了人们认识上的失衡。这有点像去北冰洋探险的人对冰山的认识一样，最先见到的是水面上仅占七分之一的部分，而后才知道还有七分之六沉于水下，而那易于被人瞧见的七分之一，却全赖处于视线以外的七分之六的存在。无意习得在意识中的作用，恰如冰山的水下部分。

如果将两种习得作一比较，还能见到，无意习得无疑在数量和质量上，都是不容忽视的。要是用一句话来概括，那就是：没有无意习得，就不会有有意习得。这是因为：

（1）有充分根据说明，由默化而来的无意习得，与人类的蒙昧时期密切相联，因为人类的发展不能超越这个阶段，所以人类不能不依靠无意习得来完成自己从动物到人的进化；

（2）无意习得与每个儿童的思维发展密切相连，每个人的成长也不能超过自己的蒙昧时期而舍弃无意习得；

（3）人生活在全部学习活动中，但师学和自学仅占一部分，而其余部分只能是生活在无意习得情境之中；

（4）科学证明，人的显意识活动与潜意识活动不是绝然分开的，是一个不断交替与渗透的过程，犹如认识的感性阶段与理性阶段，循环往复以至无穷的情景一样；

（5）思维的创造能力既需要有目的、有计划的显意识自觉活动，更需要无目的、无计划的潜意识自发活动。

在两种习得的关系方面，有一种现象十分引人注目：无意习得不仅影响着有意习得的进程与质量，而且往往与有意习得发生尖锐冲突，直至改变有意习得的方向。例如，1989 年春夏之交发生的政治风波就是最能说明问题的反映。许多大学生从校内外的隐蔽课程中，通过默化的学习途径接受了与教育计划以及他们自己当初定下的学习目的相抵触的影响，从而导致了心理、行为的自我逆反。再如

一些社会主义国家出现的“和平演变”现象，似乎更能说明默化的这种负向冲击力的存在和不可忽视。

可见，我们不能无视无意习得的存在。不仅如此，在目前对潜意识尚缺乏深入研究、对无意习得规律知之极少的时候，用一点力量来打开这扇未知的大门，还确实是一件具有开创意义的工作；而掌握和妥善处理两种习得的尖锐矛盾，更具有重大的实际意义。

五、默化的控制

由上可知，带来无意习得的默化，不可否认是一条重要的学习途径。但是这条人人必由之途却充满着偶然性、潜隐性，使我们在掌握、运用这种学习形式时遇到了重重困难。对默化的控制的研究就是为了克服这一困难，为了降低它的盲目性、被动性，提高自觉性、主动性。

1. 对默化源的控制

“意识一开始就是社会的产物，而且只要人们还存在着，它就仍然是这种产物。”[14]存在决定意识；意识来自存在。这指的是意识的内容。潜意识是意识的一部分，它的内容同样离不开社会存在。由默化而来的无意习得，不可能超出社会存在的范围，说得明确些，它就是体现在隐蔽课程中的那部分社会存在的反映。因此，可以把隐蔽课程看成是默化源，对默化源的控制便是对隐蔽课程的控制。

隐蔽课程包括一切能产生默化作用的因素，分为两类：一类是物质的，即社会与生活的客观现实；另一类是精神的，即已形成的社会文化和存在于人们活的言行中的思想道德观念。这样，对隐蔽课程的控制，就成了对社会现实、文化传播和人的言论、行为的控制。

所谓对社会现实、文化传播和人的言论行为的控制，我们的意思是，在对待这些问题时，应该加进默化观念，从而做出相应的反应，或强化或淡化，或调整或革新。例如，经济体制改革不仅要算“经济账”“政治账”，也要算“默化账”；在文化传播上，也不能只考虑经济、政治效益，更要从它对全社会，尤其是对青少年成长的默化作用上来考虑。而人们的言论行为规范问题，包括各级干部、科技及艺术工作者、教师和家长等人的言行作风，特别需要从社会默化的角度引起重视，并且在实践与生活中加以切实解决。

对默化源的控制，大到默化方向，小到个人言行，涉及面太大，不能备述。在此，只能做两件事：一是把这个问题提出来，指出其严重性；二是介绍一种控制思路。

由于默化是“和平演变”的重要途径，因而控制默化源，保证默化方向的社会主义性质还是关系到我们国家会不会改变颜色的一件大事，值得全社会深思，更值得党组织、政府和一切有教育责任的社会成员的重视。

下面，举一个小例子来说明对默化源控制的思路。

《论语·述而》有这样一段：“子曰：三人行，必有我师焉：择其善者而从之；其不善者而改之。”这是一种对默化源的控制，其控制过程如图 2。

因为“师”的优缺点不属显著课程，所以择师是一种对默化源——隐蔽课程的控制。

2. 对默化流的控制

如果我们把隐蔽课程称为默化源，那么由默化而形成的潜意识可称为默化流。流的概念来自潜意识呈线性的连续形成过程和它一旦形成后具有相对独立流动性。对默化流的控制是一种实控过程，是要在它的自发过程中注入自觉成分，并通过注入这种自觉的显意识成分来减少原发潜意识的自发性，提高继发潜意识的自觉成分率，改善潜意识的状态。在方法上，第一步是对原发潜意识即前期默化流进行分析评价，做出判断；第二步是根据判断提出控制措施；第三步是采取措施，形成自觉成分的注入。这种通过对前段默化流的评价而注入的自觉成分，实际上是一种反馈信息，所以这种方法也可叫作反馈控制法。请看下面两个例子：

例一，《论语·学而》：“曾子曰：吾日三省吾身，为人谋而不忠乎？与朋友交而不信乎？传不习乎？”这是几千年来我国一直流传于民间的修身佳话，而且指引过许多人走上了自觉进行道德修养和严于律己的内省——慎独之路。现在看来，这是默化主体对默化流的一种自我控制。通过这种自我控制，把无意习得逐步与有意习得汇合起来，朝着既定的学习目标前进，同时过滤掉无意习得中那些与学习目标不相容的成分。这个“日三省”自我控制过程表现如图 3。

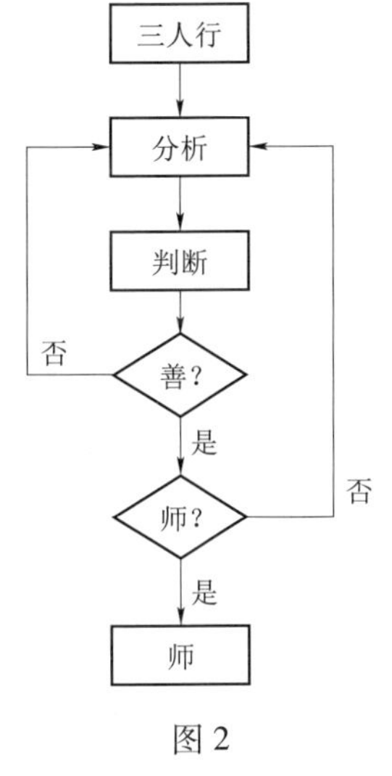

图 2

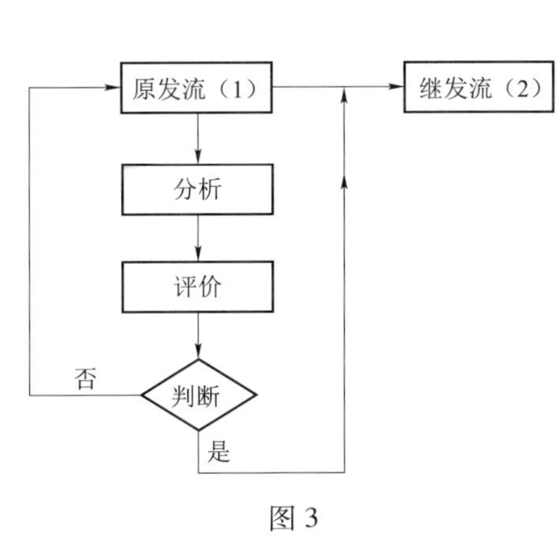

图 3

再一个例子是前已举过的“孟母三迁”，其控制过程如图 4。

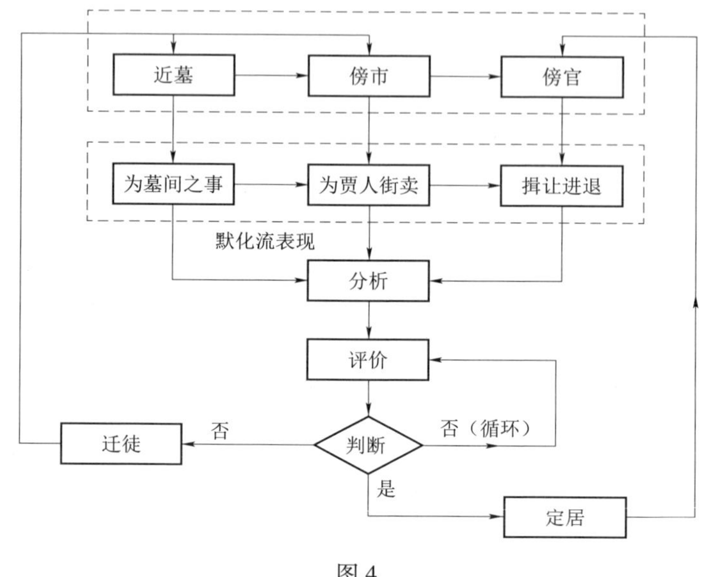

图 4

这是我国历史上对默化流实行有效控制的一个实例。从图 4 中可见，对默化流的控制实际上是通过对默化源——生活环境这一隐蔽课程的改变而实现的。它与“日三省”控制不一样的地方，一是其评价是对默化流而不是对默化源进行的，或者说，对默化源的改变是通过对默化流的判断而决定的；二是对默化源仅做改变，而在改变前未作预估性评价。因此，我们只能将它视为是对默化流评价的案例之一。

这一控制的主动权不是由默化主体自己掌握，所以是他控性的，或称非自控的。

3. 源流同控

对默化源与默化流进行同步控制，是前两种控制的结合。这种结合产生的效果远远超过前两种单一控制，如图 5 所示。例如，自 1989 年春夏之交的政治风波之后，新的党中央对当时社会生活中的严重问题，一方面采取了严格的治理整顿措施，另一方面又动员全社会进行深刻的“反思”。前者触及了对默化源的控制，后者包括了对默化流的控制。在其后不到半年中，社会精神面貌的大改观，以及在社会心理方面所产生的积极影响，不能不说是由于对默化源与默化流进行了同步控制而产生的巨大作用。

图 5 中概括的是其控制过程：“分析”是对源、流同步进行的，要分清流的种类及其与源的关系；“评价”是对分析的状况及其正确性所作；“判断”是要区分出否定流、否定源和肯定流、肯定源；为了保证否定不出差错，必须对源、

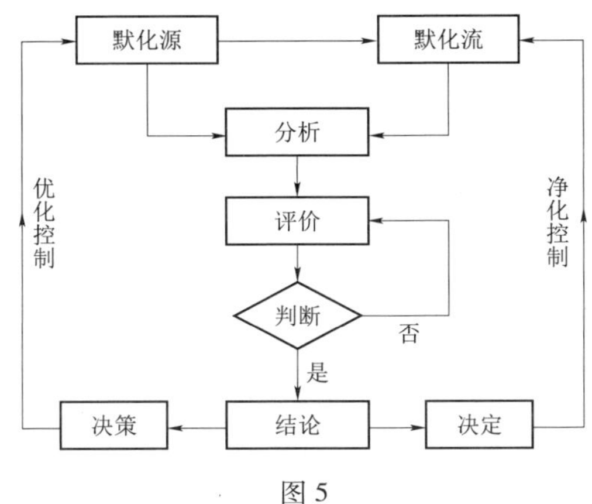

图 5

流进行重复评价；往下是做出结论以后，对“源”做出优化决策，对“流”做出取舍决定；最后通过“实施”形成对“源”的优化控制和对“流”的净化控制。

以上默化初论，虽然我们酝酿的时间较长，但这样来叙述尚属首次。由于涉及某些尖端学科和一些人们颇有争议的领域，发生分歧是必然的。不过，认识上的对撞可以产生高智能，而真理却是愈辩愈明。我们期待着从这里也能开辟出一条深化教育与学习理论的小径。

1990 年 5 月 1 日改定于北京

注

[1] 承仁义．论自学分类及其特质、意义．高教新探，1989（1）.

[2]［3］郑金洲．隐蔽课程：一些理论上的思考．外国教育动态，1989（1）.

[4]［5］顾闻译．弗洛伊德自传．上海：上海人民出版社，1987：41.

[6] 阿瑞提．创造的秘密．钱岗南，译．沈阳：辽宁人民出版社，1987.

[7] 恩格斯．自然辩证法．北京：人民出版社，1955：23.

[8] 王极盛．应用心理学．郑州：河南人民出版社，1986：99.

[9] 刘向．列女传：母仪．

[10] 陶伯华，朱亚燕．灵感学引论．沈阳：辽宁人民出版社，1987：142-143.

[11] 阿瑞提．创造的秘密．沈阳：辽宁人民出版社，1987：56-57.

[12]［13］钱学森．开展思维科学研究．新华文摘，1985（9）.

[14] 马克思，恩格斯．德意志意识形态．中共中央马克思恩格斯列宁斯大林著作编译局，译．北京：人民出版社，1961：35.

后　记　1985 年，北京交通大学制定了《学习指导教师暂行工作条例》，从而加强了学习指导工作；又成立了“高教研究室”，聘请一批“兼职研究员”，扩大了研究队伍。笔者当时担任校报总编，有幸应聘成为其中的一员。期间，曾与发表过《高频电子线路教学体会浅谈》（1983 年）和《技术基础教学状况分析与改革设想》（1986 年）的赵德中副教授共同申报课题——《“学本论”教育思想与大学成才教育研究》，经学校批准正式成为“1988—1989 年校级科研项目”，并获得学校资助经费 500 元。《默化初论》就是这一课题成果中的一篇理论性作品。该项目的研究由于受到“六四事件”的冲击和干扰，直到 1992 年 8 月才告完成，交出了约 10 万余字的研究报告，其中公开发表的达 9.5 万字（参见《教育与学习》2003 年第一期（总第 55 期）《北方交通大学学习指导与学习改革的发展》一文）。《默化初论》由北京交通大学推荐参加北京高等教育学会组织的论文评选，获“高等教育科学研究优秀论文三等奖”。该文先后发表于由北京师大、华东师大与高教师资培训中心北京中心联合举办、公开发行的双月刊《高等师范教育研究》（1990 年第 6 期）。刊发该文的还有《北京高教研究》、安徽的《高教新探》、山西的《教育与学习研究》等杂志。

附文

评《默化初论》

秦作睿　教授

北京交大博导秦作睿教授

该文对“默化”一词的概念进行了界定，即“‘默化’是人们无意识地自发地潜在地接受某种影响的活动及其过程”。我认为这样界定默化概念是正确的，比较严谨的，虽然我们常用“潜移默化”一词来形容教师身教（无意识部分）的重要性，但对“默化”的含义理解得并不准确，这就影响了充分发挥其作用。

作者把“默化”的作用分为奠基、补充和升华三个方面，剖析得很清楚全面。

论文根据人的大脑思维能力，从生理和心理学等方面，较系统地阐述了“默化”的产生过程，符合唯物主义观点，并对“默化”的可控性提供了依据。

论文还探讨了对“默化”进行控制的可能性和必要性，并提出了对默化源、默化流如何进行控制的思路，有一定的创新。该文（具有高度积极意义的是，还）试图在“默化”这种本属自发的过程中，注入自觉成分，把创造不利条件的“默化”变成创造有利条件的“默化”。

总之，通过“控制”，使潜意识变为部分显意识，这种可能性是完全存在的。果能如此，教育概念和教育学范畴将会明显扩展。

因此，该论文是颇具水平和具有实践意义的文章，成果是显著的。

1990 年 9 月 14 日

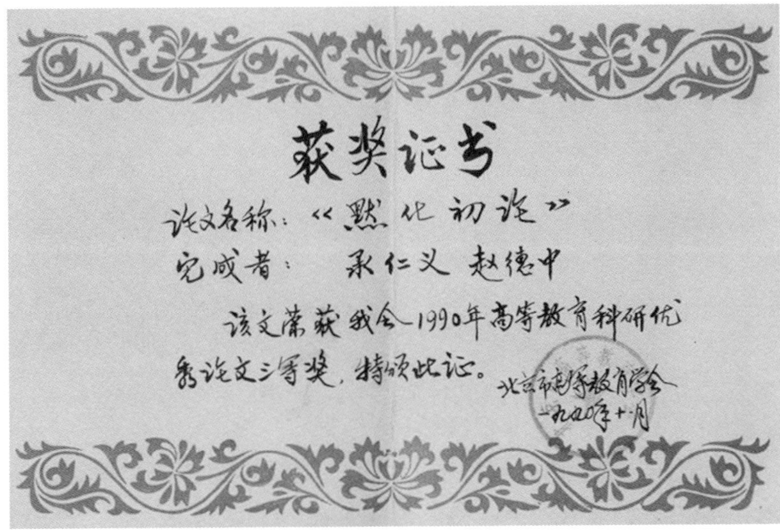
获奖证书

论文名称：《默化初论》

完成者：　承仁义　赵德中

该文荣获我会1990年高等教育科研优秀论文三等奖，特颁此证。

北京市高等教育学会

一九九〇年十月

《默化初论》获奖证书

十二附件之八

找准历史坐标　缔造精彩人生

——赠给新同学的见面礼

北京交大关工委　承仁义

引　子　2009年11月27日，笔者应北京交通大学学生工作处之邀，为当年入学的300余新同学作了一次学习指导报告。下面是其现场画面及内容。

报告前，报告人向新同学赠送了他主编的《萤火集》（上册）等“文化礼品”[1]。

报告会场景之一

向2009级新生赠送《萤火集》等文化大礼包

报告会场景之二

照片摄影 苏挺进

(以下内容转自这次报告会的PPT演示文稿)

同学们好!

很高兴和大家交流。感谢学生工作处的这次安排。

首先,我要祝贺大家在新中国成立60周年的光辉时刻,加盟北京交大,亮剑高等学府。因为,中国人民通过新中国成立以来60年的艰苦奋斗和创新开拓,已经开始了百年圆梦——实现和平崛起的发展,或者说这个意愿已经被世界所了解和接受。这就为我国的发展打开了广阔空间,也为青年们的迈步前进提供了全新的美好前景。在这种时刻,我们有幸相识,十分难得,十分可贵。

今天初识,我送给大家的见面礼,是一名老教师的希望与忠告——一种生活理念与思路,供同学们参考,与大家研讨。

第一个忠告 找准历史坐标

所谓历史坐标,指的是每个人来到这个世界所处的时空位置。由于每个人的时空位置不同,他所担负的历史责任和能够完成的历史任务也不一样。不仅不一样,甚至可以说是千差万别,大相径庭。例如,出生在20世纪三四十年代的中国青年,同出生在八九十年代的中国青年相比,就已经有了很大的区别。这种感觉,我是从主编《萤火集》这本回忆录的过程中得来的。

（一）《萤火集》主人翁的历史任务

那是在 1949 年 5 月间，渡江战役刚刚结束，时代任务是“将革命进行到底，推翻旧政权，建立新中国”。因而就出现了江苏南菁中学——我的母校，近百名男女学生集体投笔从戎的一幕，而在全国，同时出现了青年人报名参军、投考军政大学、加入南下工作团等热潮。

光阴荏苒，岁月易逝，一晃六十年过去了。这批当年意气风发的青年学生，在革命的大熔炉和战火纷飞的疆场上，经历了各种各样的锻炼和考验，而且在锻炼和考验中成长起来了，成熟起来了，有的成了将军队伍中的一员，有的成了教授、高级工程师，成了各种专家、学者和领导工作的骨干力量。从总体上来说，他们在共和国的成立、祖国的独立和繁荣发展中完成了时代赋予的历史使命（《萤火集》序言一，作者程荣之为原航天科工集团二院党委书记、原“学习队”指导员）。

图为 1949 年 6 月 2 日江苏南菁中学李天民校长率员欢送 67 名初、高中男女同学参军时合影实景。第二排（坐）右起第三人为承仁义

这支当时被命名为“中国人民解放军第三野战军特种纵队政治部学习队”的临时建制，共有 120 名以中学生为主体的知识青年，数量最多的除南菁中学外，还有上海吴淞中学的初、高中学生。他们在经过了不到两个月的形势、政治学习和军事训练之后，分派到了各特种部队，包括工兵、炮兵、坦克兵及特种纵队的军政机关、文工团，开赴浙江、福建、江西前线，参加追歼残敌和准备解放台湾的战备工作。之后，又随所在部队投入了抗美援朝的激烈战斗。经历了 60 年的风风火火，就如《萤火集》“序言”所说的那样“在共和国的成立、祖国的独立和繁荣发展中完成了时代赋予的历史使命”。

在此，我想以“枚举”的方法向大家介绍几位《萤火集》（上册）中的闪光人物。

第一位：陈亮，工程兵高级工程师，文职少将。

1949 年 5 月，他从南菁中学高一参军后被分派在华东工程兵第三独立团。1951 年 2 月—1953 年 11 月奔赴抗美援朝前线。1955 年 5 月—1958 年 7 月被派留学莫斯科古比雪夫军事工程学院。在毕业后返原部的军队工作中，屡创科技攻关的零突破，完成了多项获奖的军事科技研制任务，曾荣获军队科技进步一等奖和国家科技进步二等奖。

陈亮与妻子孟兰英合影

第二位：费德薰，高工，副厂长。

费德薰（前排右二）正在向到宝鸡仪表厂视察的刘少奇同志——前排右三介绍该厂完成的新产品——陀螺仪

1949 年 6 月从上海崇明中学高二参军，后分派至三野特纵文工团。1955 年 3 月被选送南京航空高级专科学校仪表制造专业深造。同年 10 月 8 日，该校升格为我国自己创办的航空制造专业高等学府——南京航空航天大学。他毕业后分配至沈阳飞机厂。1956 年 6 月调至宝鸡参与筹建 156 个国家重点项目之一的新型综合性航空仪表厂。在此期间，他参与和领导了一系列新产品的试制和生产。曾担任首届航空工业部科技委委员和宝鸡仪表厂科技委主任、技术副厂长，并获得“对航空工业有突出贡献专家”的荣誉称号。

第三位：陈健，高工，优秀的先进工作者。

陈健在梵蒂冈参观时留影

他于 1949 年 5 月从南菁中学高一参军，分派到榴弹炮十三团工作。1953 年跨过鸭绿江抗美援朝。1955 年 6 月随炮三师从朝鲜战场撤回并复员，重返母校续读，1962 年毕业于上海华东化工学院，此后一直从事化工产品开发与生产。由他牵头试制成功的高效、低毒、低残留新型杀虫剂“杀虫双”成为我国发明的第一只农药，得到了广泛应用，他因而获得了“江苏省先进科技工作者”的光荣称号。

（以上照片转自《萤火集》上册，江苏南菁中学校友会 2009 年 8 月内部印制）

（二）找准历史坐标的现实意义

找准历史坐标的现实意义，在于能够让人认清自己的历史使命，定格生活方向，从而为走向成功不断开辟前进道路。

经验证明，这种规律不仅体现在《萤火集》中的普通人身上；而且，同样体现在“大鹏”般的那些大师级人物的身上。下面同样枚举三例。

第一位：郑振铎，我国“五四”新文学旗手。

郑振铎（左）与叶圣陶（右）合影

他于1921年年底毕业于我校，随即投身中国文坛。1949年10月8日，应邀出席政协全国委员会第一次会议，被任命为全国政协文教组组长，直接受国家主席和副主席领导。20世纪50年代担任共和国文化部副部长兼中国科学院文化研究所所长。他从投身“五四”运动起就决心为建设独立、民主和富强的新中国而奋斗。新中国成立后他曾对人说：“中国有救了。社会主义好，这是我读书时代的夙愿。”其著有《郑振铎全集》二十卷。有“百科全书派人物”之称。1958年10月18日，他在率团出国访问途中因空难牺牲。1983年6月20日，国家民政部授予他“革命烈士”荣誉称号。

第二位：钱学森。

感动中国组委会授予钱学森的颁奖词称：“在他心里，国为重，家为轻，科学最重，名利最轻。5年归国路，10年两弹成。他是知识的宝藏，是科学的旗帜，是中华民族知识分子的典范。”

钱学森与妻子蒋英和儿女
在返国途中的海轮上

他被誉为“中国航天之父”“中国导弹之父”“火箭之王”“中国自动化控制之父”。国务院、中央军委授予其“国家杰出贡献科学家”荣誉称号。获中共中央、国务院、中央军委颁发的“两弹一星”功勋奖章。钱学森在1935年8月从上海乘坐美国邮船公司的船只离开祖国时，面对黄浦江翻滚的浊浪，望着渐渐模糊的上海城，心中默默地说：“再见了，祖国。你现在豺狼当道，混乱不堪，我要到美国去学习技术，他日归来为你的复兴效劳。”20年以后，他冲破重重障碍，走上了圆梦的道路。

杨振宁在一次公众会议上

第三位：杨振宁。

他1942年毕业于昆明西南联大，获理学士学位，1944年取得硕士学位，1945年8月底赴美留学，1946—1948年就读于芝加哥大学，获物理学博士学位。1956年与李政道共同提出“弱相互作用中宇称不守恒理论”，并于1957年获诺贝尔物理学奖。1971年，返回阔别26年的祖国大陆探亲访问，此后，经常来往于中美两国之

间，进行了一系列交流活动，提出了许多被国家采纳的发展建议，并与复旦大学等开展了联合研究。1986 年，出席中国科学研究院院士大会，接受南开大学授予名誉教授称号。1995 年 1 月 28 日，他在回答香港电台一位姓曾的记者采访时说："……我一生最重要的贡献是帮助改变了中国人自己觉得不如人的心理作用，我想我在科学工作上的成就帮助中国人的自信心增加了。"他虽然长期远离家乡，心里却一直惦记着中国，并为她的发展做着自己的贡献。

以上三位大师的成功经验进一步告诉我们：找准自己的历史坐标，在成长、成才、成功过程中具有决定性意义。

（三）中国历史新坐标的三大标志

（1）2008 年 8 月成功举办第 29 届夏季奥运会——彰显中国人民的团结意志与综合实力；

（2）2009 年 10 月成功举行中华人民共和国成立 60 周年国庆活动的影响深远——展示了今日中国的整体发展水平；

（3）2009 年 11 月，美国总统奥巴马访华发表"中美联合声明"——世界已经接受中国的强国大国地位，以及独立自主和平崛起的发展道路。

由于中美联合声明是一份反映了中国国际地位已出现重大的客观变化的法定性文件，所以它为我提供了这方面的确凿信息。"声明"称：

双方认为，21 世纪全球性挑战日益增多，世界各国相互依存不断加深，对和平、发展与合作的需求增强。中美在事关全球稳定与繁荣的众多重大问题上，拥有更加广泛的合作基础，肩负更加重要的共同责任。两国应进一步加强协调与合作，共同应对挑战，为促进世界和平、安全、繁荣而努力。

这就是奥巴马所说的"美国不谋求遏止中国""一国的成功并不一定要以另一国为代价""一个强大而繁荣的中国的崛起将是国际社会力量的源泉"和中国是一位"发挥作用的伙伴"等意念的完整表达。因而引起了一些媒体惊呼"中美时代"即将到来、"让人感到 G2 时代的到来"、中美"最终达成共识势必具有全球影响力"，等等。这种信息反映出：正在和平崛起的中国开始置身于世界重要地位，而且与"世界头号大国"开始走上建立新的"大国关系"之路，尽管这并不是一条平坦的大道。

（四）当今中国青年尤其是大学生的历史使命

胡锦涛在 2007 年 10 月召开的党的十七大报告中提出，要"优先发展教育，建设人力资源强国，自主创新能力显著提高，科技进步对经济增长的贡献率大幅上升，进入创新国家行列"。

报告同时提出建设全民、终身学习的学习型社会，知识产权战略和以创业带动就业等大政方针。这就是我国今天的大学生应该担当的历史使命——在巩固 60 年成果的基础上创建新型强国。

人生十分精彩，但又离不开苦恼。精彩，是相对于成功而言；苦恼，则是相对于挫折和失败而言。不过，成功者又往往容易走向失败，因为“亢龙有悔”；而失败者也会转败为胜，因为“失败是成功之母”。但只有当战胜失败而获得成功，才是最甜蜜的精彩。

你们可说都是成功者、胜利者，因为在座的同学们十年磨一剑，今日亮剑学府门第，终于发出了精彩的光辉。但恕我直言，这仅仅是新里程的开始，仅是达到了新的起点而已，真正的精彩人生的内涵应该是：茁壮成长、健康成才、闪亮成功，自觉肩负起时代赋予的历史使命。

为了有利于同学们缔造精彩人生，我想谈谈第二个忠告与希望。

第二个忠告　良好的开端　成功的一半

我的第二个忠告由以下几点认知构成。

（一）对新的大学环境的适应

这里谈的，是我在高校工作几十年进行观察的一点心得。也就是说，在我们历届的大学生中，由于一开始的起步没有走好而影响后来学业进步甚至终生事业的，的确大有人在。反过来看，这个起步走踏实了，后来的路，不仅轻松自如，而且节节上升，不断进入创造性学习的新境界。

2007 年年初，关工委课题组在北京交大大学生中开展了“千人百题学情调查”（调查对象为 2、3、4 年级同学）所呈现的情形，值得我们认真思考，并从中汲取必要的经验教训。

1. 学情境态分层综合平均百分比统计表

学习境态（层面）	第一境态（低端）	第二境态（中下）	第三境态（中上）	第四境态（高端）
学习意念	8. 93%	16. 30%	48. 45%	26. 32%
学习行为	6. 88%	24. 70%	34. 34%	34. 08%
学习效绩	9. 80%	26. 94%	42. 11%	21. 15%
综合比率	8. 54%	22. 65%	41. 63%	27. 18%

注：第一境态，盲目自发；第二境态，自觉无自主；第三境态，自主低效；第四境态，自主高效且多创新

基本分析：四种境态分明，两极分化暗行，整体情势不稳，优学急待革新。出现这种学习境态原因是复杂的，在分析中我们发现：不少人因为当初的思想准备不够，没有走好入学后的第一步——适应新的大学环境，处于被动应付状态，

才一步步滑到了境态低端。当然，有的人经过自身的努力，又重回到了上升通道，可是大大增加了时间成本。

2. 基本适应大学学习环境的时间调查统计

时间	人数	百分比/%	位序
半年	374	39. 53	2
一年	382	40. 39	1
二年	149	15. 75	3
三年	41	4. 33	4

调查点评认为，二三年的时间太长，一年的时间也应该缩短。为什么39. 53%的同学能在半年内“达到基本适应大学学习环境”而其余60%的同学就做不到呢？实际学习生活反映出这样两种适应结果：

积极主动适应——时间短，效果好，情绪高，无包袱；

消极被动适应——时间长，效果差，情绪低，包袱重。

所以说，只有积极主动适应，才会有良好的开端。

（二）穿新鞋走老路找不到出路

从进入北京交大这一高高的学府门第起，同学们就穿上了当代大学生这双漂亮的“新鞋”，人见人爱，乐不可耐。但接下来的问题是：“前面的路该怎么走呢?”

在学校的现实生活中有两种走法：一种是踏着中学时代的学习道路蹒跚而进；另一种是根据大学环境新的特点和需要，开辟一条适宜于自身特点的个性化学习道路，勇往直前。

前者是消极地被动适应，因为他们没有注意到环境已经发生了变化，墨守成规，盲目应付；后者是积极地主动适应，因为他们感受到大学毕竟与中学有着许多根本性的区别，因而积极探索，不断改进，不断创新，以变应变，从容以对。

可见，认清大学与中学的不同特点，尤其要明确认识到大学时期比中学时期有哪些更高的要求，从而提高适应性，是走好跨入高等学府第一步的关键。下面，我们就来研究这个问题。

大学教育有以下基本特征。

（1）属于培养各类高级专门人才的成才教育，这和中学时期基础知识与基本技能的双基教育具有质的差别，不仅任务重，要求高，而且强调理论性、实践性和效用性，要求做到知行统一。

（2）学习的课程多，内容深，信息量大，而且强调与现代科技接轨，与社会实践结合，强调创新性，这是中学教育所不能比拟的。

（3）教育活动强调发挥学生的自主积极性和创造性，重视挖掘每个人的潜力，环境相对宽松，学习条件优越，远胜各类中学。

（4）师资力量雄厚，学术气氛浓厚，实验设备齐备，科研成果累累，形成了教育与科研相互促进、紧密结合的文化特色。

（5）学生社团、第二课堂和与社会合作等活动十分活跃，为学生的自主学习、合作学习、研究学习和创造性学习，以及创业训练创造了有利条件，十分适宜于发挥个人潜力，加速成长、成才，形成实践能力。

（6）北京交通大学百余年的历史发展，还形成了一所名牌大学所具有的功能特征，包括：

高级人才的培育基地与成长摇篮；

高新科技的研发基地与转让平台；

社会政治的集发基地与神经末梢；

先进文化的创新基地与展示窗口。

如今，这些功能又融进了时代特色，处于与世界接轨的全球化进程中。

（7）各种社会竞争在大学校园里拉开了序幕，学习竞争成了社会竞争的开始和基础。换句话说，大学校园内的学习竞争具有社会竞争的意义，人人必须好自为之。

在这样一种大学环境中要取得成功和胜利，走中学时代的学习老路，等于是“缘木求鱼”。尤其面对许多“学习干扰”，若处理不好，问题就更加严重。

（三）前车之辙　后车之鉴

“前车之辙”，指的是学情调查中发现的十大亮点和八个盲区。

1. 十大亮点

（1）24.13%的人学习态度“一贯积极、主动、认真”，即有将近1/4已进入最佳学习状态。

（2）29.06%的人有“广泛而稳定”的学习兴趣，35.83%的人学习兴趣虽“不广泛但稳定”；还有48.32%的人对创造性学习表示有“一般兴趣”，31.89%的人“很感兴趣”，后两者合计为80.21%。“兴趣造就大师”，它对学习活动能产生直接的推动作用。

（3）31.44%的人认识到学习对一个人的成长“有终身的决定性作用”。这符合知识经济时代的发展要求，可以说是学习观中的最高认知。

（4）24.5%的人学习状态处于“轻松自如，成绩上好”的境地；35.45%的人最强烈的学习愿望是“进入创造性学习境地”；26.58%的人处于“自主积极、主动高效、悟性较强”，可说已进入创造性学习状态。

（5）72.6%的人表示他们排除学习干扰的主要方法是“自我调节”。这种高比例的学习自主性，为创造性学习的发展铺平了道路。

（6）52.17%的人确认“大多数同学会在学习中进行互助合作”。这是开展比较学习研究和在学习比较中改善学习的基础。

（7）68.77%的人表示入学以来选修课在“6门以上”。这一亮点的意义在于知识面的扩大，有利于创造性思维的发展。

（8）42.23%的人已“在独立解决问题中学习”；22.27%的人表示在学习中“十分喜欢”寻找问题，55.26%的人“一般会”这样做，此两项合计达77.53%，是创造性学习的入门表现，可予期待。

（9）28.32%的人表态现在的第一人生目标是“做一名创造型社会主义新人才，报效社会、国家和人民”，目标十分明确。

（10）39.57%的人自认为自己的学习品质属于“偏创造性学习（创造性学习成分多于继承性学习成分）”，18.34%的人属于“完全创造性学习”，两项合计为57.91%。这个比例显示，创造性学习模式正在我校不断发展。

联系对“你心目中最高人生价值是什么”一题回答，有30.41%的人认同“奉献社会有利人民”，18.75%的人认同“创造精神和物质财富”，8.43%的人认同“高尚的人格”，3.6%的人认同“发明创造”，合计为61.25%。看来，对于造就创造性社会主义新人才的任务来说，发展趋势是好的。

这是我校进入新世纪以来“以学论教，以教引学”所取得的可喜进展。

2. 八个盲区

所谓盲区，是指在一定范围的一定事件上，存在认识肤浅、误差或空白。

（1）学习认知盲区：5.25%的人回答“学习活动在人的成长、成才中有怎样重要作用”问题时表示“说不清”，12.93%的人回答“主要依靠环境的教育”，合计为18.18%；17.12%的人对“学习兴趣如何?”的回答中同样表示“说不清”；而19.7%的人对“学习态度怎样?”的回答中称“一贯平平常常”和“老师抓得紧学得就认真，抓得松学得就松”。这是学习认知严重缺失的反应。所以，有24.99%的人表示“渴望取得学习帮助以解决学习困难”“希望有学习交流”和“渴望得到学习指导”。

（2）环境适应盲区：16.77%的人在回答“大学对学习的要求和中学的要求最根本的不同在哪里?”时竟然认定为“要求学生多看多背”，8.75%的人认为“不受约束，没有压力”。由于对环境的“认识肤浅、误差或空白”，带来了一些不良后果：面对新的更加繁重的学习任务，无从应对。而学习如逆水行舟，不进则退。在屡次的挫折与失败面前，有的同学学习情绪开始低落；有的对自己的学习能力产生怀疑；有的滋生了厌学心理；有的陷进了抑郁症的泥潭；有的甚至丧失了学习信心。这种情况，在处于第一、第二境态的同学中，已屡见不鲜。

（3）学习干扰盲区：12.12%的人对“上大学以后是否受到过影响学习的干

扰”时表示“受到严重干扰”，51.59%的人表示“受到一般干扰”，23.29%的人“受到轻微干扰”，只有12.97%的人说“没有受到干扰”。

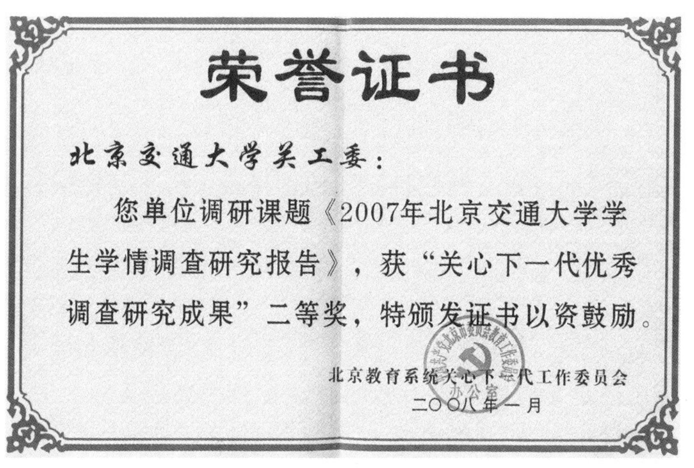

荣誉证书

北京交通大学关工委：

您单位调研课题《2007年北京交通大学学生学情调查研究报告》，获“关心下一代优秀调查研究成果”二等奖，特颁发证书以资鼓励。

北京教育系统关心下一代工作委员会

二〇〇八年一月

北京交通大学2007年大学生“千人百题学情调查”获奖证书

这一盲区的存在，大大降低了主体的学习乐趣，造成了极大的学习不稳定性。

（如果把教育看作是正面影响，则干扰就是负面影响。环境适应盲区说的是对正面影响处于盲目状态，不能自觉适应；干扰盲区，则是指对负面影响不能自觉预防、抵御、消解。）

（4）时间观盲区：38.58%的人说时间“比较紧张”和“太紧张”，41.11%的人每天体育活动在“半小时以下”，33.75%的人睡眠只有6小时，4.55%的人睡眠不足5小时，14.93%的人“用于学习（包括上课与自学等）的时间大致为每“1～2学时”，问题不少。

（5）实践理念盲区：32.21%的人对亲自参加社会实践、社会调查和实验操作“很感兴趣，积极参与”，54.10%的人“较感兴趣，有时参加”，这是一极；另一极，9.9%的人“不感兴趣，不参加”，3.7%的人“讨厌，反对参加”。后一极，加起来虽只有13.6%，不算多，但也不算少。

（6）创造性学习盲区：48.32%的人对创造性学习有“一般兴趣”，13.11%的人“较少兴趣”，6.81%的人“没有兴趣”，只有31.76%的人“很感兴趣”；26.75%的人对通过发现、实验、调研、信息收集与处理、交流与研讨等探索活动的创造性学习经历的感受是“初尝即止”，13.27%的人“从未有过”，只有12.52%的人表示“经常有”和10.43%的人曾“在全国性刊物上发表过论文”。还有18.58%的人对于所学专业“不怎么喜欢”，3%的人“不喜欢”，这对专业创新有直接的不利影响。可见，创造性学习盲区相当大。

(7) 自主性盲区：与创造性学习盲区具有因果关系的是自主性盲区，44.02%的人自己学习“虽然积极但缺少主动权”，18.78%的人“积极性尚可，但学习被动应付，效果较差”，10.61%的人“既不能自主，又无积极性，效果很差”，合计达73.42%，情况令人担忧。对此，34.8%的人“认为影响大学生进行创造性学习的主要障碍是……学生缺乏创新精神”。

自主性盲区的表现之一是一部分同学不懂得和不善于进行自我反思和学习调控。而认识自我、解剖自我、调控自我和超越自我，历来是挖掘自我和创造自我的关键。

例如，有46.74%的人对通过对考试结果的分析来改善自己学习的事“有时做，不经常”，24.68%的人表示“偶尔进行”，13.65%的人表示“从来不做”；还有31.93%的人对反思自己的学习过程“不大习惯”，6.69%的人“一点也不习惯”。因而对于自己是否可以成为一名创造性社会主义新人才，31.99%的人表示“没有把握，也许能”，5.98%的人说“不能”。没有或缺乏学习的自主性，要想跨进创造性学习的大门是不可能的。

(8) 品德观念盲区：17.85%的人对“品德是成功的保护神”的观点认为“不一定”，4.3%的人认为“不对，品德不好的人一样能成功”；13.8%的人认为“八荣八耻”“知道就行了，见于行动是以后的事”，7.01%的人还认为“这是领导和干部们的事，一般人不必强求”。①

以上学习盲区的存在，形成了前进道路上的诸多挑战，给许多同学的成长带来了极大的不确定性，所以大学生还有“扫盲任务”。“前车之辙，后车之鉴”。这一至理名言，为我们走好跨入高等学府的第一步——积极主动适应大学新环境，提供了一条有效思路，十大亮点和八个盲区呈现在大家眼前，每个人都可从中取其所长，避其所短，构筑一条适合于自己优化学习的可行之路。其中，穿新鞋走老路的教训，值得警惕。

(四) 提高学习觉悟 夺取学习主权

提高学习觉悟，即要充分认识学习的内涵与意义，建立现代学习观念，掌握创造性学习理论和方法；夺取学习主权便是要走上自主学习、自主创新的生活道路。

中共十七大明确了要通过发展学习型社会来建设创新型国家，实现知识产权战略。所以，把教育放在优先发展的地位。教育是科学，学习也是科学，只有在科学发展观的指引下，才能真正把教育和学习搞好。例如，创新离不开创造性学习、创新是学习的本性这样的新理论的发现，就是在科学发展观的指引下总结出来的。

---

① 以上数据引自《2007年北京交通大学生学情调查研究报告》。

但是，即使在大学生中，如今仍然存在学习觉悟不高、学习主权丧失的严重现象。

例如，大学生中除了存在上述种种学习盲区之外，还有一些消极心理因素，对于走好跨入高等学府第一步乃至终身学习，也起到了相当的阻碍作用，影响着学习主权的掌握。

下面，是这些消极心理的举例。

1. 歇坡心理

“好不容易才通过了入学考试这个高坡，该歇口气了！”有的家长鼓励自己的孩子说：“现在苦一点不要紧，进了大学就可以多歇歇了！”

但他们不知道，进了大学，眼前的“坡”虽然没有了，矗立着的却是层峦叠嶂的崇山峻岭。那是知识的高山，思想的高山，意志的高山，能力的高山，人格的高山，品德的高山，艺术的高山，智慧的高山，成就的高山，荣誉的高山。谁爬不上这些高山，谁就只能站在山脚下、半山腰，或仰首兴叹，或焦躁不安，或自甘无奈。

2. 依赖心理

这是中国家庭和中学阶段传统教育影响所形成的一种心理，影响深远，值得每个同学保持清新的头脑，并进行自我调节。因为，这个心理关过不去，独立思考和独立人格很难完全确立。

3. 从众心理

“大学真好，离父母远了，老师也不再紧盯着不放了，别人能玩我为什么不能玩？先玩玩再说吧！”“不是说玩中学吗？”

其实，别人并不总在玩！否则，为什么有的大学生（如我校学情调查中的10%）能在全国性杂志上发表论文呢？那可不是玩出来的。

4. 侥幸心理

“大学是‘保险箱’，进来了就没有问题了。”还有的同学把自己比作“星座”，认“命好”，相信“菩萨保佑”等。说到底这是一种赌博心理，把希望寄托在没有可靠保证的偶然因素基础上，后果虚无缥缈，十分危险。

5. 恐惧心理

一旦遇到挫折，不能冷静对待，分析原因，对症下药，扭转局面，而是心情急躁，陷于无奈；或者怨天尤人，心灰意冷，消极颓丧，忧心忡忡，甚至发展成抑郁症。

既然能够亮剑学府门，不妨再来一次十年磨一剑！要相信自己，千万不能动摇！

6. 自闭心理

有的独往独来，孤芳自赏；有的曾受外力伤害，自封自护；有的则是因不善

交往而养成顾影自怜。这种心理状态与现代学习的合作互动很不协调，必须设法改变。

以上 6 种消极心理，对于提高学习觉悟，掌握学习主权，进入创造性学习状态，是横在面前的“拦路虎”，不能掉以轻心。要提高学习觉悟，掌握学习主权，用现代学本论思想武装自己，实现学习六变。

学习六变：

变盲目学习为自觉学习；

变被动学习为自主学习；

变片面发展学习为全面发展学习；

变厌学为乐学；

变不得法的蛮学为得法的巧学；

变单纯继承性学习为创造性学习。

第三个忠告　掌握体现科学发展观的现代学习理论

现代学习本源论，简称学本论，就是体现科学发展观的现代学习理论。这一理论包含如下的十大理念。

1. 本源论

学本论是现代学习本源论的简称。其核心思想是“人以学为本”；另一个基本思想是“国以教为本，教以学为本”。现代学本论认为，教育是一门科学，学习也是一门科学，而教育就是：“学习的社会化，是对学习的计划、组织、指导、推动、帮助、评价、改进、催化；就是引导学生学会学习。‘教是为了不教。’”不过，学本论并非忽视或降低教育的巨大作用，而是认为无教不成学，一代之教造就一代之学。学本论将择师、认师和尊师作为优学之道，根由在此。现代学本论论证了“创新人才的形成，来自充分发挥学习的创新本性，而创新型国家建设的本源，则离不开社会成员普遍地充分发挥出人的创造性学习的创造作用”。

（参阅《学习科学大辞典》161 页承仁义撰“学本论”辞条，1998 年 9 月由新华出版社出版）

2. 终身学习论

现代学本论定义学习是人“获得知识、能力、智慧，形成品德、情志、人格的终身过程”。这就排除了学习在人一生中的“区段性”，强调了现代学习的终身性。指出随着知识更新步伐和科技发展速度的不断加快，只有做到终生学习，才能跟上社会的发展。

（参阅《学习科学大辞典》321 页林明榕、魏峰撰“终身学习规律”辞条）

3. 自学论

自学是学习主体自主学习的最高表现。自学论揭示了这样一条规律：在学校教学的小过程中，教师起主导作用；在人成长发展的大过程中，学习者起主导作用。所以，“人以学为本”就落脚在自学上：学会学习就是要会自学，善于自学就达到了善于学习。

（参阅《学习科学大辞典》330 页承仁义撰“自学学”辞条）

4. 默化论

默化是指人们在家庭、学校及社会生活中无意识地、自发地、潜在地接受某种影响的活动及其过程，它既是一种学习方式，又是一种教育方式，它存在于生活的各个方面和学习、教育的全过程。师学〔师授〕、自学〔自授〕和默化是“学”与“教”的三种基本形式。默化的积累，对前两种学习起着奠基、补充与升华的作用。而创造性学习的灵感，常常是显意识与潜意识的沟通，以及对默化成果的发现。

（参阅《学习科学大辞典》95 页承仁义撰“默化学习”辞条）

5. 学习观论

社会学习观在社会发展中会产生“轮轴效应”，即能带动和影响社会的整体发展。大学生的学习观在这种发展中又起着“枢纽作用”。大学生学习改革的关键步骤是要实现学习观的转变，及早建立现代学本论学习观，包括终身学习观、全面学习观、自主学习观、创新学习观等。

（参阅《教育部第三期“大学生学习改革与创新”研讨班会议论文集》86 页承仁义撰《社会学习观与大学生学习观问题研究》一文）

6. 优学论

优学，有其自身的规律：学习主体不仅建立起学习控制系统，而且施控师我对受控学我，能进行有效的目标管理，通过反馈调控，不断改善学习状况，达到最高学习境界，主体的知识、能力和心理结构趋于优化，学习潜力和创造力得到培养和发挥，以最小的学习投入，取得最佳的学习效绩，走上优秀人才的发展道路。在优学中，掌握科学的学习方法很重要，譬如“透彻法”和“渗透法”的应用等。

（参阅《学习科学大辞典》284 页承仁义撰“优学论”辞条）

7. 学习创新论

简称“学创论”，它首次提出并论证了“创新是学习的本性”的观点，概括出创造性学习的基本规律与普遍规律。详细见以下三文：①《人类学习三个发展阶段及其基本特性——“学创论”历史踪迹》；②《创新是学习的本性——“学创论”理论探源》；③《创造性学习的基本规律与学改建言——“学创论”应用研究》。（此三文可在互联网“百度搜索”输入关键词“承仁义学创论”，即可获得）

8. 学习改革论

主张教育活动以“学”为中心。因此，在开展教育改革的同时必须同步进行学习改革，形成两条腿走路。教育改革要实现“六变”（变以教师为中心的教育为以学生为中心的教育；变单向灌输式教育为双向互动的启发式教育；变片面发展的应试教育为全面发展的素质教育；变师生疏离的不协调教育为师生亲密的和谐教育；变忽视个性发展的一般化教育为重视个性发展的因材施教；变知行割裂的单纯继承性教育为知行统一的创造性教育），学习改革也要实现“六变”（如前述）。学习改革既是教育改革的反映、表现和直接目标，又是促进教育改革的一种动力；教育改革是学习改革的向导、保证和必要条件。（参阅《教育部第三期“大学生学习改革与创新”研讨班会议论文集》96页承仁义撰《学改三论》）

9. 学习致富论

简称“学富论”。“学而优则富”，是现代知识化社会的新规则，这一规则有三大支柱：社会分配原则转向以学历和知识水平为主要衡量标准；知识的价值，随着知识经济的出现而暴升，市场的价值观发生了根本性变化；知识产权的确立，专利制度的建立与实施，保证了具有知识创新能力者享受高回报的权利。因此，社会财富出现了“学而优则富”的新流向，而且成了公认的规则。

10. 学习决定论

现代学本论认为：个人的学习水平，决定了自身的成长、成功水平；全体社会成员的学习水平，决定着社会整体的发展水平。尤其在建设创新型国家的任务中，只有通过人人走上创造性学习道路而充分发挥元创力，从而激发出社会的原创力，才能真正建设创新型国家。

以上十大理念构成了现代学本论的思想体系，这是当今的一种集体学习觉悟。

由于我校的教育改革和学习改革取得了相当进展，因而我校本科各专业在跨世纪的特殊时期，出现了一批创造性学习尖子生。这里仅作名录举例：

1996级——黄良骥　黄树林　张江　李志辉　朱军

1997级——舒平　焦占军　李鑫　唐洪浪　谷鹏飞　靳大为

1998级——张万军　王乐珩　魏小进　陈达位　秦建军　龚明

1999级——谢砚青　张琨　叶国梁　张岩石　李鸣都　曾怡（女）　蒋贵凰（女）　贺渝峰　林华　常振兴　王坷　陈鹏　于云飞　仝达伟　陈经　郭艳萍（女）

2000级——王拓　沈旷轶　刘川意　袁晓波　何静（女）　王笛　王宁（女）　苏安洋　张辉　高凯强　李夏（女）　张栋

2001级——胡文婷（女）　王锋　高峰　赵阳　张宇（女）　李亮　姚玮叶广辉（女）　陈文慧（女）　唐金金　黄鑫（女）　高月涛　贾静（女）

国强 包极峰 李远

2002级——洪岳华 刘庆峰 肖竹（女） 刘扬 白煜超 张锐 周星宇 邢倬 邵柏 崔璇（女） 张然

（共72名，材料来源：李士群主编《沃土新芽》）

再简介我校三位创造性学习尖子生成果情况：

叶广辉（女），我校经管2001级1班，曾获2002—2003年度科技一等奖学金。从大二开始，有4篇论文分别被2002全国人工智能年会、国际一般系统研究会02会议、第四届全国人的可靠性和人—机—环境可靠性专题研讨会，以及《首都经济》2003年6月号录用发表。

周星宇（男），我校电气自动2002级3班。他的4篇论文，分别被2003年中国智能自动化学术会议、“中国人工智能进展：03”论文集、2004中国控制与决策学术年会和第四届全国人的可靠性和人—机—环境可靠性专题研讨会采用发表。

李亮（男），我校土木建筑2001级10班。2002年8月应邀在全国第九届可拓工程年会宣读了他的论文《可拓学与信息经济力》，2002年12月，他撰写的《智能经济中经济实体的可拓力的绝对分析》被第一届全国人工智能基础学术会议选中，到会做了交流；2003年8月，他的又一篇论文《信息经济与企业的可拓力对策》被选入有关丛书。两年获一等奖学金、智瑾奖学金。

结 束 语

一个再高明的教师也无法教给学生连他自己都不懂的东西，而同学们走出校门时要遇到的，却是已经变化了的情况和陌生的世界。

这是教育领域的先天矛盾。突破这一矛盾的方向，全在于同学们能否学会独立思考，学会创造性学习，学会创业。学校和教师仅仅是在你们急需帮助的时候，为大家创造尽可能多和尽可能好的必要条件；而这些条件能否发挥出最大的效用，又全在于同学们的学习觉悟、学习意志、学习行为和学习水平。在这个过程中，尽快完成中学到大学的适应性转变，走好跨入高等学府的第一步，对于能否步上科学的创造性学习道路十分重要。

当然，一个聪明的教师懂得“授人以鱼，不如授人以渔；授人以渔，不如授人以欲——健康的追求、前进的目标、崇高的理想，以及圆梦之道”。正如联合国教科文组织曾谈到的那样：今后的文盲将不再是不识字的人，而是不会自学和学了知识不会应用（不会创新）的人。

以上见解，愿与同学们交流。但愿我的这份“见面礼”，能伴随大家走完大

学生活这段非凡的路程。祝同学们尽快找准自己的历史坐标，在创造性学习的道路上勇敢而愉快地攀登，早日踏遍青岭，分享那重重险峰的无限风光，缔造精彩人生！

谢谢听我的唠叨！欢迎自由对话！

注

[1] 文化大礼包目录（不含本讲稿）

一、《萤火集》（上）

二、世界华人名人网2003年“名家讲堂”入选文章一览表

——推介其中“学创论”三文

三、现代学本论思想框架与潜在意义

—— 又名《现代学本论概述》

四、籍透彻法打下知识基础　凭渗透法觅得发展方向

——节自《杨振宁与创造性学习》一书预印本第四章

五、兴趣造就大师

——《郑振铎》一书前言

（以上各篇作者　承仁义）

后　记　家乡的江萤之火，曾点燃了我的人生梦。这也成了我主编《萤火集》的初衷和难舍的情结，并且，凝聚成一首《萤火集》主题诗，发表在《萤火集》上册的书背面。现在我把这首小诗抄录于下，也许可以成为我和本书读者的一种共同念想。

萤

小小身躯，小得不为人们所关注　|　萤囊照读，记述了久远的历史功绩①
短短生命，短得不知四季为何物　|　荧光技术，贡献了身藏的科学奥秘②

•

星星般的清光，恰似流动的明灯　|　小小身躯无言小，蕴育的是巨大信念
翠珠般的闪亮，宛如飞行的火种　|　短短生命无言短，熔铸的是永恒理想

注　①《晋书·车胤传》：“胤恭勤不倦，博学多才，家贫不常得油，夏月则练囊盛十萤以照读，以夜继日焉。”后，官至礼部尚书。② 萤火虫发光的机理，是由于呼吸时体内的荧光素发光物质氧化所致。现代荧光技术，即是这类仿生学的产物。

附文 1

金色的交大精神

——根深林茂　花盛果丰

北京交通大学　承仁义

概　要　本文是笔者响应我校党委关于在全校开展“交大精神”大讨论活动而提交的一篇参评征文，目的是阐明在学校百余年悠久办学历程中所孕育的“主体精神”，以进一步发扬其引领、凝聚、创新和至善的作用；并且表达了一种不仅十分重要而且十分迫切的认知：“一名交大学子必须学好每门课程，否则，就拿不到毕业文凭和学位证书；然而，只有收获了交大精神，方能最大限度地发挥出自身的创造潜能，释放出最高的正能量，造福人民，立身于社会之中，立名于天地之间。”

关键词　清廉爱国　知行统一　与时俱新　文化自觉

2006 年出版的《京色交大》图文史册在“引言”中说：

北京交通大学最美的主色调，是体现着成熟与丰收的金黄色——桃李满天下。所以，从这个意义上说，京色交大也即金色交大。

由此可知，交大精神一定也是金色的。

大约是 2011 年 9 月间，学校通知我参加“交大精神”座谈会。我好像又回到了当年领受编写《京色交大》任务时那样，不敢怠慢，开动脑筋，梦寐以求。欣喜的是在党的十八大前，已经胸有成竹。十八大后，对照会议精神又做了反复推敲，结论是：北京交大的主体精神应由“清廉爱国”“知行统一”“与时俱

由爱新觉罗 · 启骧题写书名的图文史册《京色交大》。主编李士群，副主编孙永春、承仁义、赵洪义。2006 年 9 月由北京交通大学出版社出版

新”和“文化自觉”等4个方面构成。

那么，这是怎样提炼、概括和配置而成的呢？且听慢慢道来。

清廉爱国

1911年辛亥革命前夕，收回（铁）路权的爱国运动如火如荼，我国第一所管理学校在北京诞生。这座自主创建的科学教育基地，倾注了新一代觉醒知识分子的梦想、勇气和智慧，她紧随中华民族在战火中艰难前进的步伐，与全国人民一道，同呼吸共命运，度过半个世纪的崎岖岁月，迎来了光明[1]。

这段话概括了我校（1896年）“爱国建校”的初衷与情愫。这面爱国大旗，从此在北京交大上空高高飘扬，尤其是经过“五四”运动的洗礼，使“五四”精神在北京交大薪火相传[2]，而在抗日战争、解放战争，以及抗美援朝、抗美援越等艰苦斗争中，我校与全国人民同呼吸共命运，浴火而生，直到今天。今天的情况是，在我们沿着中国特色社会主义道路、肩负着全面建成小康社会实现“复兴之梦”使命之际，外部和内部的各种挑战接踵而来。如果我们不能战胜这些挑战，新的伟大使命便不可能完成。其中，来自内部的贪腐之风，正在肆虐地腐蚀和冲击着我们，损害着社会与国家机体，让我们面临新的莫大风险。

大学教育是全面建成小康社会、实现“中国梦”的基础、先驱和根本，因为她肩负着培养能够胜任这种伟大使命和挑战的人才队伍。我校在百余年历史中曾经培养出大量像郑振铎（1920年12月毕业）、金士宣（1923年1月毕业）校友那样“勤奋一生，清廉一生，功名一生”的校友，但也出现过如成克杰（1957年9月毕业）那样背离交大精神的校友。虽然这样的个别事例瑕不掩瑜，但又不能不说确是一种严厉的警示，令人触目惊心，不能忘怀，从而让代代交大学子的耳边，警钟长鸣。

“清廉爱国”的实质是，先天下之忧而忧，后天下之富而富，以民众之乐而乐。爱国的最高境界是为国捐躯，但如果连清廉都做不到，何谈为国献身？有舆论指出，中国已跨上国家发展的高平台，然而“贪腐烈风”正在凝聚起一种伤筋动骨的危机，要是跨不过这道坎，只能亡党亡国，前功尽弃，因为贪腐是权力的癌症。这就凸显出“清廉爱国”具有更深刻的现实意义。

知行统一

知行统一的理念，是1921年9月10日交通大学首任校长叶恭绰交通总长在开学典礼上对同学们讲话中提出来的。他说：

人类生存世间贵在贡献，必能尽力致用，方不负一生岁月……学说愈精，应用愈广……学术独立，非与致用分离，方今科学昌明，无处不有学问，小如砌墙运铁，大如行车造路，莫不含有至理……在人类幸福言之，贵致用也[3]。

当年学校制发的知行徽章[4]

随后，教学实习行动活跃起来，足迹遍及京张线南口站、济南机电厂等地；师生们还纷纷组织起“英文研究会”“学科研究会”“站务管理研究会”“交通经济学会”“铁路财务学会”和“交通学社”等学术实践性学生群众团体。学校制发了“知行”徽章。这种“知行统一”的各类活动，引导着历届校友求知践行的思考与活动。

2003 年 9 月，当时的北方交通大学在恢复北京交通大学校名时，校园里建起了花岗岩“知行碑”，其碑文称：

知行学说博大精深乃人类认识世界之哲学基础数千年来中华哲贤各展睿智真理逐显然惟毛泽东之《实践论》将知行学说阐微论精上纪廿代交大定知行为校训其乃治学育才之良策万千交大学子循知行之路精读课业践实笃行尽心竭力躬行不怠当此新纪星耀校训重振交大学人铭记知行与时俱进共创新辉

可见，“知行统一”也已成为深入交大人心的重要精神支柱之一。

校园内通控 1991 届全体校友 2001 年捐建的知行纪念碑[5]

与时俱新

客观世界的发展，体现了新陈代谢的客观规律，所以能够生机盎然，生生不息……其中的逻辑关系是：只有与时俱新，才能与时俱进[6]。

这是我校关心下一代工作委员会 2010 年印发的市级项目“创造性社会主义新人才的培养与高校关心下一代工作研究”的成果汇编——《与时俱新》前言中的一句话。该项目的研究对象就是以我校的发展状况为主体的。

纵观我校的发展，从创建到今天成为全国重点大学，以及向“创一流研究型大学”目标前进的全部里程，就是在“与时俱新”的精神引导和激励下取得的。关于我校的创建，笔者曾在《非凡出世　志高意远——北京交通大学百年文化底蕴研究之一》中指出：

办学动机与理念来自对主要工业国家发展经验和我国历史现状的聚焦……19 世纪初，世界主要工业国的学校已走上科学教育的发展道路，建立了与其经济、

科技制度相适应的以教授近代自然科学为主要内容的近代教育制度，使本国经济、科技和军事实力得到迅速发展，国家日益繁荣强盛。这种趋势和发展经验给中国留学生们以莫大的激励，他们纷纷立志要把封建落后的旧中国也引导到这样的道路上来。我们从曾鲲化和徐世昌的上书可以清楚地看出，他们的奋斗目标就是沿着这个思路形成的，而且在实际办学过程中认真加以贯彻，因而取得了成功[7]。

曾鲲化是当年邮传部留学日本归来的普通职员，曾于1907年上书创办“铁路管理学堂”。当时的邮传部长徐世昌，接受该倡议，成功创办了“铁路管理传习所”——我校前身。1921年3月8日，交通大学董事会成立，并在第二天第一次董事会上票选叶恭绰为校长。

北京交大关工委2007年完成的市级课题“创造性社会主义新人才的培养与高校关心下一代工作研究”的成果汇编《与时俱新》

2005年学校表彰大会向国家级教学成果特等奖获得者王玉凤，国家级教学成果二等奖获得者杨肇夏、成正维、冀成会、荣朝和、林建成、张晓东、承仁义、汝宜红、毛保华、王移芝等颁奖[8]

此后，我校在历次重大社会变革中，都能提出创新主张，采取创新措施，实行创新行动，在与时俱新中达到与时俱进，走上时代的新台阶。一句话，如果没有“与时俱新”的精神，就不会有今天的成就。

文化自觉

所谓“文化自觉”，是借用我国著名社会学家费孝通先生的观点：它指生活在一定文化历史圈子的人对其文化有自知之明，并对其发展历程和未来有充分的认识。换言之，是文化的自我觉醒，自我反省，自我创建。

作为北京交大主体精神之一的“文化自觉”，指的是“交大人”对自身的校园文化，包括教育文化、学习文化和校友文化的“自我觉醒，自我反省，自我创建”。这一认识，我是在参加《京色交大》的编写过程中形成的。

《京色交大》于交通大学110周年校庆时出版。

这部图文史册是在《北方交通大学志》《拼搏与奋进》的基础上……经过多次研究、反复修改，编写思路逐步清晰……曾多次举行征求意见和评议会议，反复研究了所提出的问题，提高了认识，开阔了思路，一再修改，最后由校领导终审定稿[9]。

	1993 年	1997 年	2001 年	2005 年
国家级	2 项	2 项	4 项	10 项
北京市级	9 项	8 项	16 项	17 项

我校于世纪之交荣获优秀教学成果奖一览表，它闪耀着交大人自我创建的灿灿金辉[10]。

可以这样说，容量855千字的该书4个篇章——“业开先河”（1986—1949）、“探索奋进”（1949—1976）、“蓬勃发展”（1977—1990）和“世纪跨越”（1991—2006）所记录的，就是交大人“自我觉醒，自我反省，自我创建”的历程，包括之后出现的总结性著作，均是交大人“文化自觉”的体现，从而不断地增强了“文化信心”。

荣誉证书

承仁义在“我谈交大精神”征文活动中荣获一等奖。

特颁此证，以资鼓励。

中共北京交通大学委员会宣传部

2014 年 1 月

以上从四个方面提炼、概括和配置而表现出来的“交大精神”，是一个不可分割而相互交融、支持与促进的整体：清廉爱国是其标志——奋斗方向；知行统一是其根基——发展路径；与时俱新是其动力——升华要领；文化自觉是其品

格——成功秘辛。

2013年7月1日 BJTU NEWS 责任编辑■安 蕾

4 红果园 北京交通大学报

金色的交大精神

——谈我眼中的交大精神

清廉爱国

1911年辛亥革命前夕，收回路权的爱国运动如火如荼，我国第一所管理学校在北京诞生。这座自主创建的科学教育基地，倾注了新一代觉醒知识分子的梦想、勇气和智慧，她紧随中华民族在战火中艰难前进的步伐，与全国人民一道，同呼吸共命运，度过半个世纪的崎岖岁月，迎来了光明（《京色交大》"业开先河"篇导言）。

"清廉爱国"的实质是，先天下之忧而忧，后天下之富而富，以民众之乐而乐。"清廉爱国"的最高境界是为国捐躯，但如果连清廉都做不到，何谈为国献身？有舆论指出，中国已跨上国家发展的高平台，但"贪腐烈风"正在凝聚起一种伤筋动骨的危机，要是跨不过这道坎，只能亡党亡国，前功尽弃，因为贪腐是权力的癌症。

知行统一

知行统一的理念，是交通大学时期首任校长叶恭绰提出来的。他说：

人类生存世间贵在贡献，必能尽力致用，方不负一生岁月……学说愈精，应用愈广……学术独立，非与致用分离，方今科学昌明，无处不有学问，小如砌墙运铁，大如行车造路，莫不含有至理……在人类幸福言之，贵致用也。

随后，教学实习活跃起来，足迹遍及京张线南口站、济南机电厂等地；师生们还纷纷组织起"英文研究会"、"学科研究会"、"站务管理研究会"、"交通经济学会"、"铁路财务学会"和"交通学社"等学术实践性团体，学校制发了"知行"徽章。这些"知行统一"的各类活动，引导着历届校友求知践行的思考与行动。

2003年9月，在恢复北京交通大学老校名时，校园里建起了花岗岩"知行碑"，其碑文称：

……上纪廿代交大定知行为校训其乃治学育才之良策万千交大学子循知行之路精读课业践实笃行尽心竭力躬行不怠当此新纪星幡校训重振交大学人铭记知行与时俱进共创新辉

可见，"知行统一"也已成为交大人重要的精神支柱之一。

与时俱新

客观世界的发展，依从了新陈代谢的客观规律，所以能够生机盎然，生生不息……其中的逻辑关系是：只有与时俱新，才能与时俱进（《与时俱新·前言》）。

关于我校的创建，笔者曾在《非凡出世 志高意远——北京交通大学百年文化底蕴研究之一》一文中指出：

办学动机与理念来自对主要工业国家发展经验和我国历史现状的聚焦……19世纪初，世界主要工业国的学校已走上科学教育的发展道路，建立了与其经济、科技制度相适应的以教授近代自然科学为主要内容的近代教育制度，使本国经济、科技和军事实力得到迅速发展，国家日益繁荣强盛。这种趋势和发展经验给中国留学生们以莫大的激励，他们纷纷立志要把封建落后的旧中国也引导到这样的道路上来。

曾鲲化是当年邮传部留学日本归来的普通职员，曾于1907年上书创办"铁路管理学堂"。当时的邮传部长徐世昌，接受该倡议，成功创办了"铁路管理传习所"——我校前身。1921年3月8日，交通大学董事会成立，并于第二日第一次董事会上票选叶恭绰为校长。

此后，我校在历次重大社会变革中，都能提出创新主张，采取创新措施，实行创新行动，在与时俱新中达到与时俱进，走上时代的新台阶。一句话，如果没有"与时俱新"的精神，就不会有今天的成就。

文化自觉

它指生活在一定文化历史圈子的人对其文化有自知之明，并对其发展历程和未来有充分的认识。换言之，是文化的自我觉醒，自我反省，自我创建（费孝通观点）。

"文化自觉"，指的是"交大人"对自身的校园文化，包括教育文化、学习文化和校友文化的"自我觉醒，自我反省，自我创建"。这一认识，我是在参加《京色交大》的编写过程中形成的。可以这样说，《京色交大》4个篇章"业开先河"、"探索奋进"、"蓬勃发展"和"世纪跨越"所记录的，就是交大人"自我觉醒，自我反省，自我创建"的"文化自觉"的体现，从而不断地增强了"文化信心"。

以上四种"交大精神"，是一个不可分割而相互交融、支持与促进的整体：清廉爱国是其标志——奋斗方向；知行统一是其根基——发展路径；与时俱新是其动力——开华要领；文化自觉是其品格——成功秘辛。

（《京色交大》副主编 承仁义）

征文获奖证书与校报发表的征文简约稿[11]

这样的"交大精神"，根植于我国深厚的传统文化。例如《礼记·大学》的开篇就说：

"大学之道，在明明德，在亲民（即新民——引者注），在止于至善[12]。

本文的"清廉爱国"属于"明德"；"知行统一"和"与时俱新"可归为"新民"之道；"文化自觉"不失是"至善"之境。如果说，前者是后者的"文化渊源"，则后者便是前者的"现代展示"。

可以这样说，正是这金色的交大精神，像四大天柱，擎起了北京交通大学这座教育、科技、文化大厦，完成着一项又一项历史性任务；而且，定将代代相传，发扬光大，天长地久，光照后人，乃至在促进和推动变中国梦为中国景——美丽中国，强盛中国，幸福中国的历史进程中，做出自己应有的贡献。

而笔者要表达的，还有这样一层新认知：一名交大学子必须学好每门课程，否则，就拿不到毕业文凭和学位证书；然而，只有收获了交大精神，方能最大限度地发挥出自身的创造潜能，释放出最高的正能量，造福人民，立身于社会之中，立名于天地之间，不致抱憾而归，甚至带罪离去，做到终生于心无愧。尤其是在交大百年历史上，不乏正、反两种实例，一切交大学子，极宜细察而铭记之！

2013年8月11日初稿　2013年10月11日定稿

于北京红果园

注

[1]《京色交大》第一篇导言，北京交通大学出版社2006年9月出版。

［2］《五四精神薪火传——北京交通大学百年文化底蕴研究之二》校报总第779期，2006年6月1、2、4版。

［3］《京色交大》第27页。

［4］《京色交大》第30页。

［5］《北京交通大学校园文化景观》北京交通大学关心下一代工委2005年3月印制。

［6］《与时俱新》。

［7］《非凡出世 志高意远——北京交通大学百年文化底蕴研究之一》校报总第774期，2006年4月20日1～3版。

［8］《京色交大》第177页。

［9］《京色交大》后记。

［10］《京色交大》第176页，原题《优秀教学成果获奖情况》。

［11］2013年7月1日北京交大校报发表了《金色的交大精神》简约稿。该简约稿又于2013年7月11日以“媒体联播”方式挂上互联网，从而得到了广泛传播。

［12］《礼记·大学》引语的白话译文如下：“大学教人的道理，在于彰显人人自身所具的光明德性（明明德），再推己及人，使人人都能去除污染而自新（亲民，新民也），而且精益求精，做到最完善的地步并且保持不变。

“这里的大学是针对小学而言，‘人生八岁……皆入小学，而教之以洒扫应对进退之节，礼、乐、射、御、书、数之文’，以及十又五年……皆入大学，而教之以穷理、正心、修己、治人之道’。尽管现在的教育系统与当时不可同日而语，但是，细细分析下来，目前大学生所处的教育阶段以及需要达到的教育目标与当时的大学阶段具有很多的共通性，《大学》作为两千年来影响圣贤的经典传文，对当今大学生的启发意义不言而喻。”（《大学之道对现代大学生的启示》，佚名，百度文库）

《礼记·大学》中还有这样一段话：“汤之《盘铭》曰：‘苟日新，日日新，又日新。’《康诰》曰：‘作新民。’《诗》曰：‘周虽旧邦，其命维新。’是故君子无所不用其极。”这里透露出我国古代的创新意识是十分浓烈的，即从生活中追求“日日新”（“与时俱新”）开始，造就大量“新民”，即使是“旧邦”，也有人来担负“维新”的使命（当时称“天命”），而人群中的君子们，总是在这方面想尽一切办法努力达到“日日新，又日新”的“最高境界”。这可以说是我国古代文明的“创新驱动”图景，否则，我们就无法解释中国古代所以能够形成如此灿烂文化的根本原因。笔者以为，只是发展到封建社会，尤其是始于隋朝、鼎盛于明朝的科举制度，严重地压制和排挤了创新意识，才使中国走进闭关自守的死胡同。

附文 2

《与时俱新》中的几则简讯

• 2006 年 10 月 18 日至 21 日，教育部“第六次全国高校学习改革与创新研讨会暨第二届‘学会学习’课程骨干教师高级研修班”在烟台大学举办。参加这次会议的我校代表是承仁义和赵德中两位同志。承仁义在会上宣讲了他俩合写的专题论文《通过校史教育贯彻“三创”学习指导——北京交大的新经验新思考》。

• 2007 年 8 月，教育部在长春工业大学举行的“第七次全国高校学习改革与创新研讨会暨第三届‘学会学习’课程骨干教师高级研修班”上，承仁义代表我校关工委课题组宣讲了他撰写的课题后续论文《北京交通大学千人百题学情调研的创新与探索》，引起了与会者的热议与重视。他的实况发言录像，被收入了会议制作的“交流光盘”。

• 2007 年 10 月 25 日下午，关工委副主任承仁义为 200 余名 2007 级新生代表作了一次效果突出的学习指导报告。他首次提出用“现代学本论”思想武装自己，实现“学习六变”的主张。该校学生网站在报道中写道：“承仁义老师多年来从事学习方法的研究工作，其相关论文曾获国家级教学成果二等奖。此次讲座内容是他在将研究成果与学生实践相结合的基础上，针对 2007 级新生特别准备的。各学院的 2007 级学生代表听了讲座，纷纷反映：‘通过讲座初步明确了在高校学习的方法和侧重点，对未来四年的大学生活将会起到很好的指引作用，希望学校举办更多类似的学习讲座。’”

• 2008 年 7 月，在武汉华中师大召开的“全国大学学习科学研究会学术年会暨第八次全国高校学习改革与创新研讨会”上，承仁义报告了他的研究论文《兴趣造就大师——从郑振铎成才成功说起》，博得良好反应。

• 2008 年 9 月 12 日，应北京新圆明职业学院的邀请，承仁义为该校新同学作了一次学习指导讲座。该校在网站报道中说：“听完这场生动而又深刻的报告，大家收获颇多。相信带着无限思索与遐想的新同学在听完这次报告后，定能更快地适应大学新生活，融入到新圆明职业学院这个温馨、和谐的大家庭，顺利地迈进人生的新起点，创造属于自己的美好明天。”

• 2009 年 11 月 27 日，应北京交通大学学生工作处之邀，承仁义为该校 300 余名 2009 级新同学作了题为《找准历史坐标 缔造精彩人生》的学习指导讲座。

该校在校园新闻网上报道称：“土建学院 2009 级 70 名新生聆听了‘红果园有约——名师讲堂’关工委副主任承仁义老师生动精彩的演讲……台下不时响起阵阵掌声。……此次讲座，为 2009 级新生解决了对大学生活的诸多疑惑，为他们更好更快地适应大学生活、缔造精彩人生起到了指导性的作用，同学们纷纷表示受益匪浅，并将更加努力为自己的梦想而奋斗！”承老师在讲座开始前，还赠给同学们一书七文作为“见面礼”。

北京交通大学关工委学习指导研究活动剪影

专家鉴定意见：北京交通大学关心下一代工作委员会完成的《创造性社会主义新人才培养与高校关心下一代工作研究》项目（组长：高艳；副组长：李士群、孙永春、承仁义），属《教育部关工委理论研究五年规划（2004.11—2009.11）》（教关委〔2004〕16号）省级管理课题（《课题指南》第27项）。对于该项目的研究成果……专家组一致同意通过项目成果鉴定……专家组还认为……他们长期坚持“以理论研究开路”的经验值得推广。

鉴定委员会主任王茂根签名

2007年12月21日

承仁义2007年在长春工大会议上发言

2007年承仁义在长春工大研讨会上发言时的会场一角

北京交通大学

关心下一代工委

BJJTDXGXXYDGWH

图为第七次全国高校学习改革与创新研讨会暨第三届“学会学习”课程骨干教师高级研修班合影，前排（坐）右起第8人为承仁义，第3排右起第13人为赵德中

北京交通大学关心下一代工作委员会“课题组”全体成员，共计 15 名

高　艳	 李士群	 孙永春	 承仁义
 赵德中	 任国臣	 贺仲雄	 王凤英
 马桂祥	 晏淑陶	 蔡红建	 屈　波
 魏发辰	 姚念龙	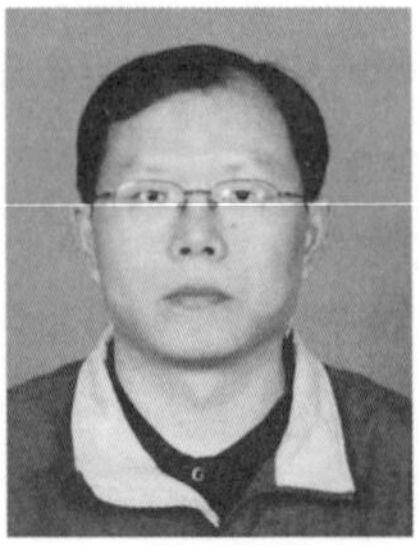 孙夕龙	北京交通大学 关心下一代工委 课题组 全家福

（以上图文内容转自该课题“成果汇编”《与时俱新》一书，由北京交通大学关工委内部印制）

十二附件之九

北京交大校园网　　发布时间：2010-11-24　　截止时间：2014-8-14 击读：2 222 次
纪念郑振铎诞辰 110 周年牺牲 50 周年

兴趣造就大师

——《郑振铎》前言

北京交大关工委副主任　承仁义

概　要　通过对郑振铎大师的典型分析，介绍了作者对人的成长、成才和成功的几点认识；提出了“兴趣造就大师”的观点。

关键词　志趣　自我鹏化　知行的创造性统一

每当春风扑面，满眼翠绿，北京交大师生们便会油然想起“五四”先锋郑振铎先生。这也许是因为校园里有一尊他青年时代的半身铜像，那凝神沉思，忧于远虑，悟于探索的神态，令人过目难忘；而铜像基座上工整地镌刻着的如下无标点碑文，又引起了人们对他作进一步了解的愿望：

郑振铎教授出生于浙江温州祖籍福建长乐我校一九二〇届毕业校友五四新文学旗手著名爱国民主战士文学家教育家编著家考古学家社会活动家曾任中华人民共和国文化部副部长全国人大代表政协委员及任教燕京清华暨南复旦大学著有《郑振铎全集》二十卷享誉世界荣膺莱比锡金奖

铜像是北京交通大学 2000 年设立了“郑振铎厅”后，在建校 105 周年（2001 年）9 月建立起来的，这为师生们打开了进入郑振铎先生生平的信息大门。为了进一步深化与丰富校园文化的研究、建设和发展，也是为了纪念郑振铎诞辰一百一十周年和殉难五十周年，郑尔康先生应约撰写了其父郑振铎先生的传记《郑振铎》一书，并被列为我校首部《学人典库》“杰出校友”系列正式出版。这份宝贵礼物一下子让我们走进了郑振铎先生的生活，洞悉了他的精神世界。而这份礼物的宝贵之处，则在于她为我们展示了老学长郑振铎先生成长成才、成功成名和做出超常贡献的奋斗历程，不仅具有十分重要的历史价值和现实指导意义，而且在培养创造性社会主义新人才方面成了一种不可或缺的学习、教育

资源。

郑尔康著《郑振铎》，该书于 2008 年 10 月由北京交大出版社出版

早在 20 世纪 80 年代初，我在研读中国文学史时，曾粗略地接触到文坛大师郑振铎先生的事迹。后来，又听我校金士宣教授谈到他与郑先生有过一段大学同窗的经历，故备感亲近。因其时我在校报工作，所以就想作进一步了解，以收集有关素材，通过校报向师生们作一些介绍。一年夏天，根据金教授提供的郑先生在北京的住址，我只身登门作了专访。记得这第一次访问，接待我的便是后来我们有着良好合作关系的郑尔康先生。当听说我是来自他父亲的母校的时候，郑尔康先生喜出望外。我见里屋有一位老太太，郑尔康先生告诉我，那是他母亲，身体不太好，所以没有引见。

通过这次访问，我对郑振铎先生光辉的一生，产生了明确的研究兴趣："他是怎样成长起来的？他的成才之路能给我们哪些启迪和借鉴？"并从此步上了探索之路。

1988 年，在由国家文化部和中科院发起开展"纪念郑振铎先生诞辰九十周年殉难三十周年"，同时召集"郑振铎学术研讨会活动时，我得到学校授权，作为郑振铎先生母校代表参与筹备工作和出席在北京友谊宾馆举行的"郑振铎学术研讨会"。

3 月 19 日，我参加了国家文化部办公厅主任张德勤同志主持的筹备工作会议。会上，大家希望我将原拟编辑《郑振铎在母校》的计划加以扩展和充实。经过一番努力，终于在 12 月举行"郑振铎学术研讨会"前，主编出版了反映我的探索心得的《学海飞鹏》一书，成为我校参与这次全国学术性纪念活动的一项研究成果。该书共分三部分，包括"郑振铎在母校""回忆与评述"和"郑振铎代表性作品与言论"，书名由赵朴初先生亲笔题写，冰心女士作序，中国铁道出版社出版，第一次印刷一万册。它的发行，曾引起广泛注意，并见于网上推介。

《学海飞鹏》的立意来自庄子《逍遥游》中如下的一段话："北冥有鱼，其名为鲲。鲲之大，不知其几千里也。化而为鸟，其名为鹏。鹏之背，不知其几千里也。怒而飞，其翼若垂天之云。""学海飞鹏"的寓意便是"郑振铎犹如交大学海中飞起的大鹏"。书中收入了我赶写出来参加这次学术交流的两篇论文——《郑振铎笔下的人力车夫》和《论郑振铎的成才之路》。

《学海飞鹏》在“前言”中说：“时值伟大的‘五四’风云从古老的北京城升起，席卷全国。铁路管理学校（北京交大前身、郑振铎就读的母校）坐落在距天安门很近的李阁老胡同，地理上处于这一历史风暴的中心带。郑振铎和当时的青年学生一样，不能不被这场决定着祖国命运和历史方向，也决定着青年一代前进道路的划时代运动所感召，所影响，所检验。他像一只茫茫学海的雏鹏，在这个时代的大涛中，在与他取得文凭的同时，完成了对自我的熔冶、铸造和鹏化。”《郑振铎笔下的人力车夫》着重介绍了他在文学方面的处女作——《一个不幸的车夫》；《论郑振铎的成才道路》则是对他的“鹏化”进程作了尝试性诠释。后文在“指导研究的哲学思考”一节中说：“人的成长、成才，是环境、教育和个人努力三因素的能动地统一，任何偏狭，都不能做出正确的解释。”该文着重从“第一、第二课堂的交叉与结合”“师授、自授与两种主导作用”和“内动力、外动力与合动力”三个方面做了简要剖析。

《郑振铎》作者——郑尔康

铁路管理学校与邮电学校举行篮球比赛时合影，左坐者为郑振铎

但是，这些分析与观点，需要有充分的事实资料作依据，方能产生应有效果。这是我二十年来一直在寻求获得解决的问题。今天，这个问题终因有了《郑振铎》而得到了圆满的解决。

拜读《郑振铎》，给我留下的鲜明印象是：该书不仅较好地还原了主人公在成长、成才过程中“环境、教育和个人努力三因素能动地统一”的真实面貌，尤其还原了郑振铎“对自我的熔冶、铸造和鹏化”的经历；而且从更广阔的视

郑振铎 1920 年 12 月毕业照

野和发展时空，较集中地还原了他那“垂天之翼”与“万里鹏程”的历史表现和无与伦比的超人作为，包括他的创业峰峦和品德之巅。因此，《郑振铎》的出版，确实为北京交大的校园文化建设和发展，镶上了一颗璀灿明珠，而她的光芒，定将照亮奋进者的心灵和前进道路。

我要强调的是，《郑振铎》的最为难得之处，是为我们打开了郑振铎“鹏化”——由“鲲鱼”质变为“鹏鸟”——的奥秘：即是“通过创造性学习与创造性实践达到了知与行的创造性统一”。这个奥秘，在他的行为特征上，有以下几方面的展现。

首先，在于第一、第二课堂的交叉与结合。这种交叉使郑振铎的眼光，越出大学的院墙，见到了社会；这种结合，在他的成长中不仅丰富了基础知识，拓宽了科学视野，促进了纵与横的交叉思维的发展，而且解决了个人优化发展与客观社会需求之间的矛盾，即找到了既能适应实践需要，又能充分发挥自身才能的最优途径。郑振铎在第一课堂上充分利用了“师授”的条件，而在第二课堂里又高度发挥了“自授”的潜力。这样，他的学识得到了全面的均衡增长，知识结构出现了新的典型变化，智力基础有了宽与厚的同步扩展。他工管文理兼容，古今中外博取，因而进步意识、创造思维和社会实践能力均超前进入成熟阶段……成功地解决了“两个主导作用”的关系：在教学过程（小过程）中，教师起主导作用，而在成才过程（大过程）中，学习主体起主导作用。反映在郑振铎成才过程中的力有三种，即内动力、外动力和合动力……外动力（包括家庭影响、国家危机、十月革命、时代变革和同志合作）与他的内动力（强烈的求进意识、炽热的爱国意识、高度的责任意识、坚定的改革意识和旺盛的斗争意识）的有机结合，就产生了决定他前进方向与快慢的合动力，即实际引导他成长、发展的动力。正是这种力量的强大与持久，才使他不但先于一般的同龄人而成熟，并且能够经历各种挫折而不气馁，战胜重重困难而百折不回，取得一个又一个的卓越成就……郑振铎作为现代杰出人才，他是从反映历史文明和时代精华的浩瀚学海中飞起的大鹏。

在写作上有着“还原人物生态”艺术特色的《郑振铎》，还向我们揭示了一个具有普遍意义的规律性现象，就是“兴趣造就大师”。[1]

我想，只要读过《郑振铎》，那么你就一定会对此有十分深刻的印象，因为，郑振铎先生所以成为大师级人物，与他那种对中华文化如痴如醉、咬定不舍和推陈出新的坚韧而持久的兴趣，以及由此而产生的终生燃烧着的激情是分不开的。

革命烈士证明书

郑振铎同志在革命斗争中牺牲，经批准为革命烈士，特发此证，以资褒扬。

1958 年 10 月 17 日郑振铎与蔡树藩率团出访途中失事身亡。
1983 年 6 月 20 日国家民政部授予郑振铎革命烈士证书

兴趣是人的一种心理倾向。从发展过程来看，人的兴趣大致有三种形态：童趣、情趣和志趣。童趣来自儿童时期天然的好奇心，这种兴趣经过相当的积累，便会上升为一种情趣。情趣是建立在感性认识基础上的兴趣，它的进一步发展就是志趣。志趣是最高形态的兴趣，是以理性认识为基础的具有终生性质的兴趣，它与一个人的志向密切相连，相辅相成，相得益彰。由此可见，兴趣具有两个发展阶段，即自发阶段和自觉阶段。童趣属于自发阶段，情趣为过渡阶段，志趣则进入了自觉阶段。人们常说“矢志不渝”，就是一旦下定决心，有了终生奋斗目标，那是不会轻易改变的，因为这种决心是理性的产物。所以，志趣是体现意志的兴趣，是一个人志向的心理倾向和情绪表现。郑振铎对中华文化的兴趣产生于童年时代，青年时期得到了进一步发展，并且成了他的志趣。这是使他“如痴如醉、咬定不舍和推陈出新……以及由此而产生终生……激情”，成为一名大师级人物的根本原因。

今年是我校初创时期杰出校友、老学长郑振铎先生诞辰一百一十周年、殉难五十周年，回顾他的一生，就像矗立在我们视野里的巍然之塔。这座令人景仰之塔，俨然有着“七级浮屠”那种韵涵：她的第一级可谓“艰苦成长”，第二级则是“好学成才”，第三级堪称“奋斗成功”，第四级应为“众志成城”，第五级就叫“创业成名”，第六级宜唤“殉职成仁”，第七级名曰“众仰成杰”。而《郑振铎》，则巧妙地将这个“七级浮屠”变成了一座美丽的“珍珠之塔”，强烈地吸引着人们的眼球。也就是说，《郑振铎》通过一串串如珍珠似的小故事，把他的一生连接起来、构筑和建造成了与“七级浮屠”惟妙惟肖、豪光四射和耐人寻味的“珍珠之塔”，而其美妙之处，以及社会实践意义，则更胜“七级浮屠”千

倍、万倍。

让我们衷心感谢郑振铎先生为我们留下了如此丰富而瑰丽的文化遗产！同时感谢郑尔康先生为保存和发扬这一遗产而做出的出色贡献！

草毕这篇前言，当我再次回首仰望郑振铎先生时，脑海里涌起了以下诗句，现采录于此，以资与读者交流：

仰　望

学海飞鹏南国娃，魂牵梦萦龙文化；垂天之翼闪电光，七级浮屠珍珠塔。
祝《郑振铎》应运而生！
贺《郑振铎》生逢其时！

（本文照片转自《郑振铎》一书）

2008 年 5 月于北京红果园

注

［1］“兴趣造就大师”，是经过了 20 余年人物研究得到的心得，而其“初悟”，正是来自对郑振铎先生生平发展的系统了解与对比分析。在 2007 年 1 月—2007 年 4 月我们进行的“北京交通大学当前大学生学情调研”中，有感于如今大学生中存在着突出的“兴趣矛盾”问题，所以在《学情调查点评》中亮出了这个观点，以期引起注意。

在那次学情调查中有两组数据引人注目。

第一组是对“你对学习的兴趣如何?”问题的回答：

回答内容	人数	%	位序
A. 广泛稳定	275	29. 06	2
B. 不广泛但稳定	339	35. 83	1
C. 既不广泛也不稳定	170	17. 97	3
D. 说不清	162	17. 12	4
合计	946（弃答人数 15 名）		

(点评：只有不到三分之一（29. 06%）的人具有“广泛而稳定”的学习兴趣，太少了。)

第二组是对“你现在所学的专业是高考时第几志愿”的回答：

回答内容	人 数	%	位序
A. 第一志愿	515	54. 16	1
B. 第二志愿	222	23. 35	2
C. 第三志愿	112	11. 77	3
D. 非志愿专业	102	10. 72	4
合计	951（弃答人数 10 名）		

（点评：录取志愿问题直接影响到专业兴趣，以上这种专业兴趣结构恐怕很难说是一种理想状态。可见，“兴趣造就大师”问题，对于社会教育，尤其是对于期望能培养出大师级人才的高等教育来说，是不能不认真对待的。）

——转自教育部高教司等单位主办的第八次全国高校学习改革与创新研讨会暨大学学习科学2008年学术年会《学术论文汇编》

附文1

论郑振铎的成才道路

兼职研究员　承仁义

指导研究的哲学思考

经过了将近30年的沉默，曾经在我国文坛起过重要作用，并以其无与伦比的成就，给后人以巨大影响的郑振铎先生，又引起了人们广泛的注目。由文化部、中科院牵头发起的为郑振铎先生诞辰90周年、殉难30周年而举行的纪念活动和学术研讨，必将给这股新流增添活力，从而更加热呼起来。

这是值得称贺的现象。它说明，现今我们的思想，确实有了新而大的解放，旧的禁锢真有被彻底冲垮的可能。

30年的沉默使人感到压抑和忧虑。然而，沉默不等于没有思考，经过30年的沉默中的思考所得出的判断与结论，也许比喧嚷中的评判要更深刻、更公正得多。从另一个角度说，后人评价前人要比同代人评价同代人更有客观性和权威性。一切时代英雄，无不在这种评价中受到应有的褒贬，从而肯定其真正的功过。

30年的沉默似乎太长了，但是，对于像郑振铎先生这样一位几乎在文学艺术范围的各个领域，甚至在超越这一范围的其他一些重要领域，均有精深造诣、杰出创新和深远影响的“百科全书派”人物，要做出全面的恰如其分的科学评价，30年的思考，又并不算长，或许还稍感急迫。尤其是，在人们尚未彻底摆脱旧思维束缚的条件下，很需要有“时间”这种转化剂来催发新思维的形成。从这点出发，即使今天，我们对一些历史人物的评价，也不能夸口说，已经达到了十全十美的地步，包括对郑振铎先生的认识。

不过，30年的时光，毕竟不会空流，现在，已经有人担负起全面评价郑振铎先生的历史性任务了。陈福康博士，就是其中一位具有突破性进展的代表。他说：“我们对于这样的文学家，除了从文学本身的角度加以研究外，还必须从各

方面、多角度地作综合的研究，而且，只有通过综合研究，才能得出正确而全面的给论。”“我所以选择郑振铎研究作为课题，不仅首先是因为有感于以往现代文学史研究中的对于这位作家过于冷漠，或是因为不满意于某些对他的不甚正确的评价，其更积极的意图正是希望通过对郑振铎这样一位作家的研究，来尝试提倡如上所说的一种比较开放的文学史观念，一种历史的综合的研究方法。同时，由于郑振铎在相当长的时期内一直是中国新文坛的重要人物之一，他提出的一些文学主张有过较大的影响，他主编的一些大型文学刊物与文学丛书曾一度执全国文坛之牛耳，他的创作、翻译与其他著作，有过相当大的读者群，他发现、提拔和培养了不少优秀作家，他以他的热情和吸引力团结了一大批作家与学者，等等。因此，我们对于他的一些新的评价也就可能涉及对新文学史以至新文化史的某些重要问题的重新认识或者深入探讨。”陈福康博士在这条道路上已经走过了十分成功的一段，这是他自觉地担当起这一历史使命的结果。

这里，我想从另一个角度提出一个并非不重要的问题，即郑振铎的成长、成才与成功的道路问题。研究这个问题，不仅可以更深入一步地增加对他的理解，而且总结这方面的经验，也是他留给我们的一笔丰厚的遗产，我们不应该视而不见或拒之门外。

有人说，人才是教育的产物，教育者可以任意地把受教育者培养成“目标人才”。粗粗听来，似乎很有道理，但细细一想，却并不尽然。例如，郑振铎的成才就不完全是这样，他于1917年年底考入铁路管理学校高等科，学的是铁路管理专业，1920年年底大学毕业后，却由铁道部门转到了出版部门，从铁路管理专业改事文学艺术，更不用说在思想、政治上与学校教育目标失之千里了。

又有人说，人才是环境的产物。“时势造英雄嘛！”诚然，原始社会时期绝对出不了马克思、爱因斯坦。郑振铎若早出世1000年，也不会成为现在这样的郑振铎。人才不能脱离他所存在的环境而成长。但是，马克思、爱因斯坦、郑振铎又都只有一个。同一环境对不同人的影响是各不相同的，甚至是相反的，时势并不能把所有人都造就成英雄。

还有人说，自我设计，个人奋斗，我行我素，才是唯一的成才之路。这是将个人努力绝对化了。从根本上说，人本身是一种“社会存在”，其一切知识和才能都是后天在社会生活中获得，并在社会实践中表现出来的。先天没有给人带来任何知识，离开了环境和教育，单个人不可能获得一丁点儿才能。特别是在今天，人类文明和科学技术已经达到了如此宏伟的高度，作为社会的一员，必须爬上这种前人累积起来的高度，才能有所进步，有所作为，真正成为人才。

由此可知，人的成长、成才和成功，是环境、教育和个人努力三因素的能动地统一，任何偏颇，都不能做出正确的解释。这是我们在分析郑振铎成才道路之前不能不加以阐述的一点，这对以后的讨论，也许有所裨益。

第一、第二课堂的交叉与结合

郑振铎是高等院校培养出来的一位杰出人物。因此，他的成才之路，就是教育的成功之途，这在逻辑上应是没有问题的，但在事实上却出现了矛盾。

前已提及，郑振铎在校学的是铁路管理专业，而出校从事的是文学艺术。这还不算，铁路管理学校是国立教育基地，它的教育计划体现着统治阶级的教育目的，而郑振铎走上社会进行的真正工作，又是新文学运动，是与占统治地位的旧文学、旧意识针锋相对的，而且是一名反对当时的统治阶级的斗士。这的确是十分矛盾的。这种矛盾，体现着社会生活的复杂性，也体现着教育的复杂性和人才成长的复杂性。

郑振铎在铁路管理学校三年，共学过 44 门课程，其中英、俄、日文等公共基础课 1 门，民商法、公文程式等文科课程 4 门，电学原理、铁路工程学、电信、旅客运输、货物运输，运费论、工厂管理法、文通政策等工程与管理性质课程 30 门（详见《庚申级小史》）。这些课程，作为一名学生，他都通过了考试，最后以乙等成绩毕业，成为一名合格的大学毕业生。

44 门课程，对于大学生郑振铎来说是必须首先完成的，否则，就不能取得大学毕业资格。这是第一课堂的任务和作用。但是，他在校三年，所学的课程远远超过了 44 门，郑振铎曾以极大的精力，如饥似渴地阅读了大量的文学作品和文艺理论书籍，包括俄国十月革命前后的进步文学和革命文学著作，尤其是积极投身于当时的新文化运动和反帝反封建斗争，他除了活跃在校内的第一课堂外，更活跃于校外的第二课堂，即社会大课堂。他在入学的第二年，便以“激进青年”的姿态，走出校门，加入轰轰烈烈的“五四”大军，并被推选为铁路管理学校的学生代表和福建学生联合会负责人。

1919 年 11 月，他与瞿秋白等人创办了《新社会》旬刊。旬刊虽然只出版了 19 期（历时 6 个月），但这是一个十分鲜明的标志，标志着郑振铎在社会实践的第二大课堂中，已经交出了一份可以得到满分的答卷。你看，在创刊号上，他发表了处女诗作《我是少年》和《灯光》，产生了广泛的社会影响。在这一刊物上，他还先后发表了十儿篇政论性文章。他已经能利用自己构筑起来的阵地，向压抑新生力量和阻碍社会前进的旧势力、旧意识发起攻击，并取得了第一回合的胜利，而“京师警察厅”对《新社会》的查封，正说明从这一阵地放出的排枪，确实击中了目标，因而引起了反动当局的恐慌。

郑振铎与瞿秋白等人创办《新社会》这一事实还说明，从这时开始，郑振铎这位铁路管理专业的大学生，已经通过第二课堂获得了从事第二专业的能力，并且在事实上已经登上历史舞台。因此，如果严格地计算郑振铎文学生涯的年限，那么应从这个时候算起。这是不应忽略的。

1920 年 12 月 13 日，由郑振铎起草的《文学研究会简章》公开发表，这是郑振铎文学征程上的一座里程碑。自此以后，他以一名有组织、有目标的、自觉的新文学战士的身份走进生活，登上中国文坛。1921 年 1 月 4 日，在他与沈雁冰等人的发起下，文学研究会在北京正式成立，这在中国文学史上是一件大事，在郑振铎的成才史上更有其特殊的意义。郑振铎于 1920 年 12 月底大学毕业，在这同时，于 1921 年春，经沈雁冰介绍，到商务印书馆从事编辑工作，而他的社会职务则是文学研究会的书记干事，负责该会会务。在大学期间的第二专业，这时成了他的第一专业。1922 年，他创办了我国最早的儿童刊物《儿童世界》。一年后，又接替沈雁冰主编《小说月报》，他继承前任主编的工作方针，把《小说月报》办成了文学研究会的主要战斗阵地之一，同当时形形色色的资产阶级文学流派进行着长期的、十分有效的斗争。

这种经历和作为，即使是文学院毕业的大学生，也是十分罕见的，但毕业于铁路管理学校高等科的郑振铎却达到了这一境地。其因何在？首先在于第一、第二课堂的交叉与结合。这种交叉，使郑振铎的眼光，越出大学的院墙，见到了社会。这种结合，在郑振铎的成长中，不仅丰富了基础知识，拓宽了科学视野，促进了纵横交叉思维的发展，而且解决了个人优化发展与客观现实需求之间的矛盾，即找到了既能适应实践需要，又能充分发挥自己才能的最优途径。

师授、自授和两种主导作用

20 世纪 20 年代初是郑振铎文学生涯中的第一个高峰期，也是他的文学方向的奠基期，他的现实主义文学思想与理论，就是形成于这一时期，并且影响了他一生。1920 年 3 月，他写了《〈俄罗斯名家短篇小说集〉序》，此后，又发表了一系列这方面的文章。1923 年，撰写了《俄国文学史略》。这反映出，他的现实主义文学思想的重要来源之一，是他认真、深入地学习了俄国 19 世纪中后期及 20 世纪初的民主主义和无产阶级文学理论。1921 年 6 月他郑重地提出了“血和泪的文学”口号。他的文学思想，已成为文学研究会中“为人生的文学”的杰出代表，并以此影响着社会，推动着新文学运动。

从人才成长与发展的角度来说，这是十分令人神往的，因为，它向人们解答了这样一个问题：大学生成才的途径是师授还是自授？其因何在？这里说的师授即学校教育，自授即自学。郑振铎的成才之路有一些鲜明特点，这些特点为我们提供了上述问题的答案。

首先一点是，郑振铎在第一课堂上充分利用了师授的条件，而在第二课堂里又极度发挥了自授的潜力。这样，他的学识得到了全面的均衡增长，知识结构出现了新的典型变化，智力基础有了宽与厚的同步扩展。他工管文理兼容，古今中外博取，因而进步意识、创造思维和社会实践能力均超前进入成熟阶段。由于“先天”实足，一旦走入社会，就无须“调整期”，也不存在“不适应”等问题。所以，在他走向生活的时候，没有像那个时候在一些青年知识分子中常见的那种犹豫、仿徨，或苦闷、消沉，甚至转向逆反，充满他生活的是战斗的激情和求索的努力。当然，这是郑振铎个人奋发图强的结果，并非当时学校教育的功绩。相反，正是他的自谋前进，才越过了教育与社会之间的鸿沟，锻炼成为能适应历史潮流、推动社会发展的人才。但这样说并不是要否认师授对他成才和后来的成功的不可缺少的必要性。例如，他从师授得来的外语知识，曾使他直接接触到世界文化，包括1920年前后大量阅读、深入研究和介绍俄国文学；1927年“四・一二”后两年“游学”欧洲，广泛考察欧洲文化的发展，并率先搞起了我国的“比较文学”；他的经济、商学、会计学等知识，曾对他在商务印书馆工作期间和在蛰居做“文具商”时期，帮助解决了许多非文学的问题，而更有意义的是使他的知识结构，打破中国传统文人的“单一化”“国粹化”模式，向着开放的、多元多层的新类型发展，这对他的快速成才、赶上时代步伐和形成个人风格与创造特色，有着十分重要的作用。

其次，他在“两授”并进的过程中，成功地解决了“两个主导作用”的关系。

哪两个主导作用？在教学活动中，一般地说，教师起着主导作用。但这一作用作为受教育者成长的外因，又是通过学生的内因发挥出来的，是相对的，非绝对的。现在我们将教学过程扩大为成才过程来研究，于是就明显地见到了这样的情形：在教学过程（小过程）中，教师起主导作用，而在成才过程（大过程）中，学习主体起主导作用。

所以在后一大过程中学习主体起主导作用，是因为一切教学效果，都是以学习者是否接受、接受多少和怎样接受为准绳的。其中，尤以“怎样接受”的问题最为突出：是全盘否定，还是全盘继承？还是批判地接受？或是推陈出新？在这些同题上，直接的最后的结果仅仅决定于学习者自身。例如，亚里士多德从17岁起就进入柏拉图学园，并在那里学习了整整20年，但他最后摒弃了柏拉图的观点，并对柏拉图的唯心主义提出了一系列的有力反驳，建立了自己的理论体系；鲁迅到日本学医，但被激发出来的不是对医学的兴趣，而是强烈的爱国主义思想，他最后决定弃医从文，走上了战斗的新文学道路。像这样的例子，古今中外，俯拾皆是，举不胜举。郑振铎的成才，又一次表现了这种规律，他一方面在教师起着主导作用的教学过程中，充分利用这一有利机会丰富着自己，充实着自己；另一方面，在自己起主导作用的成才过程中，又牢牢地掌握着历史发展的前进方向，坚持着自己独立的选择，推陈出新，开拓前进，一步一个脚印地走向成熟。

在此，还值得补加一笔的是，郑振铎早就有兴于文学，但他并未因这种“自然兴趣”的束缚而妨碍自己去广泛猎取知识；而他的“自觉兴趣”，却给了他很多益处。

内动力、外动力与合动力

人才的成长与发展，和世间的一切事物一样，也受着力学规律的制约。不过，这是泛义力学，不是一般意义上的力学。如果能这样说的话，可以称之为“人才力学”。人才力学规律既不同于机械的、物理的、化学的力学规律，也不同于生物的力学规律，它应该属于社会力学的范畴，它是多因素、多变量、多方向和随机性很强的力学表现，而其最大的特征，则是物质因素和精神因素的密切结合，以及量的难以测度的性质。由于这种特征的存在，还使人才力学带有浓厚的隐秘性；而且，其力的表现，至今不能作定量分析（并不排除可以找到一条定量分析的道路）。我们现在能达到的，是可以认识它，但不能计算它。下面，就郑振铎的成才过程作一些“力学分析”。

反映在郑振铎成才过程中的力有三种，即内动力、外动力和合动力。前两种是“逻辑力”，后一种是实际起作用的力，即真实地在郑振铎身上起作用并通过他的行动表现出来的具有物质意义的力。这三种力的存在与表现，可以借助物理学中的“矢量”知识来帮助我们明确其内涵与它们的基本关系。不过，绝不能把它与物理力等同起来理解。这种“借说”，无非是要借助“矢量”知识来明确这样几点：第一，这三种力也是“既有大小又有方向”的；第二，由内动力和外动力构成的合动力也有“相加、相乘”的表现，方向相反的力相加相乘表现为互相抵消；第三，这三种力均为“复合力”，不是单一的；第四，人才力学的复杂性，反映了人才成长与发展的复杂性。

具体地说，构成郑振铎成才的内、外动力因素有以下几种。

内动力因素：① 强烈的求进意识。追求学识、能力与思想上的进步，是郑振铎从小就具备的一种内在意识，他酷爱读书，广泛涉猎，中学时期已经学习了《文心雕龙》。高中毕业以后，自度家境不济，难以继续求学，便千里迢迢冒突地来到北京，寻求独立的人生道路。进入铁路管理学校高等科以后，他并不因为“专业不合志趣”而松懈自己，相反，力辟蹊径，寻找与创造条件，走上了更加宽阔的第一、第二课堂相结合的道路。此后，他更把追求个人进步与社会发展统一起来，使这种求进意识不断获得新的动力，从不熄灭。② 炽热的爱国意识。热爱国家和人民的思想，郑振铎是从接受民族文化的过程中形成的。早在少年时期就喜读陆游的爱国诗篇，陆游悲壮激越、高亢宏亮和恨贼难平的雄歌豪情，深深地感染着他。“五四”运动的战斗洗礼，更使他锻炼得成熟起来，成为一名真正的爱国民主战士。③ 高度的责任意识。凡爱国志士，都有高度的社会责任感，化小我为大我，这是一种精神和品德的升华。郑振铎从投身“五四”爱国运动的那天起，就已经达到了这一步。他决心为独立、民主、富强的新中国而奋斗。新中国成立后，他曾对程俊英教授说：“中国有救了！社会主义好！这是我读书时代的夙愿。”有人说，爱国责任意识是人才成长、发展的“核动力”。郑振铎就是在这种力量的推动下飞速前进的。④ 坚定的改革意识。1919 年 11 月 1 日，郑振译与瞿秋白等人创办了《新社会》旬刊，呼吁“社会改造”，“创造德莫克拉西（自由——编者注）的新社会”。从那时起，他已认定旧的社会制度已不可救药，中国的前途在于革旧立新。就在《新社会》上，他一连发表了 10 多篇政论文章，抨击旧制度，反对旧势力，探求新道路，寻找新力量。这种改革意识的确定，引导他去努力发现、积极创造，逐步成为一个自觉的革命者。⑤ 旺盛的斗争意识。1919 年 11 月底的一天，北京的福建会馆举行福建同乡会，到会的已有三四十人，没等会议开始，郑振铎就大声地对大家说：“暗无天日，太令人气愤了！日本鬼子、卖国贼，真该死！今天会议，就该讨论这个问题。日本鬼子在福州开枪逞凶，并调动军舰武力威胁，激起中国人民无比愤慨，尤其是我们福建学生，义愤填膺。”他越说越激动，吸引了全场的青年。主持人打断他的话，宣布开会。话音未落，他又接着说：“是可忍孰不可忍？我们福建同学要按照‘五四’办法，再接再厉地干预国政。我建议办一个刊物。”这个主张当即得到与会者的热烈赞同。这就是后来由他主办的《闽潮》（参见程俊英文《回忆郑公二三事》）。郑振铎从“五四”以及 1917 年 11 月 16 日发生的“福州惨案”等斗争实践中，懂得了要想革新除旧，建立新社会，不斗争是不可能的。11 月 2 日，由 30 队组成的 5 000 名学生大军从天安门出发游行，郑振铎担任负责人的旅京福建学生联合会游行队伍，喊出了“头可断，血可流，福建不可失！”的口号。旺盛的斗争意识，促使他百折不回，直到生命的终结。他不只在思想上，而且在行动上永不停步。

以上 5 种因素，汇成了他成才过程中巨大的内动力。

外动力因素：① 家庭影响。郑振铎年幼丧父，兄妹三人是在清贫中成长的。尤其是背着沉重家庭负担的母亲，以一颗“望子成龙”的心，用自己双手劳动得来的血汗钱，支撑了这个家，又从牙缝里挤出生活花费，勉强维持着郑振铎的学业——读完高中。年幼的郑振铎，已经懂得生活的艰难，学会了奋发图强，不仅读书勤苦，而且成绩优异。到北京上学后，他总是念念不忘温州的母亲。“慈母手中线，游子身上衣”，他身穿母亲缝制的衣衫，脚踏母亲缟衲的布鞋，心中像有一根磁针，在指引他不息地追求，奋进。② 国家危机。郑振铎的青少年时代，正是中华民族处于被欺侮、被蹂躏、被分割、被掠夺的灾难时期，对于从小就喜爱陆游诗文的郑振铎来说，没有别的，只能越来越坚定地走上反抗与斗争的道路。国家灭亡的危险，给予他的是强烈的危机感，所以，在社会责任感的驱使

下，他不能也不曾有丝毫的懈怠和疏忽。随着年龄、知识和阅历的增长，他的斗争步伐愈益坚定，他既反对阶级压迫，更反对民族压迫。同时，他的斗争表现，也更加成熟，当他认识到自己是一个文化战士，应当在“文”上最充分地发挥作用，应当最充分发挥“文”的巨大而深远的威力的时候，他给自己规定的斗争任务是相当明确的，成就是相当突出的，几乎在“文”的各种领域他都有建树。叶圣陶先生说：“郑振铎留在上海，抗战八年间书信来往极少，只听说他生活很困苦，还是在大批收买旧书。胜利后回到上海，我跟他又得常常见面，可是在那大变动的年月里，许多事情够大家忙的，哪还有剪烛西窗的闲情逸致。现在看了这部集子里的求书目录，才知道他为抢救文化遗产，阻止珍本外流，简直拼上了性命。当时在内地的许多朋友都为他的安全担心，甚至责怪他舍不得离开上海，哪知他在这个艰难的时期，站到自己认为应该站的岗位上，正在做这样一桩默默无闻而又意义极其重大的工作（《西谛书话》序）。”这里说的是，抗日战争八年间，郑振铎隐姓埋名，化作书商，在日本人的眼皮底下、枪口前面，进行了一场卓有成效的特殊战斗。这是他在危机感与责任感的推动下的又一种战斗表现。③ 十月革命。“十月革命一声炮响，给我们送来了马克思列宁主义”，也送来了俄国的革命文学。阅读与钻研苏俄小说和文艺理论，曾是郑振铎第二课堂生活的一个十分重要的内容。和当时的许多进步知识分子一样，他从中吸取了无限的力量。因此，很自然地，也就成了这一文学，以及这一文学所表现出来的现实主义创作思想与文艺批评的积极信奉者和宣传者，1920 年 3 月，在大学最后一个年头，他写了《〈俄罗斯名家短篇小说集〉序》。他那态度鲜明、概括力很强的文章，曾给世人以启迪。后来，他又写了《俄国文学史略》，主编了《俄罗斯文学丛书》和《俄国戏曲集》等。他介绍并高度评价了高尔基的创作及其文学思想。不可否认，这些活动，对他的现实主义文学思想的形成和发展，是一个重要的促进，而他的现实主义文学思想的确立和充实，又推动他去做出新的开拓。④ 时代变革。郑振铎是在“五四”时期成长起来的，他的成才，与这一时代变革密切相关。可以这样说，没有“五四”运动，就没有今天的郑振铎。但是，时代变革对一个人的影响却是各种各样的。有积极的，也有消极的；有暂时的，也有长远的。“五四”运动，这一在中国历史上具有划时代意义的变革给郑振铎的影响，始终是积极向上的，也是经久不衰的。他从“五四”运动中站立起来，奋力奔跑，虽有曲折，却无后退。其中的原因是什么呢？就是这一巨大外动力因素同他身上的内动力因素相结合了起来，而且是正向相积，因此，其合成的实际力量是不可估量的。⑤ 同志合作。中国古老的《学记》中说：“独学而无友，则孤陋而寡闻。”志同道合者的自然结合，往往带来许多美好的东西。郑振铎在校期间通过读书和集会等活动结识了一批有志于新文化的进步青年，他们一起学习俄国文学作品，讨论时事，研究中国新文化运动的发展，尤其是共同与反动当局进行不屈不挠的斗争，互相激励，互相支持，互相促进，在他们的周围，建起了很适宜于青年人成长和创新的小环境。以此作为依托，他们进行了一系列试验性的社会活动与社会斗争，最后发展到成立有 12 位志同道合者发起的文学研究会，把“五四”新文化运动推向了一个新阶段。文学研究会的成立，对于郑振铎的发展，无疑有着特别重要的作用。从此，他以更加坚定、更加富有成效的步伐，开始了他的文学征程。文学研究会的初创时期，恰巧就是郑振铎步上文学征途的第一个高潮期——以进行文学研究和发表文学评论为主要特征的文化活动期，达到了第一高度，因而也表现出他作为一名新文化战士的极高的成熟度。爱因斯坦曾说过：“要是没有志同道合的人的了解和同情的感觉，要是我不全神贯注于这个目标，这个在科学和艺术研究领域中难以达到的目标，我的人生就会感到空虚。”可见，这种良性小环境对于人才的成长和成功是多么重要。

以上 5 种因素给郑振铎造成的外动力，与他的内动力的有机结合，就产生了决定他前进方向与快慢的合动力，即实际推动与引导他成长、发展的力量。正是这种力量的强大与持久，郑振铎不但先于一般的同龄人而成熟，并且能够经历各种挫折而不气馁，战胜重重困难而百折不回，取得一个又一个的成就。

郑振铎的成才道路是复杂而曲折的，但它是一条成功之路。这条成功之路可以为我们提供许多十分有价值的教益，对于个人或教育工作者和教育部门都是宝贵的。尤其在今天我们的事业需要有千千万万各种各样的人才，处于“变人口大国为人才大国”的历史时期，郑振铎的成才经验，就特别显得重要和实用。本文所提到的几点，当然并不能概括这条成功之路的全部经验，甚至对所接触到的内容也未能做出精确的反映，这是笔者事先就清楚的。笔者写此文的目的，仅是想借此寻求打开这座矗立在我们眼前的经验宝库的大门。

先秦时期，我国的一些社会教育家就总结出了“人以学为本”的成才经验。郑振铎的成才道路，又一次体现了这种人生真谛，给我们提供了一个可以效法的真实的典型。

一句话，郑振铎作为我国一名现代杰出人才，他是从反映历史文明和时代精华的浩瀚学海中飞起的大鹏。

（转自《学海飞鹏》第 178-193 页。此文 1989 年 9 月获“全国大学学习科学首届学术讨论会”优秀论文二等奖）

附文 2

追念振铎

——《学海飞鹏》代序

冰 心

(一)

说来已是二十年前的事了！

一九五八年十月下旬的一个晚上，在莫斯科的欢迎亚非作家的一个群众大会上，来宾台上坐在我旁边的巴金同志，忽然低下头来轻轻地对我说：“告诉你一个不幸的消息，你不要难过！振铎同志的飞机出事，十八号在喀山遇难了。”又惊又痛之中，我说不出话来——但是、但是我怎能不难过呢？

就是在那一年——一九五八年——的国庆节的观礼台上，振铎和我还站在一起，扶着栏杆，兴高采烈地，一面观看着雄壮整齐的游行队伍，一面谈着话。他说，他要带一个文化代表团到尼泊尔去。我说我也要参加一个代表团到苏联去。他笑说：“你不是喜欢我母亲做的福建菜吗？等我们都从外国回来时，我一定约你们到我家去饱餐一顿。”当时，我哪里知道这就是他对我说的，最后一次的充满了热情和诙谐的谈话呢？

在我所认识的许多文艺界朋友之中（除了我的同学以外），振铎同志恐怕是最早的一个了。那就是在五四时代，“福建省抗日学生联合会”里。那时我还是协和女子大学预科的一年级学生，只跟在本校和北京大学、女子师范学校和其他大学的大学生之后，一同开会，写些宣传文字和募捐等工作。因为自己的年纪较小，开会的时候，静听的时候多，发言的时候少，许多人我都不认识，别人也不认识我，但是我却从振铎的慷慨激昂的发言里，以及振铎给几个女师大的大同学写的长信里，看到他纵情地谈到国事，谈到哲学、文学、艺术等，都是大字纵横、热情洋溢。因此，我虽然没有同他直接谈过话，对于他的诚恳、刚正、率直的性格，却知道得很清楚，使我对他很有好感。

这以后，他到了上海，参加了《小说月报》的编辑工作。我自己也不断地为《小说月报》写稿，但是我们还是没有直接通过信。我们真正地熟悉了起来，还是在一九三一年秋季他到北京燕京大学任教以后，我们的来往就很密切了。他的交游十分广泛，常给我介绍一些朋友，比如说老舍先生。振铎的藏书极多，那几年我身体不好，常常卧病，他就借书给我看，在病塌上我就看了他所收集的百十来部的章回小说。我现在所能记起的，就有《醒世姻缘》《野叟曝言》《绿野仙踪》等，都是我所从未看过的。在我“因病得闲”之中，振铎在中国旧小说的阅读方面，是我的一位良师益友，这一点是我永远不会忘怀的。那几年他还在收集北京的名笺，和鲁迅先生共同编印《十竹斋笺谱》。他把收集来的笺纸，都分给我一份，笺谱印成之后，他还签名送给我一部，说：“这笺谱的第一部是鲁迅先生的，第二部我自己留下了，第三部就送给你了。”这一部可贵的纪念品，和那些零散的名贵的北京信笺，在抗战期间，都丢失了！

振铎在燕京大学教学，极受进步学生的欢迎，到我家探病的同学，都十分兴奋地讲述郑先生的引人入胜的讲学和诲人不倦的进步的谈话。当他们说到郑先生的谈话很有幽默感的时候，使我忆起在一九三四年，我们应平绥铁路局之邀，到平绥沿线旅行时，在大同有一位接待的人员名叫“屈龙伸”，振铎笑说，“这名字很有意思”，他忽然又大笑说，“这个名字可对张凤举”（当时的北大教授），我们都大笑了起来，于是纷纷地都把我们自己的名字和当时人或古人的名，对了起来，“郑振铎”对“李鸣钟”（当时西北军的一个军官），我们旅行团中的陈其田先生，就对了“张之洞”，雷洁琼女士就对了“左良玉”，“傅作义”就对了“李宗仁”等。这些花絮，我们当然都没有写进《平绥沿线旅行纪》里，但当时这一路旅行，因为有振铎先生在内，大家都感到很愉快。

振铎在燕大教学，因为受到进步派的欢迎，当然也就受到顽固派的排挤，因此，当我们在一九三六年秋，再度赴美的时候，他已经回到上海了。他特别邀请朋友给我们饯行。据我的回忆，我是在那次席上，初次会到茅盾同志的。胡愈之同志也告诉过我，他是在那次饯别宴上，和我们初次会面的。也就是在那次席上我初次尝到郑老太太亲手烹调的福建菜。我在太平洋舟子，给振铎写了一封信，信上说：“感谢你给我们的‘盛大’的饯行，使我们得以会见到许多闻名而未见面的朋友……更请你多多替我们谢谢老太太，她的手艺真是高明！那夜我们谈话时多，对着满桌的佳肴，竟没有吃好。面对这两星期在船上的顿顿无味的西餐，我总在后悔，为什么那天晚上不低下头去尽量地饱餐一顿。”

抗战胜利后，我从重庆先回到上海，又到他家去拜访，看见他的书架上仍是堆着满满的书，桌子上，窗台上都摆着满满的大大小小的陶俑。我笑说：“我们几经迁徙，都是‘身无余物’了，你还在保存收集这许多东西，真是使人羡慕。”他笑了一笑说：“这是我的脾气，一辈子也改不了！”

一九五一年我从日本回国，他又是第一批来看我的朋友中之一。我觉得新中国的成立，使他的精力更充沛了，勇气更大了，想象力也更丰富了。他手舞足蹈地讲说他正在共产党和毛主席的领导下，为他解放前多年来所想做而不能做的促进中国文学艺术的发展，贡献出他的全部力量。他就是这么一个精力充沛热情横

溢的人。虽然那天晚上巴金劝我不要难过（其实我知道他心里也是难过的），我能不难过吗？我难过的不只是因为我失去了一个良师益友，我难过的是我们中国文艺界少了一个勇敢直前的战士！

在四害横行，道路侧目的时期，我常常想到振铎，还为他的早逝而庆幸！我想，像他这么一个十分熟悉三十年代上海文艺界情形，而又刚正耿直的人，必然会遇到像老舍或巴金那样的可悲的命运。现在“四人帮”打倒了，满天春气，老树生花，假使他今天还健在，我准知道他还会写出许多好文章，做出许多有益的事！我记得我们敬爱的周总理，曾在我们大家面前说过，他和老舍，振铎，王统照四个人，都是戊戌政变（一八九八年）那年生的。算起来都比我大两岁。我现在还活了下来！我本来就远远、远远地落在他们的后面，但是一想起他们，就深深感到生命的可贵，为了悼念我所尊敬的朋友，我必须尽上我的全部力量，去做人民希望我做而我还能够做的一切的事。

（一九七八年十一月十七日）

（二）

重读旧作，许多往事，涌向心头，使我下泪！振铎是我的朋友中最爽朗，最热情，最急公好义的一位。我比振铎只小两岁，居然比他多活了几十年，但长寿而不健康，就实在羡慕那些早走的朋友和家人。死而有知，他们正在一起欢聚纵谈。死而无知，至少也解脱了心灵上的寂寞和躯壳上的痛苦。在纪念振铎诞辰九十周年之际，我只能说我永远怀念他，敬佩他，而又羡慕他！

（一九八八年七月六日）

附文 3

书香玫瑰两相宜

——写在世界读书日之夜

文泉清

最近不怎么买书，但是从网上购得的书陆续到了，今天又收到两件，都是我深深喜欢的书：

《纪念郑振铎先生诞辰九十周年殉难三十周年·学海飞鹏》承仁义主编。此书一九八八年出版，近全品，也算难得了。书前有冰心所写代序。全书内容分三部分：第一部分为郑振铎在母校，详细介绍了郑振铎在校大事记、铁路管理学校庚申级小史、郑振铎在校作品选三节；第二部分为回忆与评述，有金士宣、周予同、程俊英、陈福康、郑尔康、承仁义等人写的文章；第三部分是郑振铎代表性作品与言论；书前附插图多幅，以郭沫若、茅盾、赵朴初等人为郑先生写的悼亡诗、词手迹为罕见，亦可从中看到郑先生留给师友的良好印象。这样的书是值得去认真阅读的，以后当抽暇细读之。

……

——（引自 http：//www. booyee. com. cn/bbs/thread. jsp？ threadid＝119121）

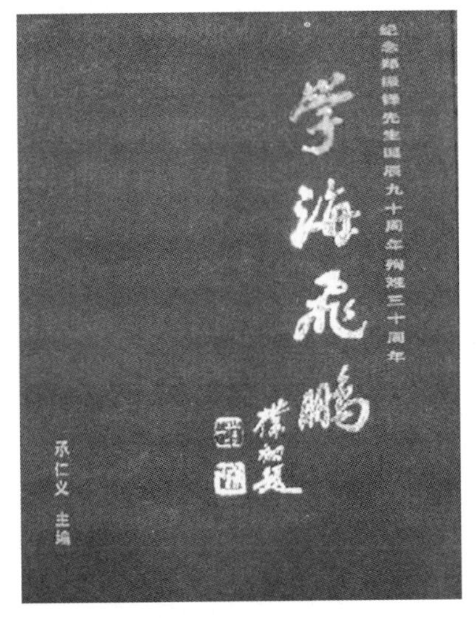

承仁义主编的《学海飞鹏》

附文 4

郭老悼诗

万里乘风八月槎①，惊传瞬息坠天涯。同行英杰成雄鬼，一代文华化电花。

人百其身如可赎②，天原无限漫兴嗟③。好将群力追前驷④，读破遗书富五车⑤。

注

① 槎（chá），用竹木编成的筏。杜甫《秋兴》诗：“奉使虚随八月槎。”这里借喻郑振铎出访乘坐的飞机。②“人百其身如可赎”，意谓“要是能用百人之身替代他去死，宁可让他活着”。③ 兴嗟（xīng jiē），引起感叹。南朝，梁简文帝《答湘东王书》：“临岐有叹，望水兴嗟。”

④ 驷（sì），古代一辆车套四匹马，因而有“四马为一乘”“驷，一乘也”之说。

⑤“遗书富五车”。原为“学富五车”。语出《庄子·杂篇·天下》篇：“惠施有方，其书五车。”惠施是战国时哲学家，很有才学，是名家的代表人物。这里是说惠施读的书要用五辆车子拉。诗中以“引典”形容郑振铎博大精深的学问。

后　记

本文原载国家图书馆 2008 年 12 月出版的《文津流觞》总第二十五期——纪念郑振铎诞辰 110 周年专号第 175-184 页。

附文 5

北京交通大学郑振铎学习研究会启动仪式暨弘扬郑振铎精神首场报告会成功举办

作者：李义明　摄影：沈岩　来源：经管学院

发布日期：2009-4-10 15:00

4 月 9 日下午 16:30，北京交通大学郑振铎学习研究会启动仪式暨弘扬郑振铎精神首场报告会在中心报告厅成功举办。郑振铎之子郑尔康先生、学校关心下一代工作委员会李士群主任、孙永春顾问、承仁义副主任，学生工作部、党委宣传部、校团委、经管学院等单位相关负责人及师生代表共计 400 余人参加了启动仪式。

郑尔康（右）、承仁义（左）两位顾问分作了报告

伴随着播放一段介绍郑振铎先生生平的视频，启动仪式正式开始。首先由研究会发起人代表、现任会长高珊同学向大家简要介绍了郑振铎学习研究会有关情况，副会长王雯婧同学宣读了向郑振铎学习的倡议书，随后李士群主任宣布郑振铎学习研究会正式启动，并向郑尔康、承仁义颁发了郑振铎学习研究会顾问证书。接着，郑尔康和承仁义作了弘扬郑振铎精神的精彩报告。作为郑振铎先生的儿子，郑尔康向大家描述了眼中的郑振铎，他主要向大家讲述了郑振铎先生在抗战时期的艰苦生活，以及在十分困难的条件下依然极尽全力抢救国家珍贵图书及文物，并最终把所有收藏捐给国家的感人事迹。在报告中，他多次强调郑振铎先生对图书的珍视和热爱，并鼓励在场的同学们要多读书，坚持学习。承仁义主要向大家阐述了他对郑振铎学习研究会成立的思考，他呼吁各高校应积极响应温总理的号召，更加重视培养大师级的人才；同时，他向同学们提出了“学习大师，战胜自己；跟上大师，创新自我”的口号，激励同学们努力学习郑振铎先生对书籍的态度，培养读书的兴趣。

校关工委李士群主任代表学校向郑尔康顾问颁发证书

启动仪式上郑尔康先生向郑振铎学习研究会赠送了一部由他亲自编著的《郑振铎》传。

最后，李士群主任总结阐述了成立郑振铎学习研究会的重要意义，呼吁同学们向老校友郑振铎先生学习。

高珊会长从作者手中接受《郑振铎》一书

北京交通大学郑振铎学习研究会，简称郑振铎研究会，是在校团委的领导和指导下，挂靠经济管理学院管理的校级学生社团组织，于 2009 年 3 月 4 日批准成立，指导老师是经济管理学院党委王德瑜副书记。郑振铎学习研究会的创办，旨在弘扬郑振铎精神，挖掘交大文化底蕴，增加校园人

文气息，激发学生爱校情怀，是对北京交通大学文化建设的深入实践。

聚精会神的与会同学们

郑振铎先生是我国现代杰出的爱国主义者和社会活动家，又是著名作家、文学评论家、文学家、翻译家、艺术史家，也是国内外闻名的收藏家、训诂家。1917 年入北京铁路管理学校英文管理专业学习。他是我校的杰出校友，是所有交大人学习的楷模。成立郑振铎学习研究会是为了让广大同学了解并学习郑振铎先生的优秀品质，研究会将通过创办刊物、举办郑振铎先生主题展览、宣讲团宣讲、征文比赛、主题讲座等一系列活动去宣传和实践郑振铎精神，为交大的文化建设和学生的成长成才贡献力量。

附文 6

学习大师战胜自己　跟上大师创新自我

——在郑振铎学习研究会启动仪式上的发言

承仁义

各位领导、各位老师、各位同学：下午好！

首先，我要热烈祝贺我校学生社团“郑振铎学习研究会”的成立。我把它看成是我校在建设“国内一流、国际知名的研究型大学”发展里程中的一个创举。因为它标志着在北京交大的学习生活中，已经把造就大师级人才的目标纳入视野。而推动这一创举启动的直接动因，是《郑振铎》传记的出版。所以，我提议，向特地前来参加仪式的《郑振铎》传记作者——郑尔康先生表示深深的感谢。

下面，我就成立郑振铎学习研究会引起的思考，谈两点想法，与大家交流，供同学们参考。

中央号召，高校应为造就大师级人才做出贡献。这是去年温家宝总理在探望钱学森大师时又一次特别强调的。在今年我校的学校工作计划中，也列进了这个内容。这说明，对于这个历史性任务，已经有了上下一致的共识。

但是，对于这一历史性任务的重要性、迫切性的讨论，却显得并不多，尽管很多人提出："为什么至今没有一位我国自己培养出来的诺贝尔奖获得者？"尤其是我们应该怎样造就大师级人才的问题，似乎仍处在朦胧状态，几乎见不到像样的令人豁然开朗的学术性社会大讨论或实践性专门总结。当然，这是我的个人感觉，作为一个坐井观天、孤陋寡闻的退休老头，对飞速发展的今天的社会，不可能有全面的了解，以偏概全的感受也许不可避免。不过，我要说的是，正是有出于这样状态的感觉，我才认为今天成立"郑振铎学习研究会"是开了风气的先河，是值得充分肯定和大力支持的。但愿那是我的一种错觉。我呼吁学校领导，包括院校两级领导，应给予郑振铎学习研究会高度的重视和切实的扶持。这是我要说的第一点想法。

第二点是希望，希望"郑振铎学习研究会"能够通过对郑振铎大师学习活动的研究，进入"学习大师战胜自己，跟上大师创新自我"的境界。我的意思是，向大师学习，不一定人人都能成为大师，但人人都可以将大师的学习经验学到手。而能够造就出郑振铎大师的北京交大，一定能够造就出更多的大师级人才。

我认为，一个人的成长、成才、成功乃至成为大师，是在不断战胜自己、创新自我中实现的。

战胜自己的什么？最根本的就是战胜自己的盲目性。因为盲目性是人生大敌，终生大敌，导致一切失败的大敌。战胜自己的盲目性就要用科学发展观来统领自己，因为科学就是对客观规律的掌握。人的成长、成才、成功的规律就是不断克服自身的盲目性，不断提高自己的自觉性。这也是"兴趣造就大师"这一理念的认识基础。

创新自我怎么创？就是通过创造性学习不断创新自我。人以学为本。这是亘古铁理。但是，只有创造性学习，才能不断创新自我；而单纯继承性学习，只能使自己思想僵化，墨守成规，轻则走向边缘化，重则被时代淘汰。

有舆论认为，如果说 2008 年北京奥运会的成功举办，标志着中国的和平崛起；那么 2009 年中国在 20 国伦敦峰会上受到的重视和产生的影响，则意味着世界已经开始接受中国的和平崛起和大国地位。这是中国人民奋斗 60 年，尤其是改革开放 30 年以来取得的结果，是值得高兴、值得庆祝的。

但又有舆论认为，中国作为一个大国强国登上历史舞台，必须承担相应的国际责任，做出应有的贡献，也就是说必须更加强大起来。例如，这次伦敦 20 国峰会上所以能够受到重视，与我们在这方面做出的新努力是分不开的。

面对世界性经济危机，如何把克服眼前困难与长期的强国战略结合起来，不仅是一个值得重视的问题，更是在实践中不能不解决的任务。具体说来，便是要

想方设法突破两个发展瓶颈：一是内需不旺，经济发展过分依赖出口贸易，据说我国的 GDP 30% 来源于外贸；二是人口大国尚未完成向人才大国的转变，我们目前的普及教育普及得并不彻底，而我们的高等教育则刚刚步入大众化，离普及相差遥远，国民的文化科技水平与发展的需求之间存在巨大空间。在这样的背景下，培养大师级人才具有特别重要的意义。

我为什么要说这些？说这些的目的是要引起大家注意：我们现在所处的时代背景、面对的现实任务，已经与郑振铎时期完全不同了。我们首先要学习的，是他当年如何面对同样问题的态度、做法，以及成功经验。这是学习郑振铎的第一步。希望同学们旗开得胜。郑振铎是一位受人尊敬的大师。学习郑振铎就是要继承大师的精神、经验和方法，包括他的价值观念，爱国心地，责任感，像他那样，不断战胜自己，不断创新自我。

这两点想法，仅供参考。最后，祝贺郑振铎研究会开步顺利！

祝愿今后成果丰硕，早日形成一条行之有效的步向大师的研究型学习之路，让北京交大这片北国学海，飞出更多的大鹏。谢谢！

2009 年 4 月 9 日于北京红果园

附文 7

学习改革与学习创新是大学生当务之急

——《郑振铎学习研究会》的诞生

北京交通大学经济管理学院学生　高　珊

引　言　2009 年 8 月，教育部第九次全国高校学习改革与创新研讨会在昆明学院举行，我校经济管理学院大三学生高珊同学被学校推举出席，并在会上做了我校学生社团“郑振铎学习研究会”组建情况的报告，给会议带去了一泓新流。会议主持人、长沙学院（原长沙大学）副校长屈林岩教授评价说：“高珊表现不错。学生参加我们的（研讨）活动是我们工作中的一个创新。”下面是高珊同学的发言内容，它见证了我校学习指导活动所达到的广度和深度。

摘　要　通过介绍北京交大“郑振铎学习研究会”的成立及其起始活动情况，提出了“学习改革与学习创新是大学生当务之急”和以学生社团方式自己组织起来自主开展研讨与交流学习经验的必要性、可行性和有效性问题，从而肯定了其积极作用。

关键词 建设校园文化 学习改革创新 大学生学习研究会

尊敬的各位领导、各位老师：

我是来自北京交通大学的一名本科生，现任北京交通大学郑振铎学习研究会会长。今天我能参加这个会议，感到十分荣幸。作为一名成长中的大学生，我特别想听到专家、教授们的教导和建议，因为现在确实有很大一部分大学生缺乏学习和实践的创新能力，他们很困惑到底应该如何培养、提高自身的综合素质，以适应时代发展的需要。所以，他们十分希望获得这方面的有效指导和切实帮助，而不是泛泛地隔岸喊话。

作为一个学生团体的带头人，我或许可以给这次会议带来一种新的思路，打开一片新的天空——大学生通过成立自己的学习组织、自己的研讨活动和用自己的智慧与信念，来解决大学生自身的学习改革与学习创新问题。一段时间以来，我有这样一个信念，就是大学生的学习改革与学习创新，别人包括老师是无法包办代替的。这也是我们发起成立“郑振铎学习研究会”的原始动机。我们的研究会从今年 3 月成立到现在，虽然时间不长，但已经举办过几次活动，并且取得了良好的效果。下面，我想从研究会的成立动机、所取得的成效和未来设想三个方面作一汇报，诚请各位老师不吝赐教。

一、成立研究会的直接动机

1. “北京交通大学学人典库·杰出校友”首册系列传记——《郑振铎》一书的出版，激发了探索这位大师级人才“好学成才”经历的浓烈兴趣与热情

我校多年来加快了“校园文化建设”的步伐，其中，创建“北京交通大学学人典库”项目是个重头戏。2008 年 11 月，在纪念著名的爱国民主战士、五四新文学旗手、文学家、教育家、考古学家和社会活动家——我校 1920 届毕业老学长郑振铎先生诞辰 110 周年之际，校领导特约郑振铎之子郑尔康先生执笔、由北京交通大学出版社出版《郑振铎》一书，于 2008 年 12 月发行。全书 36. 8 万字，附有珍贵照片数十幅，全面介绍了郑振铎光辉的一生，书写了他在校期间的学习生活、“五四运动”中的事迹、走向社会，以及在文学、编译、考古等方面对祖国建设做出的杰出贡献。该书面向的读者对象，重点就是本校教职工和学生，包括后来之人。

老学长郑振铎先生诞辰一百一十周年、殉难五十周年，回顾他的一生，就像矗立在我们视野里的巍然之塔。这座令人景仰之塔，俨然有着“七级浮屠”那种韵涵：她的第一级可谓“艰苦成长”，第二级则是“好学成才”，第三级堪称“奋斗成功”，第四级应为“众志成城”，第五级就叫“创业成名”，第六级宜唤“殉职成仁”，第七级名曰“众仰成杰”。而《郑振铎》，则巧妙地将这个“七级

浮屠”变成了一座美丽的“珍珠之塔”，强烈地吸引着人们的眼球（《郑振铎·前言》）。

也就是说，《郑振铎》一书的出版，为交大师生创造了全面认识这位老学长的充要条件，开掘了认识资源，从而奠定了研究会成立的客观基础。

2. 成立郑振铎研究会不是我们一时的冲动，我们有一位资深顾问——承仁义教授，他为我们铺设了前进的道路

承老师研究郑振铎先生已有20余载，是他最先发现郑振铎是我校的校友，发现了郑振铎“通过创造性学习与创造性实践达到了知与行的创造性统一”的奥秘（见《郑振铎·前言》），并不辞辛劳地追根溯源，与郑尔康先生一直保持联系，为更好地研究郑振铎做了必要准备。他把郑振铎称为“学海飞鹏”，在1988年12月出版的《学海飞鹏》一书中，已记载了他对郑振铎成长、成才、成功过程的研究成果，在20年后出版《郑振铎》的“前言”中又提出了深层认识“兴趣造就大师”的观点，启迪了我们的思路。在研究会启动仪式上，我们荣幸地请到了郑尔康先生和承仁义教授担任了研究会顾问。这对研究会的成立和今后的活动可以说是一种有力的引导和鼓励。

承仁义（二排左起四）2009年与经管学院大三学生党支部同学们合影

3. 得到院、校两级领导的重视和大力支持

北京交通大学的目标定位是建设“国内一流、国际知名的研究型大学”。既然是研究型大学，那么固然不能缺少学生的研究，并且学生研究应该成为主流。这就为我们成立郑振铎研究会提供了一个良好的契机。例如，学校很快批准了“注册”；而经管学院党委王德瑜副书记还亲自担任研究会的“指导教师”；校、院又给予了经费支持和各种方便。这是研究会出世的保证。

4. 出于对郑振铎老学长的敬仰和崇拜，是成立研究会最重要的一个动机

读了《郑振铎》，许多同学油然产生了对郑振铎老学长的敬仰和崇拜。他爱

国，积极参与反帝反封建活动，抗日战争爆发后，郑振铎参与发起“上海文学界救亡协会”，创办《救亡日报》；他爱书，郑振铎为国家收购《脉望馆钞校本古今杂剧》等多种孤本，并选编影印了《中国版画史图录》《玄览堂丛书》《明季史料丛书》等，使大批珍贵图书免于沦落异域外邦；他爱艺术，曾抢救了600多件汉、魏、隋、唐的古明器陶俑，无偿捐赠国家，“其中有些是他借钱买来的”；他爱孩子，雅号“大孩子”的郑振铎，1922年创办了我国最早的儿童文学刊物《儿童世界》，他一生童心未泯。他的德、识、学、才，他的豪情、刚毅和温暖，彻底地震撼了我们，吸引了我们，成为我们学习的榜样、行为的楷模。当然，要学习他，首先就要了解他，研究他。

以上便是我们成立郑振铎学习研究会的直接动机。

二、研究会简介

北京交通大学郑振铎学习研究会（简称郑振铎研究会），是挂靠在北京交通大学经济管理学院的校级学生社团组织，于2009年3月4日批准成立。本会设会长一名、副会长两名，下设办公室、宣传部、活动部和外联部，现有成员50人。

郑振铎学习研究会的创办，旨在弘扬郑振铎精神，挖掘交大文化底蕴，增强校园人文气息，激发学生爱校情怀，是对北京交通大学文化建设的深入实践。

郑振铎先生，生于1898年，逝于1958年，是我国现代杰出的爱国主义者和社会活动家，又是著名作家、文学评论家、文学史家、翻译家、艺术史家，也是国内外闻名的收藏家、训诂家。1917年入北京铁路管理学校学习，也就是今天的北京交通大学。他是交大的杰出校友，是所有交大人学习的楷模。成立郑振铎学习研究会是为了让广大同学了解并学习郑振铎先生的优秀品质。我们将通过创办刊物、举办郑振铎先生主题展览、宣讲团宣讲、征文比赛、主题讲座等一系列活动，以宣传他的事迹，传播他的思想，介绍他的成长、成才经验，尤其要学习他的高贵品德和“通过创造性学习与创造性实践达到知与行的创造性统一”的人生奥秘，扩大其影响。

三、研究会活动的初步成效

1. 启动仪式

2009年4月9日，北京交通大学郑振铎学习研究会启动仪式暨弘扬郑振铎精神首场报告会成功举办。郑振铎之子、《郑振铎》一书作者郑尔康先生应邀到场，学校关工委、学生工作部、党委宣传部、校团委、经管学院等单位相关负责人及师生代表共计400余人参加了启动仪式。

在启动仪式上，郑尔康先生向研究会赠送了由他亲自编著的《郑振铎》，所有到场同学人手一册。郑尔康先生和承仁义教授还作了精彩的报告。郑尔康主要

向大家讲述了郑振铎先生的“爱书情结”、在抗战时期的艰苦生活，以及在十分困难的条件下依然竭尽全力抢救国家珍贵图书及文物，并最终把所有收藏捐给国家的感人事迹，强调了郑振铎对图书的珍视和热爱，鼓励同学们多读书，坚持学习。承仁义主要向大家阐述了他对郑振铎学习研究会成立的思考，他呼吁学校各级领导应积极响应温总理的号召，更加重视培养大师级的人才；他提出了“学习大师，战胜自己；跟上大师，创新自我”的口号，激励同学们努力学习郑振铎先生对书籍的态度，培养学习的兴趣。

通过启动仪式，同学们更加真实、系统地了解了郑振铎先生，增加了对郑老的崇敬之情，进一步激起了他们学习郑振铎精神的热情和意愿。

2. 图片展览

配合研究会启动仪式的举行，我们筹备、举行了郑振铎生平图片展，即制作了十三块大型展板，在会场前一字排开，吸引了众多同学前来观看。展览中的图片大多来自《郑振铎》一书，并配以文字说明，清晰地展现了郑振铎光辉的一生；我们还为展览作了序言和后记，以动情而有力的文字，抒发我们对郑老的崇敬。前来参观图片展览的同学，每个人都认真地从第一块展板看到最后一块，并且久久驻足于那块“后记”展版前，思考那最后的一串省略号——其实，那是用无言的逻辑引导当代交大人，尤其是交大学子，思考如何顺着前辈走过的光辉道路认真走好自己的人生，为母校、为祖国做出奉献。

3. 征文比赛

起动仪式后，我们了解到许多同学已通读过《郑振铎》一书。5 月份，我们便组织了题为“红果园的童话”的征文比赛。

北京交大的校园有一个人人挂在嘴上的昵称，叫“红果园”，据说那是因为当年校园里生长着大片的“山里红”（如今在离休办的院子里依然年年能见到她的花与果）。因为郑老有着一肚子永远讲不完的童话，征文主题“红果园的童话”的构想便由此而来。征文得到了广大爱好文学的同学的大力支持，共收集到征文稿 50 余篇，最终评选出 10 篇优秀作品，为其作者颁发了奖励证书。其实，我真的没有想到会有这么多的应征文稿，因为习惯上好像上了大学几乎就不怎么写文章，大家也就很少关注这类的征文。所以，这次征文能收到 50 多篇质量都还不错的稿子，真的出乎意料。我想，这是郑老的人格魅力征服了同学们。我觉得这就是我们现阶段最大的成果了。这也是我们迈出的坚实的第一步。

四、研究会未来设想

研究会自成立至今还不到半年时间，我们要做的事还很多。下一步我们要认真设计一个研究会一年一度的经典活动，让这个活动成为研究会独特的标志。另外，将征文设计成长效活动，做成类似校刊、院刊的刊物，将郑振铎事迹、学生征文、其他相关文学信息等整合到一起，定期做成电子杂志通过校内邮箱群发给全校同学，在更广范围内进行宣传，尽可能扩大影响。

在同学们熟知了郑振铎之后，可以开展一些主题更加宽泛的活动，不能拘泥于仅仅宣传郑振铎，当然也不能完全不顾对郑振铎的研究。

高珊发言被收入会议《论文集》

以上就是对北京交通大学郑振铎学习研究会的介绍。成立这样一个研究会，对于培养和提升我们的学习能力、实践能力和创新能力确实起到了很好的推动作用。关于成立一个目标明确、主题鲜明、资源丰富和具有吸引力的学习社团，对于促进大学生当务之急——学习改革与学习创新问题的解决，定会产生积极的作用。为什么？下面我谈几点个人体会。

首先，成立一个组织必须要确定宗旨、目标、章程等，这个过程是一个集思广益、不断修改完善的过程。尤其是制定章程时，我们参考了学生会的章程，而学生会又有一定的政治色彩，很多东西与研究会不相兼容，因此我们又参考了“三个代表”研究会和科协的章程。其实，在这个过程中，我们就是在学习，在主动学习。所谓的学习能力，我认为就应该是主动学习、主动探索，而被动地完成老师交给的任务只是在复制。

其次，在举行每一个活动的时候，我们都是在实践。举办过活动我才知道，要做好一个活动是多么复杂：活动前要做好准备工作，申请场地，联系嘉宾，制作传单、海报、展板，准备活动所需物品，制定人员安排、活动预案以及最重要的活动内容；活动中，又要安排专人盯住各个细节，照顾好各方面，做好应急准备；活动结束，要作总结、写新闻稿、整理各项材料，等等。每一个具体的工作都是一次实践，怎样合理分配工作、安排谁和谁一起工作、什么时候做什么工作，这都是需要我们主席团自己决定。具体的工作则由理事们去做，不管做的什么工作，都是对自己的锻炼和挑战。通过举办这几个活动，我自己深刻体会到我在成长，我在进步，今后我再举办活动时就有经验了，不至于手忙脚乱。我想，只有在实践中才能成长，才能收获。

最后，成立一个组织的最大作用在于它可以最大限度地让我们发挥主观能动性，培养和提升创新能力。现在大学中的社团相当丰富，各种各样的，让人眼花缭乱，尤其是每个新学年招新的时候，走在学校里就像是在逛庙会，因此只有独特的、吸引人的、有竞争力的社团才能常青。这就引导着我们必须创新，一成不变肯定是要被淘汰的。

通过这三方面，我觉得成立社团可以促进学生学习、实践和创新能力的发展和提高。不过要促进这三方面能力，不一定非得要成立社团，毕竟现在的社团已经很丰富了，不一定要有更多的社团出现。但是从成立社团中可以得到一点启示，引用承老师的一句话，“兴趣造就大师”。是的，只有激发出兴趣，才有可能让学生主动地去探索、去研究，兴趣最直接的功能是能够培养能力。

以上汇报，请各位老师批评指教。

谢谢！

附文 8（研究会第一届获奖征文选）

1　情思郑振铎

经济管理学院　经济 0803　张瀛心

郑振铎油画像，尹戎生作（转自孙永春主编《校园文化景观赏析》，北京交通大学出版社出版）

初识先生源于语文课本中的那篇《猫》。平淡的句子，细腻的感情，出现在这样一个铁血铮铮的男子名下，令我惊奇，过目难忘。潜意识里认为这些名人都是天性中带着一丝冷漠的，除了事业、前程、名誉、地位，其他的一切都可有可无。就像先哲早就说过，大丈夫何患无妻，女子如衣服，连爱情都算不得什么，更枉论不会哭不会笑连委屈都无法表达的猫。可先生不同，你曾经这样留心地关注过，这样生动地描绘过，这样真诚地忏悔过，这样坦白地诉说过……读你的《猫》，仿佛能清楚地看到它们的嬉戏与顽皮，感受到生命的美好与脆弱，幸福着它们的活泼与快乐，悲伤着它们的委屈与哀愁……字里行间，先生将自己的感情灌注其中，快乐、酸辛、耽忧、怅然、愤恨、悔过……每种心情都真实、明晰。这样温情的先生，让我觉得好亲近。

然后一别经年，再度与先生“重逢”，我是新生，先生是知名老校友。在科学会堂的正前方，先生的半身铜像已不知矗立了多久，仍然凝神深思，目光如炬，心怀祖国，忧于远忧。怀着我们“重逢”的欣喜与好奇，我查询了先生的生平经历，才恍然，先生有的不仅仅是对猫、对生命的温情，更多的是对祖国、对人民、对文化的执着与钟情。小爱，大爱，先生心中的大爱，更加震撼人心。

文静儒雅如先生，历经岁月的沧桑之后仍难掩浓浓的书卷气。你自幼便历尽的艰辛与磨难，却成就了文雅之后坚定的信念与不屈的意志。五卅惨案后，先生对反动势力的谴责与指控是多么的勇敢、犀利，你用奋起不屈的笔，无情地鞭笞了反动势力的丑陋与罪恶，振奋了无数因黑暗与多难而饱受伤害的心。作为一名功勋卓著的社会活动家，先生怀着满腔热血投入到了爱国的抗战中。你始终斗志昂扬，始终激情满怀，始终不屈不挠，始终铁血丹心……先生的斗志、激情与坚持，无不深深地根植于对祖国的热爱，这种热爱存在于你的身躯、热血和思想与灵魂里，正如对故乡那浓得化不开的依恋一样，无时无刻不深深似海。

校园里的郑振铎铜像

先生一生致力于我国的文化大业，奔走多方，倾尽全部心力搜集、整理我国的珍贵文献。为了防止这些宝贵的精神财富外流，先生一生都在奔走，一边奔走一边号召，一路风尘仆仆、鞠躬尽瘁。当我查阅着那些触目惊心、令人惊叹的数据，我既为那些已经流逝的宝贵文化心碎不已，又为我们有先生这样一位学者曾这般倾力挽留过而感到无限庆幸。如果没有先生，我不敢想象我们的文化宝藏将有多少只能存在于惋惜与记忆。直到先生那年因公殉难，你的贡献却仍未停止。先生已去，无力再亲自为祖国、为文化呕心沥血了；可先生的影响力与精神仍在，你的号召仍坚定有力，声声入耳，激励着无数的后来者沿着先生曾经开拓的道路前进，完成先生未竟的事业与最后的心愿。

每天，都会有同学在先生的铜像前流连，我知道，他们都满怀着对先生深深的敬仰与思念……

2 飘落的思

交通运输学院 运输0702 舒 蕾

雨，轻轻地落下，缓缓飘落的叶，承载的是怎样的回忆？

风，渐渐地掠过，慢慢翻飞的叶，讲述的是怎样的一段传说？

整个校园，整条大街，整座城市，都沉浸在淡淡的雨雾之中，朦胧得好似轻

纱般笼罩，空气中弥漫的是清新的香甜。

行走在红果园，看见青草一点一点充满整个世界，听见叶子快乐得要插上舞蹈的翅膀，回想这一年，整颗心，充斥着一些情愫……

红果园（北京交大校园爱称）景象之一——“思源楼”

感动在心

星期一的夜，暗自滑落的泪，打湿，飘落的叶……

匆匆行走，空白的思维，猛然间，穿透空气的阴沉，血的鲜红，划破夜的寂寞。

狠狠地摔倒去医院的路上，路不长，却有句句关心的话语，张张担心的面孔，匆匆的脚步陪伴左右。

小小的针，穿过眉弓，微微的疼痛，不自觉地想到遥远的地方。泪，不受控制地落下几滴，溅湿感动的心。

回来的路，不长，感受到的却是无尽的温暖，那些轻轻的话语，细微的动作，真的让人想要落泪。家的感觉，温暖的地方。

那一星期，奔走于医院和校园之间，医院的恐惧，消毒水的刺鼻味道，消融在那些情愫之中，总是有种淡淡的感觉，好像轻纱一般，罩在心头。

我知道，那是感动。

身在异乡，拥有这样一群同学，拥有这样一群朋友，足矣！

泪未滑落，而痕迹已留在心上！

激动在情

走出家门，走进红果园，开始一个人的生活，一个人的学习，一个人的努力……

站在新的起点上，开始思索未来，开始计划着要怎样图谋。红果园，将要承载怎样的青春？怎样的未来？

依然记得，走下火车的那一刻天微微亮，绽放在眼前的是初升的太阳，是希望和梦想。

一点点新奇，一点点兴奋，一点点无语，踏进一所大学，开始追梦的路。

依然记得，站在风雨中，撑着伞，强打精神，等待国旗的升起，那是怎样的一种感情？当国旗舞动起来，当国歌奏响起来，一夜的朦胧被冲刷。那一抹红，具有的力量让人震撼。

依然记得，奔跑着登上长城最高点的时刻，迎着风，望着远方蜿蜒的长城如卧龙一般，一种情愫，挥之不去，刹那间充斥心房。

我知道，这是激动。

鸟儿掠过天空，将飞翔留给了我们。

红果园内刻有周恩来南开中学毕业时的题词：“愿相于中华腾飞世界时”的纪念碑

舞动在魂

生命是一块空白的画布，等待着我们去涂写。打开天空这块宁静的画布，该怎样去书写我们的青春？

握紧手中的笔，开始挥动，无须顾忌，无须害怕，因为什么都可以用心创造。

舞动的灵魂，张扬着要展现灵动；舞动的灵魂，努力着要释放精彩。

一场球赛，一次呐喊，都是那样的明亮；一次辩论，一次拔河，都是那样的深刻。

学习、生活、工作，面临抉择，是舞动的灵魂，努力的平衡，努力的生活，努力的学习。

当书面一页页翻过，当卷子一张张做完，其实还是有高中的那种感觉，毕竟，我们是学生，总是要做试卷，学习总是第一要务。

舞动的灵魂，开始追求的生活，夜深之时，总是会有一种感觉悄悄地从脑海掠过，淡淡的，却有着阳光般的灿烂。

我知道，这是舞动。

心的跳跃，灵魂在歌唱。

雨，还在飘落，如梦幻般的校园，清甜的味道，是怎样的一种静谧？

叶，仍在飘落，风，舞蹈着，是怎样的一种诗意？

飘落的思绪，在此刻停顿。一瞬间的芳华，终将填满整个世界；一瞬间的阴霾，终将被灿烂替代。

雨，叶，风，很美的一幅图画！

（本组照片摄影　承秀丽）

十二附件之十

北京交通大学校园网　　发布时间：2010-11-15　　截至（2014-8-16）击读：2 516 次

现代学权主义的迷人光华，一种生命范式

——记一级教授金士宣的求学经验

北京交大关工委副主任　承仁义

概　要　本文以记叙笔法，对一个来自浙江贫困人家弟子如何走进高等学府，如何在大学生时期写出中国第一本《铁路运输学》，以及如何于留学 4 年中连获硕、博两个高端学位的不寻常经历，进行了审视与透析，从而抓摸到其“成功的源头——他的现代学权主义”，为我们提供了一种现代生活经验、一种生命范式和催生出学习指导的新创意——应当号召人人成为现代学权主义者。

关键词　现代学权主义

金君士宣……新著《铁路运输学》……余受而读之，瞩叹致力之勤，蓄意之远，而中国于是乎始有铁路运输学矣。

——时任交通总长高洪恩

2000 年 10 月 8 日，是我国著名铁路专家、教育家、中国铁路运输学科创始人和奠基者金士宣教受诞辰 100 周年纪念日，因而在即将跨入伟大的 21 世纪的时候，引起了我们对他的深深怀念。他是一位具有坚定意志、顽强毅力和卓绝创造精神的爱国知识分子，他的精神鼓舞我们在科教兴国的道路上奋勇前进！

以上这段话，是 11 年前发表在同年 12 月 20 日《北方交大》校报上纪念一级教授金士宣诞辰的文章《发愤图强事铁路，诲人不倦植桃李》的开头话。经过近 10 年来进一步的深入发掘与研究，我们发现，金士宣取得如此成功的源头是他的“现代学权主义”。也就是说，他是一位现代学权主义者，这是他走向光辉成功的根本原因。

金士宣的学权主义，是伴随他的成长、成熟而形成的。但迄今为止，这方面的情况却鲜为人知，读者若有兴趣，不妨跟随我的拙笔浏览一番，以先睹为快。

第一节　生于劳碌人家

金士宣，字子和，男，浙江省东阳县人。

金士宣

1900 年 10 月 8 日，属于古代越文化圈范围的东阳南马镇泉府村，在一个自食其力的金姓大家庭里，又增添了一名男孩。因为在他之前，除取名春香的大姐之外，已有大哥“士魁”、二哥“士财”两位，按“士”字辈往下排，他被取名“士宣”。谁也不会想到的是，在他之后，又有四弟“士辉”，五弟“士贵”相继而至，一大家子，人丁兴旺，好不热闹。

这个时候，距越王勾践实行奖励生育的那会儿，已有 2 300 多年，实在太久远了，社会的变化也不知翻了多少个个儿，那种国家奖励生育的大好事，早被人们忘得一干二净，甚至连想都不敢想了。但是，在那“十年生聚，十年教训”时期形成的“奋发努力，自强不息”的文化传统，却在这片土地上因因相袭，代代相传，不仅保留了下来，而且得到了发扬光大。例如，在这个金氏大家庭里，就充满了这种文化氛围，并影响着少年金士宣茁壮地成长起来。

这话还得从他的祖上说起。

金士宣的祖父名叫家烈，赤贫，不识字，连自己的名字也不认识。祖父有三姐一弟，都和曾祖父同住在一间租赁来的两层楼里，家无片瓦，地无分毫，只能依靠祖父兄弟俩做零工维持艰难的生活。祖父 20 岁时，曾祖父就给他们兄弟俩各 20 斤大米，要他们离家外出谋生。后来，祖父做了竹篾工，少祖父做了泥瓦工，两人各自靠自己的勤劳闯出了一条生路。

经过辛勤奋斗，祖父家烈直到 30 岁才积蓄了一点血汗钱回到家乡，另租了一间房屋，娶妻张氏，组成了家庭。从此，他放下手上篾工活，改事贩卖民间所需的日常用品。春夏秋冬，年复一年，开始有些生疏，慢慢地，随着情况的不断熟悉，经营状况也逐步有了改进，日子倒还过得下去。不过，稳定的生活又带来了新的问题，张氏接连生下七子一女，日子越过越紧，不得不想方设法寻找新的出路。他的办法仍如曾祖父那样，早早地把这群孩子发动起来，各自为生活而劳作。从此，这种生活方式成了这个家庭的一种文化传统。

金士宣父亲一代七个男丁。父亲端兴是长子，自然首当其冲，四五岁的时候便由祖母陪着在本村石吉头渡口的一座凉亭里，将一篮子的桃子或者橘子等物分成三堆，每堆数量分别为一个、二个、三个，设摊叫卖。祖母先嘱咐好了每一堆的出卖价钱，让年幼的父亲一个人坐在地上当摊主，等到下午的时候祖母再来收摊。聪明的小端兴总能将卖货所得的钱和剩下的水果无误地交给祖母。家人看他的天性还算聪颖，就送他去私塾，念了两年书。在当时，能达到认字算账，也就是家里的得力助手了。两年后，先是跟着祖父去赶集贩卖民间日用品，等到了15岁的时候，个子长高了，经验多了，为父分劳，那是责无旁贷的事，便同祖父一道前往较远的绍兴余姚县临山镇一带，开始了远距离贩货的商业生涯。

金家老宅

他俩第一次采购的是质量一般但价格便宜的黄毛棉花。那是一种黄色的短纤棉，因为便宜，仅仅在农村有些销路。父子俩先把棉花通过运河与曹娥江，水运到嵊县长乐镇，再另外雇一两名挑夫，一起挑到家里，随后再赶送到市集零售，从中赚取一点差价。就这样，他俩靠着勤劳、刻苦和精打细算，养活着这一大家子人口。等到六个兄弟都渐渐长大，能劳动的人手多了起来，大家就分工配合，一齐上阵。

长兄端兴带着聪明能干的七弟凤沧，专门去外地采购货物运回家乡销售。他们除了到临山镇采购黄毛棉花之外，还根据邻近农民的需要，贩卖一些肥田用的产品，比如到嘉兴府的平湖县买花草子和去湖州府吴兴县买猪毛，然后再通过运河、钱塘江和金华江，水运回来。二弟凤清和五弟凤良就负责把从外地买回来的商品运送到各集市，零售给农民，每天也是早出晚归，非常辛劳。三弟凤鸣不愿在家里劳动，就在邻村葛府杀猪出售。六弟凤兰，则辛辛苦苦地耕种着从地主家租来的很少的几分田地。四弟凤祥（德修），因为天资不错，又喜欢读书，而且

家里的劳动力已经够用，经济负担也没有先前那么沉重，家里人就容许他一直读书而不用肩负养家的责任。

金家烈和金端兴父子们勤俭持家，谦虚对人，讲究诚信，在村里渐渐地有了一定声誉，再加上一家人的聪敏，小本生意越做越红火，营销经验越积越多。为了扩大经营，从 1912 年开始，便向村里的富户借了钱，做起了火腿买卖。主要是到山区安文镇和缙云县壶镇两个地方收购农民自己腌制的零星火腿，雇人挑回家里，经过加工修整之后，再由东阳南江、金华江、钱塘江和肖山至曹娥江的运河，辗转运到临山镇出售。然后，又用卖火腿的钱再购买棉花、草子、猪毛等货物运回家乡零售给本地农民。这样一来，运费节省了一半，时间效率提高了一倍，生意也就更兴旺起来了。后来，又在泉府村到南马镇的大石拱桥的南桥头地方，开设了一爿叫“金福太”的南货店，店里除了南货，还卖些猪毛、草子、石灰等肥料，由金端兴的二弟金凤清和大儿子金士魁打理。再往后，金家又办起了运输，开了一家“过塘行”，专门为过往客商代办“货物水运”的业务。就这样，从家烈起的金家三代人，依靠自己的劳碌，由小贩开始走上了商业发展道路，这是主业。另外，在农耕上，由租佃为农到自购为数不多的田地，独立耕种，虽也得到了发展，但收成并不能维持大家庭的粮食需求，每年还是要购买一些商品粮填补。至于住房，也由原来的租赁转为购买别人的旧房进行修葺，后来又盖了几间新屋。但是因为家里人口众多，总体上仍显拥挤，计算起来，祖父活着的时候，已是四世同堂。十一对夫妇，以及他们的孩子们，统统挤在这一栋房子里，其中，有幼年的金士宣和他的大姐与四个兄弟，济济一堂，很是紧张。

第二节　尖荷凸显异禀

也许是因为住房拥挤，金士宣三四岁的时候，就跟着祖父和继祖母包太夫人同床起居。

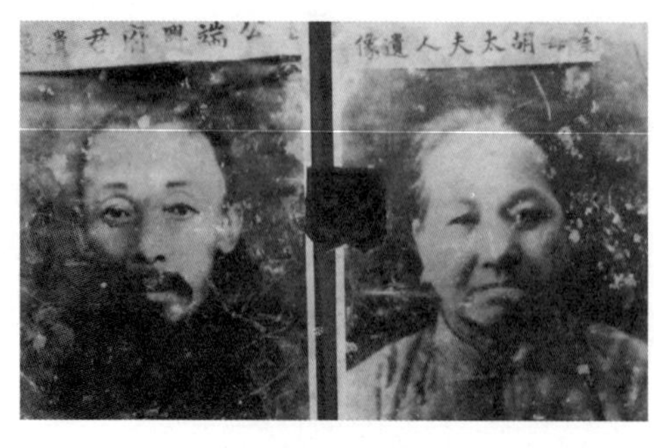

金端兴夫妇

小士宣的陪伴，给两位老人增添了许多家庭温情和生活乐趣。年老人睡眠本来就少，而劳碌一辈子的两位老人，已习惯于每天黎明前的生活谋虑，天还没亮，就要议论大小家事。但是，自从有了小士宣睡在身边，他们的议论不得不有所顾忌：只要发现小士宣醒了，便把话头转到乡间发生的好人好事上；

只要天一亮，便即刻起床。日子长了，这种习惯被小士宣发现了。乖巧的他，于是尽量不让老人发现自己已经苏醒，一动不动，默默地聆听着他俩的谈话。这样，他就既听到了家里的许多事，也懂得了什么是好人好事，什么是坏人坏事，有了朦胧的是非爱憎观念。尤其是那些勉励他的话，在他幼小的心灵里，深深地扎下了根。即便是老人早起的习惯，也自然地传到了他的身上。金士宣说过，他早起的习惯就是在这个时候养成的。

这段时间，祖孙间感情融洽，影响深远，特别是他的好奇心得到了充分的发挥和培养，一些心理素质，如兴趣、注意、耐心、记忆等，都得到了锻炼和提高。

到该上学的年龄了，他照例也被送到本村的永嘉初小，读四书五经。因为聪明好学，成绩不错，小士宣很受先生的喜欢，特别受到后来担任小学教师的四叔德修（凤祥）的喜欢。四叔总是带着他出去玩，给他讲历史故事，讲外面的世界，讲泉府村、南马镇、东阳县之外的世界，他从此知道了杭州、北京乃至美国，知道了山外有山，天外有天，知道了读书可以帮助他看到外面的世界。

四叔德修在离泉府村 35 里的南溪沿小学教书。后来，因爱妻去世，悲痛万分，就把三侄士宣接到身边，让他一面在那里读书，一面陪伴自己，以解心头之痛。

小士宣当然高兴得很。但是，仅仅过了两个月，士宣的父亲端兴突然来到南溪沿小学告诉四弟德修，杭州的政法学校正在招生，劝他去报考。德修因丧妻之痛未愈，想换一个生活环境，在大哥的关怀与劝说下，索性跟着他一齐去了杭州。因为两人走得急促，竟然连身边的儿子和侄子都没有打个招呼就走了，更不用说安排小士宣的生活了。小士宣只得孤零零地留在了这个陌生的地方，自己料理自己。这次离家读书，对金士宣来说是头一遭，所以不仅印象深刻，而且是一次“游学”尝试，打开了他的思路。

这所小学设在南溪沿杜家祠堂里，灵台上陈列着数百个死者的木头牌位，台下存放着空棺材，阴沉沉的。唯一的亲人德修叔走了，小士宣感到十分孤单，他虽然对父亲的举动十分不满，但想到他是为了帮助四叔考上大学，心理不觉又温暖起来。好在学校的教职工都喜欢这个聪明用功的孩子，给了他很多照顾，他也舍不得抛弃学业，立即离开。五岁的他，第一次独立地做出了决定：坚持念到学期结束。

学期终于结束了，他便恳求国文老师将他送回泉府村的家。开学后，他又重回永嘉小学，接着读四书五经和算术，直到四年级初小毕业。

随着家庭生意的越做越活络，金家经济上的窘境开始缓解。但是，只因家里存在从商务农的传统气氛，并不看重子女的教育，在父辈兄弟七人中，也只有老四德修（凤祥）在继续读书，其余的都是念二三年就参加劳动，忙生计去了。

这一来是生活所迫；二来也是不懂得知识的可贵，学习的重要；而且，已经习以为常，成了家风。到了金士宣这一辈，仍沿着这条路往前走，大哥士魁在一家南货店做伙计，二哥士财务农，四弟士辉先是替人家牧牛，后来又托人说情，到东阳火腿商人在杭州联合经营的“和济火腿行”当了学徒，那里不仅工作紧张，而且生活艰苦。五弟士贵年小，是后来金士宣参加工作时带出来读书的。当然，一个个都很顺从，听话，有事做，有饭吃，不是已经很好了吗？还有什么可说的！可是，父亲帮助四叔德修考大学的事却强烈地震动着士宣小小的心灵。而这种“家风”，在小士宣身上终于刮不动了。

金士宣幼年住所外观

金士宣幼年住所内貌

小士宣初小毕业，按照两个哥哥的先例，他就应该出去工作，不事农就从商。然而，小士宣却提出了继续上学的强烈要求，他要到离家十里远的宏毅高等小学去念书。这是家里人谁也没有想到的，就连疼爱他的爷爷奶奶也不曾想到！祖父的第一个反应是坚决不答应。因为离家上学，要缴学费和膳费，虽然钱不是很多，那也是一笔不小的开支呀！他还是那个老主意：读些书，能够认字算账，不耽误生意买卖就足够了，何必再去浪费那些时间和金钱呢？可是，小士宣是铁定了心，在那个寒假里，他反复哀求，希望祖父能够同意。家里人并没有当回事，只把它看成是小孩的一时兴趣。

不过，有一个人不仅懂得小士宣的心思，而且坚决站在他一边，这个人就是四叔德修。他从杭州回家度寒假，知道这事后便不停地劝说父亲改变主义，并诉尽了上学的好处。但这位一家之主仍然固执己见。

这时发生了一件事，使僵局出现了转机。

那是几年前，金家烈向本村的地主买了一块地，当时，双方谈定是“买断”。金家烈不识字，签订契约的时候是由村里一个能识文断字的人帮忙看的。签约的第二天，地主家派人来说：“地契上有些细小的问题需要再作修改，请金家烈再去商量。”地主知道他不识字，趁机把原来的“死契”改成了“活契”，瞒过了他这个“睁眼瞎”。就在这年冬天，地主带着帮手前来收地，说是契约上写明的期限已到。当金家烈拿出契约看时，才发现白纸黑字，“死契”已变“活契”了，真是浑身是嘴也辩不清。老人想起自己吃的这个“哑巴亏”，懊恼不已。面对三孙子的苦苦要求和四儿子的耐心劝说，他终于松了口，答应了让小士宣继续上学的要求。

这时的小士宣，就像一株尖尖的小荷，不时闪烁着不同于寻常孩子的禀赋，但是，除了他的德修叔觉察到那种闪光之外，可能谁也没有觉察。

第三节　学习渴求如火

小士宣生活在泉府村的时候，并不是一味读书，什么也不干，农村孩子嘛，哪能光吃不干活？他在本村永嘉初小念书的两个暑假中，就已经担当些割草、放牛之类的活儿，所以也有些劳动能力。1912 年 2 月，不满 12 岁的他，便独自一人挑着铺盖和一竹篮的杂物向十里以外的宏毅小学进发。一路上，呼吸着早春天气清新的空气，望着周围片片嫩绿的树叶在微风中自由飘荡，头顶上不时有三三两两的小鸟飞过，那叽叽喳喳的叫声，好像在向他道贺。轻松，愉快，惬意，他第一次感到，这世界是属于自己的。

当他跨进宏毅高小的校门，真正独立的学校生活便开始了。当时的学习条件十分艰苦，学校供应的饭食非常简单，金士宣更多的时候吃的是从家里带来的霉干菜和自己煮的米饭。那时当地读高小的贫家子弟，为了节省上学开销，都是从家里带上大米和梅干菜自己烧饭吃。铁炉、铜碗、梅干菜，成为学生的必备之物。铁炉用来放炭生火；铜碗是用清朝铜币融化而铸成，非常薄，放在铁炉中煮米饭；梅干菜由腌制好的咸菜风干而成，可以长期存放。

快到中午的课间，学生们拿出铁炉，用木炭生着火，把放好大米和水的铜碗放到炉中，置于教室外面的小房子里，让它慢慢地煮，到上完一节课时，铜碗里的饭差不多也就熟了。所以，学生们尽可安心听课，直到阵阵饭香飘进教室的时候，就该下课了。在东阳，除金士宣之外，还有雷达专家葛正权、植物学家蔡希陶等人，少年读书时都是自己烧米饭和吃梅干菜度过的。所以梅干菜在当地又被称为“博士菜”，用以纪念那些刻苦读书的前辈，并勉励当地的少年学生读不嫌苦。这是后话。

宏毅高等小学是东阳县西南两乡首先创办的学校，教师的知识水平和素质都很高，国文、数学、英语三门功课的教学质量也较高。穿粗布衣服、吃梅干菜的金士宣非常珍惜来之不易的学习机会，尽管生活艰苦，但学习是快乐的，到 1915 年 4 月学期将满时，他已读过四本英语教科书，并且能够从头至尾准确背诵。毕业前夕，他在报上见到一则清华留美预备学校的招生广告：“要在浙江招考 5 名

新生。”这触动了他的心思，他想，这是个机会，不妨一试。于是直接向校长提出了这个想法。不料，校长的答复给他当头泼了一盆冷水，说：“全省只有 5 个名额，没有录取希望。不准去。”小士宣起先有点懵，过后思量：“什么事还得靠自己。”没多久，姐姐出嫁，他就乘机告假回家走了一趟，参加姐姐的喜事。碰巧的是，回来参加姐姐婚礼的七叔，有事要到余姚县的临山镇去，途径杭州。他心生一计：何不与七叔一同前往，先考了再说。当然，最好求得祖父的允许。他对祖父说：“清华是公费学校，毕业后可以保送留学美国。”没有想到的是，祖父竟含笑首肯了。七叔考虑到他年幼，初次长途跋涉不能适应，要他先走一天，到东阳县城等自己，待两人会合后再陪他去杭州。

商定后，小士宣独自背着一个小包裹上了路。他一面走一面想：“这次祖父怎么如此痛快就答应了呢？”他百思不得其解，也许是像宏毅校长一样认为他考不上，所以答应也没关系？也许是因为不要家里出钱？……哎，不管它了，反正让我去考就行。因为心里有事，周围的景色并没有引起他的注意，也没有了几年前去宏毅时的那种快乐和轻松，他只想快点到县城，不要让七叔等他。他一连过了“光青”和“南午”两个山岭，赶了 50 华里①来到目的地，休息一夜。

第二天上午，七叔来到县城与他会合，两人继续赶路。这天，经过义乌县的二十三里镇，到苏溪镇歇夜，走了 55 华里。第三天，穿过楂林镇，爬上义乌、诸暨两县交界的宣何岭，又经宣何、安华和牌头三镇，来到位于蒲江中游的诸暨县城。这天共走了 75 华里。16 年后，即 1932 年，由金士宣担任运输科长的杭（州）江（山）铁路修通，把这三镇连在了一条交通线上。这也是后话。

小士宣 3 天走了 180 华里山路。第四天换乘木帆船顺流直下，航行一夜又半天到达肖山县临浦镇，又航行了 180 里水路。坐船比走路轻松多了，但船小人多，拥挤不堪。乘客绝大多数是东阳前往杭州、嘉兴、绍兴各府县做裁缝、泥瓦木工等穷苦劳动者。

今日浙江南马中学

南马中学校园景象

① 1 华里 = 500 米。

这种情景，后来常常盘旋在金士宣的脑海中，形成了故乡情结。上了临浦镇，换乘气轮船，两个小时的路程便抵达了目的地——杭州，这是小士宣近来日思梦想的地方。但是，这时的他，根本没有游山玩水的兴趣和时间，他急匆匆地完成了应考事务，又急匆匆地踏上了归路。

投考清华留美预备学校的人数约有 200 多人。考试课程除国文、数学外，还有英语作文、听写和口试三项。听写时，他坐在后排，一位英语先生站在台上朗诵，实在听不清楚，他只写下了多半而已，结果是可想而知的了。

小士宣的这次远行初征，虽然没被录取，但收获却是多方面的，而且是巨大的。最大的收获是进一步坚定了他的求学渴望，而在求学实践上得到了一次实际演练。

在杭州投考清华留美预备学校的日子，小士宣借住在“合济火腿行”，就是四弟士辉当学徒的商行。商行陈经理见这位小同乡人活泼，英语、汉语都不错，心中喜欢。正好，从平湖县买花草子返程的父亲也到这里歇脚，父子俩在这里不期而遇。士宣父亲认为这是个机会，就提议让小学将要毕业的士宣留下来学商业。这正合陈经理的意，当即答应。但是，出于意料之外的是，他们的主意遭到了小士宣的坚决拒绝。

就这样，他跟父亲回到家里，正好赶上了高小毕业考试，而且顺利地取得了毕业文凭。

在此要补上一笔，当年的宏毅高等小学，如今已发展为南马高级中学了。

第四节　三次维权成功

学习，是一个具有层次性内涵的概念。不过，其首要的也是最基本的义项即是接受正规教育。社会成员的受教育权利是一项基本民权，从一定意义上说，社会对这一权利的有效保障程度，是衡量该社会进步水平的一种尺度。例如，义务教育制度有效实施的水平高，则这个社会的进步相对说来会比较超前，而高等教育的普及率，则更是现代社会发展水平的主要标志。所以，维护社会成员的学习权利，在本质上是维护社会进步。因此可以认为：受教育的学习权利是社会的最高民权，或称最高人权。

但是，这种意识在我国历来十分淡薄，甚至到了今天，仍令人不无忧虑，包括社会成员个人对此种最高人权的低觉悟、社会舆论的不能认同和社会法制保证的缺失，以及决策领域的空白等诸多方面。不过，金士宣则与众不同，早在近百年前，他就开展了“维护自身学习权利”的行动：第一次行动，赢得了进入宏毅高等小学的学习权利；第二次行动，争得了投考清华留美预备学校的机会；第

三次行动，获得了升入宗文中学的学习权利。这是笔者在研究金士宣生平材料时，对他自觉或不自觉维护个人学习权利行为产生钦佩之情的根本原因。

小士宣走了三天山路后换乘船行，跋山涉水共是360华里，为的是赴杭投考清华留美预备学校，但未被录取。这件事，在他身上产生的影响，不是知难而退，而是知难而进。高小毕业后，他又一次向祖父提出要到杭州上中学的要求。没有想到的是，祖父并没有像第二次那样含笑而允，反而来了个一百八十度的大转弯，坚决拒绝。

祖父的态度变化，并不是不愿意这个聪明伶俐的孙子出门深造，在老人内心深处，其实爱怜有加，只是在他的账本里，列不进这笔数目不小的支出。面对小士宣的再三哀求，老人终于想出了一个缓冲之计，把士宣的叔伯们找来商议，将“包袱”甩给全家。这个计谋的确很灵验，至少是不需要老人独自负担经费了。

商量的结果是：叔伯们都同意士宣到杭州读书，至于学、膳费用，分两处拨出：从全家总账里津贴一半，每年约40银元；其余一半由士宣父母设法负担。因为士宣母亲的娘家家境较好，带过来一点钱，这时正好派上用场。祖父不好再固执己见，来了个顺水推舟。金士宣的第三次维权又成功了。

浙江省杭州第十中学（原宗文中学）

听到这一结果，小士宣不用说有多高兴了！他从心底感激祖父，感激父母，感激声援他的叔伯们。

来到杭州，金士宣对全市的中学状况，做了一番考察了解。

当时的杭州，有浙江省立第一中学、之江大学附属中学、安定中学、蕙兰中学、宗文中学等多所。有资料说：“各中学校中，以第一中学与宗文为最。”（1913年7月，浙江《教育周报》12期报道）金士宣最终选读了宗文中学，放弃了第一中学。

这是为什么呢？因为后者不仅历史悠久，而且其创建人周士涟的办学精神，实在感人至深。

周士涟（1756—1817），字补年，清代嘉兴新丰镇人。嘉庆初年，周士涟感于自己年少时因贫废学，眼看许多贫寒子弟无力上学，乃出其家财与友人汤绍岐、袁在山、张锦渊等合力在新丰中市创办平林义塾，接着又先后创办了盐溪（其地名不甚详，可能即是平湖盐运河）、尚文（在新丰西市）、里仁（在竹林）三所义塾。汪廷珍视学至浙江，闻周氏之义举，欣然作记。记云："义学者所以济乡学之穷也，然非好义者不能举，好义而无力亦不能举。周生家无担石而克举之，卒底于成，此殆孔子所谓欲立立人者哉。方周生之倡议也，有百计阻之者，卒不懈，人以为难。"所谓家无担石，是指周士涟家无担石之米。嘉庆十一年（1806），周士涟去杭击钲（古时一种用铜做的乐器）于途，募捐办学。汤绍岐首捐百金，其他善人亦多乐助，遂在杭州三桥址安定巷租屋，创办了一所宗文义塾，延聘五师，课徒五十，分为五级。学生入塾，自备衣被，凡笔墨书籍饮食等就有塾供，优秀者给予奖励。凡学生参加科试，一切车舆保结各费用，及入泮后学中老师之蛰仪等，皆由塾支付。如乡试中式，则公车北上之费，塾中仍酌予津贴。如此，义塾开支甚大，周士涟虽罄其家，仍不济，乃与其次子出门募捐，风雨寒暑从不间断，士涟因劳成疾。时海宁朱裔（号蒙泉）在杭行医，知士涟为兴义学而致病，即为周义诊，同时出资捐助并劝募膳米。凡来就诊者，不收酬金，而劝人移助宗文。士涟病愈后，学使李宗昉为题《疗学图》，表彰其事。周士涟又得到蒋少农、董孝廉和徐步鳌、徐秋如兄弟两孝廉相助，徐氏兄弟慨然捐助祖遗保安坊屋三十六间义塾校舍。魏仓伯广文与在籍之俞侍郎又呈请官府，由盐运使拨款，作为宗文义塾的常年经费，免去周士涟沿街击钲募捐之劳。周士涟在杭办义学，其影响甚大。尤其是其妻死无以为殡，子壮不能授室，而其志不衰，为杭人所敬重。某绅士愿将其女许配士涟幼子为妻，然而周家无力迎娶，校董决议由义塾出资助之，士涟力拒。后由各校董合力助婚，才得成其良缘。对周氏之义举，后人有"南周北武（训）"之誉。其实周士涟出生先于武训 82 年，其精神更是可贵（《杭州市志》市志办方志纯文）。

宗文中学从创建至今已有 200 余年历史，1806—1904 年为宗文义塾阶段；1905—1911 年（公立）为宗文学堂阶段；1912 年始为私立宗文中学阶段。这正是金士宣所要寻找的学校啊！他毅然决定投身于她的怀抱。有史料记载，宗文中学于 1956 年以后改称浙江省杭州第十中学。新中国首任教育部长马叙伦、史学家吴晗和张天翼、诗人戴望舒和刘大白、美术家董希文等名人，均曾就读于宗文中学。学校现为杭州市优质高中、浙江省现代教育技术实验学校、全国教育科学重点课题实验学校。

第五节 宗中大开眼界

求知欲旺盛的少年金士宣，来到这样一所学校，正如旱苗得雨露，走上了茁壮成长的快速道。他在饱饮各类知识的过程中，大大地开阔了视野，逐步构建着自己的是非观、价值观、荣辱观、爱憎观、审美观和责任感，形成了新的时空概念和生活态度。

就在金士宣来到人世间的 20 世纪初，辛亥革命的浪潮席卷全国，浙江最先觉醒的新兴知识分子和全国其他地区的新兴知识分子一道，创办了《江苏》《浙江潮》《苏报》《中国白话报》等 20 多种政治性刊物；还出版发行了陈天华的《警世钟》《猛回头》，邹容的《革命军》等宣传民主革命思想的小册子 130 余种。他们以报刊为重要阵地宣传民主革命学说；一些资产阶级、小资产阶级知识分子还翻译了不少西方资产阶级的社会政治著作。蔡元培翻译了德国科培尔的《哲学要领》，严复翻译了赫胥黎的《天演论》和亚当·斯密的《原富》等著作。在民主思潮广泛传播的同时，国内外出现了许多革命团体。影响较大的有兴中会、华兴会、科学补习所和光复会。1905 年 8 月 20 日，中国同盟会成立。孙中山提出“驱除鞑虏，恢复中华，创立民国，平均地权”作为政治纲领。中国同盟会的成立，标志着中国资产阶级民主革命进入一个新阶段。而清政府的“铁路国有”政策一公布，立即引起湘、鄂、川、粤四省各阶层人民的反对，出现了广泛的保路运动。保路运动规模最大、斗争最激烈的是四川。1911 年 6 月，四川成立保路同志会，宣布“以保路、废约为宗旨”。9 月，全省 60 余县成立保路公会，数千万人卷入运动。清政府调湖北新军入川，“实力弹压”保路运动。四川保路运动成为武昌起义的直接导火线。11 日，起义军占领武昌城，成立湖北军政府；12—13 日，起义军攻占汉阳、汉口。武昌起义的成功，鼓舞了全国各地人民的革命斗志，首先响应的是湖南和陕西。此后，江西、山西、云南、贵州、浙江、江苏、广西、安徽、四川，以及福建、广东等省先后宣布脱离清政府而独立。1911 年 12 月 29 日，孙中山以 16 票的绝对多数当选为中华民国第一任临时大总统。1912 年元旦，孙中山宣誓就职，宣告中华民国成立。3 日，中华民国临时政府成立；28 日，各省代表会议改组为临时参议院，成为临时政府的最高立法机关。但是由于袁世凯窃取了政权，于是又爆发了“二次革命”。不久，“二次革命”被袁世凯镇压，开始了复辟帝制的活动。1915 年 12 月 25 日，蔡锷在云南宣布独立，组织护国军兴师讨袁，发动护国战争。随后，贵州、广西、广东、浙江、陕西等省相继宣布独立。在护国军的打击下和全国一片讨伐声中，袁世凯不得不于 1916 年 3 月 22 日宣布取消帝制。袁世凯死后，北洋军阀分裂，中国进入了军阀混战时期。

辛亥革命以诞生第一个资产阶级政权为其最高标志，但它的更巨大的意义，还是一次对封建意识的大扫除和对帝国主义在华势力的有力冲击，是一次国民自主意识的大解放。尤其为正在成长的青少年开辟了新的独立思考之路。在这种思想解放运动中，许多英雄人物发挥了榜样和催化剂的作用，例如秋瑾烈士就是其中的一位，她以 30 岁的青春生命和染血诗句打动和激励着进步青年。“汉家宫阙斜阳里，五千余年古国死。一睡沉沉数百年，大家不识做奴耻……心死人人奈尔何？援笔作此《宝刀歌》。宝刀之歌壮肝胆，死国灵魂唤起多……”。她的这首《宝刀歌》，同样让金士宣激愤不已，更加勤奋于学业。

但学校规定，寒暑假期间学生不准留住校内。这让他感到不安和苦恼。他想，寒假只有两个星期，回家一次途中需花 6 天时间，这种长途跋涉对青年人的身体锻炼是有益的，但对于学习却是一种损失。至于暑假，虽然有一个月，回家后不能不担负农活，那也要占去一部分时间。要是一年两个假期都回家，路费也是一个负担……

为了解决这个问题，他最终找到杭州城隍山（现名吴山）上的小寺庙，和寺庙主持商量后，在那里租房度假，安下心来复习数学、英语等功课。房租一个月一块银元，伙食自理，比在学校的费用还要省。

为了加速提高英语水平，他从一年级起，就订购了上海商务印书馆出版的《英语周刊》，达两年之久，获益很大。三年级时，他和同学们一起到苏州春游，在参观江苏省立中学和工业学校的时候，见那里的英语、数学、物理、化学课程，用的全是英文课本。这件事，使他感到自己还有不足之处，于是又购买了有关的英文书，加紧攻读。俗话说，只要功夫深，铁杵磨成针，他的英语基础从此有了极大的长进。

在读完三年级后，他开始考虑中学毕业后怎么办的问题。他想，既已出来读书，再回家种田，必然受人取笑。他曾想投考杭州邮局“邮务佐”的差事，因为竞选这个岗位，只考国文、英语、地理三门课，而且离家又较近。但了解的结果，知道 1919 年中学毕业的这年，没有招考任务，好事难成。就在这个当口，北京爆发了“五四”运动，消息传到杭州，群情激愤，学生们纷纷走上街头。

他在关心国家大事的时候，突然从报纸上发现一则北京政府财政部税务学校在上海招生的广告。该校以培养国家海关税务人员为目的，英语考试有作文、默写、口试三项。正在考虑今后出路的他，没有多加思索，就不经告假去了上海，想报名投考。在场主考人员告诉说：“你还须再准备一年，明年再来！”也许是因为接待人没有见到他的中学毕业证书，不符合规定才立即拒绝了他。他只得扫兴而归。

返回宗文中学，他才知道，省教育厅已命令各大中学一律提前进行期末考

试，提前放了暑假，全体学生都已离开学校。诚实的金士宣，于是向朱煜校长承认了擅自离校赴沪的错误，要求准予补考。朱校长见他能主动讲出实情，承认错误，便答应了他的要求，准予补考，并发给了毕业文凭。

金士宣在宗文读书4年，对他来讲，可称得上是一个茁壮成长的奠基时期。他已不再仅仅作为东阳金氏后人之一而存在，而思考，而行动。他十分认同秋瑾的思想，而且成为一名暗中的追随者：“炎帝世系伤中绝，芒芒国恨何时雪？世无平权只强权，话到兴亡眦欲裂”（秋瑾《剑歌》诗句）；“几番回首京华望，亡国悲歌泪涕多。”（秋瑾《宝刀歌》诗句）他也被孙中山的如下一段讲话所触动：“今日之世界，非铁道无以立国。中国地大物博，如满洲、蒙古、西藏、青海等处，皆物产殷富之区，徒以交通不便，运转不灵，事业难以振兴，蕴华无由宣泄。……前清借债筑路，往往回扣过重，又以办理非人，故弊害立见。……昔美国亦借债筑路，主权未落于人，即属有利无害，可知借债未为失计……唯有仿照美国不使权利损失。”（1912年2月22日，中山先生在上海新成立的“中华民国铁道协会”为他举行的欢迎宴会上的讲话）他想起从东阳跋山涉水3天360华里到杭州的艰苦，加深了对这番话的感受，对铁路事业，有了第一次的理性认识。

不过，这些大方向，毕竟是他未来的事情，随着日益临近中学毕业，“毕业后何去何从”的现实问题，像一块巨石压得他喘不过气来。他心理清楚，在他的大家庭里，祖父和父亲决不可能允许他升入大学，但要是回去务农，或学做生意，那又何必当初闹着到杭州来上中学呢？好没面子。他深深地陷入了危机之中，常常想起秋瑾的又一诗句：“秋风秋雨愁煞人。”他此时的时空概念，已经扩展至“上下五千年，四海为一体”的境地，也与“国家民族的存亡兴衰”相联系，眼宽心宽，神驰四海。

当年的铁路管理学校校门
（转自《京色交大》）

引导他突破这一危机的闪光，来自他参加几次杭州学生大游行。

1919年5月4日，北京发生了震惊中外的“五四”运动。当天下午，北京大学等13所学校的3 000多名学生，从“红楼”等地出发，冲破军警的阻拦到天安门前集会演讲，举行游行示威，提出“外争主权，内除国贼”“取消21条”和“拒绝在巴黎和约上签字”等口号。集会后，游行队伍来到朝阳门内赵家楼胡同曹汝霖（曾任北洋政府外交部长并参与同日本的谈判）的住处。愤怒的学生冲进曹宅，痛打了正在宅内的章宗祥（曾任驻日公使，伙同曹汝霖、陆宗舆与日勾结，出卖主权），放火烧了曹宅。军警当场逮捕了30多名游行学生。为了声援北京被捕学生，杭州学生纷纷走上街头游行，并宣传抵制日货。金士宣连续几次参加了游行活动，表达了他的爱国心声。就是在一再与爱国学生共赴游行现场的过程中，他似乎听到了北京在向他呼唤！看到了北京向他挥动的手！脑海里泛出了一个念头："秋瑾女士能够冲破家庭的束缚孤身远渡重洋到日本去学习，我为什么就不能去北京学习呢?!"在他想来，父亲和祖父不同意他上大学的主要原因，那是家贫无力支持，若是无须家中负担，大概是不会反对的，还没有听说哪家大人不乐意自己的孩子考上状元的！于是，一个大胆的行动计划在他脑海中形成了。

其实，这个计划是他前两次"擅自离校赴考"的升级版，就是"自筹旅费，赴京高考，先斩后奏"。

"准备一年，明年再来！"他没有忘记上海那位主考先生对他说过的这句话。"嘿，再过一年，连黄花菜都凉了！"他的嘴角略过一丝微笑，显出不屑考虑的神色。但是，要是见到家人，问起今后打算的事来，该怎么说呢？他想："只有赶紧离杭，让他们见不到我。"想到这里，他立刻找到还在和济火腿行做学徒的四弟士辉，向他借了30块银元，作为赴京盘川和考学之用。他的闯劲又上来了。

7月的一天，天气炎热，处于极度兴奋状态中的金士宣，轻装简从，离开了杭州。

那时没有直通旅客列车，去北京需经沪杭线转沪宁线，再转津浦、京奉（今天的京沈线）两线，换乘三次列车，并在沪宁两地各住宿一夜。第一次出远门的金士宣，耐着性子跟随着人流，循规蹈矩地上上下下，见所未见，闻所未闻，好不新奇、开心！因为一路都是新面孔，新着装，新光景，倒也并不寂寞。旅途中，他每日必买一两份报纸，除了浏览时事，主要是寻找北京各大学的招生消息。

闲话少说。金士宣怀着满腔希望和几多疑惧，走进了向往已久的北京城，在小胡同里选择了一处"家庭公寓"住下。他无心寻访名胜古迹，一连参加了4所大学的招生考试。先考了北京大学、北京高等师范学校、农业专门学校和政法专门学校等4所，共花4元报名费。

虽然都被录取了，但他都没有报到，因为这些学校毕业后，一来就业没有保障，毕业就有失业的可能；二来和自己的志趣有相当距离。他知道，交通部铁路管理学校的招生日期稍迟，但毕业后将派到铁路上工作，如果成绩优异，还有被选送出国留学的机会。他耐心地等到考期，喜出望外，抱着必胜的信念，走进了地处府右街的该校考场。

投考铁路管理学校的考生共有500人，录取名额只有100名，包括英文班60名，法文班40名，而多数人考的是英文班。考试课程，除国文和外语两篇作文外，其余数学、物理和地理三门，分别采用英、法两种语言。发榜的时候到了，

金士宣显赫地名列英文班录取名单的第二位。历经5场高考比赛，他终于脱颖而出，找到了自己的发展方向：铁路救国。

望着榜上自己的名字，再看看身边的观榜人群，也有喜欢也有忧，他的心理，真是百感交集。想到这次冒险北上远征，总算有了一个如愿以偿的好结果，但今后又将怎样，一下子真难说清楚。

他边想边走，边走边想，一时间，思想上理不出一个头绪，不由得来到了天安门前。抬头望去，庄严古朴的城楼、金水桥汉白玉栏杆，还有一对挺拔神秘的华表……多么熟悉的场景啊！他突然想起，这是“五四”运动发祥地，是北京的心脏，如今，已是他心驰神往的圣地。哦，是的，在杭州听到的北京对他的呼唤，就是从这里发出的。现在，自己已经来到了这里，而且，今后要在她的怀抱中生活和学习，想到这里，一股暖流涌上了他的心头。他似乎有了明确的方向感，又想起了秋瑾，想起了孙中山的那篇“上海讲话”。于是赶紧回到寓所，给父亲和祖父写了一封报告考取铁路学校的报喜信。

第六节　捷足扩权之路

家里听到这个喜讯，当然高兴极了。不过还是责怪他“不别而行的错误”，同时又欣然同意和支持他升读大学。他的第四次维护学权——不，应该说是第一次扩展学权，就这样在没有发生任何冲突的情况下圆满地得到了解决。

为什么不叫维权而称扩权呢？这里面还真有点说道。

人人都有受教育的权利，教育应当免费，至少在初级和基本阶段应如此。初级教育应属义务性质。技术和职业教育应普遍设立。高等教育应根据成绩而对一切人平等开放（《世界人权宣言》第二十六条第1款）。

这是第一次将受教育的学权单独列为人权的“人权宣言”。它把以学历教育为主体的学权，划分为两种类型：一种为“初级教育，应属义务性质”，是人人应该平等享有的“自然权利”；另一种为“高等教育，应根据成绩而对一切人开放”，是在公平开放前提下，通过学习竞争择优享有的“普遍性权利”。根据这种思路，我们把金士宣前三次要求获得学习机会的行动称为“维权”；而将争取进入高等教育领域的努力叫作“扩权”，就是据此而来的。

“维权”的特点是学习主体具有强烈的学习欲求与不折不挠的斗争性；“扩权”的特点是学习主体具有突出的嗜学努力和由此而形成的学业优势。金士宣依靠前者成功地走完了“义务性”的初等教育之路，又依靠后者跨上了“择优享有”的高等教育之路，飞跃式地扩大了手中的学习权利。

金士宣在铁路学校三年半的时间里，第一年的费用是在保定附近容城县政府作职员的四叔提供的，不需要家里再拿出线了；第二年，四叔失业回家，祖父病故，所需费用，由父亲接济。由于他考试成绩名列第一，学费免交，其余伙食费每月 4 元，外住公寓 2.5 元，加上购买英语等参考书费用，每年约 120 元。

1919 年的北京，“五四”活动并没有因为教育部要求各校提前放假而结束。5 月 9 日，北京大学校长蔡元培宣布辞职离京，震动学界，各校学生相约于 11 日一律罢课，同时组织演讲团赴各处做爱国演讲。6 月 3 日，铁路管理学校宣布放假。该校的“五四”积极分子、二年级学生、当时“铁路管理学校学生会”出席“北京中等以上学生联合会”代表郑振铎，也回到他的家乡——温州（家住沧河巷），投入了浙江的爱国运动。这就是为什么金士宣到京考学期间，各大学显得相对平静的原因。然而，随着新学年的开始，学生们陆续返校，同时带回了大量的新情况、新经验，也使这一运动步入了新阶段。

郑振铎（左二）与好友瞿秋白（左一）、
耿济之（右一）等在一起（转自《学海飞鹏》）

我记得，1919 年 9 月入校后，就不断听他（郑振铎）传达学联会的决议，并参加游行示威。”金士宣回忆道：“当时，我校东接府右街，和设在中南海的北洋政府相邻，所以我们不能直接到天安门广场集会，而必须绕过西单牌楼，出宣武门，直奔骡马市大街（现菜市口东大街）再拐向前门大街，同其他从东西两方面来的各高校学生汇合，沿途高呼‘打倒帝国主义’‘取消不平等条约’‘打倒卖国贼’等口号，并散发传单。起初，学生们还能从前门大街和南河沿大街口停留，向广大民众痛责卖国贼，然后向北游行到天安门城前的广场集合开会，通过决议，呼唤口号后散会。但在以后一次游行时，反动的北洋政府竟出动武装骑兵，在手执长木棍的警察引导下，大打出手，走在前面的同学竟被打倒在地，我避入了一个店铺，才少挨了几下。（《学海飞鹏·怀念我国著名的文艺学家郑振

铎同学》，金士宣回忆）

此后，北京的学生运动采取了隐蔽的方式，而且向更深化的方向发展。例如，1919 年 11 月 1 日，郑振铎与瞿秋白、瞿世英、耿济之、许地山等人联合创办的《新社会》旬刊问世，郑振铎不仅撰写了《发刊词》，而且在创刊号上发表了他的新作《我是少年》。11 月 9 日，郑振铎一大早与耿济之两人携《新社会》创刊号到箭竿胡同访问陈独秀。陈独秀对如何编好《新社会》作了些指示，并谈了对新文化运动一些问题的看法。郑振铎受到触动，回去后写了《我们今后的社会改造运动》一文。《新社会》“成了反帝反封建队伍里的一支勇敢的尖兵队，远到四川、两广、东北等地，都有我们的读者”（郑振铎回忆语）。由于它的影响越来越大，1920 年 5 月 1 日，遭到“京师警察厅”的查封。

不过，《新社会》可以查封，革命青年的嘴却是封不住的，其时，创刊号上的那首郑振铎的《我是少年》已于同年由“新诗社”编入《新诗集》；1921 年由著名语言学家赵元任亲自朗诵，并灌成唱片，广为流传，她的影响尤其存在于母校铁路管理学校的同学们中间，也感染着金士宣。

业开先河的铁路管理学校，创建于 1909 年 10 月，是我国第一所管理专科学校，教学课程等安排，采取了“因需而设”的方针，开办了多种班级，尤其重视外语教学，不仅有英文班、法文班，而且英文班的学生要兼学法文，法文班的学生要兼学英文。毕业学生去向均分派到铁路部门工作。为了吸引有为青年来校学习，学校还采取了相应的激励措施。这就为许多具有高学志的贫寒青年投身该校提供了难得的机缘，郑振铎和金士宣就是在这种机缘中相遇于铁路管理学校——初期的北京交通大学，并且成为了这个时期的“双子星座”。

这个双子星座有以下亮点和特点：“才学超群，同而有异。”

他俩的“才学超群”，表现在第二课堂所取得的成绩远远超出教育大纲的要求。例如郑振铎，积极投入“五四”爱国运动——从组织学生会、参与反帝爱国游行，到创办《新社会》旬刊，笔伐旧世界，以及开始新文学和政论写作，旗帜鲜明，锋芒毕露，产生了广泛的社会影响。他的作品，除了上面提到的以外，在《新社会》上发表的还有第 2 期的散文诗《灯光》，第 3 期的言论《我们今日的社会改造运动》，第 4 期的随感录《万恶的旧社会》，第 5 期为该期发表的讨论青年自杀问题的文章写了“短序”，同时发表了自己参与讨论的文章《自杀》，还有第 6 期的随感录《面子》，第 8 期的随感录《黑幕与嫌疑》《纸上的改造事业》《虚伪》和《报纸的休息》4 篇，第 9 期的《再论我们今日的社会改造运动》，第 10 期的《怎样服务社会》，第 11 期的《现在的社会改造运动》，第 12 期的《学生的根本上的运动》，第 13 期的《社会学略史》，第 14 期的《托尔斯泰的教育观——一封近亲某夫人的信》，第 17 期的《什么是劳动问题》和《中国劳动问题杂谈》，第 19 期的《“五一”的纪念》和《我们应该注意的一件事——中国军阀的兴办实业热》等。在该班的《毕业纪念册》上，发表了新作小说《一个不幸的车夫》，等等。这些，都是他在学生时代的创作。

金士宣，出色地完成了英语、日语、高等数学、测量学、铁路工程、机车、客货车、电报学、铁路行车、客货运输、军事运输、铁路财务、铁路会计、铁路历史、审计学、商法等课程。其中，除军事运输、铁路历史和商法外，所有课程都用英语讲授。为了加速掌握现代铁路管理知识，他特地到灯市口北京外文图书店，选购了美国宾夕法尼亚大学沃顿学院约翰逊教授等编写的《铁路运输原理》《铁路客货运输和运价（上、下册）》，以及莫立斯编写的《铁路管理学》等书进行自学，每天晚上总要读到深夜。在消化了这些知识的基础上，他结合国内的情况，用两年时间，完成了《铁路运输学》一书的撰写。为了出版这本书，他想到了许多问题，其中之一便是："如何提高该书的知名度？"因为他知道，一个默默无闻的学生，写了中国第一本《铁路运输学》专著，要是有一位有名望的人来推介，那当然是最好不过的了！但是，去找谁呢？

聪敏的金士宣很快就想到了一位学界长者，时任北大校长的浙江同乡蔡元培先生。

> 我们教书，是要引起学生的读书兴趣，做教员的不可一句一句或一字一字地都讲给学生听，最好使学生自己去研究，教员不讲也可以，等到学生实在不能用自己的力量去了解功课时，才去帮助他。（蔡元培名言）

蔡元培先生对北大教师讲的这些话传到了金士宣的耳朵里，令他反复琢磨其中的深意，而且颇有心得。他坚信要是找到这位同乡学长请求帮助，想来他一定不会拒绝。

蔡元培

蔡元培，字鹤卿，号孑民，浙江绍兴人，1868 年 1 月 11 日生，清光绪进士，翰林院编修。早年曾任绍兴中西学堂监。1902 年与章炳麟等发起组织中国教育会，创办爱国学社和爱国女学，宣传民主革命思想。1904 年与陶成章等组织光复会，次年参加同盟会。1907 年赴德留学。1912 年回国，任南京临时政府教育总长，发表《对于教育方针之意见》，反对清末学部奏定的教育宗旨。任职期间，曾提出修改学制、小学男女同校、废除读经等改革措施；又与吴玉章等倡办留法勤工俭学会。

蔡元培 1917 年任北京大学校长，是该校创始人之一，他积极支持新文化运动，使北大成为新文化运动的中心。他提倡学术研究，主张对新旧思想"兼容并包"，实行教授治校，宣传劳工神圣，"以美育代宗教"。

对于这样一位同乡长者，金士宣断定，如果求他为自己的处女作题写书名想

必会答应。其时的金士宣有着初生牛犊不怕虎的闯劲，他的贸然造访，竟然如愿以偿，让这位大名鼎鼎的北大校长欣然命笔，为出自一个大学生之手的《铁路运输学》题写了书名。

《铁路运输学》为大 32 开本，计 352 页，约 24 万字，并附有我国各铁路局时行的“客运票单”“货运票单”“联运票单”样件。该书的底页，印有“此书有著作权翻印必究”字样。该书第一次出版 1 000 册，“每册定价大洋壹圆”。据金士宣当时记录，发行之初，购买此书的就有：母校 200 册，湘鄂铁路局 130 册，津浦铁路局 50 册，京汉铁路局 50 册，其他铁路局 137 册。

《铁路运输学》得到了社会的高度重视和赞扬。例如，时任交通总长高洪恩为该书所作的序言中说：

……金君士宣于铁路诸科，夙具心得，近出其新著《铁路运输学》一书相眎。余受而读之，见其条理井然，如数家珍，牖叹致力之勤，蓄意之远，而中国于是乎始有铁路运输学矣。凡于役各路者，诚能人手一编，其有裨路政固不难逆度睹，而交通事业之进步又何待蓍龟！……（该书“序言”之一）。

可见评价之高。

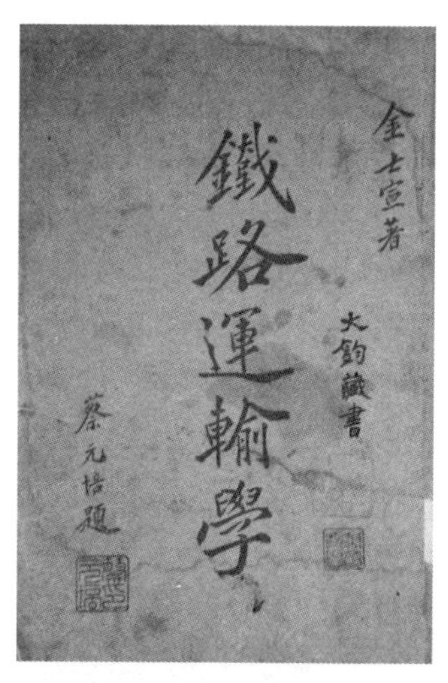

中国第一本《铁路运输学》

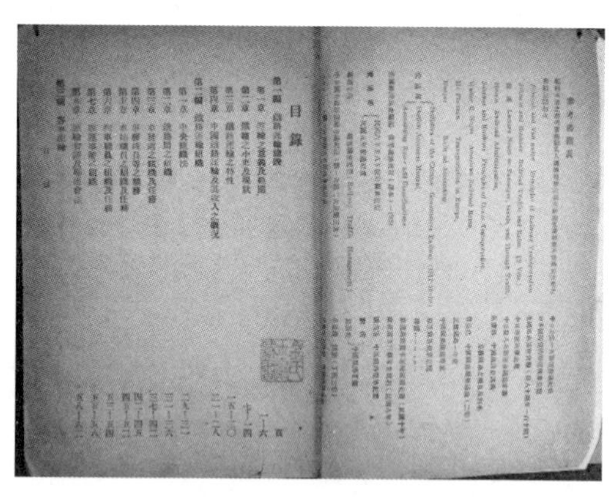

该书内页

第七节　越洋留学宾大

1922 年 11 月，金士宣所在的英文丁班 48 人中，46 人派往京汉、京绥、京奉、津浦、湘鄂、沪宁等铁路局实习，唯有他和宗唯允两人，因成绩优异被指定到交通部路政司实习。在实习结束后的 12 月毕业分配中，金士宣被安排到交通部路政司营业科当了一名实习生，每月津贴 80 银元，相当于三等科员待遇。一个月后，他在学生时期完成的专著《铁路运输学》正式出版。这件事，使得人们对这位实习生刮目相看。

1923 年 4 月，交通部召开第四次国有铁路运输会议，出席会议成员有各铁路局本国籍车务处长和英、法籍车务处长，而会议却以英语进行交流。分配给他的工作是将会议的英文文件翻译成中文。他虽然轻易地完成了这一任务，但心里总感到十分别扭，然而又说不清这是为什么。直到后来，他才找到了答案：是“半殖民地铁路特征”刺痛了他的心。

这位实习生的才华，在半年中引起了交通部高层的注意。1923 年 6 月，他被派往美国留学，进修铁路运输。这使他的梦想插上了翅膀，实现了他报考铁路管理学校的心底愿望。他的第一冲动是拿起笔来，赶紧把这个消息写信告诉远方亲人。

接到报喜飞鸿，全家人无不为他而高兴。但是，在金士宣的心里，却出现了一种遗憾，遗憾的是，这个喜讯没能亲自告知从小就关心他疼爱他的祖父，他只能在心里默默地告慰老人家：以往没有让他老人家失望，今后也绝不辜负他的希望。

这年 7 月，他忙于办理出国手续。因为他是实习生，所以月 80 银元（约合 90 美元）的实习费保留，另发半公费津贴 45 美元（当时学校规定留学的全部公费津贴是每月 90 美元，与清华学校公费留学生待遇相等），他的实际待遇比标准金额高出 45 美元/月。同时，又另发川资和服装费 1 000 银元。这些财务手续办完后，还要到上海办理出国证件。先要请一位美国总领事馆认可的著名医师出具体检合格证。他找到美国留学回来的名医牛惠生的诊所，牛医师只问了几句话便开了一张体检合格证，收费 10 美元。接着，他来到美国驻沪总领事馆，呈验美国宾大准予入学的证件和体检合格证。此外，还须验明具有不少于 200 美元的随身现金或相同数额的银行支票证明。办完这些事宜，他便找到美国总统号轮船公司，购买了一张高达 306 美元的头等舱船票。这是为了抵达美国上岸时，可以避开移民局的刁难——移民局对头等舱旅客检查较宽。最后，赶制了冬夏两季的西装，以及购置了皮鞋、铁皮箱、手提皮箱和日常用品等杂物。这时，他才发现，交通部发给的 1 000 银元还差不少，他只好临时从乡亲那里又借了 400 大洋，才完成了采购计划。这些事情，因为别人帮不上忙，全由他独自操办完成，对他来讲，又增加了一种人生经历。

这一年，可能是我国留美学生较多的一年，中国环球学生会特地举行了隆重的欢送会。

8 月 5 日，160 多位中国留学生乘坐美国杰克逊总统号快轮离开了上海，告

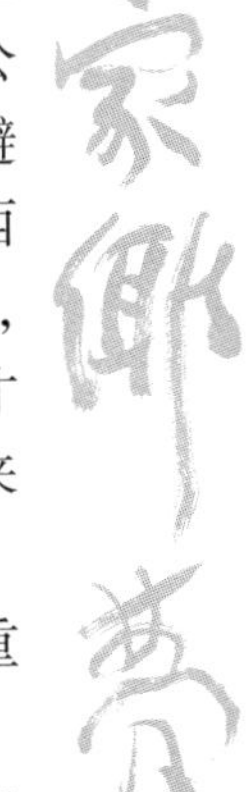

别了码头上挤满的送行人群，告别了祖国。同船留学生以清华公费生最多，计90名。其他还有上海圣约翰大学、上海南洋大学、北京大学、燕京大学、苏州东吴大学、南京金陵大学、天津北洋大学、福州协和大学、广州岭南大学等校毕业生，以自费居多。女生计20人。金士宣在1983年回忆说："到1982年，我们那次同船到美国的留学生仍在国内为人民服务的，我知道的有：谢冰心、吴诒芳、朱物华、吴文藻、全曾嘏、葛炳林、孙瑜、张哲、孙福麟、方重、闵启杰、陈植等。"

杰克逊号先经日本，在长崎、神户和横滨三地各停靠一次，而在横滨停留半天，以便装运大批生丝去美国；同时，为了备足横跨太平洋20天航程和数百名乘客与船员的燃煤、淡水及食品。利用这种间歇，中国留学生几乎全体上岸，乘电车到东京参观。他们在军事博物馆里，见到甲午战争中被日军缴获的我国清朝大龙旗和大炮等武器时，眼前触目惊心的场景，令这群本来活跃的年轻人鸦雀无声，好像突然遇到了一座峭壁，难以逾越。金士宣在回忆当时的内心活动时说："心中激发出强烈的耻辱感！"这是因为甲午战争日本从清政府手里得到赔款二亿三千万两库平银，而舰艇等战利品价值也有一亿多日元。当时日本政府的年度财政收入只有八千万日元。时任日本外务大臣高兴地说："在这笔赔款以前，根本没有料到会有好几亿元……一想到现在有三亿五千万元滚滚而来，无论政府还是私人都顿觉无比的富。"日本政府第一次尝到了侵略的甜头，极大地刺激了扩张领土的欲望。

金士宣怀着满腔义愤，跟随大家，默默地走出了东京军事博物馆，在他的脑海里，又出现了秋瑾的声音："上继我祖黄帝赫赫之威名兮，一洗数千数百年国史之奇羞！"还有孙中山的话语："今日之世界，非铁道无以立国！"

第八节　三次扩权胜利

金士宣怀着满腔陌生感和求助心情，走向宾夕法尼亚大学。但当他一进校门，就遇到了中国同学。在老同学的眼里，一看就知道他是来报到的，当然第一要务是帮助安置住处。几位热情的宾大老同学，这时已成为一见如故的新朋友，他们领着他踏看了两家有接待条件而对中国留学生友好的美国家庭，选定了有一位70多岁老太太的房东。他租了二层楼上较小的后房，租金每星期5美元。二楼的前房较大，但已住着清华公费留学生杨廷宝和赵深两人。在他俩毕业后又住进了梁思成和林徽因夫妇。梁思成夫妇迁走后住进那间房子的是徐植与过元熙。他们都是到美国学习房屋建筑设计的，与金士宣均为首次见面。

不过，同在一个屋檐下过日子，抬头不见低头见，不久也就熟悉了。

在这样的居住环境中，生活比较随意，一日三餐都在就近的快餐店里吃，每天的伙食费以不超过一美元为度，三餐的时间消耗合计约一小时。室内清扫包括床铺整理，由房东老太太负责，衣服的洗熨送附近华侨开的洗衣店。所以，学习时间比较充裕，而且有较高的自主度。

当天，他在西雅图托运的行李也及时送到了寓所。想起当时在办理铁路托运时，两件行李只拿到两枚铜牌，下火车时交给了费城市内转运公司，这是他第一次感受到美国铁路货物联运的快捷。这一感受，导致他后来日益强化了对美国铁路货运管理的注意。

宾大校园一角

第二天，金士宣立即到宾大注册处，呈验了北京交通大学的毕业文凭，缴纳了第一年 200 美元的学费，并领取了入学证书，然后再到沃顿学院院长办公处，选定了必修课程（每周仅 12 节）。选修课目虽然并不多，但课外的必读参考书籍却有几十本。为了借阅或购置这些必读的参考书，他又忙了好一阵子。

这就是说，金士宣在宾大的学习生活是以自学、自修和自研为主。对于这种学习要求，金士宣并不陌生，而且还可以说是他的长处，所以他从一开始就十分自如，尤其是他的英语水平，保证了他能够充分利用一切时间于新知识的学习和专业问题的研究。

金士宣的启蒙教育，是在泉府村永嘉初小读四书五经和算术时期开始的，他对学习的认识、感受和兴趣，就产生在这个时期。

子曰：“学而时习之，不亦说呼！有朋自远方来，不亦乐呼！……”

——《论语》

孔子的这番话，时人有多种不同的解释和理解，但对于金士宣来说，却有着自己的体会和认识，而且随着年龄、学识和经历的不断增加，他的体会和认识也愈来愈具体、实际和丰富。譬如，年幼的时候，他的感受和理解是，不断地学习新的知识，不断地练习和运用这些知识，是十分快乐的事。而现在，他又有了另一种感受和理解，那就是“自己的研究成果能被别人接受和应用，不也是一种喜悦吗！”这指的是正在国内流转的《铁路运输学》；再如，以往他确实因为有远方来的朋友与他进行学习切磋和思想交流而感到高兴；而现在，他却因为自己在越洋远行中遇到了许多朋友，有过各种交流而分外喜悦。也就是说，他已经从被动地等待远方朋友前来交流得到喜悦的境界，进入了能够主动寻找远方朋友进行

交流而获取喜悦的新境界。他就是在此种喜悦中开始了在宾大的学习生活。

宾大校院文化的氛围，较好地体现了该校创办人本杰明 · 富兰克林主张的那样："新的知识来自对现有资源最广泛的认识和最有创新的运用。"而这一思想，不仅指导着他的研究工作，同时也是他创办富兰克林学院的指导方针。他想培养具有创新思维、对他人的创造反应敏捷、不脱离现实生活的人才。这一教育思想始终贯穿于该校创办以来 250 多年的历史中。

获得了硕士学位的金士宣

金士宣以超过大学时期的努力，在宾大这种创造性文化氛围中，仅仅用了一年的时间便通过了硕士学位考试。1924 年 6 月，他以优良成绩，包括所撰论文赢得较好评价之后，立即获得了硕士学位。也许是因为这件事具有新闻性，所以引来了驻纽约的泰晤士报记者到他的住所进行了采访，给他照了相，并在该报做了报道；同时，校长也奖励他一年（1924—1925）的奖学金 200 美元，等于少缴一年的学费；并且获得了参加学校每星期一举行的专题讨论会的资格。

周一专题讨论会，是该校师生共同参与的研究性、制度性教学活动。讨论会上由学员轮流提出自己的专题研究报告，然后展开讨论，最后由指导教授作总结发言。参加讨论会的有美、英、加、日、中等国研究生、助教和讲师。参加这一学习活动对于金士宣来说，无疑是丰富了学习生活，拓展了研究思路，并且可以激发创新兴趣与创造灵感。

1924 年暑期，他自行安排到宾夕法尼亚铁路公司哈里斯堡总段长办公处的行车主任室和列车调度室，以及附近的驼峰编组站，进行了一个月的实习。他寄宿在青年会，每天的房费只需 5 角美金，比他在学校附近的租金还要低一些。当时的实习比较辛苦，因为那时的列车制动，还需要制动人员在驼峰顶处爬上车顶，在车辆溜放的过程中操作手闸制动。但是，这个暑假，他过得很充实，很愉快。

金士宣当年留学美国选择到宾大进修，是冲着约翰逊教授而来的。这是一种文化机缘——一种能够创造奇迹的实现他"铁路救国"抱负的文化机缘。这一机缘开始于他刚刚投身于我国铁路运输事业的年代。前面说到，早在大学时期，他就选购了美国宾夕法尼亚大学沃顿学院约翰逊教授等编写的《铁路运输原理》《铁路客货运输和运价（上、下册）》，以及莫立斯编写的《铁路管理学》等书进行了认真的自学，对约翰逊教授有了相当的了解，而且把他视为铁路运输方面的学术带头人，产生了景仰之情，有心与他结识和得到他的指导。

因此，当他首撰的《铁路运输学》一书正式出版后，便立即将此书寄给约翰逊教授一本，使大洋彼岸的他，第一次见到了金士宣的名字，以及未出茅庐的金士宣对现代铁路运输事业的兴趣。从此，两人之间建起了跨越大洋的思想文化联系，只待一旦时机成熟，这种无形联系便会得到突飞猛进发展。随着金士宣留学美国的愿望成为事实，这种时机终于成熟了，约翰逊教授很高兴担任金士宣的博士研究生导师，使这种“文缘”开出了绚丽的花朵，预示着丰收在望。

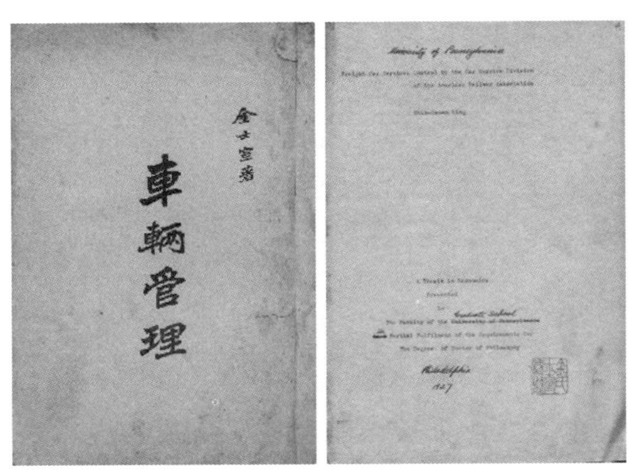

金士宣著《车辆管理》英文版、中文版

他山之石，可以攻玉。美国铁路，自第一条线于 1829 年 12 月 28 日开通后，即得到了迅速发展，在 1880 年至 1890 年的 10 年间，铁路干线运营里程由 15 万公里增加到 26. 8 万公里，年均建设 1. 18 万公里。其中，1886 年至 1890 年年均建设 1. 24 万公里。1865 年后逐渐确立了在运输业中的垄断地位，在美国当时的交通运输业中成了“铁老大”。金士宣跨入宾大的时候，正是经历了 1917—1920 第一次世界大战后的发展期，为适应战争的需要和尽快结束铁路混乱的局面，联邦政府成立了美国铁路委员会，实际地掌管着所有美国铁路，把全国铁路分成东部、西部、南部三个区域，实行集中统一管理。政府接管铁路后，客运和货运都有所增加，但收益有所下降。1920 年，联邦政府把铁路的管理权归还私人手中。不过，后来的法律进一步规定，铁路行业实行统一的收费标准，铁路不能放弃与公众利益有关的“线路和客运业务”，甚至要求铁路公司交纳一定比例的收益，用于抽肥补瘦，并对铁路雇工方面提出了更为严格的要求。金士宣留学美国的目的很明确，就是要学习现代铁路运输的先进科技，用以发展中国落后的交通运输，以强盛国力。所以他要对处于先进地位的美国铁路运输的方方面面，作尽可能广泛与深入的了解和学习。这便是他利用暑假自己安排到宾夕法尼亚铁路公司，深入列车调度室和驼峰编组站进行实习的直接动机。事实的确如此，这次实习，使他突破书本知识的局限，能够从更直接、更具创造性的实践中，去认识和

掌握现代铁路运输的诸多科技要旨，大大开阔了科学眼界。

按照宾大习惯，博士论文的题目由金士宣自己提出，经导师约翰逊教授核定后进入攻研阶段。出于留学目的，一年多来，金士宣随处关注着美国铁路的发展情况。他考虑到，美国40多万公里的铁路虽然都属于私营，但各公司所有的200多万辆货车，却全是按照北美铁路协会规定的《货车交换使用规则》运行，货车装货后可以直达任何铁路公司的任何车站卸车；卸车后，又应按照原重车路径回送原有公司重新装车；在外路期间，由外路按日支付车租，如有延滞时，另付延期费促使空车能够尽快返回原有铁路；如货车在外路发生损坏需要修理时，就由该路负责解决，所需修理费，按照各种不同性质，或由该路支付，或归原有路承担。这种货车管理制度，对我国当时的铁路是具有一定参考价值的。所以，他就拟定“美国铁路车辆管理”作为深入研究的题目，并且得到了约翰逊教授的肯定和支持。

开题后，他先是制订了一个调研计划，然后独自奔波于与铁路现场有密切关系的各个部门，收集了大量的数据和有关素材。他到过“宾夕法尼亚铁路公司”运输处、“北美铁路协会”货车管理处，以及负责监督美国铁路的“美国洲际商务委员会”和“大西洋北部沿岸各铁路货运人咨询委员会”等机构，着重于制度与问题的探讨。他的这种研究性学习、学习性研究历时两年，直到完成用英语写成博士论文，送交约翰逊教授审阅。约翰逊教授十分欣赏这篇文章，表示同意。随后，金士宣自费请费城一家印刷公司将论文印制了200份，除送请答辩委员会三位教授审阅外，又呈送学校若干份以备存查，还转送各大图书馆作为学校之间的互相交流。

20世纪20年代初，美国出现了第一次世界大战胜利后的经济繁荣、社会安定时期，政府和民间对各国留学生在生活和学习上，并无多大歧视，因此绝大多数留美学生对美国均怀着友好感情，交往交流活动趋于活跃。而且，还高唱着美中友好的调子，吸引许多中国青年。对此，金士宣有着较深的直接体验。

自从1924年6月泰晤士报刊登了他在宾大学习情况的报道之后，美国社会生活的大门就向他敞开了。于是，他结束了埋头于校内生活的孤独状态，跨出校门，走进了美国社会生活这个广阔的第二课堂。最先是费城各界友好人士，或邀他星期天一同去参加教堂举行的传道会，或请他到家里共同欢度圣诞节，还欢迎他同乘小汽车到郊外游览，以及特聘他出席铁路和运商联欢晚会等。继而接触到政治性的生活圈，例如曾参加过费城市长与宾夕法尼亚州参议员竞选演说会、美国进步人士举行的列宁逝世纪念会，以及华侨召集的孙中山先生逝世纪念会等。

不过，他参与最多的却是以当时在美留学生为主体的种种交流联谊活动。1924年7月，出席了在费城郊外哈佛学院举行的东部留学生年会，到会男女同学约200余人。大家济济一堂，讨论了专业和社会问题，交流了学习经验。晚间举行了联欢会，气氛热烈。这年寒假，他到纽约旅游时，又会见了许多留美同学。

1925 年春，他前往距费城不远的普林斯顿大学参观，除拜访了该校的运输学教授外，还专门与一位正在该校攻读博士的中国留学生到保留着英国遗风的研究生食堂吃了一顿午餐——学生进去用餐时必须穿着“学士礼服”。这年夏天，他到坐落在离美国与加拿大边境不远的美丽山城——衣什卡的康乃尔大学，度过了两个星期的暑假生活。著名的康乃尔大学也有许多中国留学生。在那里，他尽情地欣赏了周围幽雅秀丽的异国风景。随后，加入了由 4 位清华留学生组成的暑假旅游团。这个团是在临时动议下组成的，还专门买了一辆旧汽车，由邵家麟同学（清华学校 1920 年留美生，获康乃尔大学化学博士，上海夏大大学化学教授、系主任、理学院院长。新中国成立后加入中国共产党，任上海化工学院院长，1973 年病故——金士宣注）负责驾驶，游览路径是美国中西部各州大学，包括芝加哥大学、西北大学、明尼苏达大学等。日程有对各大学的参观，访问中国留学同学，并进行学习情况和见闻的交流。有几天，中途遇雨，赶不上城镇，就住宿在农村小旅店。巧得很，他们在西行时，遇上了印第安纳波利斯市普庆大学举行的中西部中国留学生年会，而在东归途中，又访问了匹兹堡大学。这实际是一次游学之旅，所以金士宣说“大大扩大了眼界”，“获益很大”。

1926 年夏，他参加了费城青年会举办的山区夏令营，爬山，游泳，颇多乐趣。

20 世纪 20 年代初，费城共有 120 多位中国留学生，分别散布在宾夕法尼亚大学、坦布尔和特雷克什尔两所高等学校进修，以及在郊外著名的“美国桥梁公司”与“鲍尔温机车制造工厂”实习，成立有“中国留学生会”。该会每学期要借用国际学生总会会所举行三四次联欢会，以送旧迎新，交换意见，金士宣经常出席。他还参加了“留美学生运输学会”和以清华留学生为主的“兄弟会——仁社”，进行交流，互相促进。

在众多的校外活动中，最使他不能忘怀的是，1927 年年初，他当着中国驻美大使和各国留学生代表的面，发表了爱国言论。

事情的经过是这样的，费城总商会在每个新年佳节，总要宴请全市外国留学生代表一次，并轮流邀请一位外国驻美大使前来讲话。1927 年被邀到会演讲的是中国驻美公使施肇基，而金士宣被选定为中国留学生代表在会上发言。因为当时北伐革命军已进入武昌城，中国留学生无不关心着国内局势的发展。金士宣的发言就以此为内容，对帝国主义长期以来侵略中国主权的非正义非法行为加以抨击。他的发言，引起了听众的热烈反响，在场的工商界人士，内心虽然并不满意，但还是热烈地鼓了掌，并且，在次日的报纸上，同时刊载了施肇基公使的讲话和他的发言。

金士宣的博士论文得到了有约翰逊参加的三位教授主持的答辩会的通过。

喜获博士学位的金士宣

1927年6月，他获得了校长发给的博士学位文凭。

1927年7月，北伐革命军到达南京，北洋政府交通部已停止发给我国部派留学生在国内的实习津贴和留美津贴。金士宣回忆道："我到英国继续学习铁路的愿望难以实现了。就向驻华盛顿的交通部姓黄的留学生监督申请回国旅费。他借口经费来源中断，只发给从费城到西雅图的火车票一张，以及自西雅图至上海的日本客货轮二等舱船票一张。"这样，他便带着两个装满英文书籍的木箱和随身行李，离别了美国。

在回国途中，他在横滨上岸，前往东京日本铁道省（相当于我国的铁道部），与曾在宾夕法尼亚大学学习的5位日本同学见了面。他们在留学前都是已经在铁道省工作有年头，已掌握一定专业技能和经验的主管人员，回国后仍在原来的岗位工作，有一定的实权。他们见了异国同窗，态度热情，招待殷勤，派汽车送金士宣到上野驼峰编组站参观了调车工作实况，又到铁道省铁道人员养成所参观，由铁道省参事兼任的所长专门接待了他。在那里，他见到了二三位暑假留所休假的中国留学生。

铁道省还赠送给金士宣一张可在日本各地旅游一个月的铁路免费乘车证。金士宣在国内曾学过日语，在日本单独旅游语言不成问题。时隔数年，旧地重游，大地震的痕迹随处可见，这引起了他的许多联想，产生了几许沧桑感。同时，对近年来日本国民在灾后重建中所取得的成果留下了深刻的印象，他很佩服。但是，不知为什么，在金士宣的心里，总觉得有点"别扭"，一种难以表达的"别扭"，难道是异国同窗的过度热情和殷勤？或者是中日两国历史恩怨的错误联结？……因为一时想不明白，理不出头绪，他也就索性不去想它了！

等到他再次从神户登上日轮回到上海的时候，已是1927年8月1日了。

满载而归的金士宣，自幼饱读儒家著作，他虽然并不苟同"父母在不远行"的孝道，但在大洋彼岸的日子，心里无时不在惦记着泉府村的金家老宅。在美留学的四年中，他虽然没有时间回国探望，但怀念祖父母、想念父母亲、惦记叔伯们的情思，却从来没有断绝过。所以，他回国后的第一件事，就是"返回老家省视父母"。其时，他的祖父已去世六七年，父亲患有严重的肺病。"我虽请他来沪就医，无奈这在当时是难治之症。"金士宣回忆说，"父亲终于1928年逝世，年仅55岁。"他本想，回国后可以尽一份埋在胸底的孝心了，谁知劳碌与艰苦的生活，过早地夺去了他们的生命，让他背上了内疚的包袱，而且令他念念不忘。

也许，这是促使他写下《一封家书：二十年求学记》的重要缘故。

回顾我在青少年时期的求学过程，从初小、高小、中学、大学到留美，像长距离赛跑一样，读了20年书，未曾间断过。但是限于天资平庸，在求学时期的家境困难，营养不良，身体虚弱，特别是在北京求学期间，为了保持全班第一的虚荣，夜间复习功课，经常到深夜头昏脑胀，不能再继续下去了，才肯睡觉，严重伤害了身体健康。到了美国后，一方面享受了公费待遇，改善了饮食，增强了健康；另一方面在国内从不进行体育锻炼，到了美国后，受到那里的大学生生动活泼的校园生活的影响，在周末（星期六下午）总要参观橄榄球、棒球和网球那种有数以万计观众的鼓舞人心的球赛，跟着他们狂呼口号，鼓动球员们加油，精神上受到极大激励。同时，自己也开始参加网球和游泳活动，有时也参加晚会、跳舞会，精神活泼，体格得到了锻炼，身体渐渐强壮起来。（金士宣1983年5月撰《一封家书：二十年求学记》）

这是他在留美4年期间的另一种收获。不过，我们从金士宣的求学经历中，却得到了另一种心理冲击和莫大启迪：他三次“维权”成功，三次“扩权”胜利，创造了一位现代学权主义者活生生的鲜明形象和生命范式。尤其在跨入知识经济时代的今天，他的这种经历，于国于民，尤其对于青少年来讲，均有着不可估量的开拓意义，值得人们借鉴、深思和学习。

金士宣博士回国后很快就到当时南京国民政府交通部报到，开始了为实现自己报国志愿——发展中国铁路事业而奋斗的新里程，跨上了新的现代学权主义光辉的爱国之路。

2010年6月17日草成，9月20日改毕于北京

（此稿曾于2010年10月16、17两日在宁波大学举行的“第十次全国大学生学习改革与创新研讨会”上进行交流，并被收入该次会议的《论文集》。北京交通大学校园网2010-11-15转发的即为此版本。）

附文

·铁路人物志·

金士宣

承仁文

在我国三百万铁路职工中，毕生从事铁路工作的人为数不少，若是要寻找一位路龄超过一轮甲子的“老铁路”，那就要推北方交通大学（如今的北京交大）金士宣教授了。因为这位进入耄耋之年的一级教授，已经为我国铁路事业连续奋斗了六十三个春秋。如今，虽然白发苍苍，年事已高，却依然精神矍铄，思想敏捷，而且仍在孜孜不倦地为百年树人大业勤奋工作。

中央人民政府任命通知書
茲經中央人民政府委員會
第九次會議通過任命金士宣為
北方交通大學副校長
特此通知
主席
一九五零年九月五日
中華人民共和國中央人民政府之印

1950年9月5日，受毛主席任命为北京交通大学副校长

……1925年，金士宣在上海商务印书馆出版的《东方杂志》上发表文章畅谈“铁路救国”时说：交通事业“乃一国之国防、经济、教育及诸般事业之血脉，用以增加其效力，弥补其缺陷者也。”但是“吾国交通事业外交上阻碍也多矣，如外人承办各项交通事业借款优先权也。无一不损我主权，阻我交通之发展”。因此呼吁“各项交通之外交成案，丧权辱国，阻碍我国交通之实施，亟应设法收回；凡外人承办各项交通之借款优先权、内河领海之航业权、租借之商港，应一律无条件收回（其时他正在美国宾夕法尼亚大学读博士）……本着这种认识，金士宣在新中国成立前的22年中，先后于沪宁、北宁、杭江、平绥、津浦、粤汉和浙赣七条铁路线供职，力图实现自己的志向……1949年4月20日，正当国民党政府要员纷纷南逃之时，他断然调整了自己的生活航向，离开南京，悄然赴沪，隐匿起来，迎接解放，用他自己的话说，就是“弃暗投明”……同年9月1日，他回到阔别了26年的母校——当时的交通大学北平铁道管理学院，担任运输系教授……1950年9月5日，被委任为北方交通大学副校长……金士宣在母校任教30多年，桃李满天下……1985年中秋佳节，正值他85岁寿辰，150多位北方交大校友聚集一堂为金老祝寿，感谢他的呕心培养。这些当年弟子如今已是一代栋梁，他们中有的是教授、总工程师、研究员，有的已是肩负重任的局长和部门党委书记了。

……金士宣从1951年起，被推选为北京市人民代表大会第一、二、三、四、五届代表，以及全国人民代表大会第三、五届代表。1982年，他以特邀代表身份出席了全国铁路先进生产者代表会议。他先后兼任过国家科学技术委员会综合运输组组员、中国科学院综合运输研究所研究员、中国铁道学会常务理事兼运输与经济委员会主任、中国交通运输协会常务理事、北方交通大学学术委员会副主任、全国四所交通大学校友会副会长等职。他常说：“我要抱着活到老学到老的精神，为发展中国铁路事业而奋斗！”这句话，是对这位耄耋老教授精神面貌的最好写照。

在祝寿宴会上，金士宣教授的弟子们献上了美好心愿

图为 1986 年春，全国政协副主席吕正操与金士宣教授谈话。这时离 1949 年 7 月吕正操（时任铁道部副部长）约见金士宣已相隔 37 年。在第一次见面时，吕部长对金士宣说："我看过你的《铁路运输学》，欢迎你来北京工作。"他俩的相会，见证了新中国铁路发展艰难而又令人欣慰的历史，令人感叹！

（此文原载中国铁道学会 1986 年 11 月 28 日出版的第 6 期双月刊《铁道知识》，此处摘取其中极少的一些信息，以补上文之不足，减少读者的悬念。）

后　记　一级教授金士宣与 20 世纪同龄。1900 年 10 月 8 日出生在浙江，1992 年 9 月 1 日逝世于北京，享年 92 岁。

他的现代学权主义引导他走上了一条成功之路；他对铁路事业的强烈兴趣，又促使他成为该事业的一名大师，成为中国铁路大发展的一名杰出功臣。他留下的生平事绩、敬业精神、学术成就，更引导着北京交大的后来学子在爱国主义的道路上阔步前进，令人敬佩。

十二附件之十一

优学创新论

北京交大　承仁义　赵德中　承向军

背　景　本文是第一作者在“文化大革命”后自选课题“人的成长、成才与成功问题研究”的成果之一。其中的“优学论”部分，吸取了第三作者的系统论思想，并于1992年1月与第二作者联合在全校本科生中首次开出“优学论”选修课（实验班），36学时，4学分。在进行了认真总结的基础上，又于1993年3月和1994年下半年相继开设了第二、第三轮“优学论”选修课程。期间，三人合撰的《优学论及其教学实验报告》在全国第二届“大学学习科学研讨会”上被评为“一等奖”。其中的“学创论”部分，还以教育部高教司全国重点课题“大学生学习改革与创新研究”理论成果的身份，于2005年获“国家级教学成果二等奖”。有人认为，这里面深藏着值得参悟的人生哲理。

摘　要　本文依据现代学本论思想，提出了现代学习定义、优学思想，并在导入学习系统论的基础上建立了优学系统，概括出优学律；更在优学理论的指导下创造性地阐发了学习创新论观点，概括出创造性学习的基本规律和普遍规律，以及推广创造性学习的学改建言。

关键词　优学系统　创造性学习　大学生学习改革

第一节　导　　言

学习，是一种内在心理与外在行为相统一的主体活动。因主体不同而呈现出不同形态的学习，迄今已知有3种，就是动物学习、人类学习和机器学习。动物学习是建立在条件反射基础上的初级形态的学习；人类学习是由思维主导的高级形态的学习；机器学习则是人类学习转化和延伸的特殊形态的学习，例如，智能体的自主学习。我们现在要谈的是人类学习。

人类的学习活动是人类生活和实践的伴随行为，是与生俱来的，所以，学习是一个既古老又现代的概念。古老的学习概念，曾导致人类创造了光辉的古代文明；现代的学习概念，正引导我们向着现代化和后现代化——知识经济时代的更加光辉灿烂的文明前进。但是，对于现代学习认识上的肤浅、偏缺，甚至麻木，却又造成了一种巨大的“后引力”，影响着我们前进的步伐。人们看到，那些仍旧固守着传统学习概念及其衍生的各种学习观，抱残守旧地一味坚持传统学习方式和学习习惯的人，他们在现代社会中越来越陷于一种边缘化状态，并且慢慢地没落下去，难以自拔；至少，不能很好地跟上时代前进的步伐而困惑彷徨。

那么，这是为什么呢？请听一位学者的回答。

“当代学习的不足，导致了人类状况的恶化和人类差距的扩大。我们的学习方法令人震惊的落后，这种状况使个人和社会在对付全球问题所提出的挑战方面，都未能做好准备。这种学习上的失败，意味着人类在做好准备方面，仍处于全世界不发达的水平——学习的失败从根本上说是我们一切问题的根源，因为这种失败制约了我们对付其他问题的能力。”[1]可见，学习的状况，已经上升为影响当今“人类状况”的“根本性”原因。

“现代学本论除提出了‘终生学习论’外，还概括出‘学习决定论’的理念，即‘个人的学习水平决定了自身的成长水平，全体社会成员的学习水平决定着社会的发展水平’。”[2]从这些论述中，我们可以清晰地领略到现代学习的重要性。

诚然，学习有成败之分，但更有优劣之别，还有创造性学习与非创造性学习的差异。经验告诉我们，在迈向知识经济时代的今天，要想保证学习的成功，需从学会优学和创造性学习开始，这是现代学习避免失败的普遍规律。我的发言，就是想要介绍这方面的信息和对现代学习的认知水平，了解一些基本的学习理论，包括优学律、创造性学习基本规律和普遍规律等，并和大家探讨大学学习中的有关问题，以便帮助同学们能够获得更多的学习自由和学习乐趣。

根据以往几届实验班的经验，同学们要想有所收获，必须做到以下几点：① 培养和提高对学习研究和学习理论的兴趣；② 要有精神上的高投入，就是对自身的学习状况，提高反思力度，不断解剖自我、发现自我；③ 联系自身的学习实际，认真总结，要在有所发现的基础上有所改进，不断创新自我。

有人可能会担心，这样一来，不是会占去好多时间，影响正课学习吗？错了！俗话说“磨刀不误砍柴工”，“欲善其工，先利其器”。就像生产效率的提高，随着软、硬生产手段的革新而提高一样，学习效率的提高同样离不开软、硬学习手段的革新，包括学习指导思想、理论、方式、方法、习惯，技巧，以及学习工具等。我们不妨先来听听几位参加过“优学论”实验课程的同学们的亲身感受。北京交通大学通控91-2班的胡光同学在课程总结中写道：“我十分庆幸选了‘优学论’这门课，它帮助我端正了学习态度，明确了学习目标，找到了许

多切合实际的优学方法，使我能有效地投入学习。在此之前，我曾为上大学而沾沾自喜过，也曾因学习负担过重而心灰意冷过，但从未像现在这样自信地面对现实。曾经一度厌学的我，在优学论的帮助下，愉快地接受了学习，这才发现，学习并非像想象中的那么乏味，从而学习热情日益高涨，学习潜能也不断得到发挥。”另一位电气 93-2 班的武少峰同学说：“通过‘优学论’课程的学习，我掌握了一系列优化学习的理论，受益匪浅，它将在今后指导我的学习与工作。我感谢老师对我的培养，使我步入了优学的殿堂。”还有一位机械 93-3 班的郭晓峰同学说：“学习‘优学论’后，我的学习状态有显著改善，眼界顿觉开阔，把学到的知识与自己的学习状况结合起来，变盲目学习为自觉学习，变被动学习为主动学习，变继承性学习为创造性学习，变片面性学习为全面性学习，变厌学为乐学，变蛮学（不得法）为巧学（得法），真有上了一层楼的感觉。”[3] 可见，这样做不仅不会影响学习，反而会促进学习，改善学习，升华学习。

郭晓峰同学所讲的“学习六变”，已是一个“学习改革”的问题。也就是说，大学生学习优学创新等现代学习理论，必须和进行自身的学习改革结合起来同步进行，否则，学习效果将会大打折扣。

关于大学生的学习改革问题，早在 1984 年年底，《北方交大报》就曾大声疾呼，一连发了三篇评论员文章：《学习也要改革》《扬长补短形成锋刃——二谈学习改革》和《走智能型创造型人才的发展道路——三谈学习改革》。文章指出：“学习改革的主要目的，是要做到学得主动，学得灵活，学得得法，学得有实效，力求把自己培养成一个能适应未来社会主义四化需要的创造型人才。”[4]“学改六变”，是其后在实验班教学中师生取得的共同认识。随着我国教育改革向学习改革的深入，2000 年 6 月，教育部正式提出了具有特殊意义的科研立项——大学生学习改革与创新研究，吸纳了包括北京交大在内的数十所高校成员，组建了有相当规模的研究队伍，所取得的阶段成果，已为大学生学习改革创造了有利的环境。尤其是近年来，这一发展方向得到了越来越多的领导、专家和广大师生的认同，并自觉地投入到这一潮流中来，从而使大学生学习改革突现为一种新趋势。

总之，通过学理研究与学习改革，以增强大学生自身的学习觉悟、学习能力和学习素质，既是教育的重要任务，又是提高学习水平的一个决定性条件，更是适应终身发展需求和推动人们不断走向成功的根本保证。

第二节　现代学习定义

由上可知，原有的学习概念已不能反映现代学习的内涵。这又引出了现代学习的如下定义：

“学习是人基于生存和发展的需要，在与其所存在的环境的相互作用下，通过感、知、思、行相统一的心理、实践活动，获得知识、能力、智慧，形成品德、情志、人格的终身过程及其本源。”[5]

这一描述性定义，全面地反映了现代学习的微观、中现和宏观过程。例如，感、知、思、行相统一的心理、实践活动，是其微观过程，包括从实践而来的感性认识到由思维活动而形成的理性认识，再将此种理性认识回到实践中加以检验、充实和修正这样两个步骤；一个人的终身学习活动，是其中观过程；而人类学习的整体发展历程则是其宏观过程。现代学本论认为，人只有通过学习（它把教育定义为“教育就是学习的社会化，就是对学习的计划、组织、指导、推动、帮助、评价、改进、催化，就是引导学生学会学习），才能真正脱离动物界，由一个“自然人”进化为“社会人”，由古代人发展为现代人，由现代人进步为未来人。学习就是这样不断地创新着自己，创新着人类，创新着社会。

这一定义的又一个亮点，是把提高智商与情商也纳入了视野，在对学习成果的表述中加入了“智慧”与“情志”两个意项，显得更趋完备。

现代学本论对学习的这种定义，还有一个鲜明的特点，即是它的周延性。因为现代学本论认为：“一个社会人，从生命形成到终止，无不处于一定的学习情境之中。换句话说，人总是与他所存在的环境构成一个主［观自我］—客［观存在］系统，进行着物质、能量和信息的交换。这是一种典型的开放系统。主、客系统的三种交换是随时随地进行的，又是密不可分的。就信息交换而言，某一主观自我若不是在有意地接受某种影响，就是在不知不觉中无意地接受某种影响。这就是一般意义上的学习活动。”[6]“其形式和途径有三种：师学（师授）、自学（自授）和默化（学习）。”[7]“默化学习是指人们在家庭、学校及社会生活中，无意地、自发地、潜在地接受某种影响的活动及其过程。”[8]

这是说，现代学习概念的外延是周延的，它包括了人类的一切学习活动。

第三节　现代学习的现实意义

由上述现代学习定义可见，现代学本论从挖掘、发现及确定学习的内涵与外延的过程中，为学习作了重要定位，从而体现了现代学习的真正意义。

那么，现代学习到底有哪些意义呢？概括起来大致有以下几点。

一、经济意义

“当今世界，知识经济已初步形成，知识已成为一种生产要素，与有人曾把石油比作工业经济发动机的燃料一样，现在可以毫不夸张地说，知识是知识经济

发动机的燃料。但要掌握知识，靠的是教育和学习。在这个意义上，人们又把知识经济称为教育经济或学习经济。”[9]前已提及，教育是学习的社会化，学习经济可以涵盖教育经济，对国家和杜全来说称教育，对每个个人来说便是学习，这种说法，可叫学习经济的一元论。

二、社会意义

“现代学本论在古典学本论的基石上，以现代科学研究成果为骨架和材料，构筑起自己的理论大厦，适应了当今及未来的需要……它的‘终身学习论’‘学习决定论’已被越来越多的人所接受。”[10]

但是，“我国目前还有5%的青壮年是文盲，普及9年义务教育的人口覆盖率为85%，大学入学率为11%。”[11]所以，2003年10月13日举行的中国共产党十六届三中全会的决议《中共中央关于完善社会主义市场经济体制若干问题的决议》说：要“构建现代国民教育体系和终身教育体系”，“建设学习型杜全”，“完善和规范以政府为主、多渠道筹措经费的教育投入体制”，“完善国家和杜会资助家庭经济困难学生的制度”。这些决定，充分体现了现代学本论思想的指导作用和生命力。可以预见，随着国家、社会和个人对教育、学习事业投入的大幅度增加，学习环境的不断改善，尤其是社会对学习的认知水平的快速提高，以及学习状况的不断优化，创造性学习成果定会更快更多地涌现出来，我国的总体面貌也一定会有显著改观和进步。

这同样体现出，现代学本论不仅获得了社会的广泛认同，而且上升为一种国家的决策思维和普遍的社会生活哲学，成为改造社会、创新社会的强大思想动力，其意义是不言而喻的。

三、人文意义

“人是‘以学为本’的，‘学’在人的一切活动中占据重要地位；学习是使人‘发展天性、改变习性’的最重要途径……不难看出，‘学本论’的哲学意义，就在于它是建设人和发展人的根本。”[12]

这里所谓的“天性”，可以理解为人的适应性和创造性，而这种适应性和创造性，均来自人的学习活动，是一种后天获得性。遗传所提供的仅仅是个体物质条件的差异，但即使天资聪颖的人，如果学习不足，或学习的方向有误，或学习的方式方法不当，仍将难以取得成功，相反，那些智商并不很高，甚至身有残疾者，只要学路对头，锲而不舍，却可取得人们意想不到的业绩和创造性成就。这就充分显示了现代学习的人文意义。

四、教改意义

现代学本论的“另一个基本思想是‘教以学为本’，‘教是为了不教’，教育的存在，源于社会普遍的学习需求和人自身具有能学习、会学习的现实可能性；

教育的有效性，赖于学习的规律性；教育的成败，决定于社会学习的优劣；教育的功能，体现于一代又一代的学习者所达到的学习高度和由此形成的创造力的发挥；而教育者所必备的条件，又是他自身的学习所造成的。因此，离开了学习，就无从谈教育，若不以学论教，无异于舍皮而求毛，舍本而逐末。”[13]

这是具有革命性意义的教育思想转变，即由影响论教育思想向学本论教育思想的转变：“虽然两者都以界定‘教’与‘学’的作用关系为内涵，但前者重‘教’，认定‘学’必须按照‘教’的‘目的、计划和措施’来接受影响；而后者重‘学’，指出‘教’直接为‘学’服务。也就是说，两种教育思想对‘教’与‘学’的认识位置适得其反，前者以‘教’为中心，后者以‘学’为中心。”[14]

正是这样一种教育思想，使教育改革向学习改革延伸，使教育改革跨入新阶段，形成新局面，我国的教育发展能与国际现代教育接轨，向世界水平迈进。

正是这样一种教育思想，使“教改”与“学改”的目标趋于一致：为了共同解放知识生产力和共同造就全面发展的具有高素质的新生代；让“双改”能够和谐发展。

正是这样一种教育思想，使教育工作最终能依据学习规律而展开，学习的创新本性得以充分体现，创造型人才大量涌现。

五、发展意义

“学习从进入人类生活起，就具有创造功能，创新是学习的本性。所以，要是没有学习活动，人类能否脱离动物界和创造出自己的文明，那就很难说了。随着人们对原始创造性学习进行全面而深入的研究，也许还会做出这样的结论：是劳动与学习创造了人类和人类文明，单一的‘劳动创造论’，可能难以自圆其说。”[15]

“人的思维活动是随着大脑神经网络的形成而产生的。初生婴儿已有足够的脑细胞，但由于神经网络尚未建立，所以不产生思维活动。婴儿的思维活动是随着大脑神经网络的建立而逐步表现出来的，这一阶段发展的快慢与其学习活动紧密相联。因为学习是人类生活的伴随活动，在不知不觉中大脑的神经网络便形成了、健全了，思维活动，包括创造性思维也相应展开了。借助终身学习，大脑神经网络的结构层次不断得到提升，由此而产生的涌现性也随之不断升级，它与由人的素质结构层次不断提高而产生的涌现性迭加，使学习中观过程的创新本性得到了充分的发挥。”[16]

这是现代学本论为发展理论所做出的贡献。

以现代学本论为代表的现代学习理论，正在成为推动社会前进的一种现代思维，作为一名当代大学生，理应从中汲取智慧和力量。它是帮助我们打开成功之门的一把万能钥匙。从整体上讲，优学创新论提倡研究型学习方式，如能把握这一方向，就可一步一步地走向自己的目标。

第四节　学习系统研究

一、学习系统诸元素

系统是多个（或种、方面）互相制约的元素（或要素、因素）共处的统一体，是“按照某些规律结合起来，互相作用、互相依存的所有实体（元素）的集合或总和。”[17]研究发现，学习系统是由8个方面相互制约的元素构成的统一体。实际上，它就是存在于学习主体这个统一体身上的社会心理空间。8种元素构成了学习系统的8个维度。换句话说，8个维度对应着8种学习空间的8种元素。哪8维？列举如下（参见图1）。

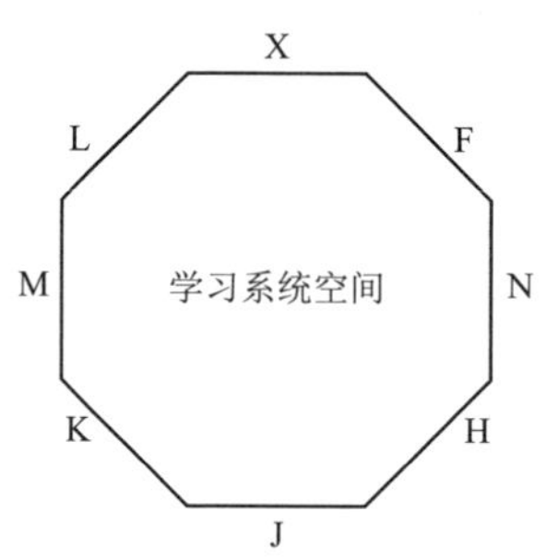

图1　学习系统8维空间示意

• N维：对象结构（向谁学）。指的是直接任教的教师和非直接任教但发挥着教育者作用的群体结构。

• H维：环境结构（学习背景）。指的是学习者的生存境遇，即学习者个人经历为主轴的生活断面组合，包括家庭、学校、社会环境与学习者个人的诸多联系。环境结构是一种时空交叉结构，既具广延性，又具连续性。环境结构的广延性构成时代现实背景，连续性构成社会历史背景。

• J维：实践结构（学得怎样）。指的是学习者参与社会实践和实践性活动的状况。学校的课程作业、实验和课程实习是一种实践性活动，学校的第二课堂也是一种实践性活动，但还不是完全意义上的实践活动。只有学习者独立自主地参与社会活动，才是真正意义上的实践。不过，实践性活动在学习系统中却具有与实践活动基本相似的一面，所差的是它在深入社会的广度和深度上远远地不足，需要在走出校门后加以弥补。

• K维：课程结构（学什么）。指的是学习者所接触的学习内容，包括各种显著课程和隐蔽课程。

以上4种元素，均具有客观性，在学习系统中，它映射为学习主体的主观意识，因而构成系统真正意义上的元素。

• L维：主体心理结构（谁学）。指的是学习者的感觉、知觉、记忆、思维、情感、意志、性格等的构成情况，它的综合表现形式为心理动力、智力，以及其他各种能力。其中，尤以学习态度最为重要。学习态度的心理支柱是趣味感、荣誉感、责任疼、进取感和成就感。

• M维：目标结构（为什么学）。指的是学习者的动机、目的与理想，这是一种动态组合。它来源于学习者的价值观、审美观、哲学观，来源于世界观、人生观，来源于生活。生活有稳定的一面，也有变动的一面；有基本稳定的时候，又有激烈变化的时期。处于发育成长时期的青少年，其心理结构、课程结构、环境结构、实践结构均处于发展变化之中，因而他们的目标结构的变化更加迅速，所以对目标结构的自我省视、调适、优化和完善就显得特别重要。

- X 维：形式结构（靠什么学）。指的是学习者所运用的学习形式，包括师学、自学、默化学习三种。学习形式结构的变化是随年龄变化而有所不同的，也因学习者所处的社会条件及其变化而不断变化。不同的形式结构会产生极不相同的学习效果。例如，不能独立地进行自学的人，始终摆脱不了学习的依赖性，因而很难有创造性学习成果。
- F 维：方法结构（怎样学）。指的是学习者在学习过程中所采用的方法，学习方法具有多样性、灵活性和发展性。学习方法是思想方法的一种表现，所以改进与改善学习方法的根本，是要改进思想方法。在学习实践中，不同的学习课程（内容），应采用不同的学习方法；同一学习课程，也可以应用多种学习方法；先进的现代学习手段的不断涌现，为学习方法的构成，创造了新的广阔天地。学习方法的多样性，正是学习生活丰富性的表现。

上述 4 种元素有较强的主观性，但同样具有生活基础，反映着客观的需要与可能。

将学习系统空间定为上述 8 维，是舍弃了对学习活动研究可忽略的因素，以求从纷繁中把握主流。这 8 个方面不仅有密切的联系，而且有一定的因果关系，而其中每一维在学习活动中的作用又是复杂多变的，在特定的条件下，每一维都可能成为决定性因素。但是，这个系统的整体性则更为重要，是任何条件下都表现得十分突出的，正像一座 8 角亭的 8 根柱子一样，少了哪一根也不行。这是用系统分析法得出的结论。

发现一个系统的真正意义是要从它们的因果联系中找到相应的约制关系，进而实现系统的最优化。研究学习系统也是如此，这个思路，我们是通过对学习系统 8 元素的归类和升华而得到的。

二、学我与师我

在研究学习系统各元素的相互关系中，会显露出这样一种现象，就是有些元素在学习活动中，往往起着主导作用，另一些元素则起着被导作用，而主导和被导又与“师我”与“学我”两种自我意识有着密切的联系。

我们知道，一个人可以表现为多种自我，正如一个人有多种年龄：自然年龄、日历年龄、心理年龄、工作年龄、生理年龄、社会年龄，等等。同样，我们也可以把自我分为显我、潜我、新我、旧我等。

这里所说的学我，就是指处于学习状态的自我；而师我是指能像教师一样

指导自己学习的自我。学我和师我都是普遍的自我意识。心理学的研究指出，自我意识是意识的核心内容，是人的意识区别于动物心理的重要标志。动物只能消极地适应环境，人不仅能积极地适应环境，更能积极地改造环境，创造环境，掌握自我。这种积极的适应、改造与创造，就是因为人有着强烈的自我意识。这是人对自已的存在价值、地位和需要的认识。这种意识在人的个体身上表现为既紧密联系又相对独立的三种形式：认识、情感和意志。我们所说的师我与学我比较起来，师我是一种较高的自我意识，它在人的发展成长与获取成就的过程中有着十分重要的作用，只有师我的形成，才标志着一个人的自我意识真正地建立起来，完备起来。俄国作家托尔斯泰在他青年时代的日记中有这样一段话："我对别人暴躁、厌烦、不谦虚、不忍耐，像小孩一样害羞；我差不多是个不学无术的人，我总是马马虎虎地抓着空儿，没有联系的、没有结果的，那么少的学过一些东西，我无节制，不果断，无恒心，愚笨，浮华和性情急躁，像所有意志脆弱的人一样。"这是一种自我剖析与否定。但他又写道："我是有才能的，但是我的才能还没有经过考验。……我是一个诚实的人，就是我爱善良……当我离开它时，就感到不愉快，而转向它时就感到愉快。但是有一件事情比善良还要钟爱，那就是荣誉。我有这样的虚荣心，这样的很少满足。假如让我在荣誉和善良中进行选择的话，恐怕我常常选择第一个。"这是一种自我肯定。他根据自我分析、自我批评和自我否定，给自己提出了培养和锻炼的计划，如做任何工作都应该有明确的目的；不受金钱利禄诱惑，一切从理性出发；做事要有始有终，坚持到底，等等。他在行动中坚持了自己给自己规定的准则。这是促成他成为卓越作家的必要条件。[18]这个必要条件不是别的，就是有一个强大而有力的师我在发挥作用，引导他学习走向成功。

三、8 维元素的"两我"划分

确立了师我与学我两个概念，我们便可对学习系统空间的元素做以下划分：师我，由 N、K，H，J 4 元素构成；学我，则由 L，M，X，F 4 元素构成。这样，学习系统空间 8 个元素，就被归纳为学我、师我两大要素。这两大要素的基本关系是：师我是施控要素，学我是受控要素。找到了施控与受控要素，建立学习系统控制模型的难题便迎刃而解了。

不过，为了叙述的方便，我们还得先讲一下学习境界、学习品质和优学概念等问题。

四、学习的 6 种境界

学习境界，即学习系统的状态，是指在一定时间内学习系统的量度，也可理解为是学习者各种学习特征的综合表现。学习的境界大致有以下 6 种（如图 2 所示）。

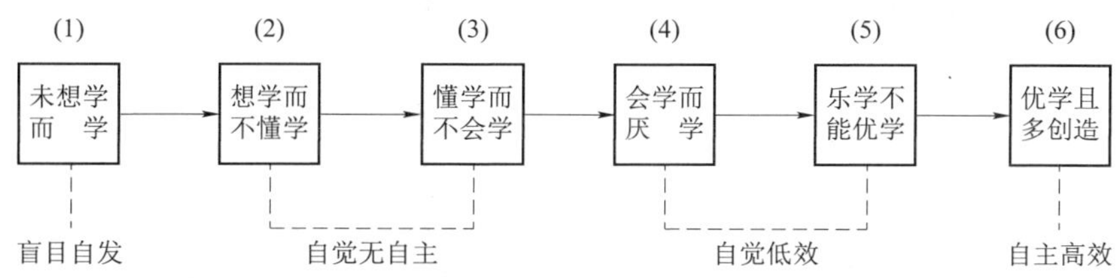

图 2　6 种学习境界

（1）未想学而学。一个人的学龄前阶段大都属于这种状态。这一境界的特征是无意的随意性和随机性。不过，无意的随意性和随机性学习现象并不仅仅限于第一种学习境界。事实上，这种学习现象存在于人的一生之中，而且是知识积累的一种有效方式；但是，在其他 5 种学习境界中，它只是一种补充，一种现象，并未形成状态，不是主流。

（2）想学而不懂学。此时的学习活动，已有一定的主动性、自觉性，学习者在此状态中，或从兴趣出发，或受长辈意志驱使，或受环境影响，已有学习愿望与要求，但并不真正懂得学习的重要，有一种“人学亦学”的从众倾向。不过，由于学有所获，或通过了某种考核，或掌握了一定知识、技能，因而产生了一种满足感，或受到了鼓励，甚至表彰，有了荣誉感，学习积极性往往会迅速提高，学习的经验愈来愈丰富，对学习的了解也在不断深化，从而顺利地进入第三种学习境界。但是，如果学习中遇到了困难，这些困难又未能得到妥善解决，甚至出现了挫折，那么，又往往会丧失学习兴趣，甚至将学习看成“负担”，“苦事”。学习兴趣受到这种打击，对学习的进一步理解就难以深化了。

（3）懂学而不会学。这是在已有相当学习积累的基础上形成的一种境界，作为一种学习状态，既普遍又十分稳定，学习者的自觉性和积极性很高，就是学习的效率不高，收获不显。处于这种境界的学习者，十分乐意接受学习指导和帮助，当他们真正理解了学习的科学性和规律性之后，学习状况便会有迅速的改变，包括出现飞跃式的进步。但是，如果长期处于这种“高投入小产出”的境界得不到解脱，又往往会使学习者失去学习热情和信心，严重的还会放弃学习追求，甚至形成心理障碍。

（4）会学而厌学。这一境界虽然并非必经，但却具有常见性。学习者进入这一境界，主要是由于受到环境和自身两方面的交叉干扰所致。环境干扰有社会的，也有家庭的。从内容上看，有政治的、经济的、心理的，等等。自身干扰，则主要是心理素质方面的，即对环境干扰的承受能力和排解能力较低，尤其是当生活中出现了冲击性干扰的时候，学习者很容易出现心理失控而无心于学，造成学习成绩下降。而成绩的不断下降，反过来又促进厌学情绪的滋长。

厌学的最高表现是辍学和弃学。一个心理素质较高的人，能通过自身的调控系统，排除各种干扰，对学习始终保持旺盛的热情。自身干扰的一个重要来源，是学习过程中遇到的各种问题和困难。这些问题和困难犹如学习路程中的“拦路虎’，这对于一个心理素质不高的人，往往会望而生厌，甚至视为畏途。所以说，厌学尽管并不是人人必经的学习阶段，但不能不说是一种常见的学习状态。

（5）乐学而不能优学。即既懂学习，又会学习，还能排除各种干扰，此时的学习者，对学习会产生一种乐趣，“学而时习之，不亦悦乎”，便是这种情形的真实写照。乐学，就是自身既乐于学习，又能从学习中获得乐趣，感觉到是一种享受。然而，即使是三个乐学者在一起学习，如果细细地对比一下，也总能分出优、中、差三种状态来。学而不优并非不能学成，功到自然成嘛，只是比起学而优者来，下的功夫更大，走的路更曲折，成本会很高。优学，是在“会学”的基础上，进一步掌握了学习的要领，总结出一套适应学习者自身情况的有效方法而达到的一种境界。这种境界不是偶然出现的，而且人人不甚相同，是一种个性化状态。例如，有人早读 3 遍，即能背诵课文；而有人早读 30 遍，背诵起来却仍是有头无尾。学习状态的优化，是学习者自身孜孜追求的结果，不是投机侥幸得来的。治学的根本，便是要让自己早日进入优学状态。

（6）优学且多创造。创造，或者说获得一种创意是优学的最高境界。优学的初始境界是能迅速继承，把社会的历史文化成果接过来，变为己有。但光有继承，不能创造，便没有发展。事实上，一切创造发明都是伴随优学而来的．学而不优，何来创造？优学且多创造，这种学习的最高境界，对于一个健康的人来讲，是人人能够达到的，所以，要尽快使自己进入这种境界，方能在成才的道路上走得更健、更快。

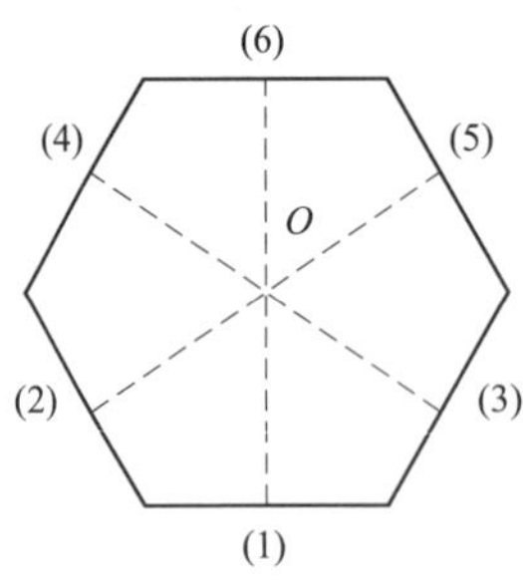

图 3　学习境界关系示意图

以上 6 种学习境界是对学习状态的大致划分，其发展趋势如图 3 所示，是一个由低到高的过程。不过，这是较为典型的状态，而且，并非人人都经历其全过程，有人可能跨越其中的一二种或更多种状态而进入最高境界，而更多的人则是常常处于各种境界的过渡境界，或处于重叠、混合的模糊境界。据此，我们又可将此种图式发展、简化为如图 3 所示的学习境界六边形关系图，图的 6 条边示意 6 种学习境界。这个学习境界六边形反映了这样的关系：（1）处于最低层，为低境界；（6）处于最高层，为高境界；（3）比（2）更进了一步，但从学习的自主程度和效果来看，仍属同一层次；同样，（5）比（4）要进一步，但效果相近，也属同一层次。所以 6 种境界分为 4 个层次：“盲目自发”、“自觉无自主”、“自主低效”和“自主高效”（如图 2 所示）。从境界发展走向来看，从（1）到（6）具有多种通路，可以沿右侧路（1）→（3）→（5）→（6）；也可沿左侧路（1）→（2）→（4）→（6）；更可通过虚线表示的线路，走出一条自由捷径，如（1）→O→（4）→（6）或（1）→O→（5）→（6）；其最短的通路当然就是（1）→O→（6），那些“神童”，便属于此类。不同的人进入第六境界的年龄是不一样的，但提高学习者对学习境界的认识，认清自己所处的层次，并自觉向最高境界发展，是一种有效的“学习调整”。例如，北方交通大学“优学论”教学实验班的胡光同学在“优学方案”中说：“已上大二的我，还属于想学而不太懂学的层次。”他在分析了自己的学习状况之后，提出了一个达到优学的计划，并在实践中加以贯彻，使学习状况不断改善，成绩逐步提高，由选修“优学论”课程前的全班第 21 名（第二学期各课平均 68. 7 分）上上升到第 11 名（第三学期平均 75. 6 分）。而更重要的是，就像他在课程总结中所说的那样获得了改变学习状态的动力（见本文“一”）。

五、学习品质与优学概念

（一）学习起点的轨迹、展向与品质

学习，就占有知识而言，是解决“不知与已知”“已知与未知”之间的矛盾。“不知与已知”要解决的是继承问题，“已知与未知”要解决的是发现和创造的问题。图 4 是学习起点轨迹。

图 4 的已知部分代表社会文化，它表示已被人类认识的世界，未知部分代表尚未被认识的世界，需要人们去发现和创造。人们学习的起点，落在了“已知”与“未知”之间的界线上，所以，这条界线也就是学习起点的轨迹线。从轨迹线向里发展，是解决不知与已知的矛盾，向外发展，是解决已知与未知的矛盾。这样我们便可构筑出因学习发展方向不同而形成的三种不同的学习品质类型（见图 5）。在实际生活中，由于学习的发展方向不同，其结果也很不一样。

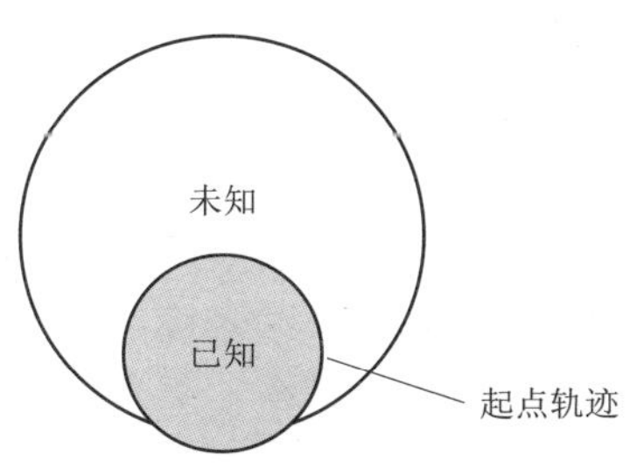

图 4　学习起点轨迹图

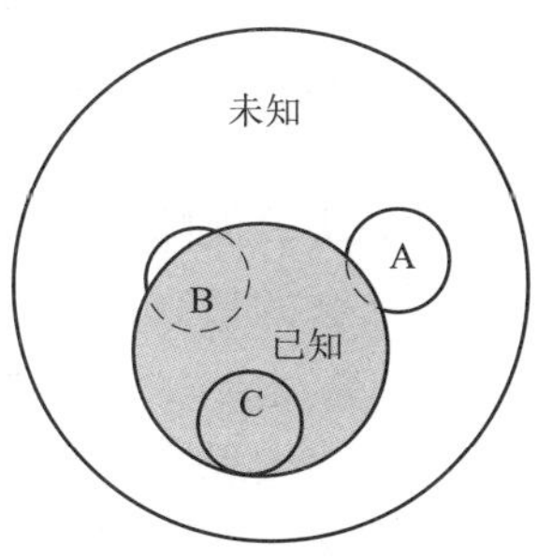

图 5　学习的三种展向和品质类型示意图

A：发现超过继承——发现型创造型学习

B：以继承为主，并有所发现——偏继承型学习

C：没有发现与创造，只有继承——继承型学习

三种类型学习的共同之处是均有继承。继承是学习的首要任务，也是发现与创造的基础。随着人类文明程度的快速提高，文化科学知识积累日益丰富，学习的继承任务也越来越大。但是，如若只有继承而没有发现与创造，人类就不能前进，社会也不能发展。所以，学习的发现与创造任务，高于学习的继承任务。

（二）优学概念的内涵

归纳起来有这样几点：① 在微观上，以最少的时间和最小的投入，能获得最佳的学习效果；② 在宏观上，最终能把学习者造就成一名优秀人才；③ 在品质上，属于发现超过继承的 A 型学习。

（三）优学的社会表现与结果

归纳起来有三种：① 学而优则仕；② 学而优则富；③ 学而优则集大成。这三种优学的社会表现与结果，从古至今比比皆是，但不同的社会历史时期，情形却是很不一样的。

“学而优则仕”，是孔子高足门生子夏提出来的。公元 606 年隋炀帝设置“进士科”，从而开始了中国的科举制度，“学而优则仕”的思想被法制化。今天，已进入“科技是第一生产力”的时代，社会的管理人员如果不是学而优者，则很难胜任所承担的责任。因此，在我国现今的干部制度中，学历标准已被列为必要条件之一，政府公务员还要经过严格的考试筛选，这同样表现了学而优则仕的精神。

“学而优则富”，是近代才突现出来的。英国古典经济学家亚当·斯密在《国富论》一书中写道：“学习的时候，固然要一笔费用，但这笔费用，可以希望偿还而赚取利润。”[19]社会财富是由人的劳动创造的，因为“劳动创造价值”。这种价值的大小，与劳动者的素质和能力有密切的关系，而劳动者的素质和能力主要依靠学习获取和提高。因此，优化学习就能在提高劳动者的素质与能力方面起到超过一般水平的高效益，从而在“偿还”与“赚取利润”方面也带来高效益。这是显而易见的。在实际生活中，自从进入科技时代以来，知识的价值日益被人们所认识，并在社会生活中凸显出来。随着知识产权的确立，以及专利法、著作权法、商标法等保障知识产权和智力劳动成果权益的法律的实施，学而优则富已成为当代社会的最高生活标准之一。

“学而优则集大成”，就更不必说了，因为古今中外凡集大成者，包括名重千秋享誉世界的伟大思想家、科学家、音乐家、军事家、政治家、教育家、艺术家和各行各业的尖子，没有一个不是学而优者。

六、学习控制系统

一个真正的系统，应该是有控制的可调系统，因为只有凭借这种控制，才能使该系统具有特定的功能，从而达到预想的优化目的。建立学习系统同样如此。

个体学习系统的控制机能是逐步建立的，是一个从无到有，再到完善的渐进过程。

下面是个体学习控制系统形成过程的图解（见图6）。

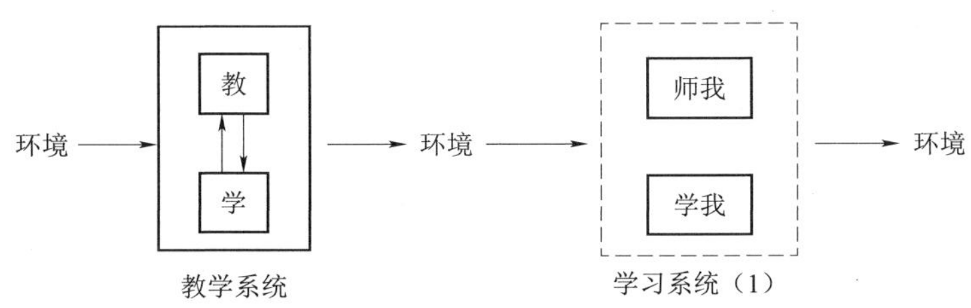

图6　未形成控制机制的学习系统

1. 无控制的学习系统（学方含于教学系统）

无控制的学习系统：当学习者处于第一学习境界时，只能仅仅作为教学系统的受控要素而存在，因为其师我尚在胚胎状态，无所作为。这时学习者的自我意识，受学我的影响，是非师我的自我意识，如图6的教学系统、学习系统（1）所示。

2. 师我初立的学习系统

在教学系统的作用下，学习者的师我逐渐形成，并开始对学我施控，学我便不再是盲目自发的了，学习有了学习者自己认定的目标，学习的自觉性和自主性都得到了加强。但在初期，系统呈现单向性，反馈通路尚未形成，师我对学我发出的反馈信息，反应不充分，不能有效利用，更不能以此来改善施控状况，如图7学习系统（2）所示。这是一个非完善的学习控制系统。

3. 完善的学习控制系统

一个完善的学习控制系统，必须满足这样几个条件：第一，施控自我（师我），强大到足以对受控自我（学我）进行目标管理，就是说要为学我确定和不断制定学习目标，并能激励其为实现目标而具有强烈的学习追求；第二，师我不仅能对学我进行一般性的目标管理，而且能不断进行对学我的分析，进行自我评估，从来自学我的反馈信息中找到目标差，及时调整施控的决策，推动学我向目标逼近；第三，学习主体的学习潜力得到较充分的发挥。满足这样三个条件，学习控制系统即告建成，如图8所示。依靠这个学习控制系统的运作，便能保证学习者走上优学的道路。托尔斯泰的例子，就是最佳的说明。

4. 个体学习控制系统（优学系统）模型

根据上述分析，我们建立了个体学习控制系统动态模型，即优学系统（见图9）。这是一个通过仿真构思得来的动态模型，它模拟了个体优学系统的运行过

程，揭示了学习系统的控制机制。

图 7　无反馈的学习系统

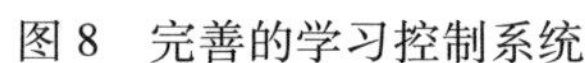

图 8　完善的学习控制系统

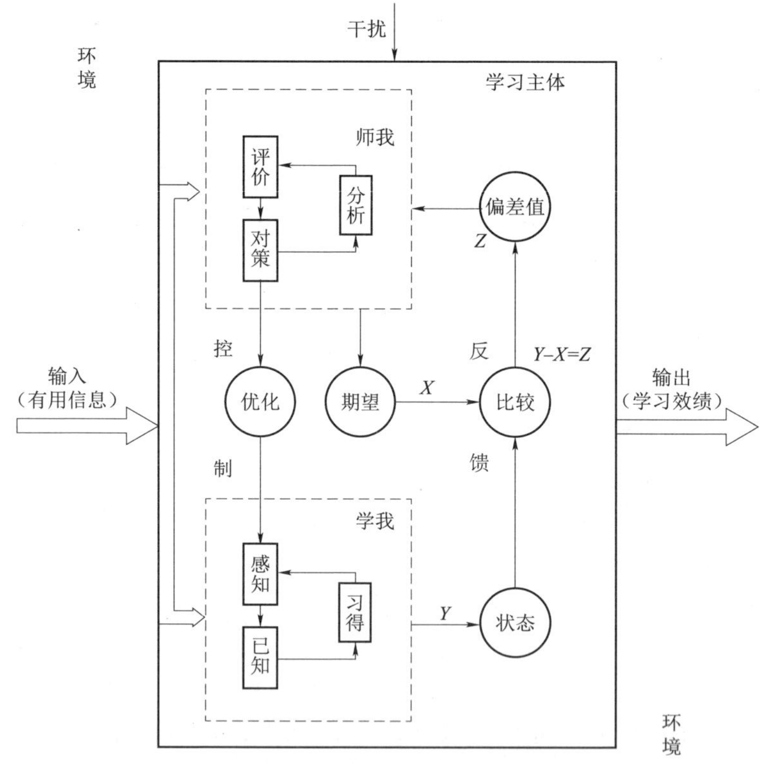

图 9　个体学习控制系统动态模型

模型功能：优化学习；模型目标：培养优秀人才

下面，对个体学习控制系统动态模型的运行过程作简要说明。

该模型通过 4 个循环，即学习循环、判断循环、比较循环和控制循环，实现了对优学过程的模拟。

如图 9 所示，学习主体的实线框内，存在两个虚线框图“学我”与“师我”，构成了个体学习系统的这两个部分，它们同时接受着环境的影响。环境影响有两种：一是接受有用信息，一是受到干扰。这两种影响同时作用于学我与师我，推动着 4 个循环的持续进行。

4 个循环的动态过程如下：由于有一个强大的师我存在，在这个运行不息的过程中，学我不断地得到师我发来的“控制信息”，使学习状态得到改善，扬长补短，排除干扰，以实现目标。

（1）学习循环。学我通过感、知、思、行相统一的心理与实践活动获得知识、能力、智慧，形成品德、志趣、人格。为简明起见，图 9 中以“感知”“已知”和“习得”三个环节的不断循环来表示这种普遍的学习过程与轮回。当环境的有用信息与干扰信息被学我“感知”，学我凭借以往的“习得”，形成新的“已知”，参与下一个学习过程，如此循环往复，运行不息。这是存在于学我虚线框内的小循环，我们称之为“学习循环”。

（2）判断循环。学我的状态信息，随时反馈给师我，成为师我施控信息的重要来源。师我作为施控要素，它的任务是要将各种输入信息（来自环境的有用信息、干扰信息，来自学我的反馈信息）与原有的储存信息加以分析、评价，并找出通向目标的优化对策，其中，包括学习目标的不断优化。目标不是一成不变的，有时需要调整，有时需要充实，而当既定目标实现以后，又必须确立更高一层的新的目标。它通过三个环节：“分析”“评价”和“对策”来执行这个任务。“分析’是对上面提及的各种信息，加上从“对策’环节中输送过来的信息混合起来综合进行的。分析环节输出的信息进入评价环节后在对策环节中形成新的调控决策。这种决策是否优化，尚不得而知，需要经过再分析、再评价和再决策(判断)，如此不断进行下去，直到形成新的优化对策，产生输出给学我的调控信息。这是存在于师我虚线框内的小循环，我们称之为“判断循环”。

（3）比较循环。师我框内输出两路信息，一路是直接输入学我的优化信息，另一路是进入比较环节的期望信息。期望信息 X 与学我输出的状态信息 Y 进行比较（$Y-X$）后产生的偏差值信息 Z，反馈到师我的虚线框内，参与师我内部的小循环。当 Z 是负值时，说明目标尚未达到，师我便会发出强化指令；当 Z 达到正值时，说明既定目标已经达到，师我便会提出更高的目标。这一路我们称之为“比较循环”。

（4）控制循环。大通路的另一路是师我输出的优化决策调控信息，进入学我虚线框内的学习循环后，再以状态信息输入比较环节，进行偏差值的计算，而以 Z 值输入师我进入反馈回路。这一路我们称之为“控制循环”。因为 Z 的正值即为该系统输出的“学习效绩”。

上述 4 种循环，模拟了个体学习控制系统的运动过程。这个系统的输出，便是学习主体所获得的不断上升的学习效绩。个体学习控制系统的功能是优化学习，换言之，使学习优化。这种优化学习的结果便是“优秀人才”的形成。学

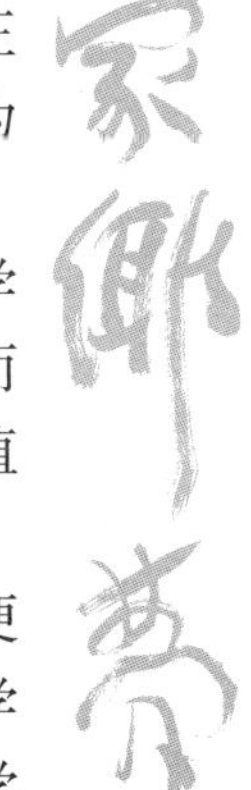

习主体一旦建立起这个系统，就将终身运行。除非这个系统遭到破坏，否则，其目标就一定能实现。在这里，功能保证了目标的实现，目标显示了功能的必然结果。

这一模型的认识价值，是它高度概括了一切人才，尤其是优秀人才内发的优学过程的必由之路。在建立这一模型中，学我与师我概念的确立，以及反馈理论的应用，有着重要的理论价值和实践意义。如果我们承认这个模型是有现实基础的，那么便可进而概括出“优学律”。

七、优学律

优学律，是学习主体在建立了优学系统的基础上所体现的必然性。下面是其文字表述：

学习主体不仅建立起学习控制系统，而且施控师我能对受控学我进行有效的目标管理，即在充分接受环境信息的情况下，通过反馈调控，不断改善学习状态，使主体的学习潜力和创造力得到最佳培养与发挥，以最小的学习投入，取得最佳的学习效果，从而抵达最高学习境界，走上优秀人才的发展道路。

这一优学律告诉我们，优学的关键是要在学习活动信息化的基础上，确立一个强大的师我。这就为学习指导指明了努力方向，提供了理论依据；也为学习者的自觉成长指出了一条光明大道——学习的信息化（开放性学习）和师我的确立。其中，尤其要使师我成熟起来，强大起来，运作起来，永不停息，并从学习系统空间中及早地找到一条个性化的优学之路。

第五节　创造性学习的基本规律和普遍规律

人类学习，自 1687 年以英国牛顿发表《自然哲学的数学原理》为标志进入第三阶段的高创性学习阶段以来，已有 318 年的历史。随着知识经济登上历史舞台，又出现了一些新变化、新表现，其中最主要的便是学习的生产力性质和创新本性得到了进一步暴露，以致人们很容易加以识别，对创造性学习意义的了解并不困难。我们是否可以这样说，所谓创造性学习，就是摆脱了传统文化束缚，适应知识经济需求和能够体现学习创新本性的现代认知实践活动。

现代学本论论证了“创新是学习的本性”这一根本性命题，指出创造性学习造就的是人的“元创力”（社会单元——个体人的原始创造力），而创造性教育的目标就是要培养和挖掘这种“元创力”（包括社会个体、集体和整体的原始创造力）。但是，学习的这种创新本性却总是受到种种社会因素制约而不能充分体现出来。这种制约存在于两方面：一方面是环境条件的制约，另一方面是学习主体自身条件的制约。

自身条件制约的主要表现，一是学习主体缺乏或者没有创造性学习意识，如创造性学习动机、创造性学习动力和创造性学习的认知，包括对创造性学习动力和对创造性学习规律认识上的缺失、缺陷；二是学习主体的学习过程难以进入创造性学习状态。社会条件的制约比较复杂，既有客观因素，又有主观因素，更有主、客观因素的历史性结合。因此，要想发展创造性学习，就必须消除社会个体和社会整体对创造性学习的制约因素，增加引发因素。在这方面，探索创造性学习的基本规律和普遍规律的工作是十分有意义的，因为它可调动人们解决这些问题的能动性。

我们在研究中发现，创造性学习规律包括两个层次：一是基本规律，二是普遍规律。基本规律反映和体现社会个体创造性学习的必然性，普遍规律反映和体现社会整体创造性学习的必然性。所以，基本规律对应于学习个体，普遍规律对应于社会整体。对应于学习个体的创造性学习基本规律有 3 条，“以创新为学习目标的目的律”“依重科学实验过程的发现律”和“独立思考学习问题的自主律”。对应于社会整体的创造性学习普遍规律有 4 条，即除了上述 3 条基本规律外，还包括“充满创新需求激励的环境律”。简称“三加一规律”。

一、以创新为学习目标的目的律

创造性学习是以创新和创造为目标的学习。换句话说，学习主体只有以创新和创造为目标，学习才有可能摆脱继承性模式，进入创造性学习状态。目的律，本是人类社会的一条普遍规律，它反映的是人的“目的”和“行动”之间的因果关系，即目的为“因”，行动为“果”。当然，无目的的下意识行为或无意识行为（确切说应为潜意识行为）也是有的，但这种行为并不构成一个正常人和人类行为的主流，而且它经常受到有目的的显意识的调控，所以并不影响目的律的存在。说穿了，人类社会是通过自己的有目的的行动来反映和体现无目的的客观规律的，而当这种目的和行动符合客观规律时，就获得成功，反之便走向失败。但当人们从不断的失败中吸取教训并调整了原来的错误目的，改弦易辙，确立新的符合客观规律的目的之后，最后的成功就是必然的了。近 600 年的中国历史在学习与知识创新关系方面的发展和变化，尤其是中国科学技术乃至国民经济近 20 多年来取得的巨大发展，最鲜明不过地注释了这个目的律。目的律的基本内涵除“目的为因，行动为果”之外，还有一层是其因果性质具有一致性，即“行为的性质决定于目的的性质”。例如，从公元 1400 年到 1900 年 500 年间，中国社会由于学习目标的非创造性导致了社会的落后，在 1900 年到 2000 年的 100 年间，因为逐渐建立起创新与创造的社会学习目标体系而出现了根本的转机，就是最好的证明。尤其是中国科学技术乃至国民经济近 20 多年来取得的巨大发展，从更深刻的意义上说明了这个目的律的存在。还要强调的是，作为学习主体的个人，这种学习目标与学习行动的一致性尤其鲜明。笔者曾分析过诺贝尔、爱因斯

坦、马克思、杨振宁、郑振铎、雪莱、法拉第、林肯、金士宣（北方交大一级教授、铁路运输学科创始人）等名人的学习动机、目标与其学程学迹的关系，发现他们的创造性学习和创造成果，均是在其强烈的创造动机与目标的推动下展开和取得的。举例来说，杨振宁就是以知识创新为学习目标而取得巨大创造成果的。他的大弟弟杨振平曾回忆说："父亲常常跟大哥讲历史、科学，并且提到诺贝尔奖金。童年时的振宁曾说他将来要得到此奖。父亲当时觉得这是孩子的无知妄言，岂知廿年之后，从前儿时戏言竟成事实。"[20] 1957 年，杨振宁在获得诺贝尔物理学奖后曾说："我是中国和西方两种文化共同的产物，二者既有冲突，也有协调。我想说，我既为我的中国根源和背景感到骄傲，也为我献身于现代科学而感到满意，现代科学是人类文明起源于西方的一部分——对于它，我将继续奉献我的努力。"[21] 正是这一终身目标，使他终身处于创造性学习的状态之中。

二、依重科学实验过程的发现律

创造性学习是在创新目标的激励和吸引下，为解决学习中发现的问题而依重科学实验过程所进行的探索。在探索中，知识不断扩展，问题又接连被发现和解决。在这种探索中，科学实验成为关键性步骤和不可缺少的环节，因为它不仅使层出不穷的问题不断浮现，被发现的还有其因果联系、变化轨迹、发展规律及解决问题的思路，直到处理问题的途径和再现解决的过程等。科学实验通过具体物质条件有目的地自由组合及其演化，将创造性思维成果实际化、实践化、实用化，使知识出现新的组合、发展和创新，问题得到新颖而实际的解决。创新和发明创造都不是凭空而来的，它们是在创造性思维作用下经过实践活动产生的；而创造性思维又往往是在科学实验过程中，借助知识迁移而建构成新的概念与新概念体系——新理论，从而打开人类一个又一个未知领域，创造出一件又一件新事物的。这就是创造性学习的发现律。

创造性学习的"发现律'，在人类学习的前两个阶段，通过"直创性"和"间创性"曾有十分鲜明的表现，但能够真正淋漓尽致地充分体现出来，却是在具有"高创性"的第三阶段。[22] 形成这种局面的主因之一便是，只有到了这个阶段，科学实验才得到较好的发展和逐步成熟起来，它几乎在一切知识领城发挥出了连接创造性思维与社会生活实践的桥梁作用。这种作用就是：

- 再现客观世界的因果联系，深化人的认识；
- 体现一定选择领域客观事物的变化发展过程，提供观察样本；
- 超越时空，模拟现实，尝试与进行知识重构与创新；
- 验证创造性思维的可靠性、可行性，借以修正差错，弥补不足，走向完美；
- 完善创造性思维成果，使之具有实践性、实用性和价值性。

也可以这样说，创造性学习的发现律，是思维问题性与科学实验相结合的必然表现。人的思维有一种对问题情景的感知能力、求解欲望和探索潜能，我们称之为思维的问题性品质。思维的这一品质，又是思维独创性品质的基础，因为独创即是对问题的独立发现与创造性解决。科学是通过实验来解决问题的，“对人类来说，科学毕竟有百分之九十是实验活动，科学的基础是实验”。[23]

是的，科学发展的历史，充分体现了创造性学习的发现律。

三、独立思考学习问题的自主律

创造性学习又是以创新为目标，凭独立思考解决学习中所遇到的问题的自主性学习。独立自主地思考学习问题，是创造性学习的基本规律之一。这一规律强烈地体现了创造性学习的主体性。

创造性学习的主体性，首先表现在注意的集中性、稳定性，以及它的广度、分配和转移等方面，即表现出具有专心致志的集中性，不易受干扰的稳定性，以及不断扩大注意的广度，熟练掌握注意的分配，及时实现注意的转移等鲜明的特点，从而达到最高的“自我参与程度”。从这个意义上说，若要进入创造性学习状态，主体对于学习必须做到全身心投入。

其次表现在思维的创造性功能上。思维创造性功能与思维品质有密切的关系。所谓思维品质，指的是个体思维活动中智力特征的表现。但是对思维品质的确定，至今并不统一，如有的提“广阔性、深刻性、独创性、灵活性、敏捷性”，有的则提“敏捷性、灵活性、深刻性、独创性、批判性”等。

笔者除认同其中的敏捷性、灵活性、独创性、深刻性、批判性 5 种外，还以为应再加问题性和广延性两种。关于问题性前面已有说明。广延性则不同于广阔性，因为广阔性只有空间概念，没有时间概念，而广延性兼具时空双重概念。创造性学习不仅要依靠这几种思维品质，而且要培养和发展这些思维品质，因为它们是互依互促，相得益彰的。

创造性学习主体性的表现之三，是对人脑机能的充分利用和有效开发。创造性学习能促进大脑整体功能的形成和提高。创造性学习以培养、发展创造性思维为核心任务。“创造性思维作为一种综合性的思维，虽然和一般性思维一样，其基本过程也是分析和综合，但是它与一般性思维也有着显著的区别，它是由多种心理成分组合成的。它是发散思维和集中思维的统一，直觉思维和逻辑思维的互补，创造想象和灵感状态的高度激活，还是潜意识思维和显意识思维的相互转化。”“人类的创造活动，有各种各样的形态，既有数字的、语言的、计算的，也有模拟的、空间的、音乐的、绘画的；既有分析的、理性的、逻辑的，也有感性的、直观形象的。”[24]“1985 年 9 月 30 日，美国《商业周刊》披露：‘在 20 世纪 70 年代，许多科学家认为，在艺术和科学方面的创造能力——发现事物之间的新关系以及以新角度看事物，是右脑的财富；逻辑思维则是左脑半球功能。这种看法现在被证明是错误的。先进的正电子放射层面 X 光照相技术使科学家清

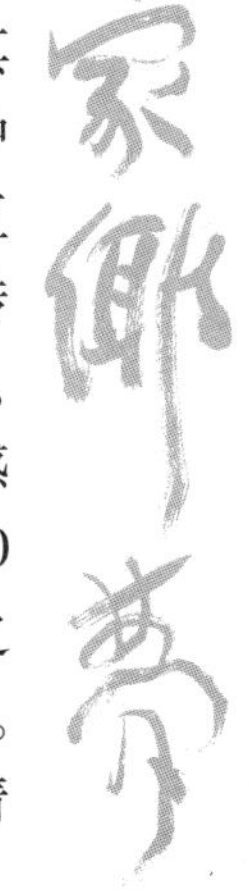

楚地看到：当一个人在进行创造性思维的时候，他的左、右脑半球同时都在积极地活动着。’这是一项对创造性思维脑机制专门的、直接的研究，它令人信服地证实了创造性乃是大脑两半球功能的整合。”[25] 无疑，以培养、发展创造性思维为核心任务的创造性学习，它能促进大脑信息网络的形成和这一网络结构层次的不断提升，并使由此产生的涌现性与因素质结构层次提升而产生的涌现性相叠加，让大脑的整体功能得到全面开发和提高。因为，大脑功能受“用进废退”规律所支配，在注意大脑卫生的条件下，多用脑、多动手、多实践，是发展一个人的创新能力的必由之路。

创造性学习主体性表现之四，是学习方式以自学为主。“教”的引导是十分重要的，互相切磋也能扩大眼界，触发新思，但这些都必须在自主学习的基础上才能体现出一种创造性。自主学习的最高形式就是自学，一个没有自学能力的人很难走上创造性学习的道路。所以说，以自学为主的学习方式也体现了创造性学习的主体性。

高度的自我参与、全面提高思维品质、充分发挥大脑功能、以自学为主的学习方式等 4 个方面所构成的主体性，是进行创造性独立思考的基础。创造性独立思考也可称为个性化思考，它不唯书，不唯上，不唯圣贤定式，不唯传统习俗，而是独立自主地从事实中、从客观条件的变化中寻求各种因果关系，从主、客观的互动中找出规律，不断更新知识，建立新的理论体系，主动适应迅速变化和发展中的现实世界，实现主、客观的最优统一。

以上 3 条，构成了创造性学习的基本规律，它反映和体现的是社会个体创造性学习的必然性。

四、充满创新需求激励的环境律

不过，上述创造性学习基本规律，还不能反映和体现社会整体创造性学习的必然性，尽管社会整体创造性学习不能没有基本规律的存在。也就是说，反映和体现社会整体创造性学习的必然性必须有“充满创新需求激励的环境律”。所以，只有“基本规律”和“环境律”合在一起，才构成社会创造性学习的普遍规律，即所谓“三加一”规律。

社会创造性学习的普及，是在充满创新需求激励的文化环境中实现的。这就是创造性学习的环境律。这一规律告诉我们，创造性学习是创造性文化环境的产物；要想普及创造性学习，离开了营造创造性文化环境，几乎是不可能的。教育是文化环境的要素之一，教育改革的任务便是要在引进社会创新需求的同时，变非创造性文化环境为创造性文化环境，以引导和推动创造性学习的发展与普及。

人类学习，迄今已经历了 3 个发展阶段，即原创性阶段、间创性阶段和高创性阶段。间创性阶段的学习以继承为主，“从理论上说继承性学习具有间接创造的特性，并且可以进行更高层次的抽象和理论概括……但是，由于继承性学习单凭已有的知识、经验作思维材料，得不到新的来自直接实践的感性原材料的补充，长此以往，它的间创性就会像无源之水无本之木那样枯萎直至枯竭”[26]。从实际的发展过程来看，人类创造性学习的发展轨迹，经历了一个“马鞍形”过程，而“间创性阶段”则处于深深的低谷。尤其在中国，几千年中央集权的封建统治所造成的极端保守的社会文化，严重地压抑了学习的创新本性，从而使社会发展长期处于停滞状态。分析其原因，可以明显地看到，在这段漫长而沉闷的历史时期，社会长期没有形成“充满创新需求激励的文化环境”，相反，充满的是诸种由墨守成规、故步自封因素构成的特别保守的文化环境。与此对比，“原创性学习’与“高创性学习”阶段的情形正好相反，那时的社会文化充满创新需求的氛围，因而使得社会创造性学习有了开阔的发展空间。

充满创新需求激励的文化环境的形成，发端于社会的经济生活、政治生活、文化生活、教育生活和学习生活。其中，反映社会物质生产与物质生活的经济活动具有根本性意义，而反映社会物质生产、物质生活状况和要求的教育文化与学习文化，对社会创造性学习的形成与发展，则有着直接的决定性影响。

今天，我国正向知识经济时代迈进。知识经济就是创造性经济，它的创新需求愈来愈高涨，而且已经十分突出地反映到政治、文艺等领城，冲击着社会生活。可是我们的教育文化和学习文化却表现了极大的“惯性”“惰性”，出现了明显的差距。因此，现在我们来讨论创造性学习的环境律，不仅具有深刻的理论意义，而且有着重要的现实意义。

对于创造性学习的环境律，我们还可以从人才成长和发展的“两个主导作用”的关系方面来进一步加深理解。

“在教学活动中，一般地说，教师起着主导作用。但这一作用作为外因又是通过学生的内因发挥出来的，是相对的，不是绝对的。现在我们将教学过程扩大为成才过程来研究，于是就明显地见到了这样的情形：在教学过程（小过程）中，教师起主导作用；而在成才过程（大过程）中，学习者起主导作用。”“道理很简单，因为一切教学的效果，都是以学习者是否接受、接受多少和怎样接受为准绳的。其中，尤以怎样接受的问题最为突出：是全盘继承呢？还是批判地接受？或是推陈出新？在这些问题上，直接的、最后的、决定权操控在学习者手中。例如：亚里士多德 17 岁进入柏拉图学园，并在那里学习了整整 20 年，但他最后摈弃了柏拉图的观点，并对他的唯心主义提出了一系列的有力反驳，建立了自己的理论体系；鲁迅到日本学医，但激发出来的不是对医务的兴趣，而是强烈的爱国主义思想，最后决定弃医从文，走上了战斗的文学道路。像这样的例子，古今中外，俯拾皆是，举不胜举。这是符合‘外因是变化的条件，内因是变化的根据，外因通过内因而起作用’（毛泽东《矛盾论》）的规律的。”[27]

以上“两个主导作用”的观点，既说明了教育作为环境因素的重要性，又反映了“教”与“学”的辩证关系。理想的境界是保持两种主导作用的“谐振”，即通过实施创造性教育来引导和推动创造性学习的普及。这在今天的中国尤为重要。

“两个主导作用”的观点还说明了创造性学习基本规律与环境律互补互促的依存关系，以及整体存在的必然性。我们很难想象，在社会教育被继承性文化严重裹挟的环境中，学习者个体的创造性学习会得到正常而顺利的发展。

不过，我们在此仅仅是提出了问题，说明了问题，尚需找到解决问题的办法。我们相信，这个问题也只能通过创造性学习和创造性实践才能得到真正的破解，而高校在这一创新路程中，应该起到尖兵和表率作用。

第六节　对当前大学生学习改革的建议

江泽民同志指出：“一个没有创新能力的民族，难以屹立于先进民族之林。”这话概括了我国近千年来的历史经验和教训。那么这样的创新能力缘何而来呢？从“学创论”的观点来讲，主要是从学习中获得，确切地说，是从创造性学习中得来的。人离不开终身学习，而终身的创造性学习将保证每个人有终身的创新能力。在当代教育体系中，高等教育系统处于最高层次，大学生的学习毫无疑问应当体现创新的“民族进步灵魂”和学习的创新本性。但是，受种种影响的束缚，我国目前的大学生学习状况离这样的境界仍存在相当距离。

举例来说，1993 年 2 月至 4 月间某大学曾进行过一次学情调查，在对 301 份本科生回收答卷的统计中，有一项要求对 7 种能力作自我判定排序，7 种能力为想象力、思维力、记忆力、观察力、注意力、操作力、创造力。统计结果如表 1 所示。

表 1　某大学学情调查 7 种能力排序结果

能力排序	1	2	3	4	5	6	7
最强	想象力	思维力	记忆力	观察力	注意力	操作力	创造力
%	29.2	28.9	11.3	10	8.3	6.3	2.3
最弱	创造力	记忆力	观察力	注意力	操作力	想象力	思维力
%	25.2	24.2	12.6	12.3	10	8	5.6

从表 1 可见，在最强统计的排序中创造力处末位，而在最弱统计的排序中创造力列首位，强处末对应弱居首，完全一致。因为这是一次不记名调查，它的可

信度是有保证的。大学生自认创造力低弱，是大学生们“元认知”的一种反映，是值得重视的“大学生学情”之一。

因此，当前我国大学生学习改革的主攻方向，应是力求迅速摆脱以单纯继承为特征的传统学习方式的严重影响，尽快走上以培养创新素质和独创能力为主要目标的创造性学习之路。为了保证始终坚持这一主攻方向，现在关键问题是要做到学习改革与教育教学改革同步进行，即“双改”并进，不能偏废。在“双改”中，若能做到“以教引学，以学论教，互相促进，教学相长”，则我国高等教育的面貌必将在最短时间内有大的改观。本着这一精神，谈几点笔者对当前大学生学习改革的建议。

一、根据创造性学习的目的律，调整、改善和优化大学生学习目标结构，建立以创新为核心的目标体系

（1）深刻认识时代发展的社会需求。把学习动机建立在主动适应时代需求的基础上。

（2）走好创造性学习的第一步——创新自我。不断解剖自己、发现自己、更新自己。这不仅是掌握创造性学习的第一步，也是决定性的一步。

（3）恰当控制创造动机强度。要保持均衡、稳定的创造性学习状态，防止急于求成，避免欲速不达。

（4）适时提高创造性学习目标的层次。把个人的创造性学习目标与国家的发展目标结合起来。伟大的行动出于伟大的目标，行大事者必先立大志，21 世纪的英雄，定然是那些把创新与创造目标作为最大自我需求而加以实现的人。

（5）积极进入知识前沿，及早参与尖端课题。宏观目标具有理想性，微观目标具有可操作性，应当在宏观目标的引导下，不断从知识前沿找到可操作的课题，投入创造性学习。

二、根据创造性学习的发现律，学会从科学实验（包括社会实践）过程中探索问题

（1）充分认识科学实验是变幻想性创造思维为可操作的现实新事物的桥梁作用的决定性意义。

（2）要有强烈从事科学实验的参与意识，并有积极行动。包括积极参加社会实践，掌握第一手材料。

（3）应具备动手能力。能够设计、构建、实施科学实验，以及具备观察、分析、综合和表达的能力。

（4）善于概括、形成新的概念和新的理论架构。这就要坚持发现与创新的社会价值原则，正确把握问题性思维的发展方向。

（5）要有百折不挠的精神和毅力，善于从失败中找到成功的种子。

三、根据创造性学习的自主律，牢固确立主体意识，养成独立创造人格，充分发挥大学生的主体性

（1）提高创造性学习觉悟，牢固确立学习主体意识，维护学习主权。努力改变和革除不适应现代信息化知识经济时代的旧学习观和旧的学习习惯。

（2）发展、提高思维品质。包括思维的问题性、广延性、灵活性、敏捷性、独创性、深刻性、批判性，以不断增强和发挥创新潜能。

（3）科学用脑。依从大脑的“用进废退”规律，作到学习活动信息化，促进大脑整体功能的有效开发利用；同时保持适度的动机强度，争取思维效率处于最佳状态；防止学习伤病的发生。

（4）不断调整学习心态，稳定学习情绪，强化学习意志。努力保持情力（动力）系统的良好状态，克服学习高原现象，排除学习干扰，达到与智力系统的平衡发展，争取创造性学习的不断飞跃。

（5）发挥以自学为主的创造性学习品质优势。借鉴杨振宁的创造性学习经验，以“透彻法”打好知识基础，用“渗透法”寻找创新方向，建立以学习创新为宗旨的个性化优学系统，让学习创新处于持续均衡发展状态。

四、根据创造性学习的环境律，社会上下都要为建立充满创新需求激励的社会环境而努力，而个人则要学会充分利用环境的创造性因素来改变自己的学习面貌

（1）必须人人关心充满创新需求激励环境的建立。因为这是充分体现创造性学习基本规律的保证，如果没有这种大环境的存在，三项“基本规律”的实现就会成问题，甚至是不可能的。

（2）应认识到完成创造性社会文化环境的建立是一个历史过程。中国古代有过光辉的创造性文化时期，否则就无法解释我国古代灿烂文明的来源。但是这种创造性文化却湮没在近数百年的极端保守文化中了。由于社会文化具有相对独立性和发展惯性，所以要重建创造性文化，破旧立新，谈何容易！因此我们既要以只争朝夕的精神来奋斗，又必须有充分的长期准备和不懈努力。

（3）建立社会创新工程要同时抓两手。就是在发展科技与物质生产领域的创新的同时，不能忽视文化精神领域的创新工程。这不仅是国家和各级政府的事，同是社会各类团体、单位、机构，包括每个家庭的任务。

（4）社会教育的改革创新与创新教育改革发展应该同步。也就是说，教育改革应该和学习改革一起上马，创新教育应该体现在学生的创造性学习上。

（5）学习者要学会充分利用社会环境中的创新因素，不断改善自己的创造性学习状态和水平。学会自我激励，自我调控，自主地在创造性学习和创新的道路上健康前进。

优学创新，既是一种现代理念，又是一种现代生活哲学和现代社会的发展道路，更是科学发展观的基础性内容。知识经济以人为本，人以学为本；国以教为本，教以学为本；而学习的本性就是创新。所以，只要率性（遵循学习的本性和创造性学习的普遍规律）而学，便能将四者统一起来，发展社会整体创造性学习。如今，我们正处在变人口大国为人才大国的历史关口，培养创造性人才是每一个教育工作者应尽的历史责任，也是每个要求进步的中国人自己的本分，不论年龄、男女。“悟以往之不谏，知来者之可追。实迷途其未远，觉今是而昨非。”[28]陶渊明的这几句话，也许有助于我们面对新情况、新问题和新目标。

注

［1］詹姆斯-博特舍《回答未来的挑战》，1988年1月北京师范大学出版社出版。

［2］承仁义．人以学为本　国以教为本：决胜21世纪的根本发展战略思想//安石、王超．世纪潮声（中）·代序2. 西安：陕西旅游出版社，2001：12.

［3］承仁义．北方交通大学学习指导与学习改革的发展．教育与学习研究，2003（1）：11.

［4］《北方交大报》1984年11月5日、24日，1985年1月10日第3版。

［5］［6］［20］承仁义，赵德中，承向军．优学论．教育与学习研究，1995，增刊（全国第四届学习科学学术研讨会论文专集）：6，3.

［7］［12］［13］学习科学大辞典．新华出版社，1998：162，9，161.

［8］［9］承仁义，赵德中．默化初论．北京高教研究，1990（2）：31.

［10］王德华，伍国荣．话说知识经济．上海：上海科技教育出版社，1999：2.

［11］《北京晚报》2003年11月10日第三版。

［14］承仁义，赵德中，承向军《论学本论教育思想与影响论教育思想的差异及其理论分野》“全国学习科学学会‘21世纪学习与发展’研讨会”交流论文（获大会优秀论文一等奖），会议2000年2月于北京工业大学召开。

［15］［24］承仁义．人类学习三个发展阶段及其基本特性：“学创论”历史踪迹．教育与学习研究，2001（4）：2.

［16］［21］承仁义．创新是人类学习的本性：“学创论”理论探源．教育与学习研究，2002（3）：15，13.

［17］肖田元．系统仿真导论．北京：清华大学出版社，2000：1.

［18］高玉祥．个性心理学概论．西安：陕西人民教育出版社，1986：191，198.

［19］斯密．富国论．北京：中华书局，1949：318.

［22］［23］杨振宁．杨振宁文集．上海：华东师范大学出版社，1998：881，77，425.

[25] 段继扬．创造性教学通论．长春：吉林人民出版社，1999：166-167.

[26] [27] 承仁义．自学应成为教育研究的基本范畴．高等教育研究，1985（1）：69-70.

[28] 吴楚材，吴调侯选．古文观止．北京：中华书局，1959：288.

后　记　《优学创新论》是笔者在不同时期完成的两部分理论成果组合起来的。第一部分为“优化学习”的理论研究成果，第二部分为“创造性学习”的理论研究成果。前一部分，曾以《优学论及其教学实验报告》为题，在1993

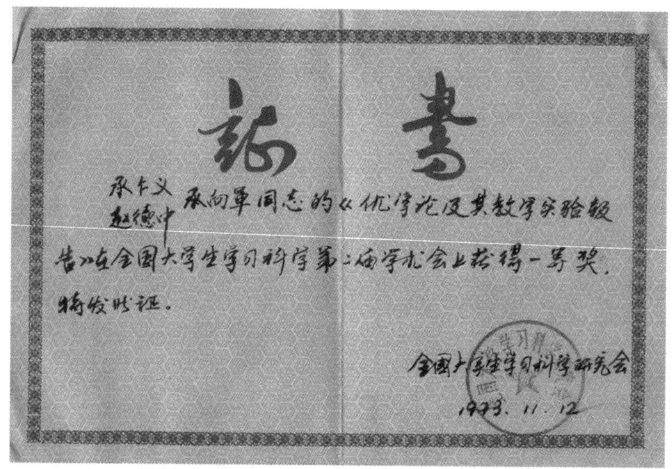

承仁义
赵德中
承向军同志的《优学论及其教学实验报告》在全国大学生学习科学第二届学术会上获得一等奖。
特发此证。

全国大学生学习科学研究会
1993.11.12

《优学论及其教学实验报告》获全国大学生学习科学研究会奖证

国家级教学成果奖
获奖证书

获奖成果：大学生学习改革与创新研究

获 奖 者：王言根　屈林岩　宋　毅　何旭明　承仁义

获奖等级：二等奖

证 书 号：2005472

中华人民共和国
教育部部长：周济

二〇〇五年九月

获国家奖名单：王言根　屈林岩　宋　毅　何旭明　承仁义
（该课题组5位成员获国家级教学成果二等奖，笔者是其中年龄最高者）

年 11 月全国大学学习科学第二届学术会议交流中，被评为一等奖；后一部分是笔者应邀作为教育部批准的“新世纪高等教育教学改革工程”重点——《大学生学习改革与创新研究》的成员之一而提交的专题论文，包括《人类学习三个发展阶段及其基本特性》《创新是人类学习的本性》和《创造性学习的基本规律、普遍规律与学改建言》。

附文 1

人类学习三个发展阶段及其基本特性

——“学创论”历史索踪（一）

教育部高教司课题组 承仁义

学习，是人类生活的伴随行为，在人类百万年的进化中，已经经历了三个发展阶段。它的创新本性，或时隐时现，或隐现交叉，让人难以捉摸。为了从根本上认识学习的创新本性，本文拟就学习的宏观过程提出一些探索性认识。

一、人类学习的原始阶段及其直创性

追溯人类学习的轨迹，人们不难发现，还在出现继承性学习与创造性学习的分型之前，学习是“单轨”性的，即只有一种原创性学习。因为在那个时候，人类的文化积累很少，学习活动主要在生活实践中积累经验，对眼前的种种生活现象进行研判，以解开一个个谜团，解决生活中遇到的诸多问题。例如，古代游牧民族和农业民族为了定季节，就必须观察天候的变化，此时的学习和研究是一体化同步进行的，于是才有了天文学知识；为了打猎和农业灌溉，于是又积累了力学知识；再如相传中国古代有神农氏（炎帝）用嘴亲尝各种草木的滋味，体察其寒、温、平、热的体性，辨别其君、臣、佐、使的功用，曾一日而遇七毒，终于弄清了许多草木的药用性质，写出了治病的方书来为百姓看病，医学从此便产生了。可见，人类学习活动的原始阶段，直创性是其最基本的特征。

所谓直创性，指的是学习主体通过与认识客体的直接接触而取得新的知识。因为原始阶段的学习和研究的界限难于分辨，其结果是：学习的目的和任务主要是发现与创新；凡发现与创新又均来自学习。这种情形，我们可从以下的“学习实验”中作进一步体察和理解。

第一项是托尔曼与霍茨克于 1930 年所做的“潜伏学习实验”。这个实验由饥饿的白鼠作被试。白鼠学习从出发箱通过迷津线路到食物箱。该实验分三组进

行，A 组连续 15 天始终不给食物，B 组每天都给食物，C 组从第 11 天开始给予食物。这三组被试，误入迷津的次数如下：A 组误入迷津的次数最多；B 组由于经常得到食物，错误次数逐渐减少：C 组从第一天至第 10 天的错误与 A 组相同，但从第 11 天开始得到食物之后，错误次数急剧下降，甚至比 B 组还少。实验结果表明，C 组的白鼠在未得到奖赏之前的 10 日间对迷津路线进行了学习。从 11 天以后 C 组迅速地超过经常得到奖赏的 B 组的事实证明了这一点。托尔曼将这一现象叫做“潜伏学习”。

第二项是桑戴克于 1898 年做的“猫通过迷笼实验”。放入迷笼中的猫开始东抓西挠乱撞乱闯，在这种冲动过程中，猫会偶然由于他拉动门闩逃出笼外。在重复尝试中，拉开门闩引起的满足性行为的反应与情境刺激发生联结，消除了挠门等的不满足的行为。最后只有正确的行为反应与情境刺激发生联结，形成解决问题的学习。桑戴克由这类实验得出“效果律”（Law of Effect）（倘若某种反应的结果趋向于满足的方向，那么这种反应容易与刺激情境相联结）的结论。桑戴克用猫通过迷笼实验，提出了尝试错误的理论，并于 1911 年提出了“猫的学习曲线”。

第三项是苛勒于 1924 年做的“顿悟学习实验”。苛勒的实验过程如下：他将黑猩猩放在铁槛内，黑猩猩的旁边放置一短棍，在槛外放一长棍和香蕉。黑猩猩开始试图抓取香蕉，结果失败。随后，用短棍去拨，又失败。急得摔棍撞槛。在这个过程中，经过几次观察，忽然拾起短捧，用短棒再连接长棒，取得了香蕉。可见，黑猩猩是在观望的时候，把握了两根棍棒与香蕉之间的内在关系。苛勒通过对黑猩猩进行的许多实验，提出了顿悟理论。他认为问题的解决不是由于尝试错误，而是由于顿悟。所谓顿悟。就是内在地把握情境的关系性，并依此改变整个情境[1]。

以上三项经典性实验，无论是潜伏学习实验，还是尝试错误学习实验，抑或顿悟学习实验，均从不同角度向人们展示了人类原始学习状态下学习的直创性，并在一定意义上模拟了人类脱离动物界进化到文明时代的学习原形。在文化积累极少的蒙昧时期，这种具有直创性的原始学习，满足了人类在复杂环境中获得生存和发展的需求，意义十分重大。它表明，学习从进入人类生活起，就具有创造功能，创新是学习的本性。所以，要是没有学习活动，人类能否脱离动物界和创造出自己的文明，那就很难说了。随着人们对原始创造性学习进行深入全面的研究，也许还会做出这样的结论：是劳动与学习创造了人类和人类文明，单一“劳动创造论”，可能难以自圆其说。

二、人类学习的第二阶段及其间创性

如果将尚无多少文化积累、学习获得主要依赖于与认知客体直接接触的原始学习时期称为人类学习活动的第一阶段，那么当社会文化积累达到一定程度，人

们的学习可以借助知识媒介独立地消化这种积累的时候，人类的学习活动便进入了第二个阶段，即继承性学习阶段。

继承性学习活动的出现是人类发展的一种进步，它说明，不断被创造出来的文化具有了独立性，人们从这些相对独立的文化中即可学得认识事物、求得生存和发展的本领。同时，社会的发展又提出了更高的文化要求：将零乱的散落在民间的文化成果加以分门别类整理，以适应社会各方的种种现实需要。于是，那些具有高度现实敏感的文化人士，便埋头于对人类前期文化的研究清理工作，并且取得了越来越大的成果。经过一代又一代的努力，文字学、史学、占卜学、神学、文学、医学、天文学、地理学、养生学、伦理学、政治学、音乐学、绘画学、经济学、军事学、哲学、数学、建筑学、水利学、武器学、蚕桑学、博弈学、法学、生理学、生物学，以及各种工艺学等纷纷登场，各种文化形态由是日益丰富和大放异彩。那些文化强手们的成就和巨大影响力，往往成了当时社会上的第一批教师，传播着经过他们提炼加工出来的人类文化。例如中国的孔子，就是最杰出的代表人物，他的文化研究成果和教育成果浑成一体。他整理《诗》《书》，删修《春秋》，使之成为中国第一部编年史书；同时又有弟子三千，贤人七十二，传播着礼、乐、射、御、书、数等“六艺”。但是他的工作原则却是“述而不作，信而好古”，旨在继承。

教师“述而不作，信而好古”，学生自然就唯圣是听，唯贤是闻，唯圣贤是从了。这样，继承性学习便成了社会的风气，学习也就出现了“双轨”性，即除了能见到原创性学习的轨迹之外，又可见到继承性学习的轨迹。尤其是社会学习活动包括学校教育，为了适应统治阶级的政治要求，受到社会主导力量的规范，原创性学习的成分因而不断地淡化，直到丧失殆尽。

从理论上说，继承性学习具有间接创造的特性，并且可以进行更高层次的抽象和理论概括。这一点，在进入继承性学习阶段的初、中期，表现得十分明显。这是为什么呢？

从认识论的角度讲，学习就是认识活动，包括对客观世界和主观世界的认识，也包括对学习主体自我的认识。科学认识论是辩证唯物的反映论。这种反映论认为：“认识过程的第一步，是开始接触外界事情，属于感觉的阶段。第二步，是综合感觉的材料加以整理和改造，属于概念、判断和推理的阶段。”[2]这第二步，在心理学中称为思维。思维也是人脑对客观事物的一种反映，但它是对客观事物概括的、间接的、体现事物本质和规律的反映，是心理反映的高级形式。因为人具有思维能力，所以才有创造力，人类一切物质的、精神的财富与这种思维有密切的联系：没有了思维，也就没有了创造。思维的这种间接性、概括性、逻辑性、渗透性和生产性，就是继承性学习间创性的来源。

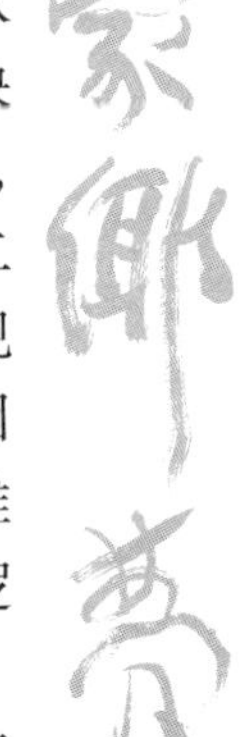

但是，由于继承性学习单凭已有的知识经验作思维的原材料，得不到新的来

自直接实践的感性原材料的补充，长此以往，它的间创性就会像无源之水、无本之木那样凋萎直至枯竭。

“科学史学家普遍同意，公元1400年以前，科技转让主要是由中国传向欧洲的。中国科技直到1400年前后比欧洲优秀，可见于李约瑟（J. Needham）的巨著中对明朝三保太监郑和在1405年至1433年间七次下西洋，远及非洲海岸的描写。根据中国史书记载，郑和远征船队的一些船只长达440英尺，是在南京建造的。杨振宁说：“可是到1600年中国科技却已远逊于欧洲。”“1400年到1600年的200年间，几乎人类各项活动在欧洲都有了长足进展。”“相反地在中国，是一段知识停滞不前的时期。”[3]

如果将这段历史时期中国与欧洲两地的学习发展状态和发展水平作一对比，就会看到，欧洲已经开始度越第二阶段进入第三阶段，中国则正处在第二阶段的高峰期。或许，正是这种社会差距，导致了其后几个世纪两地社会发展的悬殊和中国的衰落。其中深层的原因就是：由于“知识停滞”而丧失了社会创新能力。

知识创新是在学习中完成的。但是继承性学习是一种残缺的不健康的学习，在其初期，它的间创性尚有施展的余地，但一旦切断了与具体事物的联系，切断了与实践的联系，这种间创性就失去了意义，也失去了生命。这是历史事实。当然，这种情况也不是一刀切的，那些与实践仍保持联系的非主流领域依然有发明创造，如张衡（公元78—139年）曾发明了利用水力转动的浑天仪和测定地震的候风仪，宋应星（1587—约1600）还根据农业技术的发展情况写出了《天工开物》综合性科学巨著。这也是历史事实。但是，这不是当时社会的主流，而只有社会的主流特征才表征社会学习发展的阶段性。

三、人类学习的第三阶段及其高创性

人类学习的第三阶段——现代创造性学习阶段，是与近代科学的诞生相伴而始的。

“近代科学是人类的一种新活动、新精神、新方法，有人认为是新宗教。如果要给它的诞生一个确定的日期，我会选择1687年，即牛顿（Isaac Newton，1642—1727）发表他的《自然哲学的数学原理》（*Philosophiae Naturalis Principia Mathematica*，以下简称《数学原理》）的一年。”杨振宁说，“《数学原理》使人类第一次对‘世界系统’（太阳系）有了定量的了解，而太阳系的运转是任何一个古文明中一项最神奥的秘密。更重要的是这个了解是基于一种纯理论的思考体系，用准确的数学语言，既简单又净洁，既精密又包罗万象。可以说，在公元1687年诞生的是一种革命性的新世界观：宇宙具有极准确的基本规律，而人类可以了解这些规律。”[4]

《数学原理》也是人类进入现代高创性学习阶段的里程碑，因为它是高创性学习的成果。所谓高创性，指的是学习创新本性的外现，不仅在“量”上有倍

增的变化，而且在“质”上有了新的飞跃，就如《数学原理》所表现出来的那样。高创性是原始学习阶段那种直创性与主要依赖文化积累而进行的继承性学习阶段那种间创性相融合的结果，是建立在实践基础上的感性认识与由思维作用形成的理性认识完整统一的产物。

现代高创性学习，必须具备以下条件：① 文化积累达到相当高度；② 直接来自实践的感性学习与需接受实践检验的理性学习紧密结合；③ 科学实验成为学习感性阶段与学习理性阶段的桥梁；④ 人的智力发展达到新水平；⑤ 学习具有明确而强烈的创造目的。

这就是说，现代学习的高创性是历史的产物，是人类学习发展到特定时期才形成的。它的出现，虽以 1687 年牛顿发表《数学原理》为标志，但真正成为社会学习主流，却是因为 20 世纪末出现了知识经济。知识经济既是人类学习高创性的社会表现，又为人类第三学习阶段的确立奠定了牢固的社会基础。

知识经济的创新能量究竟有多大？人们从现实生活中找到的典型实例是美国的微软公司。该公司成立于 1975 年，开始只有两个创办人——比尔・盖茨和保罗・艾伦，外加一名雇员，产品只有一种计算机软件——Basic 语言，年收入 1.6 万美元。20 多年后它的营业额达到 130 多亿美元，1997 年的利润 34.5 亿美元，年增 54%。截止到 1998 年 5 月 29 日，股票市值为 2 089.5 亿美元。自 1993 年微软正式进入中国以来，该公司以其 Windows 3.x，Windows 95，Windows 98，Office 等软件巩固了市场控制权。“比尔・盖茨的成功，说明当今世界知识经济已初步形成，知识已成为一个生产要素。与有人曾把石油比作工业经济发动机的燃料一样，现在可以毫不夸张地说，知识是知识经济发动机的燃料。但要掌握知识，靠的是教育和学习。在这个意义上，人们又把知识经济称为教育经济或学习经济。”[5]

把知识经济认同为学习经济（教育是学习的社会化，学习经济可以涵盖教育经济），无疑是对现代学习高创性的肯定，因为只有通过现代的创造性学习，才能实现观念创新、技术创新、产品创新、制度创新和管理创新。这是近 300 多年间最重要的历史事件——知识创新。

从 1687 年牛顿发表《数学原理》至 1975 年盖茨成立微软公司的 288 年间，是科技迅速发展的时期。通观全景，人们已可清晰地见到现代创造性学习的高创性，即创新的高速率、高品质、高成果、高应用、高效益。而且这种高创性学习方兴未艾，成了 21 世纪知识经济全球化的“产物”。毫不例外，中国的知识经济也在迎头赶上，如今，人们已在谈论“中国的比尔・盖茨”，他就是被称为“杂交水稻之父”的袁隆平。他于 1964 年开始，用 9 年的时间选育出第一个强优高产杂交水稻组合“南优 2 号”，他的成果被认为是解决 21 世纪世界饥饿问题的重要“法宝”。2000 年 12 月 11 日，“隆平高科”在深圳证券交易所以中国第一家

用科学家名字冠名的公司正式挂牌上市。袁隆平作为公司的第四大股东持有 250 万股。他拥有的股票市值已超过 1 亿元。据 1998 年 6 月 25 日一家资产评估事务所的评估，“袁隆平” 三个字的品牌价值达 1 008. 9 亿元。中国知识经济的发展势头由此可见一斑。袁隆平说，人身上最值钱的东西就是知识。这将推动更多的人投入到为发展知识经济而进行的创造性学习中，使中国的知识经济开足马力奔腾向前[6]。

以上是关于人类学习三个发展阶段及其基本特性的简略阐述。追踪人类学习的历史轨迹，人们惊奇地发现，随着 21 世纪的来到，世界已扎扎实实地进入了人类第三个学习发展阶段——高创性学习时期，因而对学习的认识发生了更加全面、更加深入的变化与发展，对它的定位也出现了愈来愈接近其实质的论述。现在，学习已被公认为是一门急待开发、具有现代社会核动力性质的综合性科学。

（此文首载于 2001 年《教育与学习研究》第 4 期（总第 50 期） 1～4 页）

注

［1］山内光哉．学习与教学心理学．李蔚，楚日辉，译．北京：教育科学出版社，1986：4，5，145，146，147.

［2］毛泽东．实践论//毛泽东．毛泽东选集．北京：人民出版社，1991：267.

［3］［4］杨振宁．杨振宁文集．上海：华东师范大学出版社，1998：782-785.

［5］王德华，王国荣．话说知识经济．上海：上海科技教育出版社，1999：2.

［6］吴文光．袁隆平的启示．人民日报，2001-05-07（4）.

附文 2

创新是人类学习的本性

——“学创论”历史索踪（二）

高教司课题组　承仁义

创新是人类学习的本性，这是“学创论”（学习创新理论，或称创造性学习理论）的核心思想。对于这一点，通过前文对宏观学习的阐述，已经有了一个大致的概括，下面我们再从学习的微观、中观方面作进一步探究。

一、“二创”概念的逻辑分辨

为了避免讨论中出现混乱，有必要对“创新”和“创造”两个概念的内涵与外延作一分辨。笔者以为，由于两者的参照背景、内涵特征不同，它们的外延出现了包含与反包含的复杂关系。如图 1 和图 2 所示：若 A 表示“创造”，A'表示“创新”，则在图 1 中，A'包含于 A，A'的不断扩展，最后将会与 A 重合。但在图 2 中，A 包含于A'，A 的不断扩展，最后将与 A'重合。这是为什么呢？这需要对创造与创新的概念作一清理方能弄清。

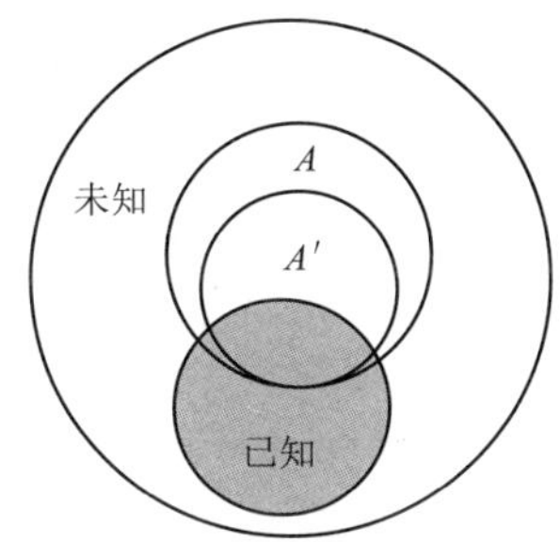

图 1　以“未知领域”为参照背景

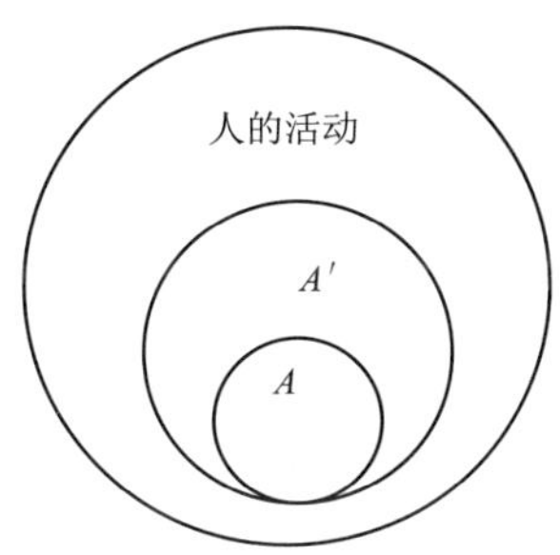

图 2　以“人的活动”为参照背景

关于创造和创造性的研究，自英国心理学家高尔顿于 1869 年出版了《遗传与天才》以来已有 100 多年的历史，作为近代心理学的引人注目的一个专题，取得了十分重大的进展。但是，和许多科学研究专题一样，智者见智，仁者见仁，不可能有完全一致的意见和结论。在创造与创新的概念确立上也是一样，找不到一种统一的答案。不过，这并不影响科学的进步，相反，甚至还有助于它的发展，因为这样能引起争论，争鸣。为了不致因概念的“不同一”而造成讨论的混乱，现作简要的认同性引述。

“创造或创造活动是提供新的、第一次创造的、新颖而具有社会意义的产物的活动。”这是我国心理学家曹日昌的定义[1]。它与前苏联心理学家捷普洛夫的定义是一致的：“凡是给予新的、独创的、有社会价值的产物的活动，叫作创造活动。”这一创造概念的内涵有两项：一为首创新颖；二为形成有社会价值的产品，包括物质产品和精神产品。根据这个思路还可以作进一步概括：创造是在未知领域取得肯定性有价值成果的认知活动。可见，对创造下定义的参照背景是“未知领域”。

再说创新，韦伯斯特词典的定义有两重含义：引入新概念、新东西和革新。不过，创新概念被引入经济领域并形成一种有指导意义理论的，其先行者是美籍奥地利经济学家熊彼特。他在 1912 年出版的《经济发展理论》一书中就奠定了“创新理论”基础，随后又在多部著作中加以发挥和应用。直到今天，这一理论仍不失其光彩。按照他的定义，创新是指“企业家实行对生产要素的新的结

合”。这包括 5 种情况：① 引进一种新的产品；② 采用一种新的技术；③ 开辟一个新的市场；④ 获得一种原料或半成品的新的供给来源；⑤ 实行一种新的企业组织形式。1992 年，经合组织（OECD）发表的《技术创新统计手册》认为，创新是一个广泛的概念，创新不仅指那些新出现的事物，也包括对旧事物加以改造使其以新的形式出现，或以新的方式结合而出现的事物。可见，对创新下定义的参照背景是“人的活动”。

对比上述关于创造与创新的定义，我们不难发现两者存在包含与反包含的奇特关系（如图 1 和图 2 所示）。图 1 显示“创造”包含“创新”，而图 2 则显示“创新”包含“创造”。这种奇特关系的奥秘，在于人们使用创造与创新概念时具有不同的参照背景：在开发未知领域的背景下创造包含创新（图 1）；在人类生存活动的背景下创新包含创造（图 2）。或者说，那是因为在确立内涵时进行概括所选择的共同特征有了转换。如图 1 所示，其概括所依据的共同特征是“认识的未知领域”，因为“创造”是一种“独创”，故它的外延比“引入新事物”的“创新”的外延要宽，其极限则是二者的重合；而图 2 所示，其概括所依据的共同特征已转换为“人的活动”，这种活动的范围，“创新”又比“创造”要宽广多了，所以出现了逻辑上的反包含。

作了这样的逻辑清理之后，可以省去一些尴尬，避免一些混乱。例如，当我们用“创造性学习”一语时，强调的是要培养独创能力，而在用“创新学习”一语时，强调的是要具有“革旧立新”的素质，二者并不存在排斥关系，可以兼容。同样不难理解，独创有独创的艰辛，革新有革新的难处，二者对素质、品质的要求并非完全一样，但若能兼而备之，则更符合全面发展的要求。

二、学习微观过程的创新

现代学本论把学习定义为“学习是人基于生存和发展的需要，在与其所存在的环境的相互作用下，通过感、知、思、行相统一的心理、实践活动，获得知识、能力，形成品德、人格的“终身过程”。[2] 这在实际上描述了学习的微观与中观两种过程。“终身过程”与“人类学习的三个发展阶段”相比是中观过程，而“感、知、思、行相统一的心理、实践活动”则是其微观过程，包括从实践而来的感性认识到由思维活动而形成的理性认识，再将此种理性认识回到实践中加以检验、充实和修正这两个步骤。学习微观过程的创新大致表现为以下几个方面。

（一）建立表象是创新的开始

表象是在感觉、知觉基础上依次产生的感性认识的最高形式。这种有一定概括性的表象在语言的调节下，有可能使以感知为主的感性认识发展成为概念，进入以思维为主的理性认识阶段。“想象表象”（同时在“记忆表象”的参与下）形成人的想象力。想象能帮助人们超越时空作随意的遐想，它是创新思维的重要来源。表象是学习感性阶段的最高收获，它所显露的学习创新本性只不过是初见端倪，但却是十分重要的开始。

（二）概念为思维创新奠定基础

概念是思维的基础，是思维的基本形式之一，是学习的成果。没有了概念，也就没有了知识。所以学习的最重要任务就是概念的建立与创新。从这个意义上讲，知识体系就是概念的体系。

思维有两个基本特性：概括性和间接性。概括性导致思维能够揭示事物的本质和内在的规律性关系，间接性导致思维凭借已有的知识经验能够对没有直接作用于感官的事物及其属性和联系加以反映，可以进行各种联想和自由想象，开展创新活动。而这两个基本特性，概念都已具备，所以说概念为思维创新奠定了基础。

（三）思维是创新的核心活动

思维是人的高级心理活动，是人脑的机能，是对客观事物本质属性和内在规律的反映。思维也是通过与实践密切结合的学习而逐渐形成和发展起来的。曾经流传于世的印度“狼孩”的“无思维”就是很好的反证。尤其是创造性思维，必须通过创造性学习才能健康发展的事实，就更进一步说明了思维和学习的因果关系。

“人类思维是在感性认识的基础上形成的理性认识。它和感性认识共同的地方，即都是通过分析和综合过程来实现的。而人类思维中的分析综合过程，则产生了新的质变，即在一般的分析综合的基础上，产生了抽象和概括、比较和分类、系统化和具体化等一系列新的、高级的、复杂的、主要是在人脑内进行的思维操作能力。其最高表现就是创造性思维[3]。

“创造性思维是提供新颖的、有价值的成果的思维。创造性思维是开拓人类未知领域的思维，它包括一切发现新事物、揭示新规律、创立新理论、创造新方法、创作新作品、发明新技术、研制新产品、解决新问题的思维过程[4]。”

（四）再实践学习具有双重创新作用

“使用也是学习”。“使用”作为学习的再实践阶段，它通过检验前期学习过程中形成的知识成果是否符合客观实践，从而完成一个完整的学习过程。在这种实践的检验中，将肯定其中符合客观实际的部分，否定不符合客观实际的部分。除此之外，还对其中趋向完善的部分，或作修补，或作扩充。这种修正、补充、扩展、充实便是创新。

同时，具有再实践意义的“使用”，又是发现新问题、产生新感知的开始，即同时步入新一轮的学习创新阶段。这是又一重大意义上的创新。

（五）元认知对学习创新产生调控影响

元认知是学习主体在学习过程中建立起来的自我意识。美国心理学家弗拉维

尔（J. N. Flavell）提出元认知（metacognition）的意思就是学习主体对自身的认知。他同时“提出了认知活动，即思维活动的监控模型。对认知活动的监控是通过元认知知识、元认知体验、目标（或任务）和行动（或策略）”来进行的。“人如果能有元认知能力，即对认知的认知，就会产生元认知的体验，就能使主体确定新的目标修改或放弃旧的目标，使主体能通过对元认知知识基础的补充、删除或修改来影响它，能激活针对两种目标（认知目标和元认知目标）之一的策略。”“我们同意弗拉维尔的假设。我们认为，思维心理结构中有一个监控结构，其实质就是思维活动的自我意识，它的功能主要表现为三个：定向、控制和调节[5]。”这样的元认知对主体的成长、成才和创造发明的成功，有举足轻重的作用。这样的元认知，也是通过学习建立起来的，而一旦建立起这样的元认知，它就能发挥对学习创新的调控影响。

三、学习中观过程的创新

学习的创新本性还集中体现在学习能不断提升人的系统结构层次的涌现性方面。

系统科学揭示了这样一条普遍规律：若干部分按照某种方式整体地结合为一个系统，就会产生出只有整体具有而部分或部分总和所没有的东西，如整体的形态、特性、行为、状态、功能等。“系统科学把这种整体才具有、孤立的部分及其总和不具有的特性称为整体涌现性（或称突现性）。”“涌现性的另一种解释是高层次具有低层次没有的特性，新层次根源于出现了新的涌现性，有不同层次必有不同水平的涌现性。”“涌现性的通俗表达就是‘整体大于部分之和’（$W \neq \sum_i P_i$）。”[6]整体超过部分之和的东西就是创新，所以笔者认为，这种涌现性，可以视作一种创造性。这一规律在人的成长过程中体现得十分明显，如学前幼儿的水平低于中学生的水平，而博士生又要高于中学生、大学生水平。这是由于学生的素质结构层次发生了变化，高层次学生具有了低层次学生所没有的涌现性，即一种整体创造性，这是因为学习提升了学生的素质结构层次。由此可见，一切高层次人才的涌现性，均是学习创新本性的一种体现，而终身学习又能使一个人的素质结构层次不断获得提升，从而不断产生新的涌现性，即层次创造性。

人的终身发展过程还有另一种涌现性与学习有着因果性联系，那就是大脑神经网络的形成与这一网络结构层次的不断提高。人的思维活动是随着大脑神经网络的形成而产生的。初生婴儿已有足够的脑细胞，但由于神经网络尚未建立，所以不产生思维活动。婴儿的思维活动是随着大脑神经网络的建立而逐步表现出来的，这一阶段的快慢与其学习活动紧密相联。因为学习是人类生活的伴随活动，在不知不觉中大脑的神经网络便形成了、健全了，思维活动，包括创造性思维也相应展开了。借助终身学习，大脑神经网络的结构层次不断得到提升，由此而产生的涌现性也随之不断升级，它与由人的素质结构层次不断提高而产生的涌现性迭加，使学习中观过程的创新本性得到了充分的发挥。

以上对学习创新本性的说明，虽是蜻蜓点水式的，但已大致表达出一种观点，即关于创新问题的研究，必须也只有从研究和改革学习开始，尤其必须研究和改革我国大学生的学习状况，总结出创造性学习的规律，才能使我国的高等教育事业适应21世纪发展知识经济的客观需要。

（此文首载于2002年《教育与学习研究》第3期（总第53期）13～15页）

注

[1] 曹日昌．普通心理学．北京：人民出版社，1964：310.

[2] 学习科学大辞典．北京：新华出版社，1998：285 承仁义撰“学本论”条目．

[3] 朱智贤，林崇德．思维发展心理学．北京：北京师范大学出版社，1986：40.

[4] 段继扬．创造性教学通论．长春：吉林人民出版社，1999：48.

[5] 朱智贤，林崇德．思维发展心理学．北京：北京师范大学出版社，1986：47.

[6] 许国志，顾基发，车宏安．系统科学．上海：上海科技教育出版社，2000：20-22.

附文3

创造性学习的基本规律、普遍规律与学改建言

——“学创论”应用研究（三）

高教司课题组　承仁义

（说明：《创造性学习的基本规律、普遍规律和学改建言》已与《优学论》合并为《优学创新论》，即本书“十二附件之十一”的“五”“六”两部分，这里不再重复。该文首载于2002年《教育与学习研究》第2期（总第52期）1～4页。）

项目编号	111100016
鉴定编号	X2003030

新世纪高等教育教学改革工程项目成果

鉴 定 证 书

项目名称 大学生学习改革与创新研究
项目来源 教育部
完成单位 长沙大学、湖南农业大学、北京交通大学等
鉴定形式 通信评审
鉴定日期 2004年5月18日
鉴定批准日期 2004年5月21日

全国高等学校教学研究中心

附件二：

专家组鉴定意见

由长沙大学等单位共同承担，由王言根、岳林等教授主持的“大学生学习改革与创新研究”项目，其研究成果经过7位专家评审，取得了以下共识：（见该附专家评审意见）

1、该项研究成果符合邓小平理论和“三个代表”重要思想，符合新世纪教育发展的时代要求，对我国教育实践有很强的针对性，具有重要的理论意义和现实意义。

2、该项研究，思路明晰，设计合理，方法正确，成果表述清晰。

3、研究成果在理论上具有较大的创新。在前人研究基础上建构了一个相对完整的学习理论体系，关于学习观、学习改革目标、学习改革基本原则的理论阐释，是充分的，有说服力的。尤其“学创论”的观点具有原创性。

4、在本研究的成果之一《学会学习——大学生学习引论》一书中，关于学习策略的论述，对引导大学生改进学习具有很现实的指导意义。

综上所述，专家组认为本项研究成果是具有开拓性的，是较为珍贵的，具有推广价值。一致同意通过项目成果鉴定。

评审中，专家也指出了若干需进一步深入开展研究的方面，如对“学创论”的理论观点需更充分的阐释；学校的试点和实证研究有待加强；也可以做一点国外“学改”理论与实践的比较，以资借鉴。

专家组组长：喻岳青（签字）
2004年5月18日

“新世纪高等教育教学改革工程项目成果”——高教司主持的《大学生学习改革与创新研究》项目，于2004年5月21日完成了由全国高等学校教学研究中心组织和批准的“评审鉴定”。以喻岳青教授为组长的项目专家组鉴定意见称：“……研究成果在理论上具有较大的创新……是充分的，有说服力。尤其‘学创论’的观点具有原创性。”并希望“对‘学创论’的理论观点，需更充分的阐释……”，表示了对于学习创新理论的兴趣、重视和期待。

专家组组长喻岳青为北大博士生导师，现任全国高等教育学研究会常务理事、副秘书长。

十二附件之十二

线形城市建设问题研究

引　言　线形城市（或称线性城市、线型城市）是由西班牙工程师索里亚·玛塔于1882年首先提出的，现代建筑师们加以扩展和完善，用来设计未来城市的形态，寻求人和自然的和谐发展。意大利裔的美国建筑师保罗·索莱里，从1960年起就将建筑和生态两词合二为一，并在小镇“阿科桑蒂”进行了这种生态建筑的实践尝试。这里摘引有关线索，为的是给本书的第三项倡议提供一种“洋为中用”的信息支持。

第一节　何为线形城市？

线形城市的概念是10年研究的成果……西班牙工程师索里亚·玛塔于1882年首先提出基本原则——运输经济，通勤耗时最少；城市形态——由铁路和干道串联在一起的、连绵不断的长条形建筑地带；目的——既可享受城市型的设施，又不脱离自然。……本项建筑研究的目的是找出一个解决办法，利用灵活多变的公共交通工具，混合城郊两种生活方式，有效地减低私家车带来的噪音和污染。这种解决方案就是建成高耸和线形的城市。每个建筑单元模块成阶梯状。三个交通网络系统建于三层地下层，它们层叠层地相连接。由于是线形的，这一网络简单而有效率。同时，它邻近郊区。（见插图1和2）

……每个住户有一个大型私人阳台，可以眺望如国家公园般的景色。它有一个平台及特别的装配，使邻居们可共享一个更大的阳台、游泳池、桑拿浴室、小公园和儿童游乐场。每一楼层有其设施如信箱、消防设备、工作坊、储物间、自动售货机，独立的垃圾投掷管道，以方便回收（纸张、

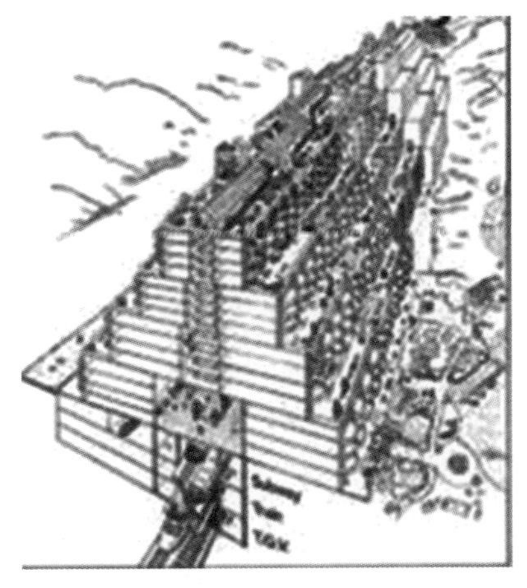

插图1

插图 2

玻璃、金属等)。每一商业住宅混合楼宇可高达 12 至 36 层，每个建筑单元模块成阶梯状，层数可按需要而改变。这样，线形城市的外观便有如群山绵延。商业区将有商店和精品店，设于较低的楼层，而办公室和工厂位于其下，住宅区设于商业区之上。(见插图 3 和 4)。这样，人们便有可能住在他的工作场所之上。

插图 3

插图 4

……根据联合国的预测，到 2050 年，全球人口将从 65. 5 亿增至超过 89 亿。世界卫生组织的数字指出，到 2025，将有 52% 的世界人口居住在城市中。我们绝不能忘记，第三世界国家也理所当然地追求媲美于工业国家的优质生活。

……如果我们不想把不可逆转的劣况留给下一代，而是给他们一个更美好的世界。一个如线形城市的项目，必须尽快启动起来。凡事总得踏出第一步，我们绝不能忘记，百亿人将居住在受生态规律严格限制的地球上。（改编自百度百科“线形城市”词条）

第二节　保罗・索莱里

“……假如你发自内心地关心有关污染、浪费、能源枯竭的问题，在意土地、水、空气和生物保育，关注贫穷、隔离、歧视、人口控制，体会过恐惧和幻灭，那么，加入我们吧。”这是在美国亚利桑那州沙漠地带的一座神奇小镇“阿科桑蒂”(Arcosanti) 的入口处的欢迎词。在远处眺望这个小镇，你会看到一些连绵的混凝土穹顶，一些古怪的房屋，有的角度看上去像是玛雅废墟，有的角度看上去又像是《星球大战》中的未来都市。事实上，这是一座试图解决上述所有问题的实验乌托邦，而它的设计者也以此为家——他就是意大利裔的美国建筑师保罗·索莱里（Paolo Soleri）。这位从20世纪60年代起就将建筑（architecture）和生态（ecology）两词合二为一成为建筑生态（arcology）的著名建筑师上周二在家中去世，享年93岁。

索莱里于1919年6月21日生于意大利都灵，并在那里完成了建筑学的硕士学位。1947年，索莱里前往美国，并成为建筑大师弗兰克·劳埃德·赖特的弟子。在美期间，索莱里就曾经因为桥梁设计而在建筑界崭露头角。

此后，他曾短暂地回到意大利，最终于1956年携妻带女地在美国亚利桑那州定居，并成立了一个名为科桑蒂的基金会。基金会最主要的任务就是建造阿科桑蒂——这个从1970年开始兴建的小镇曾经在1976年登上《新闻周刊》，并被称作“我们这个时代最重要的正在进行中的城市规划试验”，从开始至今，这个试验吸引了数以千计的学生、青年前往这个小镇生活、工作并参与建造，体验这里全新的生活方式。

这是一个由索莱里负责设计的5 000人的居住区的规划，地点在凤凰城北面100公里的柯德思立交（Cordes Junction）附近。作为对美国式的郊区式住宅区恶性蔓延的反驳，“阿科桑蒂”被设计成一个试验性的高密度居住区，在其中没有车辆，各式起伏的生态住房被蜿蜒曲折的人行道路网连接起来。同时，考虑到亚利桑纳的沙漠状态，“阿科桑蒂”采取被动式的生态设计，所有的房屋都是朝南设计，房屋中的那些厚实的混凝土拱顶设计正是为了在冬天收集阳光，而在夏日则提供遮阳。把设计、生态、人文集中在一起处理，是现代城市规划中的一个很重要的项目。

这个实验城中所有的一切都是自发建造的，索莱里对于商业房地产开发十分不屑：“开发商（Developer）以D开头，以D开头的没有什么好字，像是魔鬼（Devil）或者怪兽（Demon），都是以D开头的。”

尽管，这个生态镇原本是为了容纳5 000人口而建，但事实上，在20世纪70年代入住人口最多的时候，这个小镇的居民也不过200人，而现在，则只剩下了60多人。

“最主要的问题在我身上。”索莱里曾经在2008年接受《卫报》采访时说，“我没有传教者的天赋。年复一年，人们对我的回复是，‘那个疯子，他还在那里么？’”

索莱里对生态建筑的疯狂或者说着迷，实际上和他的老师赖特也有关系，虽然这一关系与其说是传承，不如说是反叛。他不赞成赖特推行的广亩城市的方案，他认为城市应该向上发展而不是向外扩张。“现在的城市规划的问题就在于我们就只是多建高了几层，然后就匆匆向外发展，动不动就扩张数英里，把农田改成了停车场，然后在人行交通、货物流通和服务成本上浪费能源。”索莱里说。

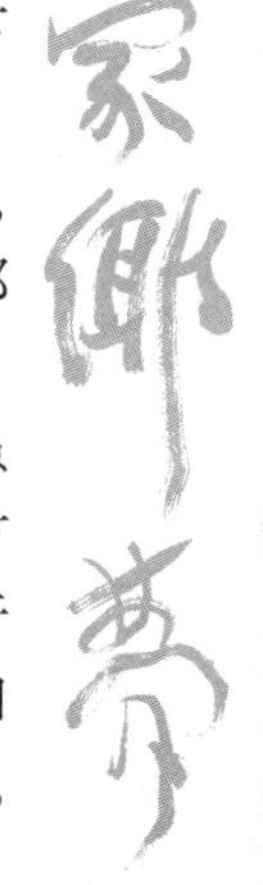

20 世纪 50 年代，在索莱里回到意大利的那段时间里，他曾经设计过一个大型的陶瓷厂，这一设计曾经获得了意大利的设计奖。也是在那里，他学会了制作陶瓷和黄铜艺术品的手艺，而这一切最终形成了“阿科桑蒂”镇的“支柱产业”——风铃。多年来，出售这些手工风铃是这座小镇唯一的收入来源，为了销售，甚至还设计了专门的网站。

作为一位建筑师，索莱里受到耶稣派神学家和哲学家皮埃尔·查尔丁（Pierre Teilhard de Chardin）的影响很大，在他平时的语言中常常会点缀一些有趣的词语，比如“欧米茄种子”或者“迷你化复杂性的持续周期”等。他曾经在他的著作中用插图的形式阐释过自己对于未来都市的各种设想，从漂浮城市到建在大坝顶端摇摇欲坠的社区，这些超现实的图景就像是一个对于未来惊心动魄的预言，曾经让 20 世纪 70 年代的学生为之激动。然而，80 年代消费主义兴起，索莱里的理论立刻从时髦话题变成了明日黄花。

如今，随着环境的恶化，生态建筑似乎正在卷土重来，是否这意味着索莱里所奉行了一生的理念终于将得到全面的认可？“那种不可阻挡的、充满活力的自我驱动是我们与生俱来的，但它现在已经被无限制的消费行为重新定位了。本身，这也没有什么错。但是当你把这种消费冲动乘以十亿、数十亿人口，那么你就在劫难逃了。”索莱里说。

（转自 2013 年 1 月 16 日《东方早报》蔡晓玮《保罗·索莱里》一文）

第三节　马岩松：中国首位建筑师当选 2014 全球青年领袖

发表于：2014-03-12　来源：筑龙网

摘　要：据悉，2014 年 3 月 11 日，在瑞士日内瓦，MAD 建筑事务所创始人马岩松当选为 2014 年全球青年领袖（YGL）。这一荣誉每年由世界经济论坛授予，以表彰从全球甄选出来的年龄在 40 岁以下的杰出领袖。今年的名单包来自 66 个国家的 214 位杰出人士，马岩松是获此荣誉的第一位中国建筑师。

世界经济论坛（World Economic Forum），也称“达沃斯论坛”（Davos Forum），每年依据严格的遴选标准通过提名和评选程序，从数千位获得提名的候选人中，选取特别优秀者授予“全球青年领袖”，受邀成为正式成员，签署全球青年领袖权利和责任宪章。全球青年领袖论坛如今已成为一个涵盖多方利益相关者的独特团体，由 700 多位杰出青年领袖组成，他们共同致力于塑造全球的未来。

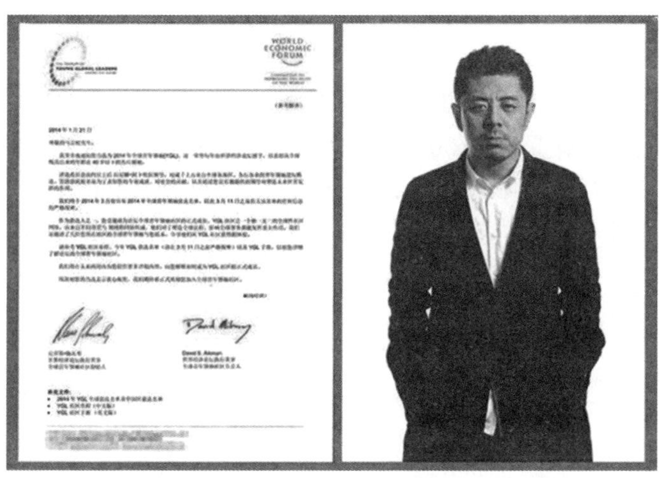
WORLD ECONOMIC FORUM

马岩松被誉为新一代建筑师中最重要的声音和代表。2004 年，马岩松创立 MAD 建筑事务所，并在 2006 年以“梦露大厦”在加拿大多伦多附近的 ABSOLUTE 超高层住宅国际竞赛中胜出，成为首位在海外赢得重要标志性建筑的中国建筑师。他致力于探寻建筑的未来之路，倡导把城市的密度、功能和山水意境结合起来，通过重新建立人与自然的情感联系，走向一个全新的、以人的精神为核心的城市文明时代。从 2002 年的浮游之岛开始，马岩松以“梦露大厦”、北京 2050、胡同泡泡 32 号、鄂尔多斯博物馆、假山等充满想象力的作品，在世界范围内实践着这一未来人居理想的宣言。同时，他还通过一系列国内外个展、出版物和艺术作品，与公众一起探讨城市与建筑的文化价值。

第四节　人物介绍——马岩松

马岩松，1975 年出生于北京，曾就读于北京建筑工程学院，获建筑学学士学位，后毕业于美国耶鲁大学（Yale University），获建筑学硕士及 Samuel J. Fogelson 优秀设计毕业生奖。曾经在伦敦的扎哈·哈迪德建筑事务所和纽约埃森曼建筑事务所工作，于 2004 年回到中国并成立了北京 MAD 建筑事务所，同时任教于中央美术学院，并在美国麻省理工学院，纽约建筑联盟举办讲座。

马岩松

★★★　　　★★★

在加拿大的密西沙加市（Mississauga），举行了一场声势浩大的确定建筑设计方案的宣布仪式，市长亲自宣布结果，当地市民和媒体对设计者的关注如同摇滚明星。而这位明星就是刚刚30岁的中国建筑师马岩松。这是一栋56层的公寓楼，开发商对其进行了国际创新设计大赛。马岩松领衔的北京MAD建筑师事务所的方案“玛丽莲·梦露大厦”，最终击败了进入提名阶段的另外5家建筑公司的方案脱颖而出。马岩松说：“我从早上开始，就不断接受当地媒体的采访，包括在电台和电视台做现场直播节目。”密西沙加市的市长还亲自给马岩松写信，感谢他为城市设计了一个非常好的建筑。

……如果说一部分建筑是附会某种形式，则“玛丽莲·梦露大厦”建筑能带给人无限遐思。马岩松说：“‘玛丽莲·梦露大厦’不是我们定的名字，而是当地一家著名媒体上的评论家这么叫起来的。他们认为，这大厦看起来可以与玛丽莲·梦露婀娜的姿态媲美。而建筑作为一种大众艺术品，不是要刻意造型，而是真实地反映人性、自由，给人无限的想象空间，引发人们丰富的心理活动。这栋建筑有人说像玛丽莲·梦露，也有人说像流动的音乐，但都给人美的感受。”“我们所有的作品，都反对机器带给人压迫感，也反对技术第一、低成本复制的建筑。人需要从工业时代的紧张与压迫中解放出来，寻找平等、开放的空间。建筑要满足功能性，在新的世纪里，应该延伸到人的精神世界，给人的生活创造更大的自由、更多的可能。”

玛丽莲·梦露大厦

在完成玛丽莲·梦露大厦建筑设计的同时，马岩松还在设计建筑的一部分室内空间。建筑的每层都有一圈大阳台，户型的空间不做功能区的划分，混合功能成为具有最大可能性的功能。

★★★　　　★★★

在工业时代的建筑里，空间被人为划分成各种功能，吃饭、睡觉、会客……人被建筑所统治着，人们必须要服从于一个规则，而不是随心所欲和不断创造自己的空间。马岩松说，我们始终坚持的创作精神，就是要让人成为主体，建筑只能成为人活动的舞台和背景。

“鱼需要鱼缸吗?”“什么样的空间才是最适合人需求的呢?”马岩松和他的团队一直在思考和研究着这些带有哲学性的建筑问题。他们的理念已经超脱于建筑。在MAD建筑事务所的办公空间里，放着一个不大的鱼缸，这鱼缸获得了国际大奖。他说：“我们用摄像机拍摄鱼的活动，在电脑里分析它们的行为，发现了它们的一些习惯，并按照它们的生活需要设计了这个鱼缸。但后来我们想，鱼一定要跟鱼缸有什么关系吗？与忘情于江湖相比，什么样的鱼缸都是对鱼的限制。人类从住山洞，到住帐篷，现在又住进遍布城市的方盒子一样的建筑里面，每一次技术进步都改善了人的居住条件，同时也更多地限制了人与自然的交流和自由的生活。我们在拥有了如此高水平的技术之后，应该思考的是，如何让人们生活得更开放，如何利用技术，更尊重人的选择，让空间尽可能拥有自己的个性，而不是限制。”

（改编自互动百科·马岩松）

后　记　附件之十二是笔者选择的一组反映最新现代城镇化建筑设计思想的代表性言论和前瞻性思考，虽然不能囊括全部，却足以为破除千年陈规打开一片崭新的建筑天地。城镇建设是精神文明与物质文明双重体现的持久性工程，除了要贯彻“古为今用，洋为中用”精神，更应着力于“以民为本，自主创新”。可喜的是，像马岩松这样的青年建筑师，已经登上我国的历史舞台，刮起了时代旋风，相信这种新生力量，必将在我国的城镇化建设中创造出新的奇迹，成圆我们的中国梦。

后　　记

——一段创意涌动的人生经历

经过一年有余的努力，《中国梦·家乡梦》带着甜蜜的微笑和对未来两个一百年的美好憧憬，已经实实在在地呈现在我的眼前。这是 2012 年 10 月 2 日的“八二还乡”之旅结出的最新智慧之果，是践行“守住必然性，抓住偶然性”的又一次收获。这次扮演“必然性”角色的是我的“故乡情结”，扮演“偶然性”角色的则是“八二还乡”事件。

大悟于进行频繁、快速和反复时空穿越的耄耋作者承仁义　　摄影 承秀丽

我自 1949 年 5 月 28 日从就读的江阴南菁中学高一“投笔从戎”离开家乡以来，无时无刻不在做着“家乡梦”，包括思念亲人、儿时情景，以及一切喜、怒、哀、乐，而且随着年龄的逐渐增高，这种“必然性”冲动，越来越强烈。但这仅仅是怀旧之梦而已，几十年来并没有出现新的大变化。然而，只因“八二还乡”这一偶然事件的出现，我的“家乡梦”却发生了“质”的升华——由“怀旧”一改而为“瞻前”，即想方设法要为家乡的发展、繁荣和美好而做些事情。于是在“负疚”与“救赎”等复杂心情的纠结中，搜寻各种有关资料，一边学习，一边研究，发奋探索，总想理出个头绪来，好有一个交代。由于抓住了这个“偶然性”，我的“家乡梦”与习近平主席提出的“中国梦”挂上了钩，形成了“我的‘中国梦’进行曲”，了却了这个心愿。

在这次捕捉“偶然性”的活动中，我有幸拜读了陈东夫的专文《舜·舜山·舜文化》、陆惠根的研究成果《孔子的老师——常州人文始祖季札》和冯顺政主编的《古镇焦溪》一书。他们不仅用丰富的史料开阔了我对家乡的认知，更以对舜焦故里的热爱和激情燃烈了我原有的乡情，让我再也不能无动于衷，毅然决然要为舜焦故里的前景做些探究。所以，我首先要感谢他们对我的这种激励和启示，让我的家乡梦进入了崭新境界，开出了一片鲜花。

更有幸的是，凭借由计算机技术组合起来的互联网，我在滚动着中共十八大精神的现实世界和已进入云计算时期的虚拟世界之间，频繁而快速地进行着反复的时空穿越，从而获得了丰富的搜索结果，并不断产生出联想、顿悟和灵感，创意涌动。这就是《中国梦·家乡梦》的来历，也是一段十分有趣的人生经历。

但是，这有什么意义呢？我不敢妄言。我的目标是："个人定制，交流传播；开发智源，共创繁荣。"这是因为，我深深地感到，我们的国家如今已经步入"深入开发社会智源，广泛挖掘创新潜能"的黄金时代，那种曾经造就辉煌古文明的创造力，定将蓬蓬勃勃地成倍成倍地表现出来！

社会的繁荣，既离不开资产，更不能没有智产；而且，两者只有协调发展，才会走上异曲同工相得益彰的发展道路。我感到欣慰的是，这笔重大智产的投出，已减轻了我当初那种多重压力，并且坚信，假如两个一百年之后真能再有一次"还乡之旅"，定能见到舜焦故里的美好景色会大大超过现时人们的"愿景"，而我将守株待芳，与乡亲们冥中同享。

我要再次感谢顾明远、沈鹏两位老会长对南菁校友会北京分会工作的倾力投入，感谢校友总会夏锡良会长的密切关注；同时预祝即将上任的校友会新会长和理事们的工作更上层楼；还要对北京交大石峻晨教授和出版社的同志们对这次出版工作的大力支持说一声感谢！并感谢在京南菁校友们的同心同德，相互支持！

祝愿故乡人民长寿！幸福！祝愿远离故乡的舜焦游子共享故里发展的幸福盛宴！

2015 年 5 月于北京上园村